기독교문서선교회 (Christian Literature Center: 약칭 CLC)는 1941년 영국 콜체스터에서 켄 아담스에 의해 시작되었으며 국제 본부는 미국 필라델피아에 있습니다.
국제 CLC는 약 650여 명의 선교사들이 59개 나라에서 180개의 서점을 운영하며 이동 도서 차량 40대를 이용하여 문서 보급에 힘쓰고 있으며 이메일 주문을 통해 130여 국으로 책을 공급하고 있는 국제적 문서선교 기관입니다.

추천사 1

도 한 호 박사
침례신학대학교 총장, 조직신학 교수

"지금처럼 살고 싶지 않은 사람과 변화된 삶을 갈망하는 영혼을 위한 책"

평생 철학을 벗하여 살며 후학을 지도해 온 김득룡 박사가 막 탈고해서 보낸, 신간 원고『태초에 관계가 있었다』를 일독했다. 원고를 읽으면서 저자의 학문적 순례 과정에 나오는 "철학적 사유와 논리적 사고를 통해 발견한 하나님"이라는 주제가 떠올랐다.
내가 김 박사의 저작물을 처음 대한 것은 저자가 공역한 예일대학교 심리학 교수 줄리언 제인스(Julian Jaynes)의 1976년 저술『의식의 기원』이었다. 본서는 1978년에는 전미도서상 후보에 올랐고, 2006년에는 한국학술원이 한글 번역판을 우수학술도서로 선정했던 저술이기도 하다.『의식의 기원』은 인간의 정신 세계를 의식을 통해 분석한 저술로서, 논평에 의하면 과거의 분석 방법을 뒤엎은 전혀 새로운 방식이라고 한다. 필자는『의식의 기원』한글 번역판을 어렵게 읽었던 기억을 되새기며『태초에 관계가 있었다』를 읽기 시작했는데, 어려운 대목이 없었던 것은 아니었지만, 의외로 저술 전체의 흐름이 쉽게 파악되었다.
그것은 아마, "지성의 끝에서 신앙을 발견했다"고 말한 이어령 선생의 고백처럼 저자 역시 평생 심혈을 기울여 연구한 철학의 끝부분에서 믿음만으로 들어갈 수 있는 문을 발견하고 그 문을 열고 들어가서 태초부터 말씀으로 계신 하나님을 발견했기 때문일 것이다. 믿음은 그것을 공유한 사람에게 무한한 공감과 공통점을 제공하기 때문에 그의 저술이 쉽게 읽혔던 것 같다.

저자는 본서에서, "지금처럼 살고 싶지 않은, 그리하여 변화된 삶을 갈망하는 영혼을 위해" 몇 단계의 전략을 제시했다. 세 부분으로 구성된 제1부에서는 흔히 '나는 누구인가?'라는 질문으로 대변되는 인간의 정체성을 추구했다. 이 단계는 인간의 궁극적 본질로서의 관계성을 하나님과의 관계로 규정지으며 철학적인 논증을 전개한다. 이 단계는 '망원경적 인지'를 통해 인간의 궁극적 본질인 하나님과의 관계를 다루고 있다. 제2부에서는 파괴된 절대자와의 관계를 회복하는 문제를 다루었다. 이 단계는 현미경으로 자신의 내부를 들여다보는 것 같은 성찰(회개)의 단계다. 성찰의 단계로서 하나님과의 관계를 가로막는 내적 장애물을 제거하게 된다. 제3부는 하나님과의 관계성 회복을 통해 자신의 정체성을 깨닫고 자기 성찰을 통해 자신의 실재를 인식한 사람이 앞으로 어떻게 살 것인가에 대한 구체적인 삶의 방향을 기술한다.

추천자가 근래 읽은 책 가운데 이처럼 깊은 철학적 사유와 논리적 사고를 통해 신앙의 대상인 하나님과 하나님에 대한 신앙을 발견한 책은 없었다. 그럼에도 불구하고 저자는 "대부분의 책은 사산(死産)된 채 세상에 나온다"고 말한 월터 카우프만의 말을 인용하며 겸손해 했다. 그러나 이 저술은 우리 시대 지성인이 반드시 읽어야 할 양서라고 일컫기에 틀림없을 것이다. 신앙인이 본서를 읽으면 자신의 존재와 믿음의 근원을 발견할 것이며, 비신앙인이 읽으면 기독교 신앙의 실체를 발견하고 그에 대한 반대급부를 얻게 될 것이다. 목회자가 읽으면 지식인과 대화의 화두를 찾게 될 뿐 아니라 자신감을 가지게 될 것이며, 지식인이 읽으면 자기 존재의 근원과 삶의 의미를 되새겨 볼 기회를 얻게 될 것이다.

이 책을 일독하면 추천자의 말이 공연한 찬사가 아님을 알게 될 것이다.

추천사 2

이 문 균 박사
한남대학교 조직신학 명예교수

"이것은 어쩌면 한 생명이 이 세상에 남기고 갈 백조의 마지막 노래인지도 모른다."
서문에 나오는 위 구절은 저자가 얼마나 절박한 심정으로 본서를 썼는지 보여 준다.

본서는 독특한 책이다. 하나님에 대한 이해를 추구하고 있지만 신학 서적은 아니고, 인간에 대한 철학자들의 사상이 소개되지만 기존의 철학서와 다르다. 신앙 간증이 실려 있지만 단순히 자신의 신앙 체험을 이야기하려고 쓴 책도 아니다.

본서를 읽으면서 교부 아우구스티누스의 『고백록』을 떠올렸다. 각 장이 끝날 때마다 올려놓은 그의 기도는 아우구스티누스의 기도를 듣는 것 같았다. 본서에는 믿음을 포기하고 교회를 떠났다가 깊이 고뇌하던 가운데 하나님을 만난 한 철학 교수의 생각과 체험이 담겨 있다. 철학 교수로 살아온 저자는 신앙과 불신앙을 인지의 문제로 파악한다. 그러면 인간이 인지해야 할 문제가 무엇인가?

저자는 두 가지로 파악한다. 하나는 내가 근원적으로 누구인지를 '알아차리는 것'이며, 다른 하나는 내 영혼 깊은 곳에 난 상처가 무엇인지 '알아차리는 것'이다. 삶의 과제는 '미망'에서 벗어나, '나'의 관계적 본질을 규명하고, 하나님과 관계를 회복함으로 삶을 치유받는 것이라고 한다. 본서는 인간이 어떤 존재이고, 어떻게 살아야 하는지 진지하게 질문하고 답을 찾는 지성인에게 많은 도움을 줄 것이다.

본서에 담긴 신학적인 내용은 전문적인 신학자들이 최근에 강조하는 내용과 궤를 같이 하고 있다. 신학자들은 그리스 철학에 기반을 둔 아픔을 모르는 신, 추상적인 신에 대한 이해를 극복하려고 한다. 저자 역시 무감동의 신, 아픔을 모르는 추상적인 신을 거부한다. 저자는 우리를 위해 고난받는 하나님에게서 구원을 발견하고 감사한다.

본서를 읽다 보면 철학자들의 사상을 소개한 부분을 곳곳에서 만나게 된다. 그 부분이 어떤 독자에게는 좀 힘든 내용일 수 있다. 그런 부분은 나중을 기약하고 그냥 넘어가도 될 것 같다. 본서를 읽게 될 독자들이 믿음에 대해, 구원에 대해, 삶에 대해 빛을 발견하고, 그래서 감사하는 마음으로 살게 되었으면 좋겠다.

추천사 3

배 국 원 박사
전 침례신학대학교 총장, 종교철학 교수

대전 한남대학교에서 오랫동안 사회 철학을 가르쳐 오신 김득룡 박사의 은퇴 후 동정(動靜)에 관하여 이런저런 단편적인 소식을 전해 듣다가 이번에 흥미로운 책을 한 권 탈고했다는 반가운 전갈을 듣게 되었다. 미리 보내 주신 『태초에 관계가 있었다』 원고를 읽으면서 오랜만에 정말 귀한 책을 접하게 되었다는 흥분과 감동이 있었다. 김 박사보다 한참 후학(後學)임에도 불구하고 감히 '추천'의 글을 쓰겠다는 용기를 내게 된 동기가 있다면, 본서가 마침 내가 전공한 종교 철학 주제를 다루고 있기 때문이다.

이 책은 세 가지 키워드, 즉 우주와 생명의 근원에 관한 질문을 뜻하는 '태초,' 인간 사이 및 창조주와의 올바른 '관계,' 그리고 철학의 가장 기본 과제인 '인지'를 통하여 인간을 구성하는 가장 중요한 세 가지 동기인 영성, 감성, 지성이 빚어내는 선율과 화음을 보여 준다. 칠십 평생을 통해 어떤 때는 날카로운 불협화음(不協和音)을, 어떤 때는 허무적인 묵음(黙音)을 내기도 했지만 결국 영성과 감성과 지성이 오랜 여정 끝에 조화를 이루면서 아름다운 화음(和音)을 이루는 과정을 잘 밝혀 주고 있다. 김 박사께서 신앙의 확신을 얻은 후의 기쁨을 '득도'(得道)했다고 표현했지만 다른 말로 한다면 그야말로 기쁜 소리, 곧 복음(福音)을 '득음'(得音)한 과정과 경지를 보여 주는 귀한 저서다.

종교와 철학, 신앙과 인식, 믿음과 앎의 갈등은 인류 역사가 시작된 이래 계속되는 문제일 뿐만 아니라 오늘날 21세기 현대인에게도 그 어느 때보다 더 치열한 실존적 위기감을 불러일으키는 주제이기도 하다. 그러나 현대 철학은 언제부터인지 종교에 대한 논의를 등한시하기 시작했고 철학자 대다수는 신앙에 대한 학문적 반성을 기피하고 적대시하기까지 한다. 이러한 철학계의 배타적 풍토에도 불구하고 김득룡 박사는 신앙의 확신을 얻기까지 겪었던 자신의 철학적 고뇌를 자세히 서술하고 있다. 자연주의 철학의 이른바 '눈의 세계관'에서 신앙의 '귀의 세계관'으로의 전환, 다시 말해 객관적 관찰의 세계에서 말씀(Word)을 듣고 순종하는 신앙적 세계로의 여정을 밝히고 있다. 나아가 그 여정에서 경험했던 특별한 영적 체험과 좌절감도 주저함 없이 소개하고 있다.

본서를 읽으면서 줄곧 두 권의 고전(古典), 아우구스티누스의 『고백록』과 윌리암 제임스의 『종교 경험의 다양성』을 머릿속에 떠올렸다. 잘 알려진 것처럼 아우구스티누스의 『고백록』은 참 하나님을 만나기까지 안식을 찾지 못했던 심령(the restless mind)의 진솔한 고백이다. 젊은 날 육체적 감성의 고뇌, 보다 넓은 지식을 향한 지성의 갈망, 그리고 창조주를 찾은 후의 영성의 안식이 생생하게 기록되어 있어 지난 천오백 년 넘게 끊임없이 독자를 감동시켜온 고전이다. 김득룡 박사의 저서도 신앙과 지성의 문제에 고뇌하는 우리나라 청년에게 이와 같은 공감과 도전을 줄 수 있으리라 기대한다.

종교심리학을 개척한 공로를 인정받는 윌리엄 제임스는 원래 하버드대학교 철학 교수였다. 그의 『종교 경험의 다양성』은 수많은 종교 경험, 신비 경험을 소개하면서 철학적 분석을 시도하고 있는데 자기 자신의 신비 체험도 익명(匿名)으로 소개하고 있어 더욱 유명한 저서다. 그런데 김득룡 박사는 자신의 신앙 체험과 기도 응답을 당당히 실명(實名)으로 밝히고 있어 더 큰 감동과 확신을 주고 있다.

사실 『태초에 관계가 있었다』는 제목부터 편안하게 읽을 수 있는 책이 아니다. 그러나 한 철학 교수의 일생에 걸친 심각한 신앙적 사색이 응축되어 있는 작품이라 여유를 가지고 천착(穿鑿)할 수 있다면 많은 깨우침을 얻을 수 있을 것이다. 우선 본서에는 놀라울 정도로 박식(博識)한 학문적 세계가 소개되고 있다. 사회 철학 교수였던 김득룡 박사가 헤겔과 하버마스를 거론하는 것은 당연하겠으나 존 맥머레이, 페르디난드 에브너 등 잘 알려지지 않은 철학자부터 칼 레만, 줄리언 제인스 등 심리학자, 그리고 오스왈드 챔버스와 브라이언 브렌트 등 목회자까지 자유자재로 인용하며 대화하는 모습은 감탄을 자아내게 한다.

나아가 본서에는 요즘 무수히 쏟아지는 가벼운 출판물에서는 좀처럼 보기 힘든 진지함이 배어 있다. 김득룡 박사는 서문에서 이렇게 다짐한다.
"사람은 생을 마치기 전에 저마다 자신의 삶 속에서 도달한 자신의 '최상의 것'(The utmost)을 주님께 내어놓아야 한다.…그리고 할 수만 있다면, 그 상태에 이르기까지 스스로 설득해 온 또는 (주님께) 설득당해 온 매 순간을 명료히 기억하며 말할 수 있으면 좋을 것이다. 이는 학문적 입증이 아니다. 학문이 말해 주지 않는 (또는 말해 줄 수 없었던) 것을 스스로 증언해 온 과정이기도 할 것이다."

성공적인 교육자로서 은퇴하신 후에 정성을 기울여 '자신의 최상의 것'을 성공적으로 집필하신 김득룡 박사께 큰 박수를 드리며 경의(敬意)를 표한다. 종교를 적대시하는 철학계의 후학과 신앙적 확신에 관해 고뇌하는 청년에게 본서가 신선한 도전과 확신을 주리라 기대한다.

끝으로 김득룡 박사의 학문적 일생이 집약된 본서를 통해 400년 전 프란시스 베이컨이 남긴 명언이 새삼 우리를 일깨우는 기쁨이 넘치기를 기도한다.

"약간의 철학은 사람을 무신론자로 만들지만 많은 철학은 그를 종교로 이끌 것이다"
(A little philosophy makes a man an atheist. A great deal converts him to religion).

태초에 관계가 있었다

콘페시오네스

태초에 관계가 있었다 : 콘페시오네스
In the Beginning Was the Relationship: Confessiones

2018년 12월 31일 초판 발행
2025년 07월 21일 개정판 발행

지은이　　|　　김득룡

펴낸곳　　|　　(사)기독교문서선교회
등록　　　|　　제16-25호(1980.1.18)
주소　　　|　　서울 동대문구 천호대로71길 39
전화　　　|　　02-586-8761~3(본사) 031-942-8761(영업부)
팩스　　　|　　02-523-0131(본사) 031-942-8763(영업부)
이메일　　|　　clckor@gmail.com
홈페이지　|　　www.clcbook.com

ISBN 978-89-341-2837-3 (03100)

이 책의 출판권은 (사)기독교문서선교회가 소유합니다.
신저작권법에 의하여 한국 내에서 보호를 받는 저작물이므로 무단 전재와 무단 복제를 금합니다.

태초에
관계가 있었다

김 득 룡 지음

CLC

| 차례 |

추천사 1 도한호 박사(침례신학대학교 총장)
추천사 2 이문균 박사(한남대학교 명예교수)
추천사 3 배국원 박사(전 침례신학대학교 총장, 종교철학 교수)
개정판을 내면서   14
들어가는 말   17

제1부 너의 정체성을 인지하라

제1장 '나'는 관계적 존재다   30
제2장 하나님의 동역자   64
제3장 왜 하나님인가? 철학을 넘어, 종교를 넘어   93
부록 하버마스의 '해방된 관계'?   135

제2부 너의 내적 실재를 인지하라

제4장 내 안의 비본질적인 것들	148
부록 과학과 하나님	204
제5장 당연한 것들, 하나님의 다림줄로 대체하라!	209
부록 눈의 세계관, 귀의 세계관: 자연주의 세계관을 넘어서	256

제3부 그러니 어떻게 살 것인가?: 진리는 두 번째 계기로 나타난다

제6장 하나님을 구체화하는 삶	299

나가는 말	331

부록1 의식과 진리의 구체화	333
부록2 10분 설교	337
부록3 한국 민족의 트라우마와 나갈 길	342

집필 후기	358
참고 문헌	366

개정판을 내면서

"재정 형편이 허락하는 한, 나의 고백록이 정오표가 반영된 것으로 재출판되어 읽혀지기를 바랍니다."

이것은 내가 지니고 있는 유언장의 한 부분이다.

어리둥절 하시겠지만 나는 아직 죽지 않은 채로 이 책의 수정본을 보고 있다. 나의 유언장을 열어본 아내가 좀 일찍, 아니, 건강 상태가 좋지 않은 자신이 내 유언의 집행에 참여할 수 없게 될지도 모른다는 생각에 앞질러 일을 저질러 버린 탓이다.

내가 그렇게 본서에 집착하는 이유는 내 삶의 종착역이 더욱 더 위압적으로 다가오는데도 정작 저자인 나는 스스로 책에 전개한 선명한 메시지에 반하는, 습관적인 삶의 보행을 계속하고 있기 때문이다. 태초부터 나는 그분의 "동역자"이기로 태어난 것이라는데! 나를 향해 그토록 절절히 관계의 손수건을 흔들어대시는 그분을 향해 눈길 한번 드리지 않는 것, 그렇게 그분을 홀로 계시게 함으로 그분께서 아무 일도 하실 수 없게 하는 것 ...

이런 것들이 나를 괴롭게 하는 것이다. 그것이 바로 "죄"의 본질이라는데!

개정판을 내지 않으면 안 되겠다고 생각한 이유는 책 이름에 본서의 주 관심사인 "관계"가 나타나 있지 않다는 점과 함께 책의 (특히 제3부의) 완성도와 관련한 불만이 나 자신을 괴롭히기 때문이었다. 『콘페시오네스』가

『태초에 관계가 있었다』로 바뀐 연유이며 제3부의 상당 부분이 첨삭된 이유이다.

　본서를 다시 출판하기 위해 교정작업을 하며 심심한 감사와 감탄의 심사가 치솟아 몇 번이나 손을 모았던 사람들이 있다. 무엇보다 기꺼이 초판에 추천사를 보내주셨던 세 분을 향해 느껴온 감사와 존경을 말하지 않을 수 없다. 출판 이후 이를 전하지 못한채로 지나온 '죄책감' 같은 것을 이제라도 벗을 수 있는 기회가 되기를 바란다. 필자는 지인들에게 본서에 대해 언급할 때마다 그분들의 글은 본서가 흉내낼 수 없는 통찰을 지닌 귀한 말씀들이니 반드시 먼저 읽으라고 권하곤 한다.

　또 한 분은 초판이 나온 이후 내 책을 읽은 나의 친구 임명환 교수다. 그는 6년 전 초판이 나왔을 때, 내 책을 다섯번이나 읽고는 학자적, 아니 교수적 본능이 발동하여 즉시 펜을 들고 우정의 교정을 가필하였다. 붉게 물든 책을 나에게 되돌려 보내왔었을 때 돌아온 책은 마치 지도교수님에게서 돌려받은 내 학위논문 스크립트 같았다. 그럼에도 정작 그무렵 출간되었던 가상화폐에 관한 그분의 책을 받아든 내가 단 몇 장도 읽어내지 못했던 기억은 나를 더욱 몸둘 바 모르게 한다. 그를 다시 가까이서 만날 수 없지만 분명히 내 책을 여섯 번째 읽고 있을 그에게 늦은 감사와 송구스러움을 담아 글을 적는다.

　"나는 아직까지 그대 같은 독자요 친구요 '스승'을 만난 적이 없다! 그리고 이런 졸고를 읽는 대신 주님의 말씀이 담긴 성서를 일곱 번 쯤 읽어보시길 기도하고 있노라"고...

　다른 두 분은 본서의 교정을 담당하신 CLC 정희연 선생님과 권대영 목사님이다. 두 분께서 보여주신 놀라운 인내심과 성실하신 사역에 감사와 존경심을 누를 수 없다. 특히 초판 교정을 담당하셨던 권 목사님께 뒤늦은 감사를 표하고자 한다 그분은 이름을 드러내지 않은 본서의 저자처럼 느껴진다. 그분께 감사의 인사조차 전하지 못한채 헤어지게 되어 영원히 빚진 마음이다.

끝으로 본서의 재 출판을 위해 어려운 형편 속에서도 헌신적으로 뛰어다니신 현수동 목사님과 사모님께 그리고 시종 본서에 대한 지극한 애정을 갖고 지원해 준 친구들에게 깊은 감사를 드린다.

들어가는 말

　인생을 마감하기 전에 조금이라도 일찍, 책을 한 권 집필하고 싶었다. 영혼의 평안에 이르는 과정을 그린 책 말이다. 거기에 어찌 혼돈과 고뇌의 아픔이 없겠는가. 그러니 어차피 본서는 소위 '독자의 취향'에 맞추거나 흥미로 읽어 치울 '읽을거리'가 될 수 없다. 처음부터 그런 '읽을거리'를 찾는 독자에게는 권하고 싶은 책이 될 수 없는 것이다. 이 말은 듣기에 따라서는 독자가 책을 고르는 것이 아니라, 저자가 독자를 고르겠다는 말처럼 들릴 수 있는 것이어서 참으로 민망하고 죄송스러운 것이 사실이다.
　그럼에도 그러한 책을 써야겠다는 생각을 하자마자 나를 좌절하게 하는 두 가지가 (정확하게 말하자면 두 사람이) 머리에 떠올랐다. 이는 내 삶의 지근 거리에서 나의 탐욕과 비진실과 비열함을 지켜보거나 체험한 사람들을 염두에 두고 하는 말이 아니다(여전히 부끄럽기 짝이 없고 뻔뻔한 게 사실이지만, 그 문제는 책에서 치열하게 다루는 범주에 해당하기 때문이다).
　내가 말하는 두 사람 중 한 사람은 내가 스쿼럴힐(다람쥐 언덕) 카네기 도서관에서 집필을 준비하면서 만난 한 여인이다. 그분은 한눈에 보기에도 조금 모자라 보이는 분이었다. 걸음걸이도 발음도 행동거지도 그랬다. 저만큼 떨어져 있는 나에게 와서 불쑥 음료수 병을 내밀며 뚜껑을 열라고 '명령'하는가 하면, 옆 좌석에서 독서에 몰두하고 있는 사람에게 엉뚱한 주제로 말을 걸고는 한참씩이나 놓아 주지 않는다. 귀 너머로 들리는 대화에 의하면 그분은 뭔가를 "연구 중"이란다. "책을 집필 중"이란다. 나는 그만 실소하고 말았다.

'그걸 누가 읽어 준다고?'

그런데 며칠 후 갑자기 내 자신도 그녀와 같은 처지일 수 있다는 생각이 엄습하기 시작하는 것이었다. 정치한 논증과 심오한 통찰의 글을 쏟아 내는 칸트, 헤겔, 하이데거, 흄, 하버마스 등 기라성 같은 천재 학자들이 눈 앞에 떠오르는 것이었다. 오스왈드 챔버스, 키에르케고르, 아우구스티누스, 사도 바울과 사도 요한 같은 영성의 대가 앞에 내놓을 나의 초라한 글이 떠오르는 것이었다. 모두 내가 인용하려고 메모해 둔 사람들이다.

나는 갑자기 쥐구멍이라도 들어가고 싶은 심정이 되고 말았다. 그런데 이럼에도 불구하고 심중에 이 글을 쓰지 않으면 안 될 절박함이 느껴지는 까닭은 무엇인가? 학문의 영역에서 그리고 신앙의 영역에서 자신의 한계를 깊이 느끼고 있으면서도 왜 이를 결행해야 한다고 생각하는 것인가?

사람은 생을 마치기 전에 저마다 자신의 삶 속에서 도달한 자신의 '최상의 것'[1](The utmost, 챔버스 2014)을 주님께 내어놓아야 한다. 모자라는 사람이면 모자라는 대로, 천재는 천재대로 그렇게 해야 한다. 그리고 할 수만 있다면, 그 상태에 이르기까지 스스로 설득해 온, 또는 (주님께) 설득당해 온 과정을 순간순간 명료히 기억하며 말할 수 있으면 좋을 것이다. 이는 뭔가를 학문적으로 입증하는 것이 아니다. 학문이 말해 주지 않은 (또는 말해 줄 수 없었던) 것을 스스로 증언해 온 과정이기도 할 것이다. 신앙적으로 어떤 새로운 진리를 말하는 것도 아니다. 본서를 읽으면서 놀라운 영적 경지에

---

[1] 오스왈드 챔버스가 즐겨 쓰는 말이다.

이른 자의 이야기를 기대하시는 독자께서는 실망하실 것이다. 본서는 고작 (주님의 은혜로) 삶에 일어났던 일을 성경과 영적 선지식의 이야기에 의거하여 확인하는 작업인 것이다. 건망증이 심한 나는 이따금 천신만고(千辛萬苦) 끝에 누리는 영혼의 평안과 이를 주신 주님의 은혜를 망각할지도 모른다는 걱정이 일기도 한다. 그럴 때마다 행여 그것을 놓칠세라 최선을 다해서 기록해 두어야 겠다는 절박한 필요를 느끼는 것이다. 칼 레만(Karl Lehman)의 말대로 훗날 스스로 "감사-회상"(appreciation, 5장 참조, 레만 2011)을 하기 위해서라도 지금의 상태에 이르기까지 밟고 올라온 계단을, 그것이 철학자의 생각이든 자신의 체험이든, 최선을 다해 기록하고 그 과정을 생생하게 정리해 두어야 한다는 것이다.

그러니 본서는 독자를 향해서 말하고 있는 형식을 취한다 할지라도 실은 망각이 심한 불쌍한 영혼이 자신을 위해 써둔 비망록일 수 있다. 그러나 진심을 다하고 '영과 혼과 육'을 다한 삶의 기록은 영혼의 평안을 찾는 다른 사람의 삶에도 한 줄기 작은 빛이라도 비춰 줄 수 있을지 모르겠다는 생각이 든다. 심지어 '기라성 같은' 학자에게조차도! 그리고 이것이 어쩌면 한 생명이 이 세상에 남기고 갈 백조의 마지막 노래인지도 모른다.

두 번째로 나의 집필을 망설이게 한 또 한 사람은 월터 카우프만(Walter Kaufmann)이다. 그가 쓴 한 문장 때문이다.

"대부분의 책들은 사산(死産)된 채 세상에 나온다. 그리고는 소리 없이 소멸되어 버린다"(Most Books are stillborn, die unnoticed).

이 말은 그가 마틴 부버(Martin Buber)의 그 유명한 『나와 당신』(I and Thou)을 영어로 번역하면서 서문에 쓴 말이었다. 진리에의 역량이 열등하여 처음부터 책이 소멸성을 내재하고 있다는 것이리라. 세상에 나온 대부분의 책이 시간이 지나면 사라져 버릴 생명 없는 글이라는 뜻이다.

그의 이 통찰에 수긍하는 내가 굳이 본서를 집필하는 이유는 무엇인가?

나는 이렇게 함으로써 "내가 체험한 하나님의 진리를 나의 언어로 말할 수 있어야 한다"는 선각자들의 당부에 답하려는 것이다. "가지고 있는 소망에 관해 묻는 사람에게 대답할 말을 준비해 두라"(벧전 3:15)고 하신 성경 말씀에 순종하려는 것이다. 내 삶 속에서 조우했던 예수의 진리[2]를 평신도 생활인의 입장에서 증언하지 않으면 안 되겠다는 의무감 같은 것도 작용하고 있다. 또한, 과문(寡聞) 탓인지 모르나, 이제까지 가용한 세상의 글로는 내가 믿고 있는 것을 충분히 시원하게 설명할 수 없다는 갈급함도 작용하고 있다.

그리하여 본서는 하나님과 예수 그리스도에 대하여 나 자신에게 쓰는 일종의 내 나름의, 내 방식의 변증을 담은 글이 될 것이다. 그것이 예수의 지상명령에 대하여 내가 고작 할 수 있는 일이라고도 느껴진다. 또한 성경 말씀 같은 '발광체'의 생명을 지니지는 못할지라도, 그 진리에 대한 '반사체'의 소명은 다 해야 하지 않겠는가 하는 것이다. 그런 한도에서 본서는 처음부터 사산된 채로 나올 리는 없다! 늦게나마 천학비재한 내가 이제 용기를 내어 이 작업을 시작한 것이다.

본서에 '철학'이나 '신앙'에 관련한 용어가 등장하지만 이들은 결국 '앎'과 '삶'의 문제로 치환해서 번역해야 할, 생활인을 위한, 그러나 필연적인 주제를 다루고 있다. 결코 전문인을 위한 글이 아니란 뜻이다. 그리하여 본서는 분명히 학문가에서 흔히 말하는 소위 '잡문'(雜文)의 묶음이 될 것이다. 본서의 '장르'가 무엇이냐고 묻지 않기를 바란다. 절대로 픽션은 아

---

2 예수님의 진리에 관하여 논한 글이 태산처럼 많을 것이다. 그러나 나는 과문의 소치인지 모르나, 아직 '진리의 구체화'라는 관점에서 예수의 진리를 논한 것을 아직 읽지 못하고 있다. 이 주제에 관하여서는 본서의 마지막 장에서 논하려 한다.

니라고만 해 두자. 내 영혼에 일어났던 통찰과 체험을 때로는 간증 형식으로, 때로는 운문 형식으로 때로는, 변증 형식으로 표현하고 있기 때문이다. 그럼에도 내가 과거에 집필했던 학술 서적이나 논문은 불살라 없앨지 언정, 내 앎과 삶이 연동되어 일궈 낸 본서의 이런 내용은 내 생애 끝 날까지 내 영혼의 동반자가 되어 줄 것이다. 혹 주님께서 나를 보다 장기적으로 사용하시는 복을 허락하신다면, 본서가 후세에 삶의 불확실성과 삶의 비진실성으로 괴로워하는 누군가가 조언을 얻는 글이 되길 바란다.

본서는 부제에서 '네 자신을 인지하라'고 요구한다. '인지'(recognize)하는 것은, 오랜 세월 떨어져 있던 내 손자 녀석이 나를 알아보는 것처럼, 뭔가를 '알아보는 것'이요, 몰랐던 어떤 것을 '알아차리는 것'이다. '인지'는 '득도'(得道)의 관문이요 하나님께서 우리 영혼에 개입하시는 첫 영적 작업이다. 그리하여 이를 부정적으로 표현하자면 이렇게도 말할 수 있다.

> 그분의 이 영적 작업을 거부하며 '인지'하지 못하는 영혼에게는 희망이 없다! 그에겐 백약이 무효다.

본서가 나 자신과 관련하여 인지할 대상으로 삼는 것은 크게 두 가지다. **첫째**는 **시원**(始原)에 있어 내가 근원적으로 누구인지를 '알아차리는 것'이며, **둘째**는 **진실**에 있어 내 영혼 깊은 곳에 난 상처가 무엇인지를 '알아차리는 것'이다.

그리하여 ① '미망'에서 벗어나, '나'의 관계적 본질을 규명하려는 것과, ② 이를 실천하기 위한 치유적 방략을 제시하는 것을 목적으로 삼는다. 그리하여 ①이 적극적·긍정적 지향점을 갖는다면, ②의 대상은 소극적·부정적 전략을 구사한다. 이 둘은 각각 자신에 대한 '망원경적 인지'와 '현미경적 인지'라고 해도 좋을 것이다. 하나는 밖을 지향하며 또 하나는 안을 지향한다. 망원경을 언급하는 것은 멀리 계시다는 뜻에서 하는 말이 아니다. '망원경'(望遠鏡)의 두 번째 글자(遠)보다 첫 번째 글자(望)에 방점이 있다. 경이와 숭엄의 하나님을 향한 동경과 그분과의 관계에서 얻는 안식을 향한 목마름의 레토릭일 뿐이다. 전자는 현상(phenomena) 너머 실체의 세계(noumena)를 보기 위함이요, 후자는 이렇게 발견하여 만난 실체와의 관계를 방해하는 내면의 장벽을 제거하기 위함이기 때문이다. 자기 내적 실재(實在)에 눈감은 채 눙치고 인생을 보낸 영혼은 황혼에 "더러워진 속옷" 바람으로 나다니며 창피를 당하게 된다. 그러기 전에 자기 영혼의 속옷을 진실되게 인지하고 빨래해야 한다(레만 2011).[3]

왜 유독 이 두 가지 인지가 중요한가? 삶의 진리를 진실되게 구체화하기 위한 필수조건이기 때문이다. 자신의 내적 실재를 정확히 보지 못하는 사람은 진실하지 못한 자기 기만의 삶을 산 것이며, 한편 혹 이에 성공하여 어둠의 터널에서 헤어났다 할지라도, 삶 가운데 바랄 만한 궁극적 지향점을 확보하지 못한 채 사는 사람은 평생토록 끊임없이 스스로 재밋거리를 찾아 다녀야만 살 수 있는 우울한 삶 속으로 빠져들 수밖에 없기 때문이다.

본서는 나뿐만 아니라 지금처럼 살고 싶지 않은, 그리하여 변화된 삶을 갈망하는 영혼을 위해 몇 단계의 전략을 제시하는 형식을 취하고 있다. 하지만 정직하게 말하자면, "절대자 하나님에 대하여 나는 누구인가? 그리하여 내가 살아야 할 삶은 어떤 것이어야 하는가?"라는 질문에 직면하여, 스스로 답을 확정하고 영혼의 평안과 자유를 획득하는 과정을 기술한 것

---

3   이 말은 내가 이 책을 번역할 때 한국어 판 제목으로 삼은 구절이기도 하다.

이다. 그리하여 본서는 전술한 것처럼 진리를 가로막아 온 자신의 내적 실재를 인지해 가는 나의 고통스런 여정을 그린 고백의 글에 더 가깝다.

본서는 제1부와 제2부 그리고 결론부인 제3부로 구성했다. 제1부와 제2부는 마치 평생 칸트의 가슴을 들뜨게 했던 주제("별 반짝이는 하늘과 가슴 속의 도덕률")처럼, 제1부는 자기 '외부'의 존재에 대한 관심이요, 제2부는 자기 '내부'에 대한 관심이다. 제1부는 인간의 궁극적 본질인 관계성을 입증하는 일에 초점을 두고 있으며, 제2부는 내면의 파괴된 관계성을 회복하는 현실적 방략에 초점을 맞추고 있다. 제1부가 '왜 관계인가' 그리고 '그 궁극적 근거가 무엇인가'에 초점을 맞춘 것이라면, 제2부는 '그렇다면 어떤 관계를 말하는 것인가,' '어떻게 파괴된 관계를 회복할 것인가'라는 실천적 문제에 초점을 맞추었다.

제1부의 각 장은 대체로 해당 주제의 문제 제기를 다루는 도입부와 이어지는 (철학적) 전개부와 삶의 실제(實際)에서 일어난 일의 증언 부분으로 구성되어 있다. 이 과정에서 등장하는 철학자의 주장은 전체적인 변증 과정에서 논증을 이끌어 가기 위해 불가피했던 계기였다. 이들의 주장은 나에게 어느 정도 진리를 향한 통찰을 주기도 하고 나의 삶에 일어난 체험에 이론적 또는 영적 해석을 제공하기도 했다. 또는 거꾸로 이들의 주장에 담긴 진리성이 나의 체험을 통해 검증되기도 했다. 하나님의 영적 실재(實在)는 인간의 삶에 실제(實際)화 되어 구체적으로 나타나기로 되어 있으니까.[4] 학자의 주장을 인용한다고 해서 이들의 이론 체계를 모두 인정하는 것은

---

4 실제(實際, actuality)가 현실적으로 존재하는 사실(fact of existence)의 영역이라면, 실재(實在, reality)는 본질적으로 참된 모습이나 상태(essence, genuineness)로 상정되는 영역이라 하겠다. 그런고로 실재(實在, reality)는 '역사적 실재,' '내적 실재,' '자연적 실재,' '영적 실재' 처럼 모든 학문 영역에서 최종 탐구 목표가 되는 것을 말한다. 그러나 그곳은 인간 그 누구도 입증해 보인 적도, 보일 수도 없는 이상적 목표일 뿐이다.

아니다. 예를 들면 하버마스나 헤셸의 경우 나의 엄중한 반론이나 단서가 뒤따르고 있음을 주목하기 바란다. 제1부의 이 부분 때문에 읽기를 중단하는 일이 없으시기를 간곡히 부탁드린다.

인간의 관계적 본질을 다루는 몇몇 세상의 학문 이론(특히 하버마스나 에브너 부분)이 다소 딱딱하고 생경하게 느껴지는 독자께서는 처음에는 이 부분을 건너뛰셔도 될 것이다. 그럼에도 세상의 학문 이론이 제기하는 문제제기와 하나님을 향해 이를 초월하려는 정치한 학문적 다툼에 호기심을 느끼는 독자께서는 이어지는 길지 않은 소개를 즐겨 보시기를 권한다.

전술한 것처럼 본서는 특정 전문 독자층을 대상으로 삼지 않는다. 그런 까닭에 어떤 독자께는 전문적인 철학자의 등장이 부담이 될 수 있을 것이다. 반면 다른 층의 독자에게는 여기에 소개되는 철학적 논증이 충분치 않다는 불만이 있을 수도 있다. 이 때문에 두 마리 토끼를 모두 잃을지도 모른다는 걱정이 이는 것도 사실이다. 그럼에도 차제에 분명히 밝히고 싶은 것은 본서가 근본적으로 지향하는 대상이 비전문적 일반 독자라는 점이다.

제2부는 "왜 우리는 변화하지 않는가?"라는 질문으로 시작한다. 실은 이 질문이 본서를 추동하는 근본 주제였다. 소통의 효율성을 위해 제2부에 등장할 뿐이다. 저자가 이 질문에 대한 답으로 설정하는 가설은 크게 3가지다. 첫째는 하나님의 존재를 인지하지 못하거나 그릇되게 개념화하고 있기 때문이고, 둘째는 하나님과 관계 맺을 필요를 느끼지 못하게 하는 뭔가가 있기 때문이고, 셋째는 하나님과의 진실된 관계를 불가능하게 하는 자신의 왜곡된 내적 실재를 인지하지 못하기 때문이다.

그리하여 제2부에서는 관계를 파괴하는 내부의 기질을 집중적으로 겨냥한다. 이들은 삶의 여러 경로에서 불가항력적으로 형성된, 그리하여 마치 '제2의 천성'처럼 굳어진 것이다. 자유로운 영혼이 되기 위해서는 먼저 이들의 존재를 인지해야 한다. 그리고 이를 진리로 대체하기 위한 치열한 전투가 필요하게 된다. 적에게 점령된 지역의 재탈환은 아무리 함포 사격이나 융단 폭격이 이어져도 최종적으로 지상군 투입 없이는 결코 달성할 수 없다.

본서는 융단 폭격을 쏟아 붓고 유유히 떠나는 폭격기 같은 멋진 강좌나 명 설교가 되는 것을 원치 않는다. 내 삶의 여정에 일어났던 '체험'에 바탕하여 증언한 이 기록은 누군가에게 영원을 향한 길목에서 한 번이라도 바라보며 길을 확인하는 표지판이 되거나, 꼼꼼하게 적진을 뒤지는 지상군처럼, 항목마다 자신의 내면을 뒤지며 적용해 가는 과정에서 힌트를 얻는 자료가 된다면 이는 저자가 기대하지 않은 큰 기쁨이 될 것이다.

본서의 결론부인 제3부에서는 상기한 제1부와 제2부의 두 단계를 넘어 진리의 구체화를 지향한다. 구체화되지 않은 '진리'는 진리가 아니다. 우리는 왜 진리의 구체화를 추구하지 않으면 안 되는 것인가? 결론부에서는 그 형이상학적 근거가 무엇이고 그 실현을 위한 현실적 처방이 무엇인지를 제시하고 있다.

본서를 집필하는 과정에서 나에게 영감을 준 몇 분을 언급하지 않을 수 없다. 본서에는 타인의 여러 주옥 같은 통찰을 인용했다. 이들은 누구에게 '설교'하기 위한 자료가 아니다. 이들은 내 삶 속에 싸움을 일으킨 '검' 같은 것이기도 하고 내 영혼을 관통한 '치료의 광선' 같은 것이기도 하다. 이들은 내가 영혼의 깊은 병에서 헤어나올 때 만난 처방전이기도 하고, 삶과 체험이라는 실로 내 나름의 목걸이를 만들 때 꿰어낸 보석돌이기도 하다.

본서가 내적 회복의 중요한 방략으로 소개하는 '인지'와 '대체'에 관해 실제적인 오리엔테이션을 준 브라이언 브렌트(Brian Brennt) 목사와, 각각 다른 차원에서 '관계'에 대한 통찰에 눈을 뜨게 한 딘 셔먼(Dean Shirman), 아브라함 헤셸(Abraham Joshua Heschel)에게 감사한다. 내가 체험의 씨앗에서 싹을 틔우며 사유를 정리하고 있을 무렵 이들을 만난 것은 큰 축복이었다. 이들의 강의와 저서는 본서가 전체적인 이론적 체계를 형성하는 데 크게 기여했다.

특별히 브렌트 목사, 브루스 톰슨, 칼 레만, 짐 와일더 박사 등을 대면하며 받은 무언의 메시지를 잊을 수 없다. 그들은 저마다 치열한 영적 전장 또는 험난한 운명의 질곡이나 인간관계의 가시밭길을 통과하고 이제는 돌아와 평안의 강 언덕에 앉은 백전노장의 안식을 풍기고 있었다. 마지막으로 빼놓을 수 없는 사람은 오스왈드 챔버스(Oswald Chambers)다. 그는 본서를 첫 장부터 끝 장까지 관통하여 나에게 믿음직한 영적 길잡이 역할을 한 멘토였다.

그러나 그 무엇보다 본서를 집필하는 과정에서 결정적인 대목마다 생생하게 개입해 주신 성령님께 감사드리지 않을 수가 없다. 한 동안 이 사실을 명료하게 인식하지 못한 채 전체적으로 무의식적으로만 감사하고 있었는데, 도저히 주님의 개입을 부정할 수 없는 특정 순간에 이르러서야 그 사실을 분명하게 인지하게 되었다. 나는 이를 각주로 처리하여 주님께 '크레딧'을 드리지 않을 수 없었다.

본서의 초벌 원고를 마감한 후 제일 걱정되는 것은 전문적으로 신학을 연구한 적도 없으면서 본서에서 언급한 개인적인 신앙적 체험이나 신학적 통찰이 기독교의 진리에서 멀리 벗어나 있는 어불성설의 언설이 되지나 않을까 하는 것이었다. 이때 제일 먼저 떠오른 분은 조직신학을 가르치는 동료 교수이자 존경하는 이문균 목사님이었다. 마치 루이스(C. S. Lewis)가 기독교에 대한 책을 집필하고 각 교파의 전문가들에게 감수를 부탁했었다는 심정으로 그분에게 일독을 부탁드렸다. 꼼꼼하게 읽으시며 교리적으로 문제가 없음을 확인해 주었을 뿐만 아니라[5] 여러가지 귀중한 조언까지 더하여 주신 것에 진심으로 감사한다.

몇 학기에 걸쳐 나의 설익은 강의에 동참해 주신 "자유의 삶" 수강생 여러분에게도 감사드린다. 본서는 그 강의 노트를 기초로 이루어진 것이다. 이 곳에서 집필하는 동안 내내 본서가 하나님 나라의 확장에 쓰이기를 간절히 기도해 준 오닐(O'Neil) 목사와 윌(Will) 형제와 씨티리치이스트교회(City Reach East Church) 식구들에게 심심한 감사를 드린다. 집필 중에 컴퓨터가 멈추어 서자 큼직한 화면을 가진 새 컴퓨터로 교체해 준 딸과 집필하는 과정 내내 도와준 가족에게 감사한다. 내가 집필 기간 동안 본국에서 처리해야 했던 귀찮은 일을 아무 불평없이 처리해 준 동생 유숙에게 이 자리를 빌어 감사한다. 그의 도움이 없었다면 이처럼 평안한 맘으로 집필에 전념할 수 없었을 것이다.

끝으로 본서가 세상에 나오도록 허락하신 기독교문서선교회(CLC)와 대표 박영호 목사님과 본서가 나오기까지 수고하신 직원분들께 깊은 감사를 드린다. 그리고 본서의 원고를 한 문장 한 문장 '부드럽게' 고쳐가며 읽어준 아내에게 감사한다. 본서가 이만큼이나마 가독력을 지닐 수 있게 된 것은 아내의 덕택이다. 집필의 시작부터 끝까지 쾌적한 공간을 제공한 카네기도서관에게도 감사한다.

---

5   그러나 이 목사님께서 읽으신 후에도 집필은 계속되었으므로, 본서가 지닐 수 있는 모든 신앙적 신학적 오류에 대한 최종적인 책임이 내게 있음은 물론이다.

집필 과정에서 간증문을 되도록 원문 그대로 싣는 중에 전체적으로 같은 표현이 몇 차례 반복되어 나오게 되는 것을 용서해 주시기 바란다. 독자 여러분의 넓은 혜량과 많은 가르침을 기대하며 주님의 은총과 평안을 빈다.

2018년 피츠버그 다람쥐언덕, 카네기도서관에서

/일러두기/
본서에 인용된 성경 본문은 원칙적으로 개역개정판을 사용하였으나 필요에 따라 저자가 임의로 사역한 경우도 있음을 밝혀 둔다

제1부

너의 정체성을 인지하라

제1장 '나'는 관계적 존재다

제2장 하나님의 동역자

제3장 왜 하나님인가?: 철학을 넘어, 종교를 넘어

부록 하버마스의 '해방된 관계'?

제1장

'나'는 관계적 존재다

    부끄럽게도, 유학에서 돌아온 내가 제일 먼저 '결행'한 일은 '교회 다니기'를 중단하는 일이었다. 초등학교에 다니기 훨씬 전부터 어머니를 따라 발을 들여놓았던 '교회 생활'이었다. 그것에 종지부를 찍기로 한 것이다. 사실 그 생활은 매너리즘에 흠뻑 젖은 것이었다. 아이러니하게도 스스로 '나는 기독교 신자다'라고 느껴 고백한 것은 그렇게 교회를 떠나고 난 뒤의 일이었다. 그때 나는 막 30대를 벗어날 무렵이었다.

    오랜 기간 계속된 해외생활에서 돌아와 대학에서 가르치기 시작했을 무렵, 나에겐 한 가지 강렬한 회의가 엄습해 오고 있었다. 그것은 '삶의 무의미성' 같은 것이었다. 원하던 학위도 얻었고 돈을 주지 않는다 해도 그토록 절실히 하고 싶었던 일까지 하고 있었음에도 '이대로 살기만 하면 내 삶은 영원히 의미 충만하게 되는 것일까?'라는 회의가 밀려들기 시작한 것이었다. 해답을 모색하고 있던 나에게 잇따라 떠오르는 한 가지 소박한 의문이 있었다. 그것은 '비진실의 삶에 무슨 의미가 있을 수 있을까?'라는 것이었다. 그럼에도 뭔가 내어 놓을 것이라도 있는 양 나대는 나 자신과 인간 군상의 목습으로 괴로웠다.

　비진실은 삶의 의미를 담을 그릇이 될 수 없을 것만 같았다. 비진실 앞에서 삶의 의미는 부차적인 것이었다.

　'적어도 자신에게 진실해야 자신의 진면목이 보이고 자신의 죄성이라도 보일 게 아닌가?'

　'그래야 구원받을 가능성이 만 분의 일이라도 있을 것이 아닌가?'

　이 생각에 이르자 내가 지금 하고 있는, 또는 이제까지 해 온, 많은 행동이 비진실한 행동이었음이 절절히 보이기 시작했다. 사소한 일상부터 공적 활동에 이르기까지 모두 한결같았다. 동창회에 나가 술자리에 앉아 있는 시간같이 사소한 일도 그랬지만, 특별히 이러한 생각에 기름을 끼얹은 것은 갖 시작한 대학 교수 사회의 문화였다. 화려한 수사력과 이지적이고 고상한 매너를 추구하는 집단이었지만 그 우월감의 높이만큼이나 내면에 비진실성이 깊이 자리하고 있음에 놀랐다. 학장 선거에 출마하라는 후배 교수들에 떠밀려 억지로 웃으며 악수하던 내 모습도 예외가 아니었다. 비진실했던 활동들을 하나하나 털어내고 있던 나는 1주만에 '선거운동'을 접었다. 내친 김에 그런 선거판을 만들고 있는 '교수협의회'에서도 탈퇴해 버렸다. "잘 났어!" 하며 야유하는 동료 교수들을 뒤로 한 채….

　그러나 나에겐 무척 오랫동안 무심코 반복해 온 비진실한 행동이 있었다. 그것은 교회에 '다니는' 일이었다. "교회에 구원이 있다"는 막연한 명제에 묶여 지속되어 왔던 나의 교회 생활이 전혀 내면의 진실성이 결여된 것이었음을 깨달은 것이다. 그동안 내가 교회에서 진심처럼 고백했던 말에 진실성이 없었다. 신앙 없는 공허한 말이기 때문이었다. 개척하여 고군분투하고 있는 동생의 교회에서, 형이라는 자가 "더 이상 교회에 나오지 않겠다"고 선언하다니! "그럴 바엔 아예 처음부터 이 교회에 들어 오질 말던가!" 했을 것이다. 그럼에도 이 모든 일을 결행하지 않을 수 없었다. 당시 내겐 내 삶을 비진실에서 구해내고 마지막 구원을 얻기 위해 교회를 떠나는 것이 필연처럼 보였다. 이 일로 나의 결정을 비난하는 사람이라 해도 누가 내 삶의 구원을 책임져 주겠는가?

그러던 어느 날, "네가 진실성 있는 삶을 살기 위해 교회를 떠난다고 치자. 그런데 그 교회라는 곳에서 읽고 있는 성경에 대한 너의 태도는 얼마나 진실한 것이었느냐?"라고 묻는 목소리가 내면에서 들려 오고 있었다. "어떻게 한 번도 제대로 읽어 보지도 않고 그 책이 말하는 내용을 덮어 버린단 말이냐?"라고 힐난하고 있는 것이다. 사실 나는 그때까지 단 한 번도 내 스스로 성경 전체를 읽어 본 적이 없었다. 나는 성경을 읽어 보고 던져 버릴지 말지 결정하기로 했다.

주변에 나와 같은 처지에 있는 사람이 많다는 것에 놀랐다. 그런 사람끼리 모여 성경 읽기 모임을 시작했다. 노동자, 학생, 의사, 직장인 등으로 구성된 10여 명이 모였다. 어느 날 성경 읽기가 끝난 시간이었다. 그 모임에 나오던 남녀 두명이 서로 사귀고 있었는지, 나에게 결혼식 주례를 서달라고 간청하는 것이었다. 나는 일언지하에 그들의 청을 거절했다. 하객들이 도떼기시장같이 떠들어 대는 결혼식장에서 이들의 소음에 질세라 목청을 높여가며 혼자 떠들어 대는 주례자가 되고 싶은 맘이 없기도 했거니와, 정작 진실성 일반의 문제로 번뇌에 빠져 있는 나로서는 그런 자리에 서고 싶지 않았기 때문이었다.

진실성이란 언제나 관계의 영역에서 대두되는 핵심의 문제가 아닌가! 더구나 결혼은 관계 중의 으뜸임에야! 나는 한사코 그런 일은 하지 못하겠으니 다른 사람을 찾아 보라고 사양했다. 그럼에도 그들은 막무가내였다. 그들은 끈질기게도 그 다음 번 모임에서 이 사실을 털어놓으며 회원들의 동조를 등에 업고 나를 압박했다. 못하겠다는 나와 회원들간의 실랑이가 벌어지자 한 사람이 "성경적으로 하자!"며 동전을 던져 결정할 것을 제안했다. 나는 그 결과에 떠밀려 주례석에 서고 말았다. 아마 나의 첫 주례일 것이다. 아래의 주례사는 그 내용을 수정한 것이다.

그 후 나는 그 그룹과 더불어 성경을 첫 줄부터 읽기 시작했다.

40여 년 만에 처음으로!

긴 이야기를 줄이자면, 그러던 중 어느 날 나는 내 자신이 결국 그리스도 예수의 진리를 믿고 있는 예수의 제자임을 발견했다.

말씀엔 생명이 있다더니!

1. 주례사

저에게는 과년한 두 딸이 있는데, 저는 그 애들의 결혼식 주례사는 반드시 내가 직접 하겠노라고 늘 말해 왔습니다. 딸애들에게 결혼할 때 꼭 해주고 싶은 이야기가 두어 가지 있기 때문이었습니다. 그것은 저의 40여 년의 삶에서 얻은 아픈 통찰이기도 합니다.

인간은 무엇을 만들어 내거나 창조할 때, 먼저 머릿속에 어떤 모델을 지니고 구상하게 됩니다. 끌과 망치를 들고 다듬지 않은 바윗덩이 앞에 선 석공은 이미 바위 속에서 포효하며 뛰어나오는 사자나 호랑이를 보게 됩니다. 도공이 물레에 흙덩이를 얹어 무언가를 빚어내려고 할 때에도 머릿속에는 이미 특정한 형태의 꽃병이든 청자 항아리든 떠올리게 마련입니다. 그러니까 가마에서 구워 낸 것이 자신이 그리던 모델과 다르면 사정없이 깨뜨려 버리고 마는 것이겠지요. 고대 그리스 철학자들(특히 플라톤)도 이것을 철학적으로 통찰했던 듯합니다. 사람들은 내가 적당히 둥그렇게 그려 놓은 것을 "원 같다"라고 하고 적당히 쭉 그어 놓은 선을 "직선 같다"라고 말할 것입니다. 그러나 생각해 보면 우리는 이 세상에서 단 한 번도 제대로 된 '원'이나 '직선'을 본 적이 없습니다. 아무리 정밀하게 그려 놓은 것도 제대로 된 것일 수 없을 테니까요. 그런데도 사람들은 마치 어떤 원형의 '원'이나 '직선'을 보기라도 했던 것처럼 그것들을 "원 같다," "직선 같다"라고 말하는 것입니다. 플라톤은 우리가 이렇게 말하는 것은 이 세상에 태어나기 전에 그것들을 '보았'기 때문이라고 주장합니다. 그리고는 그것을 '이데아'라고 불렀습니다. 그리스어 '보다'(또는 알다)라는 동사 '이데인'을 본뜬 말입니다. '이데아'라는 항구적이고 초월적인 어떤 것이 존재와 인식의 완전한 원형으로 우리의 육안으로 보는 감각의 세계 저 편에 존재하기 때문에 우리가 그렇게 말한다는 것입니다.

이처럼 모델은 모든 창조 작업에 긴요한 요건이 됩니다. 무언가가 생겨나기 위해서는 반드시 이런 과정이 필요하도록 만드신 분이 바로 하나님이시라면, 그렇다면 그런 원칙을 따르도록 우리 인간을 만들어 내신 그분께서도 우리 인간을 만들어 내실 때 무언가를 모델로 하여 만들지 않으셨을까 하는 생각이 들게 됩니다. 성경은 이렇게 대답하고 있습니다. 조물주께서 자신의 형상(image)을 따라 인간을 만드셨다고 말입니다.

그런데 나온 것을 보니 '남자와 여자'로 나타났다고 쓰여 있습니다. 이 과정이 신비롭습니다. 그렇게 태어난 인간, '남자와 여자'는 블랙홀에 끌려가듯 서로를 끌어들이고 끌려가는 강한 인력(引力)을 지닌 채 이 세상에 모습을 드러낸 것입니다. 이는 인간을 이렇게 만드신 하나님께서 친히 관계적 존재의 전형이실 것이라는 추론을 갖게 합니다. 인간은 이렇게 하나님을 따라 태어난 것입니다. 하나님 자신이 남성성을 지닌 성부 하나님이요, 여성성을 지닌 성령님이기도 하십니다. 같은 창세기의 다른 곳에서는 이 과정을 좀 더 상세히 '슬로모션으로' 기술하고 있습니다. 하나님께서 태초에 모든 동물을 암수로 창조하실 때 인간은 이와 다른 방식을 취하여 창조하셨다고 기록하고 있습니다. 모든 동물을 쌍으로 지으시고도 오직 인간만은 '아담' 홀로 있게 지으셨던 하나님께서는 그의 '독처(獨處)하는 것이 좋지 않음'을 보시고, 아담을 소재로 삼아 그의 아내를 지으셨다고 했습니다. 그렇게 지으심으로써 그가 아내를 보자마자 '나의 뼈 중의 뼈요 살 중의 살'이라고 인지하게 하셨습니다.

그리고 하나님께서는 이처럼 인간을 만드실 때 동물과 달리 하나님 자신의 형상을 따라 지으신 것이라고 말씀하고 계십니다. 하나님 형상을 따라 지었는데 그들이 남녀로 나타났고, 그 인간 남녀의 관계가 '뼈 중의 뼈'가 되는 관계라면 그 이미지의 근원이신 조물주 자체가 지고한 친밀의 관계성을 가지셨다고 말할 수밖에 없게 되었습니다. 그렇습니다. 하나의 성령으로 꿰맨 성부 하나님과 성자 하나님이 친밀한 관계이시듯, 남녀 부부의 관계 역시 땅 위에 있는 친밀한 관계성의 전형인 것입니다. "뜻이 하늘에서 이루어 진 것처럼 땅에서도 이루어진" 것입니다. 그렇습니다. 태초에 하늘엔 관계가 있었고 땅에는 관계 중의 관계인 남녀의 결혼 관계가 이루어진 것입니다.

그런고로 하나님의 섭리하심에 반응하여 인간의 결단으로 이루어진 결혼에는 신비가 있습니다. 사랑하는 두 인간의 결의에 하나님의 축복이 임재하는 순간이 결혼입니다. 이를 입증이라도 하시려는 듯, 예수께서는 지상에서 일으키신 첫 번째 기적으로 결혼식을 택하시고 물을 포도주로 변화시키셨습니다. 그래서 결혼으로 나타나는 이 인간의 관계는 하늘과 땅이 어우러지는, 세상에서 가장 아름답고 가장 엄중한 사건입니다. 결단코 남들이 하니까 무심코 따라서 하고 보는 그런 예삿일일 수 없습니다.

이 땅에서 예수님의 제일성은 하나님의 뜻이 이루어지는 하나님 나라가 도래했다는 것이었습니다. 그러니 그 실현을 위해 회개하라고 말씀하셨습니다. 가르치신 기도문에서도 수많은 비유 설교에서도 이 메시지를 강조하고 계십니다. 이 말씀의 일차적인 뜻은 예수님이 오심으로 인해 이루어질 우리 맘속의 하나님 나라지만 이것이 구체화되어 나타날 제도적 인간관계도 염두에 두신 것이라면, 그리하여 그 하나님 나라를 구체적으로 이 땅에 실현하기로 하셨다면 그곳은 어디부터 일까요?

관계의 하나님, 창조의 하나님께서 주권을 가지시는 '하나님 나라'의 첫 모델은 가정일 것입니다. 왜냐하면 가정은 하나님께서 땅 위에 만드신 관계의 근본적인 최소 단위이며, 인간 생명을 생육하는 최초 단위이기 때문입니다. 그런고로 가정을 이루는 부부에게는 엄중한 임무가 기대됩니다. 결혼은 그냥 개인의 실제적인 필요를 충족시키기 위한 세상의 제도가 아닙니다.

이처럼 결혼 관계가 내재적 필연성을 지니고 있는 것이라면 결혼으로 맺어진 우리 인간이 할 일은 다만 그 관계를 가로막고 있는 장애물을 제거하는 일에 매진하는 것으로 족할 듯합니다. 둘 사이에 인간이 만들어 놓은 장애물만 제거하면 장애물이 제거된 벽으로 난 창과 창을 통해 성령의 바람이 둘 사이를 관통해 흘러가도록 설계되어 있을 것이기 때문입니다. 이 일을 해내지 못할 때 우리는 관계의 파괴를 노리는 사탄의 지배하에 놓이게 될 것입니다. 이 일에 실패할 때 결혼은 더 이상 천국이 아니게 됩니다. 오히려 서로를 괴롭히는 저주의 기관으로 전락할 수 있습니다.

오늘 자신을 알아 줄 시인을 만난 들꽃처럼 서로를 향해 마주 달려와 드디어 하늘과 땅의 축복을 받으며 이 자리에 이르신 두 분께, 결혼 관계는 가장 아름답고 축복이 넘치는 사건인 동시에 인내와 결의를 요구하는 힘든 삶의 과정이기도 하다는 것을 말씀 드리고자 합니다. 왜냐하면 첫째로 이 성스러운 하나님의 설계를 파괴하려는 사탄의 세력이 실제하기 때문이며, 둘째로 이제 두 분은 더 이상 이전의 두 분이 아니기 때문입니다. 산소가 수소 두 분자를 만나 관계를 맺었을 때 더 이상 산소도 수소도 아닌 제3의 존재가 되듯, 두 분은 전혀 다른 제3의 존재가 되어 버리기 때문입니다. 익숙했던 것을 떠나 새로운 것에 진입하는 일에는 언제나 고통이 수반합니다. 이전과 다르게 생각하고 다르게 행동하고 다르게 살고 다르게 삶의 목표를 설정해야 하기 때문입니다. 두 분이 이 섬세한 시간을 만나 낙오하지 않기 위해 저는 저의 결혼생활을 통해 뒤늦게 깨달은 몇 가지 통찰을 소개하는 것으로 주례사를 마감하려 합니다.

첫째, 무엇보다 먼저 기억해야할 것은 관계성의 근원이신 하나님께서는 우리 하나하나. 즉 '나'와 '영적' 관계 맺는 일을 지상 과제로 삼고 계시다는 것입니다. 이제 그런 하나님의 형상으로 태어난 우리가 부부가 되었습니다. 그런 우리 부부는 하나님이 우리를 향해 다가오셨듯이 동일한 가슴으로 이웃을 향해 다가가야 할 것입니다. 그것이 우리를 부부로 맺어 주신 하나님께서 우리를 향해 품고 계신 우주적 기획이라고 생각합니다.

둘째, 저는 어느 날 잠자는 아내의 얼굴을 바라보다가 갑자기 강한 연민에 사로잡혀 가슴이 아팠던 적이 있습니다. 그 이후 부부는 피차 상대방을 불쌍히 여겨야 한다는 것을 깨닫게 되었습니다. 사람들 앞에선 자신만만한 그이도(또는 그녀도) 실은 그 내면에 있어서는 언제든 무너질 수 있는, 그래서 한없이 연약한 존재임을 피차 동정하며 살아야 하는 존재였던 것입니다. 서로를 향한 이 연민이 위기를 극복하는 관계의 기반이 될 것입니다.

셋째, 부부는 하나 된 몸입니다. 그러나 칼릴 지브란의 말처럼 두 사람 사이에 거리를 두어야 하는데 "하늘의 바람이 춤추게 하고…대양의 바다가 출렁이게" 해야 한다는 것도 깨달았습니다. 그만큼 멀리 떨어져 각자 자신의 고유한 세계를 가지고 있어야 하는 것입니다. 각자에게 이 신비가 없어지고 나면 매력도 없고 두 사람 간에 창조적 대화도 끊어지고 말 것입니다.

넷째, 인생이 늘 순탄한 것은 아닙니다. 인생의 위기를 만나면 혹 둘 중 한 사람이 무너져 내릴 때도 있습니다. 그럴 때 부부는 서로를 수렁에서 구출해 내어 삶의 의미를 되찾아 주어야 하고, 이 일을 위해서는 각자 자신의 삶에서 실현시키려고 지녀왔던 자기만의 꿈을 내려놓아야 할 때도 있습니다. 그럴 때 결코 상대방을 향해 불평해서는 안 되는 것입니다. 그것이 우리를 부부로 맺어 주신 분의 섭리일 수 있기 때문입니다.

다섯째, 이 세상은 나뭇잎 하나도 같은 것 없다는 것을 배웠습니다. 일란성 쌍둥이조차 지문이 서로 다르듯 모든 만물은 다르게 지어진 존재입니다. 그래서 상대방이 나와 같아지기를 원해서 상대방을 고치려고 애쓰는 것은 어리석은 일임을 깨닫습니다. 저는 두 분께 이 책을 선물로 드리려고 합니다. 우리 부부도 이 책을 같이 읽었습니다. 제 처가 먼저 읽었고 그 책을 제가 읽었습니다. 같은 책을 읽으면서도 저는 아내가 밑줄을 치고 그것도 모자라 옆에 커다랗게 별표를 표시해 놓은 부분을 보며 한참이나 어리둥절하곤 했습니다. 왜 그 부분이 그렇게 감동이 되었는지 전혀 알 수 없었기 때문입니다.

저는 저의 결혼생활을 통해 부부는 결코 "저 사람의 저 문제점이 고쳐지는 날 나는 비로소 행복해질 거야"라고 기대하지 말아야 한다는 것을 깨달았습니다. 우리의 성격 문제는 마치 당뇨병과 같아서, 상대방의 그 병이

고쳐지는 날 나의 삶이 행복해질 것이라고 생각한다면, 평생 우리의 인생은 결코 행복하지 않은 채 불만 속에 살다 인생을 마치게 될 것입니다. 그것을 지닌 채 그것과 함께 삶이 행복해지는 지혜를 구해야 하는 것이라는 것을 깨닫게 되었습니다.

그래서 저는 그 동안 아내를 향해 저의 당당한 '권리'라고 생각했던 것을 스스로 포기 선언하기로 했습니다. 이 점을 뒤늦게 깨닫고 그에 대한 생활의 목록을 작성해 보았습니다.[1]

마지막으로 서두에서 말씀 드린 바와 같이, 두 사람이 결혼을 통해 세상에 놀라운 일을 이루도록 섭리하고 축복하신 분께 주야로 기도하시기를 당부 드립니다. 세상에는 언제나 하나님이 주신 이런 축복의 인간관계를

---

1   예를 들면 이런 것들입니다.
   1) 저의 아내가 있다 떠난 곳엔 반드시 뭔가 물건이 남겨져 있습니다. 저는 어지럽혀진 공간으로 인해 평안을 잃을 때마다 불만을 터트리곤 했습니다. 그러나 이제 그러던 저의 권리를 포기하기로 했습니다. 어지럽혀진 공간이 아내에겐 전혀 문제가 되지 않는 사안이었기 때문입니다.
   2) 무거운 물건을 들고 가는 저의 길을 가로 막고는 아무렇지도 않게 끝까지 자기의 일을 태연히 하고 있는 아내를 야속하게 생각하지 않기로 했습니다. 운전을 할 때도 아내는 늘 그런 식으로 행복하게 자기의 길을 가기 때문입니다.
   3) 사건의 순서를 자기 맘대로 뒤섞어 사건의 원인과 결과를 뒤집고, '논리적으로 당치도 않는 말싸움'을 걸어온다고 발을 동동 구르지 않기로 했습니다. 아내는 소위 ESFP형이고 저는 INTJ형이기 때문입니다(MBTI를 참고하시기 바랍니다).
   4) 누가 저에게 물건 좀 찾아오라는 부탁을 하면 저는 금시 얼어붙는 듯합니다. 소위 '싸전 모퉁이 눈먼 장닭' 증후군이 발동하기 때문입니다. 이 증후군이 뭔지 아십니까? 지역 속담으로 수탉이 눈이 멀어 쌀 가게 곁에서도 쌀알을 주워먹지 못한다는 말입니다. 그런 저는 늘 아내가 치워 놓거나 재배치한 물건을 찾느라 시간만 낭비하는 듯합니다. 앞이 안 보이는 거나 마찬가지인 셈입니다. 아내와 저 사이에는 늘 '보물찾기' 게임이 진행 중입니다. 이제 저는 불평을 그치고 한 주가 멀다 하고 집안을 바꿔 놓는 아내의 미학 실습 결과를 그냥 즐기기로 했습니다. 이젠 그것을 보는 것이 기쁨이 되었습니다.
   5) 다른 사람과 만나기로 한 약속 시간이 임박해 오는데 아내가 집에서 나오지 않을 때 저는 미리 차 시동을 걸어 놓고 앉아 붉으락푸르락 했습니다. 그러나 이제 아내가 시간을 맞춰 나오기를 기다리는 저의 기대를 포기해야 한다는 것을 깨달아 가고 있습니다(제 시간에 안 나오면 화내는 대신 아내를 놔두고 저 혼자라도 먼저 떠나버릴지언정).
   목록은 대개 이런 것들이고 이것들은 전적으로 저의 입장에서 작성한 것일 뿐입니다. 아내는 이미 아내대로 저의 행태를 포기하는 이보다 몇 배나 긴 목록을 맘속에 작성해 가지고 있을 겁니다.

깨뜨리는 일에 혼신을 다하는 악한 세력이 있다는 사실을 꼭 기억하시기 바랍니다.

그러므로 관계 중의 관계인 모든 결혼은 반드시 사탄의 공격을 받게 되어 있습니다. 세상의 전쟁과 가난과 질병은 이 파괴된 인간관계의 결과물일 때가 많습니다. 세상의 온갖 비뚤어진 사회적 병리가 가정이 깨져서 나온 결과물일 때가 많습니다. 이러한 악의 세력에 분연히 일어나 싸워 나가는 두 분이시길 기도합니다. 이 싸움을 싸울 때 반드시 주님의 도움을 구하기를 간곡히 권합니다. 왜냐하면 이 싸움은 결코 인간의 힘만으로는 이길 수 없는 싸움인 것을 깨닫기 때문입니다.

저는 결혼식 주례를 승낙한 그 시간부터 두 분의 앞길을 위해 기도를 시작했습니다. 두 분의 앞길을 주님께서 인도하실 것입니다. 제 이야기를 끝까지 들어 주셔서 감사합니다.

2. '나'는 누구인가?

앞에서 들은 나의 '주례사'가 '나이브'(naive)하게 들렸는지 모르겠다.

관계성이라는 것이 진정으로 다른 피조물과 구별되는 인간 일반의 고유한 특성인가?

그리고 그 관계적 특성이라는 것이 참으로 인간을 창조하신 하나님에게서 연원(淵源)한다는 전제는 논증 가능한 것인가?

이런 의문이 일어날 수 있을 것이다. 이제부터 다소 전문적인 접근을 통해 내가 위 주례사에서 언급한 권면의 논거를 따져 보아야 할 것 같다.

언제부터인가 내가 철저히 '외로운 섬'으로 살고 있다는 사실을 발견하고 놀랐다. 그렇게 사는 것이 당연할 뿐만 아니라 합리적이고 맘 편한 삶이라고 느끼며 살아온 것이었다. 도대체 인간이 맺고 사는 '인간관계'라는 게 속을 들여다보면, 들어온 것이 나간 것보다 많은지 적은지를 따지는 쪼잔한 거래가 아닌가 하는 생각이 들곤 했다. 그처럼 부정확한 저울 위의 줄타기라면 아예 그런 거래를 하지 않으며 사는 편이 맘 편하겠다고 생각하기도 했다. 그런 중에도 주변에 몇몇 친하게 지내는 사람이 없는 게 아니었고, 친지가 없는 것도 아니었다. 더구나 결혼한 이후로는 사랑하는 아내와 자식과의 관계 속에서 살아왔던 것도 사실이다.

그럼에도 '군중 속의 외로움'이랄까, 문득 '나는 혼자다'라는 느낌이 안개처럼 내 영혼을 덮고 있는 것을 어렴풋이 느끼곤 했다. 그러면서도 내심 매일 사람들 속에 묻혀 지내는 소위 '친화력 좋다'는 사람들의 삶의 방식은 경멸하고 있었다. 그것이 관계의 본질은 아닐 것이라는 막연한 느낌 때문이었으리라. 아무튼 이 시기의 내 삶은 명확한 해답을 확정하지 못함으로써 오는 '불확실성'의 불안감으로 채워져 있었다. 내 존재 자체가 관계요, 관계성의 실현만이 존재의 참 의미를 담보하는 것임을 명확히 깨달을 때까지!

성경에 의하면 인간은 그를 지으신 하나님의 형상에서 연원한다. 그리고 그 하나님은 스스로 '삼위일체'의 관계성으로 규정되어 있다. 그러니 인간도 이 시원을 따라 관계적 존재로 태어났다고 말해 버리면 설명이 끝나는가? 그렇게 신앙의 이름으로 위로부터 눌러 버리기보다, 우리의 의식 저변부터 끊임없이 피어나는 한 가지 원천적인 의문, "도대체 '나'는 누구인가?"에 대한 대답에서 답을 찾는 편이 더 '합리적'일 듯하다. 그것은 모든 사유의 단초가 주관에서 시작되기 때문이기도 하고, '나' 없는 관계라는 말 자체가 공허한 개념이 될 것이기 때문이다. 적어도 일단은 그렇게 보인다. 그렇게 '나'의 문제에서 이야기를 시작하는 것이 피차 맘이 편할 듯하다.

학창 시절, 대학 강연장에 초대되어 온 이문영 교수가 자신에게 물었다던 질문이 아직도 흥미롭다.

그는 이발소의 커다란 거울에 비친 자신의 얼굴과 전면에 비친 다른 사람들의 얼굴을 번갈아 바라보고 있었단다. 그런데 어느 순간 얼굴에 살집도 붙고 기름기도 번지르르한 다른 사람들에 비해 자신의 얼굴은 자기가 보기에도 너무나 쭈글쭈글하고 꾀죄죄해서 스스로 창피한 생각이 들었단다.

한 참을 그렇게 자신을 못마땅해 하던 그는 그런 생각을 하고 있는 자신에게 버럭 화가 치밀더라는 것이다.

"너는 지금 자연의 부침에도 여일한 존재로 남아 있을 '나' 이문영이를 무시하고 있어! 그 영원히 항존할 '나' 이문영이를 저들과 비교하며 부끄러워해?"

자신을 크게 나무랐다는 것이었다. 그의 그 말은 나의 가슴에 강한 공명을 일으켰다.

'자신의 몰골에 대해 그렇게 불만스러워하는 사람이 또 있구나! 난 태어나 귀가 열리자마자 내 모습을 알아차렸는데,[2] 나이 들어 이발소에 가서야 당신의 모습을 발견하시다니! 수천 명 청중 앞 연단 위에서 우리의 귀를 사로잡고 있는 그 멋진 교수님께서?'

그분께서 자신을 향해 호통치셨다는 그 통찰이 그대로 나에게 하늘의

---

[2] 나중에 간증에서 소개할 내용이지만, 선친께서는 당신의 장남으로 태어난 내 모습이 성에 차지 않으셨던지, 아들의 허약한 모습을 못마땅해 하시는 말씀을 되풀이 하곤 하셨다. 나는 어려서부터 그런 말을 듣고 살았다.

소리로 들렸다. 가슴 속 깊이까지 시원하게 뚫리는 듯했다. 그런데 그가 말하는 그 본질적인 불변적 존재인 '나'라는 게 무엇인가? 정말 '나'는 누구인가?

박종홍 교수가 어느 철학 에세이에서 '나'는 누구인가에 대하여 분석한 적이 있다(박종홍 1982). 그는 먼저 기뻐하고 슬퍼하는 주체인 '나'가 있음을 본다. 그리고 이어서 몸이 있어야 슬퍼할 수도 기뻐할 수도 있음에 그 주체는 곧 몸일 것이라고 생각한다. 그렇게 생각하고 났더니 "몸이 무겁다"고 말하던 일이 생각났다. 그것을 보면 그 몸이 주체가 아님을 알 수 있다. 그 몸이 무겁다고 느끼는 또 다른 주체가 있을 것이기 때문이다. 그것을 정신이라고 하자. 정신이 '나'로구나 하고 생각하려는 순간 박 교수는 곧 이어 "정신 나간 녀석!"하며 소리치던 일이 생각난다. 그것을 보면 그 정신 또한 주체가 될 수 없음을 알게 된다. 그 정신마저 나가기도 하고 들어오기도 하는 어떤 '절대적 나'가 있어야 하기 때문이다.

그러나 박 교수는 그런 '절대적 나'라는 게 과연 있는가 묻는다. 이 막다른 질문에 봉착한 그는 생각해 보니 이 모든 질문이 우리 언어생활의 문법적 요구로 인해 제기된 질문이고 거기에서 도달한 '나'라는 것이었음을 깨닫는다. 그는 이 모두가 실체일 수 없는 공허한 개념이라고 결론짓는다. 박 교수가 최종적으로 도달한 '나'는 관계를 통해서 실체가 주어지는 '나'였다. 아버지에 대한 아들로서의 '나'요, 아들에 대한 아버지로서의 '나'인 것이다. 학생에 대한 선생이요 선생에 대한 학생이었다. 고객에 대한 상점 주인이요 상점 주인에 대한 고객이었다. 이렇게 되면, '나'라는 것은 고정된 개념이 아니며 '도상의 존재'(being on the process)로서 '나'이게 되는 셈이다. '나'는 어떤 관계 속에 편입되느냐에 따라 이렇게 또는 저렇게 규정된다는 것이다.

'나'가 고정되지 않은 도상의 존재인지에 대한 논의는 차치하더라도 '나'가 관계 속에서 파악된다는 결론은 '나이브'한 채로도 수긍하지 않을 수 없을 것 같다. 이제 우리는 인간이 진정 '관계적' 존재로 태어난 것인지 인간 일반의 실제를 살펴보아야 할 것 같다. 그리고 더 나아가 그 '관계성'의 궁극적 근원은 무엇이고 그 진정한 의미는 무엇인지까지 하나하나 구체적으로 천착해 들어가기로 하자.

1) 나 - 1: 'Me'로서의 '나'

미국의 사회 철학자 허벗 미드(Herbert Mead 1962) 역시 이 문제를 논한 바 있다. 그의 유명한 'I 와 Me'에 관한 논의를 따라가 보기로 하자(김득룡 2009). 미드는 우리의 자아(Self)가 'I'라는 계기와 'Me'라는 계기로 되어 있다고 주장한다. 우선 영어권의 일상적 언어생활에서 흔히 접하게 되는 목적격 대명사 'Me'는 스스로 자신을 지칭할 때뿐 아니라, 누군가에 의해 불려지거나 지칭되는 상황에서 자신이 자신을 가리켜 하는 말이다. 누군가가 자기를 부르는 듯하면 "지금 나를 불렀어요?"라는 뜻으로 자신을 가리키며 "Me?"하는 것이다. 그런고로 이 'Me'는 집단 속에서 타인을 매개로 해서 확인되는 자신의 존재인 셈이다. 따라서 미드는 이를 (타인) 의존적이며, 경험적이며, 객관적인 '나'의 계기라고 부른다.

이처럼 다른 사람을 통해서 보는 '나'는 결국 집단의 태도를 내 속에 받아들여 그것에 영합하게 된다. 그는 이것을 이른바 '일반화된 타인'으로서의 '나'라고 부른다. 이 'Me'의 계기 때문에 사회 통제가 가능해지고 사회적(또는 소위 '상호 주관적'[intersubjective]) 삶이란 것이 가능해지는 것이다. 미드는 이 'Me'만이 지식과 경험의 대상이 될 수 있다고 주장한다.

미드에 의하면 자아는 'I'라고 불리는 또 하나의 계기를 가지고 있다. 이 'I'는 'Me'의 제약 내에서도 자기를 선언하는 자다. 타인의 태도에 대한 나의 나된 반응을 한다. 그렇기 때문에 이 'I'는 'Me'와 달리 자유를 선언하며 주관적이다. 기존의 것에 영합하기보다는 숨겨진 '나'의 특이성을 발산하고 이를 통해 변화를 추구하고 창조를 지향하는 자아의 계기가 된다. 그러나 미드는 이 계기를 어디까지나 잠재적이며 가상적이라고 규정한다.

미드는 양자의 관계에 대하여 설명하면서, 객관적 'Me'는 항상 이 주관적 'I'에 대한 '시각 속에' 있고, 늘 이 가상적 'I'에 대한 반응 과정을 거쳐 행동하게 된다고 주장한다. 'I' 없는 'Me'의 행동을 생각할 수 없다는 것이다. 그럼에도 미드는 우리의 나(자아)는 결국 'I'라는 사적 계기만으로는 성립될 수 없고 결국 'Me'라는 사회적, 관계적 계기를 필수적인 성립 조건으로 한다고 결론짓는다.

그러면 관계성은 미드가 말하는 것처럼 단지 자아의 한 계기를 구성하는 것일 뿐인가? 만약 그가 말하는 또 다른 'I'의 계기라고 하는 것 역시 '하나님과의 관계'를 경험과학적으로 지칭한 것일 뿐이라고 주장할 수 있다면, 결국 자아는 전체적으로 관계적 존재를 의미하는 것이 아닌가라는 주장이 제기될 수 있다. 그러나 이 문제는 뒤에 나올 에브너를 다룰 때까지 잠시 미뤄두고, 먼저 인간을 관계적 존재라고 부를 수밖에 없게 하는 인간 종의 특이성에 대해 현상적 관찰을 통해서 논증하고 있는 맥머레이의 주장에 귀 기울여 보기로 하자.

2) 나 – 2: 관계의 존재 '인간'

『관계 속의 인간』(*Persons in Relation*)의 저자 맥머레이(John MacMurray)는 이 책에서 다른 동물들과 달리 인간이 얼마나 관계 의존적 동물로 창조되었는가를 유아의 삶을 통해서 입증하고 있다. 그는 인간의 자아는 물질적 존재도 유기체적 존재도 아닌 '인격적'(personal) 주체라고 규정한다. 그에게 있어 인간이 '인격적'이라는 말은 그가 철저하게 관계적 존재라는 것을 의미한다. 당장 우리가 먹고 사는 식품 구입 과정 자체만 봐도 우리는 소비하는 우리와 농작물을 생산하는 농부와의 관계, 운반하는 운송업자와의 관계, 중간 단계에서 거치는 상인들과의 관계 등 수많은 인간관계 속에 존재한다. 그럼에도 이는 당사자들의 의지와 무관하게 서로 알지 못하는 사람 사이에서 간접적으로 이루어진다는 점에서 인격적 관계는 아니라고 한다.

이는 '비인격적'(impersonal) 인간관계일 뿐이라는 것이 맥머레이의 주장이다. 왜냐하면 이런 관계는 효율성을 담보하기 위해 객관적 지식에 근거하여 이루어진 조직일 뿐이기 때문이다. 그러나 인간은 이런 관계보다 더 근본적인 의미에서 관계적 동물이라고 부를 수 있는 바, 맥머레이는 이를 직접적 의미의 관계라고 부른다.[3] 우리는 전자와 같은 간접적 인간관계와 구분되는 후자의 이 직접적 관계의 전형을 엄마와 유아 간의 관계에서 보게 된다. 그리고 맥머레이는 이 관계를 인간의 '인격성의 근원적 구조'(the original structure of the personal)라고 부른다(맥머레이 1961).

유아는 처음부터 관계 의존적으로 태어난다. 맥머레이에 의하면 배우지

---

[3] 맥머레이의 효율성을 위한 간접적 인간관계와 인격적인 직접적 인간관계의 구분은 제1부 부록에서 하버마스가 인간의 관계를 노작과 상호 작용으로 구분하는 것과 유사한 논점을 공유하고 있다.

않고도 생물학적 충족을 위해 환경에 적응하는 능력을 본능이라고 정의한다면, 인간은 거의 이런 본능 없이 태어난다(맥머레이 1961).[4] 단지 예외적으로 젖을 빠는 반사 작용이 주어져 있을 뿐이다. 그런데 맥머레이에 의하면 이러한 자극에 대한 반응은 생물학적으로 무작위적 행위일 뿐 (살기 위한) 목적적 행위가 아니며, 인간의 모든 목적적 행위는 학습에 의한 것이다. 그리고 이 학습은 철저히 성인에 의존하도록 되어 있는 삶의 조건에 적응(adapted)하는 것을 의미한다.

동물과 달리 인간은 그렇게 철저히 의존적인 환경에 적합하도록 만들어진 것이다. 유아는 자신의 (생물학적 필요를 포함해서) 모든 필요를 누군가가 이성적으로 예견해 주어야 생존해 갈 수 있게 되어 있다. 유아가 가지고 있는 환경 적응 능력이란 고작 조건에 대한 만족감/불만족감, 관계에 대한 만족감/불만족감을 표현하는 울음과 웃음 정도인데, 이것들은 생물학적으로는 반드시 필요한 능력이 아니다. 그런데도 그들은 울고 웃는다. 유아가 홀로 있을 때 울음을 운다는 것은 생물학적 필요 이상의 무언가를 의미한다는 말이 된다.

> 유아가 생리적 불편이 없는 데도 자신이 홀로 있음을 깨닫고 엄마의 부재로 인해 불안해져서 운다는 것, 그러다가 엄마가 나타나거나 엄마의 목소리를 듣는 것만으로도 충분히 불안이 제거되고 울음이 웃음으로 바뀐다는 것은 놀라운 현상이다(맥머레이 2011).[5]

---

4 우리는 이를 통해 하나님은 처음부터 신체적으로도 인간을 스스로 부양할 수 없는 '가난한' 또는 '거지'의 존재로 창조하신 것을 알 수 있다. 이 문제는 제2부에서 좀 더 자세히 다루어 보자.
5 실제로 유아가 어머니의 젖을 빠는 것이 반드시 생물학적 이유 때문만은 아닐 것이다. 왜냐하면 유아가 이미 배가 부른 뒤에도 엄마의 젖에서 떨어지지 않으려 하는 행위는 생물학적 필요를 초월한 무언가를 의미하기 때문일 것이다. 엄마와의 관계 맺기를 위함일 것이다.

이 울음과 웃음은 생물학적 의미 이상의 의미를 갖는 것이기 때문이다.

유아의 이런 인간관계는 동물과 달리 유기적 환경에만 의존해 있지 않다. 유아는 유기적 환경만으로는 생존할 수 없는 존재다. 전술한 바와 같이 자신을 돌보아 줄 성인의 이성적 예측과 사랑에 근거한 관계에서만 생존하고 발육할 수 있게 되어 있는 존재다. 그런고로 그 관계가 반드시 엄마와의 관계이지 않아도 된다. '엄마'는 반드시 생물학적 어머니일 필요가 없는 것이다. 인간의 이 선천적 관계성은 동물의 경우와 매우 다른 것이다. 동물과 달리 유아는 엄마가 출산 중에 죽는다고 해서 죽지 않는다. 유아의 생명을 지키겠다는 의지를 가지고 엄마의 역할(mothering)을 해 줄 존재가 있어 주기만 한다면 말이다. 그가 큰 언니든 고용된 유모든 사랑을 가지고 유아를 대신해서 유아의 장래를 위한 이성적 예견을 수행해 줄 자이기만 하면 된다. 달리 표현하자면 유아는 고작 무작위적 행동을 할 수 있을 뿐, 자신의 생명을 지킬 의지도, 그것을 위한 사고도, 지식도 없고 자신의 울음의 의미조차도 모른 채 관계 속에 던져진 존재다. 오랜 시간이 걸려서 이런 의지가 형성되기까지 타인의 양육에 의존해서만 살아남을 수 있는 철저히 관계 의존적 존재다. 배고프다는 동기도 그 동기의 만족도 오직 타인의 의도에 의해서만 채워지기로 된 존재 말이다.

동물학적 식견을 지닌 학자들에 의하면 동물은 태어날 때부터 신체적 정신적 기능의 80% 이상을 이미 달성한 채로 태어나 나머지 20% 정도만을 사는 동안에 개발하면 된다고 한다. 이에 비해, 인간은 동물과 달리 반대로 20%만을 지니고 태어나 나머지 80%를 완성시켜 가야 한다고 주장해 왔다. 그러나 앞에서 들은 맥머레이의 주장에 의하면 인간과 동물의 근본적인 차이점은 이런 것에 있지 않다는 말이 된다. 동물과 인간의 근본적인 차이는 이들이 개발시켜 나가야 할 역량의 분량이 다르다는 데 있지 않다.

인간은 동물처럼 처음부터 가지고 있던 기술을 생물학적으로 완성시켜 가기만 하면 되는 것이 아니었다. 그 '완성'해 가는 방식이 전혀 다르다는 데 문제가 있다. 동물과 달리 인간은 처음부터 타인의 교육에 의해 모든 것을 배우며 '인간적 성숙'을 학습하기로 되어 있는 의존적 존재라는 점에서 근본적으로 다른 것이다.

맥머레이에 의하면 유아가 자신의 무능력과 동작의 무작위성 속에서도 성장해 가게 하는 동기 역시 관계성에 근거를 두고 있다. 유아의 모든 기술 습득은 환경으로부터 자신을 보호하기 위해서라든가, 생존을 위한 시행착오를 통해서 스스로 얻어가는 게 아니라, 가르치는 자의 의지에 대한 지속적 복종에 의해서, 즉 특수한 관계 의존적 상황 속에서만 이루어 진다는 것이다.[6] 인간은 아무 능력 없이 오직 관계에만 목숨 걸고 태어난 지상에서 그 유례를 찾을 수 없는 특이한 존재인 것이다. 그리하여 맥머레이는 "실존의 기본 단위는 인간 개체가 아니라, 인간관계 속의 두 인격이다"(The unit of personal existence is not the individual, but two persons in personal relationship)라고 선언해 버린다. 이제 맥머레이의 접근법과는 다른 방식으로 인간이 관계적 존재임을 논증하게 하는 인간 특유의 한 현상을 주목해 보자. 그것은 인간이 말하는 존재라는 것이다.

마지막으로 '관계적 존재'로서의 인간을 가장 강력하게 뒷받침해 주는 명제, "인간은 말하는 동물이다"에 대해서 생각해 보기로 하자. 인간을 관계적 존재로 규정할 수 있게 하는 가장 극명한 현상 중의 하나는 화자와

---

[6] 영적 차원에서 하나님과의 관계를 위해 인간에게 최종적으로 요구하시는 덕목인 '순종'을 아예 신체적 생존의 차원에서부터 입력시켜 두신 주님! 본서의 마지막 장 결론부를 참조하시라. 모글리(늑대 소년) 현상(부모와의 관계 결여 또는 부모 부재[不在] 시 생기는 현상)을 참고하시라.

청자로 엮이는 언어적 관계일 것이다. 본서에서는 이 명제에 고무된 현대의 철학자 중에서 영성의 철학자 에브너(F. Ebner)와 비판 이론의 대변인 유물론자 하버마스(J. Habermas)를 다루기로 하겠다. 양자에게 있어 이 명제는 인간의 '관계적 본질'을 규명하는 결정적인 이론적 토대가 된다. 이제부터 전자의 주장부터 하나씩 따라가 보기로 하자.

3) 나 – 3: 관계의 근원

'관계적 존재'로서의 인간의 본질은 이렇게 해서 다 해명된 것인가? 이제부터 관계에 대한 이제까지의 논의에 의미와 위치를 부여하는 근본적인 하나의 큰 틀(framework)을 제시하는 '철학자'[7] 페르디난드 에브너(Ferdinand Ebner)의 이야기에 귀 기울여 보기로 하자(에브너 1940). 그는 '말하는 동물 인간'에서 한시도 눈길을 떼지 않은 채 관계의 문제를 천착하는 철학자다. 나의 해설이 비집고 들어갈 틈을 허락치 않는 그의 숨막히도록 정치하고 엄중한 변증에 귀 기울여 보자.

다음에 이어지는 부록에서 소개할 하버마스처럼 에브너 역시 언어에 주목하고 있음에도 양자가 '말하는 존재로서의 인간'에 주목하는 이유는 전혀 다르다. 하버마스가 관계의 문제에 주목하는 이유는 착취와 억압 등 비합리적으로 왜곡된 사회적 인간관계이며 언어에 집중하는 이유가 그 안에 이성이 내재되어 있다고 믿기 때문이다. 반면에, 에브너가 관계의 문제에 주목하는 이유는 하나님 없는 관계의 허구성을 보기 때문이고 말에 집중

---

7   에브너는 자신의 집필 목적이 철학을 조롱하는 것이라고 말한다. 철학을 조롱하는 것이 참다운 '철학하기'라며⋯.

하는 이유는 그 안에 하나님이 내재되어 있기 때문이다. 당연히 하버마스에 있어 문제 해결의 열쇠는 언어 속의 이성에 있는 반면, 에브너에 있어 문제 해결의 열쇠는 언어 속에 내재하시는 하나님이다(김득룡 2009). 여기에서 에브너가 중시되는 까닭은 그가 말하는 '영적 나'(das Ich)의 개념이 앞에서 논한 미드의 'I' 개념뿐만 아니라, 관념론 철학자들이 주장하는 '자기 관계'로서의 자아 개념의 한계까지 드러내 보여 주고 있다는 점 때문이다(김득룡 2009).

우선적으로 에브너는 '나'의 실재를 설명하기 위해 '영적 나'(das Ich)라는 개념을 도입한다. 이로써 '나'는 구체적 '나'와 추상적 '나'로 구분된다. 그가 말하는 '영적 나'(das Ich)는 무엇인가?[8] 에브너는 일차적으로 그가 주장하는 '영적 나'라는 것 자체가 허구라고 비판하는 측이 사용하는 일반적인 '나'라는 개념이 허구에 해당한다고 주장한다. 이렇게 '나'와 대립하여 제시되는 '영적 나'는 과연 무엇이란 말인가? 이에 대한 에브너의 대답은 몹시 도전적이다. 그의 말을 그대로 옮겨 보자.

> 이 질문('영적 나'라는 것이 있는가?)은 전혀 정당하게 제기될 수 있는 질문이 못된다.…'영적 나'는 '있지' 않고, 그럼에도 나는 실존하기 때문이다(das Ich 'ist' nicht, aber Ich bin, 에브너 1940).[9]

---

8 내가 '영적 나'라고 번역한 에브너의 'das Ich'는 하나님과의 관계를 통해서 태어난다. 좀 더 구체적으로 말해서 발화하시는 말씀이신 하나님(즉 예수님)에 답화함으로써 개별 인간 안에 형성된 영적 정체성 또는 나의 나됨이라고 할 수 있겠다. 나는 『형색과 소리』에서 에브너의 이 개념을 앞서 소개한 미드의 'I'개념군의 '구체적 나'에 소속시켰다. 에브너가 '나'에게 부여하고 있는 유일성 (또는 고유성)의 특성(das eigentliche Ich, das Einzige vor Gott)과 초험적 성격은, 비록 미드의 'I'가 (에브너에 의하면) 추상적인 병리적 요소를 내포할 수 있다는 점에서 전자와 정확히 일치하거나 동일한 것이라고는 말할 수 없을지라도, 미드가 'I'에게 부여한 성격과 흡사하다는 점은 부인할 수 없다.

9 "마치 언어의 영, 즉 '나'라는 말을 창조한 영이 우리가 '영적 나는 있다'(Das Ich ist)라고 말할

그의 대답이 이러함에도, 우리는 그럴수록 더욱 그가 개념화하고 있는 '영적 나'의 정체가 궁금해진다. "'영적 나'는 존재(ist)하지 않음에도 나는 실존한다"(bin)는 일견 '모순적'으로 들리는 이 '영적 나'는 무슨 뜻을 함의하는 것인가? 에브너에 의하면 "구체적 '나'"라고도 하는 이 개념은 철학적으로는 접근할 수 없는, 오직 종교적으로만 이해될 수 있는 '나'다. 왜냐하면 그것은 오직 하나님과의 관계 속에서만 구체화되는 것이기 때문이다. 에브너에 의하면 '영적 나'는 파스칼 등이 말하는 경험적 또는 심리학적 자아(Moi)로는 설명될 수 없는, '자기 성찰적 자기 폭로적 (인간의) 영'이다.

에브너에 의하면 이는 기독교에 의해 최초로 파악된 종교적 개념이다. 이 고유한 참된 '나'인 '영적 나'는 그 누구의 눈에도 보이지 않는 영적인 것이다. 따라서 이것은 인식론적 원리나 윤리적 원리를 제공하지 않으며, 관념론에 의해서도 제대로 파악될 수 없는 개념이다. 또한 이 '영적 나'는 심리적 과정을 기술해 내기 위한 보조물도, 객관화될 수 있는 사물도, 피히테(Fichte)류의 관념론이 산출해 낸 개념적 표상도 아닌, 하나의 '가장 비감각적인 말'(das unsinnlichste Wort)이다. '영적인 말'이라는 뜻이다.

에브너는 이 '영적 나'는 "나는 실존한다"(ich bin)라는 사실과 이것을 말할 수 있다는 두 가지 사실에 의해서 표현된다고 한다. 일차적으로 '영적 나'는 모든 선언의 근원이 되는 "나는 실존한다"라는 원천적 문장 속의 '나'라는 인격적 존재가 말로 선언됨으로써만 구체화된다. 이 "나는 실존한다"는 문장에는 '영적 나'의 유일성(das Einzige)과 인격성(Person)을 함의

때 그의 거부권을 행사하듯이, 그런 질문은 역설적이다. '영적 나'는 '있지' 않고, 따라서 무이기도 하며, 적어도 당연히 '양극을 지닌 자기폐쇄적 완전 타원'이다. 독일의 철학자들과 시인들은, 철학적으로 분망하나 영적 태만에 빠져, 무슨 생각들에 몰두하고 있는가!"

하는 인간 존재의 '나다움'(Ichhaftigkeit)이 선언되어 있다. 이것은 "나는 있다"(Ich ist)로 표현할 수 없음은 물론이다. 또한 "'영적 나'는 있다"(Das Ich ist)라는 문장 형식으로도 표현할 수 없다. 그것은 아무것도 말한 게 없기 때문이다. 제3인칭에 사용되는 시저의 동사(Zeitwort) '있다'(ist)는 시간적 존속을 뜻할 뿐이기 때문에 영에 해당하는 '영적 나'에 결합하여 사용하는 것은 무의미하다. 그러나 "나는 실존한다"에는 시간 속의 자연적 부침에 독립적으로 영원히 존속할 영적인 유일한 '영적 나'가 선언되어 있다. 일찌기 쇼펜하우어(Schopenhauer)도 인지하고 있던 이 '실존하다'(bin)와 '있다'(ist)가 의미하는 존재의 상이성에 근거하여, 우리는 '영적 나'에 대하여 'ist'적 존재를 부인하며 'bin'적 존재를 주장하는 '모순'을 두려워할 필요가 없게 된다. 이처럼 '영적 나'는 사물처럼 '있는'(ist)게 아니라 영적으로 '실존'한다(bin).

그러나 에브너에 의하면 이 '영적 나'는 오직 말 속에 객관적으로 존재한다. 그런데 화자와 청자 간의 말 속에 존재하는 이 '영적 나'는 시원적으로 하나님과 나 사이의 말 속에서 잉태되었다. 태초부터 계신(es gibt) 하나님이 "나는 실존한다"(Ich bin)고 하심에 따라 나도 "나는 실존한다"(Ich bin)를 선언하게 되는 것이다. 에브너의 달을 그대로 옮겨 보자.

> 이 '영적 나'는 내 자신 속에 그리고 언젠가는 아마도 이 뜻을 읽을 '너' 안에 있다.…아니 정반대로, '영적 나'는 또한 내 안에 있지(ist) 않다. 왜냐하면 '영적 나'(das Ich)는 결국 '있는'(ist) 것이 아니며, '나는 그것이기'(Ich bin es) 때문이다. 오히려 유일한 '너'가 있을(es gibt) 뿐이며, 그가 바로 하나님이다(에브너 1940).

그 하나님이 인간에게 "내가 실존하매 나를 통해 네가 실존한다"(Ich bin und durch mich bist Du)고 '말'을 걸어옴으로써 인간은 창조된다. 하나님이 이처럼 말을 통해 말 못하는 벙어리 같은 자연 속에 '나'를 창조한 것은 자신과 관계 맺을 대상을 갖기 위함이었다. 에브너에 의하면 이러한 '말'은 근원적으로 "태초로부터 하나님과 함께 있었던" 것이며, 또한 무릇 말은 그 발화된다는 특성에 있어 '너'가 전제되므로 '나'와 '너'는 언제나 피차 간의 관계에 있어서만 존재한다. 그러니까 인간과 하나님은 태초부터 있었던 '말씀'을 통해 '나'와 '너'로 관계를 맺고 있었던 것이다.

이리하여 이들은 피차 뗄래야 뗄 수 없는 관계로 존재하고 있었던 것이다. "절대적인 의미에서 '너' 없는 '나'를 생각하는 것은 '나' 없는 '너'를 생각하는 것만큼이나 있을 수 없는 일이다"(에브너 1940). 달리 표현하자면 '나'와 '너' 양자 간의 발화(發話)와 답화(答話)의 관계가 곧 언어라고 할 때, 양자의 존재 자체가 언어를 통해 객관적으로 '정립된다'(gesetzt)고 할 수 있다. 이로써 우리는 태초로부터 말씀이 있었을 뿐 아니라 태초로부터 '나'와 '너'를 정립하는 관계가 있었다고 말할 수 있을 것이다. 에브너의 말을 따라 하나님과 나의 관계를 도식화해 보자면 이렇게 되는 셈이다. 하나님과 나는 말씀을 통해 발화자가 되고 답화자가 되는 영적 관계 속에 들어가게 되는데 그 말씀이 바로 태초에 계셨던 예수 그리스도이신 것이다.

하나님 ◄──── 말씀(예수) ────► 나

이런 점에서 '영적 나'는 허구일 뿐이라고 주장하면서 '나'의 존재를 말하는 일부 관념론자들의 주장은 공허한 것이다. '나'는 하나님과의 관계를 통해서만 가능한 '영적 나'와 자기 의식을 가진 존재이기 때문이다. 또한 만일 '말하는 자'로서의 인간의 특성을 긍정하면서 '너'에 독립적으로 존재하는 오직 '나'만 있을 뿐이라고 주장한다면, 그 또한 스스로 모순에 빠진다. 그렇게 되면 인간의 언어적 관계를 부정할 수 없어 상정된 '너'는 문법적 우연에 불과한 것이 될 것이고, (당연히 하나님은 한낱 관념론적 허구로 전락하고 말 것이며) 따라서 그 허구적 '너'와의 관계를 조건으로 존재하는 '나' 역시 허구가 되어 버릴 것이기 때문이다. 뒤에서 언급할 하버마스가 어디선가 'I' 개념을 논하면서 삽입시키고 있는 '신'(神)은 바로 이런 점에서 공허한 것일 수밖에 없을 것이다(하버마스 1988).[10] 에브너에 의하면 이처럼 상기의 맥락에서 언급되는 '나'는 "'나'홀로"(Icheinsamkeit)라는 병리적 고독에 갇힌 존재의 망상일 뿐이다.

에브너는 자신의 책 『말과 영적 실재들』을 혹평한 어느 철학 교수에게 답하는 형식을 빌어 '영적 나'와 '영적 실재'에 대하여 스스로 이렇게 요약하고 있다.

> 인간의 존재가 자연의 부침 속에서도 소멸하지 않는 의미를 갖고 있다면, 그리고 이 의미가 사회적인 이유에서나 시적, 형이상학적 의도에 의해서 만들어진 허구가 아닌 어떤 영적인 것으로서 인간 안에 주어져 있는 것이라면, 이 영적인 것은 자신 밖의 또 다른 영적 존재와 관계를 갖도록 규정되어 있고 그를 통해서 존재하도록 되어 있을 것이다(에브너 1940).

이리하여 에브너의 주장은 단순한 철학적 추론을 넘어, 종교적 차원으

---

10 하버마스에게 신(神)이란 미래의 후세대 인간과 함께 우리의 'I'에 투사된 자발적, 보편적 기대 규범을 가진 청자의 하나일 뿐이다.

로 진입하고 있음은 물론이다. 에브너에 의하면 인간에게는 "객관적으로 언어에 대한 갈구와 함께, 주관적으로 말 걸려는 욕구가 있으며…자신 내의 영적인 것, 즉 '말하는 인격'인 '나'가 자신이 말 걸 수 있는 자신 밖의 영적인 것, 즉 '너'와 관계를 맺고자 하는 충동"(에브너 1940)을 가지고 있다고 주장하며 이 '너'가 일차적으로 그리고 근원적으로 하나님이라고 주장한다. 그리하여 인간에게 이 충동이 주어져 있다는 사실 자체가 영적으로나 설명될 수 있는 것이며, 따라서 이 '나'와 '너'의 사적인 관계가 실현된 곳에서만 인간이 그의 참된 영적 삶을 갖게 된다. 이런 의미에서 에브너는 인간이 자신 밖의 영적 존재인 하나님으로부터 독립적으로 존재하여, 영적 삶을 실현하지 못한 채 귀먹은 벙어리 같은 동물적 고독에 빠진 것이 바로 인격의 상실이요, '죄'요, '타락'이라고 정의한다.

에브너는 '너'를 전제로 하지 않는 추상적 '나'는 병리적이라고 단정한다. 그는 파격적으로 과학자와 철학자(특히 관념론자)와 광인이 모두 이러한 부류에 속한다고 주장한다! '영적 나'란 것은 '있지'(ist) 않다고 주장하는 한, 과학자들의 말이 옳다. 그것은 책상이나 나무가 있는 것처럼 '있는' 게 아니기 때문이다. 에브너에 의하면 '나'를 논하고 있는 관념론 일반도 '나'를 허구로 보는 특정 태도보다는 나아 보인다. 그러나 이들 관념론은 추상적인 '나' 개념에 사로잡혀 있다. 이들의 오류는 말에 대한 그릇된 개념에서 비롯된다. 그들은 '영적 나'가 오직 말 속에서만 객관적으로 존재할 수 있다는 사실에 대해 무지하다.

말은 뒤이어 소개할 하버마스나 우리들이 흔히 생각해 온 것처럼 나의 내적 사유를 명료화하거나, 합리적인 합의를 도출하거나, 상대방에게 영향을 행사하기 위해 뭔가를 지시하는 역할이 전부가 아니다. 에브너에 의하면 "말의 궁극적 의미는 자신 앞에 마주 서있는 '너'를 향한 '나'의 열림이며 그 상태의 지속이다"(에브너 1940).[11] 내 안의 영적인 것과 밖의 영적인 것과의 관계가 말의 근원적 의미이자 내용이라는 뜻이 된다. 이런 측면에서 내 안의 영적인 것('나')과 내 밖의 영적 존재인 하나님('너')이 언어의 영적 기원이다.

이리하여 우리가 '혼자 말'을 하는 경우조차 하나님이 듣고 있다는, 그럴 때일수록 하나님은 더욱 듣고 있으며, 그런 뜻에서 하나님은 우리가 내뱉은 모든 말에 대해 언젠가는 석명을 요구한다고 하는 복음서의 말이 의미있다고 에브너는 주장한다.

에브너의 사상 속에는 사유의 "'나' 홀로성"에 대한 철저한 부정이 담겨 있다. 관념론적 형이상학의 근저를 이루고 있는 '관념'이라는 개념에는 이 '너'를 거부하고 따라서 세계를 자신의 투사로 보며, 스스로 입법자가 되는 오만이 깔려 있다. 관념은 개별자와 '인간 종'(Menschheit)을 연결할 뿐, '나'와 '너' 그리고 인간과 하나님을 잇는 영적 유대가 아니다. 관념론은 주관적인 것을 지향하고 있으나 그 지향이 영적 삶의 실재에 당도하지 못함으로써 결국 '영을 소모하는 질병'이 되고 마는 것이다.

에브너는 '너'와의 관계에 대한 필요를 깨닫지 못하는 이것을 '영적 겸허'(Demut des Geistes)가 부재한 교만의 상태라고 진단한다. 이러한 "절대적 '나'"는 곧 '나'의 죽음이자 영의 죽음으로서, 지복의 근거가 되는 '마음이 가난한'(Armut im Geiste) 상태로부터 멀리 떨어져 있다는 말이 된다. '나'는 늘 '너'와의 관계를 필요로 하며 늘 그 관계 속에 거하기를 갈망한다. 이것

---

11 에브너는 이처럼 발화를 통해 '너'와 '나'의 관계라는 구체적 상황을 창출해 내는 말에는 "실재의 본질 내용(Realitätsgehalt)과 말 자체의 (영적) 내용(Inhalt)이 복사되어(redupliziert) 있다"고 주장할 때, 이는 나의 존재가 말하는 존재이고 동시에 소멸되지 않는 영적 의미체이기 때문이다. 언어를 통해 자신 밖의 영적 존재(즉 하나님)를 '너'로 하는 관계를 맺고 있기 때문이다.

이 구체적 '나'의 관심이다. 구원이 오직 거기에 있기 때문이다.

'영적 나'는 그것이 '생각한다'(cogito)는 의미에서가 아니라, 그것이 자신을 '표현한다'는 의미에서 말을 떠나서는 존재하지 않는다. 달리 표현하자면 '영적 나'는 자신의 존재에 대해서 '꿈꾸듯' 사색하는 것을 통해서가 아니라, 이 고독에서부터 '너'를 향해 걸어 나오는 '운동'(Bewegung)을 통해 자신의 내적 실재를 획득한다.

이 운동을 에브너는 '말'과 '사랑'이라고 부른다. 에브너는 '말'을 두 가지, 즉 인간적 말과 신적 기원을 가진 말로 분류한다. 전자가 인간이 하나님으로부터 일탈한 후 스스로 안출해 낸 말로서 과학의 대상이요 역사를 구성하는 말인 반면, 후자는 '나'와 '너'의 관계를 통해 '나'를 창조한 영적 삶을 가진 신성한 기원의 말이며 전자의 전제가 된다. 이 후자, 즉 하나님과 인간을 연결한 이 신성한 '말'은 곧 인간을 구원하려는 하나님의 사랑으로 육화(肉化, incarnation, Gottes Menschwerdung)되어 나타나기로 되어 있다. 그리하여 후자의 이 '올바른 말'은 언제나 사랑을 말하는 말이며 삶의 뭇 불행에 대한 참된 위안이 된다.

> 인간은 말과 사랑을 통해 자기 존재의 '나' 홀로에서, 그리고 자기 영적 삶의 '죽음에 이르는 병'에서 구원받게 된다(에브너 1940).

그러나 상기의 두 종류의 말은 소위 '근거와 결과'(antecedent or ground and consequent)의 관계에 있을지언정 동일한 것은 아닌 것이다. 왜냐하면 사랑이 없는 세상의 말은 이미 신성한 말의 인간적 오용이기 때문이다.

제1장을 끝내며

이상의 에브너의 주장을 통해 우리는 앞서 이문영 교수가 자신에 대하여 말했던 '나'와, 박종홍 교수가 언급했던 관계로서의 '나,' 그리고 하버마스가 출발점으로 삼고 있는 '말하는 존재로서의 인간'의 의미에 대한 보다 선명한 분절을 보게 되었다. 나아가 요한 사도가 성경에서 말하는 창세 전부터 하나님과 함께 계셨던 예수께서 왜 '말씀'이신지에 대한 새로운 통찰 또한 얻게 되었다. 전자의 세 사람이 간과하고 있는 것은 자연의 부침에 독립적으로 존재하는 내 안의 영적인 '나'와 내 밖의 하나님을 의미하는 '너'와의 관계는 '신성한 기원을 가진 말'에 의해 매개된다는 것이다.

에브너에 있어 이 신성한 기원의 말은 요한 사도께서 갈파한 육화된 하나님, 즉 예수로 나타난다. 우리는 이제 에브너의 용어를 빌어, 시인 쉴러의 노래("우리를 아버지와 아들로 만든 것은 살과 피가 아니라 마음이다"[It is not flesh and blood but heart that makes us father and son])를 이렇게 고쳐 부를 수 있게 되었다.

> 하나님이 내 아버지요 내가 그의 아들인 것은 그분이 내 살과 피를 만드셨기 때문이 아니라, 그분과 나눈 말 속에 잉태된 '영적 나'(das Ich) 때문이었다.[12]

본서의 결론부에서는 에브너에 더하여, 하나님께서 내 아버지요 내가

---

12 목숨이 하나님으로부터 주어진 일방적 은혜라면, '영적 나'는 나와 하나님과의 관계를 통해 내 안에 형성되는 영적인 상호적 정체성이라 할 수 있을 것이다.

그의 아들인 것은 내가 그 '말씀'의 살과 피를 먹고 마셔 그분과 한 몸이 된 것 때문이라는 차원으로 승화될 것이다.[13]

우리는 '나'는 누구인가를 화두로 이제까지 긴 이야기를 이어왔다. 맥머레이의 주장에 따라 나의 본성을 '인격성'(personality)이라고 부르기로 하고 이야기를 정리해 보자. 이 인격성의 특징은, 미드가 말하는 'I'의 계기가 그렇듯이, 타인과 구분되는 나의 나됨일 것이다. 그러나 그 자신만의 특이성(ideosyncracy)의 근거를 이해할 수가 없다는 점에서 이는 또 신비성(mysteriousness)이라고도 할 수 있다. 이 인격성의 본질을 설명하기 위해 바다 위에 뜬 섬으로 비유한 오스왈드 챔버스의 말은 우리의 이해를 더욱 선명하게 한다. 그에 의하면 우리가 인격성의 신비를 헤아릴 수 없는 까닭은 그 섬이 바다 밑 뿌리의 광대함에 연결되어 있기 때문이다. 우리는 그 광대함을 결단코 이해할 수 없다. 이것이 우리가 우리의 인격성도 우리의 내적 실재(inner reality)도 간파할 수 없는 까닭인 것이다. 사실이 이러하기 때문에 '나'를 이해하기 위해서는 다시금 바로 그 신비의 관계성에 주목할 수밖에 없게 된다.

그리하여 오스왈드 챔버스(Oswald Chambers)는 이렇게 결론 짓는다. 섬이 광대한 바다 밑 연봉에 수렴하듯이, "인격적 본성은 어딘가에 수렴됩니다. 사람은 다른 인격과 수렴될 때 자신의 진정한 정체를 알게 됩니다"(챔버스 2014). 그는 그렇게 주장하는 근거를 전술한 예수님의 말씀에서 찾는다.

> 우리가 하나인 것처럼 저들도 우리와 하나가 되게 하소서(요 17:22).

---

[13] 이것에 대해서는 본서의 마지막 장에서 상론하게 된다.

C.S. 루이스는 인간이 초월적 영성을 지닌 하나님이나 예수님과 한 몸 한 가족이 되는 것을 저급한 감성을 지닌 동물이 인간 가족의 일원으로 소속되는 것에 비유한다(『고통의 문제』, 216).

그렇다. 예수님의 이 말씀은 본서가 대전제로 삼는 "인간은 관계적 존재다"라는 명제의 궁극적 근거다. 이 명제의 궁극적 근거는 하나님에게 연결되어 있고 그 하나님 자신이 관계성의 근원이라는 데 있다. 성경은 창조주이신 하나님을 복수형태로 부르고 있다. 단수 엘로아(אֱלוֹהַּ)는 이방신을 일컬을 때나 쓰일 뿐, 성경의 하나님은 (문법적으로는 단수로 받되[14]) 어디까지나 복수형 엘로힘(אֱלֹהִים)이시다! 이 엘로힘 하나님 개념의 의미는 '삼위일체' 하나님을 의미하는 것으로 보인다. 성부/성자/성령으로 드러나는 세 인격이, 마치 우리의 의도/말/생각이 하나이듯이, 사실상 한 분 하나님이시되 3위의 관계로 존재하신다. 예수님께서는 지금 당신과 하나님과의 관계를 "나와 아버지는 하나다"(요 10:30)라고 언급하고 계신 것이다. 그리고 이어서 "우리가 하나인 것처럼 저들도 우리와 하나가 되게" 해 달라고 간구하시는 것이다. 당신과 하나님과의 관계를 우리 인간에게 요구하고 계신 것이다! 예수님과 하나님과의 관계가 우리의 하나님과의 관계의 전형이 된다.

이리하여 인간이 '관계적 존재'인 것은 인간의 사회적 또는 생물학적 현상을 들어 입증되는 차원을 넘어 초월적 영적 차원에서 이미 그러하다는 것이 된다. 전자는 후자의 현상일 뿐인 것이다. 다시 말하거니와 우리가 관계적 존재인 것은 하나님과 예수님의 관계만큼이나 초월적 근원을 지닌다. 하나님의 존재 자체의 본질에 예수님이 포함되어 있는 것만큼이나 인

---

14 이를 문법적으로 복수로 취급하면 이방신들을 의미한다.

간은 본질적으로 하나님의 자녀다. 그리하여 그분의 사역의 필요 조건이 된다. 이 문제는 다음 장의 주제가 될 것이다. 예수님께서 하나님의 뜻을 이 땅에 구체화하기 위해 오셨던 것처럼, 하나님께서는 아들의 십자가 사역에 의해 의로워진 백성을 통해 당신의 사역을 이루어 나가시기로 되어 있는 것이다.

그리하여 에브너의 말대로, '말씀 하나님'을 통해 '발화'하시기를 그치지 않으시는 하나님께서는 인간으로부터의 '답화'를 고대하실 뿐만 아니라, 관계적 근원이신 하나님께서 나 또한 그렇게 '관계적 존재'로 창조하신 것이다. 우리와의 관계를 추구하실 뿐 아니라 우리 또한 당신처럼 관계적 존재가 되기를 원하신다. "유사성의 원리"에 따라 "위흐이템 크도쉼 키 카도쉬 아니, 곧 내가 거룩하니 너도 거룩하라"[15]라고 명하신 하나님께서는, 내가 관계적 존재이니 너희 또한 관계적인 삶을 살라고 말씀하시는 것이다 (헤셀 2004).[16] 한 인격이 다른 인격에 "하나되어" 결합되면서(mergedness and relationality) 자신을 다 쏟아붓는 관계의 극치를 사랑이라고 한다면 땅 위에서 관계를 맺는 인간의 시선은 늘 그 시원에 머물러 있어야 할 것이다.

---

15 וִהְיִיתֶם קְדֹשִׁים כִּי קָדוֹשׁ אָנִי (레 11:45).
16 헤셀에 의하면, 세계에 대한 과학적 설명이 타당하게 들리는 것은 세계의 구조와 인간의 인지 구조가 유사하게 창조되었기 때문이다. 마찬가지로 우리가 하나님을 이해할 수 있고 대화할 수 있는 것은 하나님과 인간 간의 유사성 때문이다.

제1장에 부치는 기도

태초에
관계가 있었나이다.
말씀이 있었나이다.
그 말씀의 발화와 답화에 저희가 태어났나이다.
섬이 바다 뿌리에 잇대어 있듯이
저희는 그렇게
발 끝에서 머리 끝까지,
몸에서 영까지
당신과 하나로 이어져 태어났나이다.
저희는
당신의 손길만을 바라기로 태어났나이다.
보살피는 '당신' 없이는
한 순간 호흡도 부지할 수 없게
속속들이 그렇게 지어진
그렇게 저희는 '레위인'이니이다.
'당신바라기'이니이다.
어떤 풍랑 속에서든 당신만 보면 되는···.

제2장

하나님의 동역자

앞 장에서 우리는 에브너를 통해 인간의 관계성의 본질이 그를 "말하는 동물"로 지으신 하나님으로부터 연원한다는 것을 보았다. 그런데 오늘날 우리가 가장 신뢰하는 과학이나 가장 정치한 논증의 학문이라고 믿는 철학은 그 하나님의 존재를 인정한 적이 없다. 그럼에도 에브너는 서슴지 않고 철학을 조롱하며 우리에게 그런 말을 쏟아 낸다. 도대체 그런 하나님이 계시다면 그 하나님은 과학자도 철학자도 아니며 이들을 조롱할 능력도 갖추지 못한 우리 인간 일반에게 어떻게 다가오시는 것일까? 그리고 그 하나님과 인간 간의 관계는 구체적으로 어떤 모습을 띠고 나타나는 것일까? 본 장에서는 그 문제를 살펴보기로 하자.

1. 후릭 팍(Frick Park)에서

(1년여 만에 그리던 후릭 팍을 다시 찾았다. 공원에 이르기 위해 길을 건너고 주택가를 통과하여 20분은 족히 걸려야 했지만 피츠버그에 있던 동안 어김없이 찾던 곳이다. 공원을 걷는 시간이 나의 기도 시간이었고 내가 주님에 대해 더욱 많은 것을 깨달으며 다가가던 곳이기에 한국에 돌아온 뒤에도 늘 생각나곤 하던 곳이다. 제2부에서 소개할 칼 레만의 말에 의하면 어떤 것을 회상하거나 감상하기 위해서는 당시의 상황과 분위기 등을 최대한 세세하게 기록해 두어야 한다고 한다. 그래야 그 기록을 읽을 때마다 다시 그 상황 속에서 일어났던 체험 속으로 쉽게 들어가 은혜에 젖어들 수 있다고 한다. 이제 나도 나의 서술력을 다하여 그때의 분위기를 여기에 적어 두려 한다.)

후릭 팍을 찾는 시간은 으레 아직 모두 잠들어 있는 이른 아침이기 일쑤다. 뉘라서 선잠이라도 깨어나 볼멘 소리지를세라 소리 죽여 아파트를 빠져 나온다. 동쪽 하늘이 불그레하게 기지개를 켤 때쯤, 천지는 더 없이 고요하다. 그러나 큰 도로변으로 나오자 세상은 벌써 대낮처럼 부산스럽다. 이미 차량들의 행진이 시작되었다. 크고 작은 차량들이 굉음을 울리며 땅을 흔들고 매연을 뿜어 낸다. 숲에 이르자 숲속 역시 벌써 새 떼의 합창으로 부산스럽다.

공원 입구에 다가가자, 지난 겨울 애 어른 할 것 없이 미끄럼 탈 것을 들고 나와 북적대며 가파른 아래쪽 벌판을 향해 내리꽂던 흰 눈 쌓인 언덕은 이제 푸르디 푸른 옷으로 갈아 입었다. '강이 보이는 전망대'(Riverview)라는 팻말이 가리키는 길을 따라 들어서자 좌측 언덕 정자나무 아래 외로운 벤치가 여전히 눈길을 끈다. 누군가 그리운 망자를 기리며 만들어 놓은 그 의자에는 오늘도 여전히 아무도 앉는 이가 없다. 길이 내리막으로 접어들기 직전의 공터는 예의 '강이 보이는 전망대'라고 해야 할 언덕이다. 저만치 아래쪽 계곡을 건너 짙푸른 숲 언덕 너머로, 하늘에 잇대어 흐르는 강물이 하늘 빛으로 가물가물 걸려 있다. 사냥감을 좇아 숲길을 헤매다 문득 이 언덕에 당도한 인디언 소년처럼, 하염없이 먼 하늘 가의 강물을 바라보는 동안 내 앞의 나무숲 어딘가로부터 새 떼가 태고의 목소리로 아침 합창을 쏟아 내고 있다.

나는 멀리 건너편 숲을 가로지르는 '신작로'와 그 위를 질주하는 트럭과 승용차의 행렬에 눈이 머물고서야 시장기를 느끼며 목적지를 향해 발걸음을 재촉한다. 숲은 여러모로 세상과 다르다. 숲속으로 접어들자, 숲은 이내 지축을 흔드는 전차 군단 행렬 같은 세상의 소음을 고작 먼 하늘 먹구름 속에서 속삭이는 원뢰(遠雷)처럼 걸러 내 버린다. 어디선가 긴 겨우내 어미 뱃속에 있다가 봄을 맞아 세상에 나왔는지, 잿빛 작은 새끼 토끼 한 마리가 나를 따라 산책에 나선다. 숲에 숨었다 나왔다 하기를 반복하며⋯. 아직 인간의 역한 냄새를 맡아 보지 못한 놈임에 틀림없다. 언제쯤 마주칠까 했던 사슴 한 마리도 길에 나와 내 앞을 가로막고 비켜 주질 않는다. 이마에 한 뼘 정도 되는 뿔 두 개를 얹고 있는 녀석에게서 애숭이 냄새가 물씬 난다. 그럼에도 멈춰 선 나를 물끄러미 쳐다보는 녀석의 눈길이 오히려 무념 무상의 고승(高僧) 같다. 녀석은 나에 대한 계산이 다 끝났다는 듯 아무렇지 않게 다시 무심히 나뭇잎 뜯어 먹기에 열중한다. 내가 옆을 바싹 지나쳐도 아랑곳하지 않는다.

숲속을 곡예 비행하는 새 떼의 모습이 시야에 들어 온다. 두 세 마리씩 짝을 지어 이리저리 날고 파닥이며 생명을 즐기고 있었다. 그러는 그들의 모습 속에서 결코 근심 걱정 따위의 기미는 느낄 수가 없다. 그들에겐 내가 한 주가 멀다 하고 사시사철 시달리는 감기 기운도 전혀 없어 보인다.

두통도 콧물도 몸살도…. 그들은 목디스크나 관절염이나 우울증이나 공황장애로 시달리지도 않는 듯하다. 이따금 내 맘을 들쑤셔 놓는 쓴 뿌리도 시샘도 있어 보이지 않는다. 인간처럼 공명심의 허상으로 시달리지도 않는 듯하다. 순명이 최종 정착지다. 주께서는 우리에게 공중의 새같이 되라 하신다. 어린아이같이 되라 하신다. 왜 공중의 새요 어린아이인가? 그들에겐 공통점이 있다. 그들은 생명을 즐길 뿐 걱정하지 않는다. 그들이 그럴 수 있는 까닭은 정교해진 의식능력 대신, 본능적으로든 무의식적으로든, 자신을 받쳐 줄 누군가의 손길을 믿고 있기 때문이리라. 태초에 하나님께서는 우리도 그렇게 지으셨을 것이다. 그러나 어느새 우리는 주님에 대한 믿음을 잃은 채, 머릿속 가득 걱정으로 채운 채, 불안에 싸여 산다.

 새들을 보며 인간의 삶에 젖어드는 모든 고통을 생각하던 나는, 그들보다 몇백 배 몇천 배 더 발달한 의식 작용이나 예술 감각 같은 정신 기능은 없어도 좋으니, 8-90세까지 오래 살지 않아도 좋으니, 짧은 세월이라도 저들처럼 걱정 없이 살다 가는 게 낫겠다며 부러워한다. 인간의 무엇이 자신을 이토록 비참하게 만들고 있단 말인가?

> 지상의 동물 중에 등짐 지고 가방 들고 다니는 동물 보았습니까? 인간말고 그런 동물 보았습니까? 잠자리나 나비가 등짐 지던가요? 다람쥐나 야생마가 가방 들고 다니던가요?

 낙향한 어느 시인이 해 준 말이 생각났다. 짐 지는 것은 미구에 닥칠 삶을 걱정한 준비 행위가 아닌가? 제자들을 세상에 내보내실 때, 한 벌 이상 옷도 신발도 지니지 말라던 주님께서는 이미 이것을 염두에 두고 계셨던 것이었는지도 모른다.

들에 핀 백합화, 공중에 나는 새를 보라"고 하셨던 주님께서, 하늘 아버지께서 챙기실 일을 인간이 스스로 걱정하다가 이렇게 된 것이로구나! 그래서 인간에겐, 저 짐승들과 달리, 의지의 '순종'이 필요한 것이로구나! 오직 의식과 자유 의지를 가진 우리 인간에게만 순종이 요구되는 것이로구나! 동물이야 본능을 따라가기만 하면 저렇게 기쁘고 행복할 수 있는 것이라면, 저들과 달리 창조된 인간은 무엇을 따라 순종해야 저렇게, 아니 저들이 누리는 행복과 기쁨 이상의 무엇을 누리기로 예비되어 있단 말인가?

득룡아! 풀마다 나무마다 하늘 향해 손 흔들 때, 너 무엇 하느냐?

꽃마다 환한 얼굴, 하늘 우러르는데 너 무엇 하느냐?

어찌 무슨 부질없는 생각으로 삶을 지새우느냐?

이러한 부러움은 으레 예기치 않은 새로운 '침입자'에 의해 부끄러움으로 돌변하고 만다. 어딘가에서 쏟아져 내리는 강렬한 방향(芳香) 때문이다. 그렇게 되면 내 발길은 언제나 에피큐로스의 화살에라도 맞은 듯 멈추어 서게 되고, 내 산책은 어느새 맘속의 암울한 공기를 벗어 버리고 새로운 영역으로 성큼 들어서 버린다. 어딘가에 숨어 나를 부르는 녀석을 찾아 코를 킁킁 거리며 사방을 두리번거리던 나는 그제서야 발 밑이며 주변에 환하게 반짝이고 있는 들꽃에 눈길이 머문다. 막 세수하고 나온 듯 잎사귀 사이로 해맑은 얼굴 내밀고 있는 나팔꽃과의 꽃들이며, 고향의 길섶에서 보던 총명한 눈망울을 한 쑥부쟁이과의 작은 꽃들이 시야에 들어온다. 짙디짙은 향수를 흩뿌리며 내게 손수건을 흔들어 댄 녀석은 길 건너편 저 만치에서 군락을 이룬 채 서 있었다. 이름 모를 꽃 무리였다.

아! 그런데 이 꽃들은 모두 도대체 무얼 하려고 이렇게 이른 아침부터 치장하고 화사한 얼굴로 나와 있는 것인가? 녀석들은 하루 중 어느 때보다 더 맑고 싱싱한 모습으로 조만간 떠오를 아침 해를 향해 소리 없는 합창이라도 쏟아 낼 채비다. 아니 이미 그 리허설이 시작된 듯하다. 나무와 풀과 꽃과 새 떼를 일찍부터 깨워 일으키신 이께서 이들과 더불어 새벽 예배라도 벌이실 겐가?

그런데 흙 먼지에서 기적같이 피어 오른, 하늘을 닮은 꽃들을 보며 천지에 가득한 경이에 숨 막힌 채 서 있던 나는 경이 중에 서서 경이를 느끼는 존재에게로 눈길을 향하고 있었다. 이 숲속의 현란한 '소란스러움'에 당황한 채 서 있는 이 '경이스런' 이방인도 만들어 내셨을 그분께서는 지금 이 인간 피조물에게 무엇을 요구하고 계실까? 꽃들로 인한 나의 생각이 하나님과 나에 관한 질문으로 이어지자, 한 가지 통찰이 점점 더 선명해지고 있었다. 그것은 더 이상 단순한 자연에 대한 친밀감과는 다른 어떤 것으로 발전하고 있었다. 그것은 아래와 같은 몇 가지 명제로 요약할 수 있는 것들이었다.

땅 위의 풀과 나무는 반드시 꽃을 피운다. 꽃 핀 자리엔 열매가 맺힌다. 그것을 창조하시고 그들이 그렇게 꽃 피고 열매 맺기를 기대하시는 동일한 하나님께서 우리 인간을 창조하시고 우리에게도 동일한 기대를 하고 계실 것임에 틀림없다는 것!

그리하여 진정 하나님은 인간과 어떤 관계를 맺고 있는 것일까?

성경에 기록된 대로 인간이 만물 중에 유일하게 하나님의 형상으로 피조된 존재라면, 그 인간이 삶 속에서 피워 내야 할 꽃은 그분의 형상일 것이라는 것!

인간의 그 꽃은 인간이 자신의 모형이신 하나님과의 영과 영을 통한 관계의 수혈로써만 만개하고 열매로 구체화될 수 있을 것이다라는 것!

다음 장에서 이스라엘의 랍비이자 철학자인 아브라함 요슈아 헤셸과 함께 이 명제들과 관련된 문제들을 좀더 파헤쳐 보기로 하자.

2. 2인격 1조(組)

하나님의 꽃, 인간이 그 꽃을 만개한 모습으로 나타낸다면 그것은 어떤 모습일까?

> 하나님의 영에 사로잡힌 솔로몬은 그것을 "인간의 영혼은 하나님의 촛불!"(네르 예흐바 니슈마트 아담,[1] 잠 20:27)이라고 표현한다.

그렇다면 지금 그분께서는 나도 저 꽃들처럼 당신의 촛불을 밝혀 들기를 기다리고 계시다는 말이 아닌가? 그러나 어떻게 그 임무를 이행한단 말인가? 무엇보다도 '빛'은 하나님 소관이 아니던가? 빛은 그대로 하나님의 또 다른 이름이 아니던가? 그래서 성경은 나를 그분의 '촛불'일 뿐이라 했으리라! 하나님께서 당신의 빛을 밝힐 초를 찾고 계실 때 나를 드려 불을 밝히시게 하면 되는 것이리라. 나로 그분의 빛을 밝혀 '그분의 촛불'이 되면 되는 것이리라. 이때 하나님의 빛이 땅 위에서 구체화되고 실현되는 것이리라. 우리는 그렇게 하나님의 촛불을 밝혀 들어서 미움과 탐욕과 죄악의 어둠을 몰아내는 일에 투입되는 '하나님의 동역자'(고전 3:9)가 되는 것이리라! 그렇게 함으로써 내 삶에서 그분의 형상이 실현되는 것이리라!

[1] נֵר יְהוָה נִשְׁמַת אָדָם

이는 그분께서 우리와의 그런 관계를 통해서만 당신의 빛을 밝히기로 작정하셨다는 것을 의미하는 게 아닌가! 이는 당신의 우주적 프로젝트를 인간 없이 실현하지 않으시기로 스스로 자신을 제한하셨다는 말이 된다. 아브라함 요슈아 헤셸의 말에 의하면 하나님께서 인간을 당신의 촛불로 당신의 동역자로 지으셨기 때문에 인간이 이를 거부하는 한, 그는 죄 중에 빠진 상태에 있게 된다. 그것은 우리를 통한 하나님의 사역을 방해하는 것이 되기 때문이다.

> 하나님을 홀로 있게 한 것이 죄인 것이다(헤셸 1959).

하나님과 인간이 이루고 있는 이 관계는 마치 육상 계주에서 트랙 위에 선 '2인 1조' 팀 같다! 대기 선에 서서 자기 팀 선수가 어서 달려와 자기에게 바톤을 넘겨주기를 기다리는 선수를 기억하는가? 얼마나 애태우며 손을 뻗어 그 선수를 기다리던가? 그 바톤을 받아 들 때 그 선수는 얼마나 총알처럼 달려 나가던가! 달려 오던 선수가 도중에 쓰러져 버리거나 포기하고 주저앉아 버리기라도 할 때 기다리던 그 선수는 얼마나 낙담하던가! 그 선수가 바로 우리의 기도를 기다리고 계신 하나님이 아니신가? 바톤을 그분께 쥐어 드리고 마지막 숨을 몰아쉴지언정 그분께 바톤을 쥐어 드리는 것!

우리를 그런 파트너로 삼으신 것은 하나님께서 우리를 당신의 사역을 이루기 위한 필요조건으로 설정하신 일이요, 우리에게는 영광스런 축복의 사명이 될 것이다. 하나님과의 이 관계는 성경 도처에서 확인된다. 하나님께서는 역사적으로 의미있는 크고 작은 사역마다 예외없이 헌신된 당신의 종을 찾아 그와 더불어 '2인격 1조'의 사역을 펼치셨다. 하나님은 모세와의 동역을 통해 이스라엘 민족을 이집트에서 이끌어 내셨고, 사무엘을 당신의 종으로 세우기 위해 한나와 동역하셨다. 이방의 구원을 위해 바울과 동역하셨고, 이 바울을 세우기 위해 스데반 집사와 동역하셨다. 주님이 그 전형이시다. 태초에 하나님께서 천지를 지으실 때 인자(人子)이신 예수님과 동역하셨다. 내가 하나님과 '2인격 1조' 팀을 이루다니! 내가 그분의 사역의 조건이라니! 나의 삶과 기도가 하나님의 뜻을 따라 작동되지 않음으로 하나님께서 당신의 사역을 가동시킬 수 없으시다니! 그분의 사역의 조건이 되어 드리는 것, 이것이 내가 이 땅에 태어난 목적이었다니! 이는 '민족 중흥의 역사적 사명' 운운하기 훨씬 이전에 우주적 운명으로 나에게 주어졌던 사명이었다. 이것을 거부하는 것은 크나큰 죄인 것이다.

나는 격한 감정을 억누르며 집에 돌아오곤 했다.[2] 헤셸은 하나님과 인간의 관계를 이렇게 표현하고 있다.

> 인간은 그의 존재에 있어 홀로가 아니며, 동시에 그는 행하는 바에 있어서도 홀로가 아니다(Man is not alone in what he is, he is not alone in what he does).

> 인간은 하나님의 동역자가 되기로 운명 지어졌다. **죄란 하나님을 홀로 계시게 두는 인간의 행위이다**(The destiny of man is to be a partner of God, while sin is an act in which God is alone, 헤셸 1959).

---

[2] 나는 이런 생각을 공유하거나 뒷받침해 줄 만한 이전의 연구가 있는지 찾아 보기 위해 "하나님," "인간"이라는 두 단어를 입력하고 인터넷을 가동시켰다. 두 사람이 눈에 들어왔다. 철학자이며 유대인인 랍비 아브라함 요수아 헤셸 그리고 사우스아프리카의 기독교 목사 앤드류 머레이였다. 특히 헤셸의 책 *God in Search of Man*과 그 뒤에 만난 그의 책들은 하나님과 인간에 관한 나의 상기 통찰을 매일 매일 더욱 심오한 지경으로 이끌어 주곤 했다.

헤셸은 우리가 이 사명을 거부하거나 이에 무지하여 하나님께서 우리와 동역하지 못하신 채로 머물러 계시게 하는 것이 우리 인간의 '죄'라 한다. 우리는 이제까지 계명을 어기는 행위에만 신경을 곤두세운 채 "이 죄인, 이 죄인!" 한 건 아닐까? 그러나 하나님께서는 이 소극적 의미의 죄 개념을 넘어, 당신과의 동역을 무시해 온 우리의 이 적극적 의미의 죄를 더욱 안타까워 하실는지도 모른다.

헤셸의 논리를 따라, 하나님이 인간을 당신의 동역자로 지으셨다는 말을 형이상학적으로 확대하면, 하나님의 영원은 인간의 시간 속에서만 실현되기로 되었다는 함의를 지니게 된다. 마치 하나님의 빛이 인간의 양초를 통해서만 빛을 발산하기로 되어 있듯이 말이다. 다시 말하자면 하나님께서는 인간인 우리에게 역사와 시간 속에서 당신의 '영원'을 실현시키라는 절대적 의무를 부여하셨던 것이다.

아닌게 아니라, 철학이 생각하는 '영원'은 성경이 가지고 있는 개념과는 사뭇 다르다. 철학에서 '영원'(eternity)은 ('필멸'[mortality]의 반대 개념으로서의) '불멸'(immortality)과는 다르다. 영원은 시간의 반대 개념으로서만 의미를 가진다. 불멸성이 그리스의 신들처럼 고작 시간 속에서의 생명의 끝없는 연장을 의미하는 것임에 반해, 영원에서는 아예 시간이라는 개념 자체가 성립될 수도 논의될 수도 없다는 것이다(아렌트 1962). 그러나 기독교나 유대교에서의 '영원'은 이와 전혀 다르다. 성경 속의 영원은 시간 속에서 구체화되는 개념이기 때문이다. 그리하여 헤셸은 아예 "시간은 변장한 영원"(Time is eternity in disguise)이고, "시간은 세계 속으로의 하나님의 임재"(Time is the presence of God in the world)라고 선언해 버린다(헤셸 2007).

사실 히브리 언어에는 아예 '영원'이라는 독자적인 개념이 보이지 않는다. 영원이라고 번역되는 단어로 고작 '욤'(יוֹם)을 쓰거나 '오랜 기간'을 의미하는 '라아드'(לעד)나, '오랜 지속'을 의미하는 '메올람'(מעולם) 등이 있을 뿐인데 이들은 각기 '여러 날들로부터'(미욤, מימים)를 의미할 뿐이거나, '아직,' '다시' 등을 의미하는 시간 개념인 '오드'(עוד)의 변형이며, '창조,' '세계' 등을 의미하는 '올람'(עולם)의 변형일 뿐이다. 그러니까 히브리인의 언어는 '시간,' '세계' 같은 개념을 떠나서 '영원'이라는 것을 개념화하지 않고 있는 셈이다. 영원의 하나님께서도 시간 속에서 우리의 기도를 통하지 않고는 당신의 사역을 하지 않기로 작정하셨는지도 모른다. 이런 이야기는 역사 속에서의 인간의 기도가 하나님의 사역에 필요 조건이라는 확신을 갖게 한다. 이는 우리가 "하나님께 우리의 믿음을 통해 일하실 수 있는 기회를 드리는 것"(챔버스 2014)이기 때문이다. 그러기에 앤드류 머레이 목사는 이렇게 표현한다.

> 기도를 통해 (우리는) 하나님께서 내 안에서, 그리고 나를 통해서 일하시도록 문을 열어 드리는 것이다(Prayer opens the door for God to work in and through us).

이 우주적 프로젝트가 완벽하게 실현된 전형적 사건은 하나님의 독생자이시자 '사람의 아들'(人子) 예수 그리스도가 시간과 공간 속으로 인간이 되어 성육신(成肉身)하신 사건이다! 이 사건은 인간인 우리가 어떻게 하나님의 촛불이 될 수 있는지를 극명하게 실천해 보이셨을 뿐만 아니라, 우리 인간이 하나님과의 이 필연적인 관계를 실현할 수 있는 조건을 구축해 놓으신다.

생각해 보면 나는 오래 전에, 하나님께서 어떻게 당신의 '동역자들'과 함께 당신의 사역을 이루어 내시는지를 이미 목도한 바가 있었다. 이러한 일련의 사유와 체험은 "왜 인간은 반드시 귀찮게 관계 속으로 들어가 살아야 하는가? 인간은 철저히 외로운 존재로 살기로 되어 있는 게 아닌가? 마치 라이프니츠의 '모나드'처럼"이라고 스스로 다짐하며 살던 기존 신념의 토대를 근본적으로 허물고 전혀 새로운 삶의 지평을 갈망하게 했다. 나는 이 충격이 가져온 환희를 이기지 못해 국내외에서 몇 차례 이를 간증한 적이 있었다. 다음은 그 내용이다.

3. 아! 그랬었구나[3]

오늘 저의 간증 제목은 "아, 그랬었구나"입니다. 믿음을 갖기 위해서는 "아, 그랬었구나"라는 깨달음이 필수적이라고 생각합니다. 이것이 중요한 까닭은 실재의 세계는 보이는 것이 전부가 아니기 때문입니다. 우리는 고작 조금보았을 뿐이며 그정도만 알고 있을 뿐 입니다. 그러나 (나를 둘러싼) 실재의 세계 속에서는 내가 모르는 사이에 엄청난 일들이 벌어지고 있었습니다. 우리는 그것들에 감사해야 했습니다. 이것을 체험을 통해 깨닫게 되었습니다. 간증에 앞서 이 개념을 잠깐 설명드려야 할 듯합니다. 오래 전 미국 잡지에 게재된 실화 하나를 소개해 드리겠습니다.

미국의 한 고아원에서 자라던 소녀가 자신을 버린 어머니를 향해 원망과 적개심으로 고통스러워하고 있었습니다. 그러던 어느 날, 생모가 자신을 만나러 왔다는 소식이 들렸습니다. 그녀는 복수심에 가득 차 면회 장소

---

[3] 2006. 10. 31. 노은교회(본문: 행 12:5-12)에서 있었던 간증을 집필하는 현재 시점에서 재구성하고 있다. 처음 간증할 당시 나에게는 '하나님의 동역자' 의식이 선명하게 개념화되어 있지 못했다.

에 나갔습니다. 중년의 여인이 다른 사람의 부축을 받으며 나타났습니다. 앞까지 보지 못하는 그 초라한 몰골에 남은 정마저 다 사라졌습니다. 그 어머니를 통해 알게 된 자초지종은 이런 것이었습니다.

앞을 보지 못한 채 태어난 것은 어머니가 아니라 자기였다는 겁니다. 앞을 보지 못하는 딸을 키우고 있던 여인에게 설상가상으로 남편의 전사 통보가 날아 들었습니다. 그 소식을 접한 그녀는 자신과 딸의 양육과 생계에 대한 대책이 막막해졌습니다. 그녀가 도달한 결론은 딸에게 자신의 두 눈을 이식시키고 자신과 딸을 각각 양노원과 고아원에 의탁해 버리기로 결심한 것입니다. 눈 하나씩 나누어 가져도 될 것을 딸의 행복만을 생각하여 자신은 남은 생애 동안 한 번도 경험해 본 적이 없는 깜깜한 세계 속에서 살아가기로 한 것입니다.

이 계획을 결행한 후 모녀는 각각 떨어져 이제까지 이렇게 살아온 것이었습니다. 이 사실을 담담히 털어놓는 여인 앞에 딸은 엎어져 울지 않을 수 없었습니다.

"아, 그랬었구나! 아, 그랬었군요, 어머니!"

하늘로부터 이루어진 한 거룩한 희생의 중보적 사건에 대해 '아, 그랬었구나!'라고 절규하는 믿음에 터 잡고 있는 종교가 바로 기독교라고 생각합니다.

이제부터는 저의 삶에 있었던 일에 대해 간증을 시작해야 겠습니다. 세상의 다른 동물과 달리, 사람의 삶은 무언가를 알아가는 과정이라고 할 수 있습니다. 소위 지식을 습득해 가는 과정입니다. 그리고 그처럼 지식을 추구하는 과정에서 대전제는 내가 얻는 그 지식이 참이라는 것입니다. 우리는 일상적으로는 "내가 아는 그 지식은 사실이다"라고 합니다만, 우리의 삶과 관련해서도 "그것은 진리다"라고 말하기도 합니다 .

그런데 좀 어렵게 표현하자면 인간은 이처럼 지식을 추구하는 인식 활동의 주체(subject)인데, 때로 이 인식의 대상(object)이 무엇이냐에 따라서 인식의 위기에 봉착하게 됩니다. 예를 하나 들겠습니다. 여기 같은 문법 구조를 지닌 명제가 두 개 있습니다. "이 방안에는 학생이 수십 명이 있다"라는 명제와 "이 우주에는 하나님이 있다"라는 명제는 동일한 형식을 갖고 있습니다.

그러나 이 명제의 진리와 관련하여 이를 어떻게 인식할 것인가를 두고는 심각한 문제에 봉착하게 됩니다. 대상이 다르기 때문입니다. 소위 상식과 과학을 따라 생각하는 습관에 젖어 온 사람은 후자에 대하여 명제의 진리를 '검증'(verify)하라고 요구합니다. 검증한다는 것은 인간의 오관을 통해 감각적 자료(sense data)의 사실 여부를 확인하는 것입니다. 예를 들면 "밖에 비가 온다"는 명제의 진리성을 확인하기 위해서는 밖에 나가 손을 내밀어 보면 되는 것입니다. 검증을 요구하는 이들에 의하면 "모든 명제는 검증될 때만 진리이고 의미를 가진다"고 합니다. 철학자 중에도 그런 강령을 신봉하는 학파가 있는데 이런 사조를 실증주의(positivism)라고 합니다.

그러나 이러한 주장을 펼치는 이들에게 그 강령에 관한 명제부터 '검증'하라. 왜 모든 것은 검증될 때만 유의미하고 진리인가를 '검증'하라. 인간이 왜 상식과 과학으로만 진리를 인식하기로 되어 있는 것인가를 먼저 '검증'해 보라고 하면 그들은 금방 곤란에 봉착하게 됩니다. 이를 잘 알고 있었음에도 저에게 유사한 문제와 관련하여 인식의 위기를 겪은 젊은 시절이 있었습니다. 역시 '영적 사실'을 대상으로 하는 인식의 문제였습니다.

"장학퀴즈" 같은 프로그램에서 종종 들어 보셨으리라고 생각합니다만, 임마누엘 칸트(Immanuel Kant)라는 철학자에 의하면 인간은 현상(phenomena)에 대한 지식을 얻기 위해 두 가지 형식의 인식 조건을 장착하고 태어난다고 합니다. 그는 그것이 바로 시간과 공간이라는 '감성 형식'이라고 합니다(칸트 1929).[4] 실제로 칸트가 말하는 이 인식 조건에 관한 주장이 곧바로 검증 이론으로 연결되는 것은 아닙니다만, 영적 사실의 '검증'에 대한 이해를 돕기 위해 이 두 조건을 잠시 화두로 삼아 보겠습니다. 우리가 주장하는 명제에도 시간과 공간의 요소가 담깁니다.

명제의 검증 문제에 관련하여 알기 쉬운 예를 하나 들어 보겠습니다. 우리가 "2016년 10월 31일 05시 노은교회에 교인들이 모여 김모 집사의 간증을 듣고 있다"는 주장을 사실로 인식하는 데에는 아무런 문제가 없을 것입니다. 왜냐하면 당시의 간증 현장을 찍은 사진을 보면 김집사와 교인들의 얼굴과 노은교회당 내부가 나타날 것이고, 녹음을 들으면 김집사가 코메디 공연하는 게 아니고 '간증'하고 있다는 것이 '사실'로 드러날 것이기 때문입니다. 그러나 "2000여 년 전에 유대 땅에서 하나님의 아들이 죽어 지금 한국 땅에 사는 ㅇㅇㅇ의 죄가 용서받고 구원받았다"는 주장의 경우 우리는 듣는 즉시 난감한 상태에 봉착하고 맙니다. 왜냐하면 통상적으로 인간이 현상을 인식하기 위해 적용해 온 시간과 공간이라는 형식을 실제적으로 적용하며 '검증'하려 할 때 '검증'이 불가능해지기 때문입니다.

이 명제 역시 형식적으로는 인식의 구성 조건을 지니고 있는 것이 사실입니다. 그러나 2천 년 전의 어느 시간 유대 땅 예루살렘 근처 골고다 언덕에서 있었던 일은 시간-공간의 눈으로 볼 때, 아무리 자세히 봐도 사실상

---

[4] 칸트는 자신의 책 『순수이성비판』에서 공간과 시간의 개념을 상세히 다루고 있다. 전자는 대상의 크기, 모양, 관계를 규정하고 후자는 마음의 내적 규정을 직관하는 조건이 된다. 칸트에 의하면 이들은 (외적 대상이든 내적 대상이든) 대상을 표상하기 위해 전제되는 조건이라고 설명한다. 이러한 선험적 직관에 의해서만 대상에 대한 인식이 가능하게 된다는 것이다. 시간과 공간에 대한 이하의 말은 칸트 자신도 인정한 이러한 인식의 그물로 잡히지 않는 누미나의 세계에 대해서조차 '검증'을 요구하는 실증주의적 태도를 다루고 있다. 274쪽의 각주 40을 참조하라.

그 사건 이상의 어떤 것도 의미할 수 없을 것입니다. 사형 집행 후 세 구의 시체를 매단 통나무만 덩그러니 서 있던 겟세마네 언덕엔 바람만 불고 있었을 것입니다. 백번 양보해서, 잠시 그 땅에 이 사건으로 인해 역사적 사회적 영향이 있었다고 인정할 수 있을 것입니다. 더 양보하기로 하여, 2천여 년이 훌쩍 지나 버린 지금에도 그 사건이 그 장소를 벗어난 시공에 사는 사람들에까지 용서의 효력이 미칠 수 있다고 할 수 있습니다. 미리 누군가가 나의 죄지을 가능성을 대비하여 예비 조치를 해 둘 수도 있기 때문입니다. 심지어 이 사건이 있기 이전의 사람들에게까지 용서의 효력이 미칠 수도 있을 것입니다. 용서는 용서니까요!

그러나 여기에는 그런 것을 가능케 하는 시간을 초월하는 세계가 존재한다는 중요한 전제가 필요합니다. 기독교 교리에 의하면 그 용서가 실제적인 효력을 발휘하기 위해서는 믿음이 요구된다고 말하고 있습니다. 그러나 이 명제가 근거하고 있는 이 기본 전제가 문제입니다. 용서가 효력을 행사할 때, 즉 전제가 되는 용서받을 당사자의 믿음의 문제가 개입될 때 문제는 더 복잡해 보입니다. 성경은 이 사건이 있기 이전의 시대에 벌써 이 사건으로 인해 용서받았다고 기뻐하는 사람에 대한 이야기를 들려주고 있습니다. 예수님이 예로 들고 있는 아브라함이 좋은 예입니다. 그는 이 사건보다 몇 백 년 전에 벌써 이 사건으로 인한 구원을 기뻐했다고 기록되어 있습니다. 시간적으로 이 사건을 들을 가능성이 전혀 없는 아브라함이 어떻게 이 사건에 대한 믿음을 갖는다는 말입니까?

여러분께서도 한 번쯤은 고민해 보셨겠지만, 앞서 제가 '인식의 위기'라고 말씀드렸던 것이 이런 것이었습니다. 백 번 양보해서 그 십자가 사건이 그 사건 이후 시대나 멀리 떨어진 다른 곳에 간접적으로라도 영향을 미치려면 미칠 수 있을 것입니다. 그러나 성경이 말하는 그 특정 시간과 특정 장소를 벗어난 이전의 시간과 장소, 예를 들면 고조선 시대나 삼국 시대의 이 땅에 살고 있던 사람들에게 상기와 같은 주장이 어떻게 '복음'이 되는가 하는 것입니다.

복음이기는커녕 아예 그런 소문조차 듣는 것이 불가능한 훨씬 이전의 시간과 공간이 아닙니까? 그런 '복음'을 들을 기회라도 주고 그것을 "믿을 테냐 말테냐?"라고 물어야 하는 것 아닙니까? 그러나 어떻게 그 골고다 사건 즉 용서를 야기시킬 대속의 사건이 있기도 전의 시간과 공간에 살던 사람들에게, 그런 용서의 소식을 들을 기회가 절대적으로 불가능한 대상에게 가역적(可逆的)인 효력을 행사할지 말지를 결정짓겠다는 것입니까? 시간 공간적으로 '전도'가 불가능한 대상을 향해 어떻게 그런 판결을 내린다는 것입니까?

이런 명제의 주장은 시간과 공간의 속성을 근본적으로 거역하는 주장임에 틀림없습니다. 상황이 그런데도, 성경이 말하는 그때 그 땅에서 태어나지 않은 이유로 해서 고조선 시대 당시 우리 모든 조상이 도매금으로 지옥에 가게 된다면 그것이 말이나 되는 소리냐? 또한 아브라함이라는 특정한 사람이 지녔던 이 불가사의하고 특별한 능력이나 은혜를 하나님을 접해 본 적도 들어 본 적도 없는 사람들에게 요구하는 근거가 무엇이란 말이냐? 어떻게 그런 교리를 믿으란 말이냐? 그런 불공평한 하나님의 시스템을 믿으란 것이냐? 뭐, 그런 불만과 의문이 저에게 일었던 거지요. 사실 시간과 공간이라는 범주 내에서 검증을 요구하는 소위 상식과 과학이라는 세계에 젖어 살아온 우리에게 그런 요구는 천부당 만부당한 것임에 틀림없는 일이었습니다.

저의 신앙은 이 궁금증이 해결되기 전에는 한 발작도 더 나갈 수가 없었습니다. 바울은 모든 진리가 자연 만물에 이미 드러나 있으므로 저희가 핑

계치 못한다고 했지만(롬 1:20), 저는 자연 만물 중 어느 곳에서도 이 명제를 설명해 주고 예수님이 내 죄를 위해 죽으셨다는 것을 설명해 줄 만한 것을 찾을 수가 없었습니다. 저는 정말 '영적 사실'이란 게 있는지 그것에 관한 지식이 '참'인 것을 어떻게 알 수 있는지에 대한 의문에 빠져 있었던 겁니다.

그 무렵 어느 날 저녁 저는 전에 읽었던 적이 있는 『사랑은 죽음보다 강하다』의 저자 김성일씨가 대전의 갈마동에 부흥회를 인도하러 온다는 소식을 듣고 그를 만나러 교회 밖에서 기다리고 있었습니다. 그분이 차에서 내리자마자 저는 거두절미하고 "선생님의 작품을 읽어 보면 선생께서도 많은 질문을 가지고 고민하신 것 같은데, 혹 이런 의문은 어떻게 해결하셨는가?"라고 물으며 예의 그 질문을 던졌습니다. 그분은 나를 곧장 강사 대기실로 데리고 가서는 마치 준비하고 있었던 것처럼 즉시 몇 군데 성경 구절을 찾아 읽어 주었습니다. 그중에는 예수께서 "육체는 죽었지만 성령 안에서 다시 살아나셔서 갇혀있는 영혼을 찾아가 말씀을 전하셨다"는 베드로전서 3:19 이하의 말씀이 있었습니다.

지금 신학 해석상 논란이 일 수 있는 구절을 논하려는 것이 아닙니다만 하여튼 이 말씀은 일단 저의 궁금증을 가라앉혔습니다. 현상을 초월하는 '영적 사실'의 세계에 나름의 논리가 있구나 하는 깨달음 같은 것이 왔던 것입니다.

그런데 이런 것들이 진정한 의미의 지식이 되고 믿음이 생겨 삶에 의미를 지니기 위해서는 그 '영적 사실들'이란 것이 실제로 내 삶에 '경험'되어야 했습니다. '하루가 천년 같은' 방식으로 시간과 공간을 '초월'하시는 무한의 존재가 계시다면 실제로 우리에게 직접 다가오시는 일이 필요했고 '천년이 하루같이' 우리가 앞에서 문제삼고 있는 시간의 질서가 무시되는 그분의 임재를 체험하는 것이 필요했습니다. 초월적 존재가 역사 속으로 침투해 들어오고 우리의 영혼 속으로 침투해 들어오는 것이 필요했습니다. 루이스(C. S. Lewis)가 '기적'이라고 말했던 "초월적 존재의 침입" 같은 것이 나에게 일어나는 일이 필요했단 말입니다. 하나님이 처녀 마리아에게 침입해 들어오시듯, 우리의 영혼 속으로 들어오시는 영적 사실의 체험, 오직 그때에만 인식은 '믿음'이 되어 힘을 발휘하게 될 것 같았습니다.[5]

실은 이런 일은 예수님의 제자들이나 사도 바울도 예외는 아니었습니다. 심지어 3년씩이나 스승이신 예수님을 따라다니며 별별 이적을 직접 보기도 하고 스스로 이적을 일으키기도 했던 제자들은 부활의 주님을 만나보기까지 했음에도 믿기지 않았던지, 뿔뿔이 흩어져 다시 물고기나 잡겠다며 갈릴리로 돌아갔습니다. 예수님이 그들에게 자신에 관해 말씀하시던 것은 그저 정보요 지식일 뿐이었습니다. 그들이 예수님이 하신 말씀을 진정으로 믿게 된 것은 시공을 초월한 영이신 부활의 예수를 개인적으로 만나고 난 뒤의 일이지 않습니까? 이들이 변한 것은 디베랴 호수까지 재차 찾아오시어 그들의 영혼 속 깊이로 '침입'하시는 존재를 만난 뒤의 일이었습니다.

더구나 영적 세계가 있다는 것을 어찌어찌해서 알게 되었다 하더라도 그 세계의 내용이 무엇인지 그 세계에서 이루어지는 일이 무엇인지, 그 세계를 지배하는 질서가 무엇인지에 대해 알고 그 안에 편입되는 것은 또 별개의 문제인 듯합니다. 칸트 역시 이 시간과 공간이라는 인식의 그물로 잡히지 않는, 그런 그물을 아무리 던져도 잡히지 않는 누미나(noumena)

---

[5] 시간 공간과 하나님 그리고 예수님의 관계에 대한 좀더 구체적인 설명을 본서의 결론부인 제3부 6장 2(p. 305)을 참조하기 바람.

의 세계가 있다고도 했습니다. 그는 그런 세계가 '요청된다' 또는 '상정된다'(postulate)고도 말했습니다. 그러나 그런 요청될 뿐인 세계는 그의 실존에도 나의 실존에도 직접적으로 아무런 영향도 줄 수 있는 게 아니었습니다. 시간과 공간 저편의 세계가 요청되고 아니 존재한다 하더라도 도대체 그 세계가 지금 나의 삶에 어떻게 관여하는지가 입증될 때까지는 그것이 내 실존에 아무런 영향도 주지 못하고, 나는 여전히 답답한 상태에 머물러 있을 수밖에 없었습니다. 그때까지는 영적 세계에서 예수라는 분이 우리 죄를 대신 지고 가는 사건이 발생했다는 것이 믿어져 그 세계에 편입되는 것은 불가능한 일이었습니다. 그것은 그토록 오랫동안 유대 종교에 빠져 있던 열렬 신도이자 석학인 바울에게도 턱없는 일이었습니다.

사실 기독교의 진리는 부활하신 예수의 생명에 조우하는 때에야 완성되는 듯합니다. 한 번도 직접적으로 예수의 가르침을 받은 적도, 그분에 관한 설교를 들은 적도 없는 바울이 기독교 교리를 주도적으로 설파하는 주역이 된 것은 바로 이 부활하신 주님께서 그를 직접 만나 주신 뒤의 일입니다. 예수의 제자들을 체포하여 처형하기 위해 혈안이 되어 있던 바울에게 감히 예수의 진리에 대해 가르치거나 설득할 사람은 아무도 없었습니다. 그를 만나 그에게 진리의 생명을 부어 넣으신 분은 오직 부활하신 주님 한 분뿐이었습니다. 결국 저에게 필요한 것도 바로 그 부활하시어 지금도 살아계신 예수님께서 제 영혼에 침입하시는 '경험'이었습니다.

지금으로부터 15-6년 전 모든 것이 믿기지 않아 방황하는 중에도 새벽 기도를 시작했던 어느 날 저에게도 그런 경험의 사건이 있었습니다. 그것은 시공의 그물로 잡히지 않는 하나님이 지배하시는 세계가 있음을 보여 주는 사건이었습니다. 이제까지 시공 개념의 울안에 갇혀 있던 제 영혼의 눈을 뜨게 한 사건인 동시에 그 영적 세계 안에서 저를 위해 어떤 일이 벌어지고 있는지를 일거에 보여 준 사건이었습니다. 부활하신 예수께서 저를 위해 무엇을 하고 계신지를 깨닫는 사건이었습니다.

어느 여름 방학 중이었습니다. 저에게 서천 지역 농촌 청년을 위한 강연 부탁이 왔습니다. 강연이 끝나면 근처의 해수욕장에도 갈 수 있다는 말에 저의 아내가 먼저 여행 채비에 바빴습니다. 그러나 정작 그 날이 되자 아내는 심한 몸살로 그냥 대전에 머물러 있어야만 했습니다. 나중에 안 일이지만 이 또한 (시간과 공간을 초월한 세계를 보여 주기 위한) 하나님의 뜻이었던 것 같습니다. 저는 홀로 갈 수밖에 없었습니다. 예정대로 도착하여 강연을 마치고 대전행 승합차에 오르려 할 때 였습니다. 제 강연을 들었던 교사 중 한두 사람이 그날 밤 그곳에서 있을 지역 연합 집회에 참석해 보라고 강권하는 것이었습니다. 저는 무심코 그렇게 하겠다고 대답하고는 그 시간이 되기까지 기다렸습니다.

그러는 중에 꿈 해몽을 잘 하신다는 어느 나이 든 여자 권사님을 만나 같이 식사를 하고 있었습니다. 당시 저는 밤마다 수많은 꿈으로 시달리고 있던 터라 그분께 내 꿈 이야기를 들려주고 무슨 뜻인지 묻고 싶었습니다. 제 꿈은 대개 이런 내용이었습니다. 커다란 사자 두 마리가 하나씩 다가와 각각 커다란 볼링 공 크기의 흑색과 백색 배설물을 내 앞에 떨어뜨리고 돌아갔습니다. 그들은 내 뒤쪽에서 비치는 강한 햇빛에 눈이 부신 듯 더 이상 나에게 다가오지 못한 채 물러갔습니다. 그 배설물은 분해되어 내가 앉아 있는 다다미 밑으로 스며들어 사라지곤 했던 꿈이었습니다. 제 꿈 이야기를 듣고 있던 그 여자 권사님은 집회에 참석해 보라고 말할 뿐 더 이상 말씀이 없었습니다.

저녁을 먹은 후 느지막해서야 교인들이 모여들기 시작했고 논 가운데 있었던 그 교회의 집회는 저녁 10시가 훌쩍 지나서야 시작했고, 자정이 되어서야 기도가 시작되었습니다, 예의 그 노 권사님이 내게 다가와 안수했습니다. 그분은 "짐승(사탄)의 배설물을 받아 먹고 사는 삶을 중단하고 주 예수의 품으로 돌아오라"는 말들을 뱉어 냈습니다. (나중에서야 예의 그 흑백의 배설물은 각각 라인홀드 니버[Reinhold Niebuhr]가 인간의 원죄를 분석할 때 사용했던 단어 둘을 함의하는 것임을 깨닫게 되었습니다. 즉 검은 색 배설물은 육욕성을 흰색 배설물은 교만[sensuality and pride]을 상징하는 이미지인 듯합니다. 나는 그 원죄적 범주에서 헤매는 삶을 살고 있었던 것이었습니다.) 그 노 권사님으로만 안 되겠던지 조금 있으니 그 교회 목사님이 가세했고 잠시 후에는 목사님 사모님까지 동원되었습니다. 그분들은 다른 교인은 제쳐 두고, 셋이서 저의 머리와 가슴과 등판을 두드리며 진땀을 흘리고 있었습니다. 안타깝게도 당사자인 저 자신은 멀뚱멀뚱 아무것도 느끼지 못한 채 집회가 끝나고 말았습니다. 집회는 그렇게 끝났고 한참 시간이 흘렀습니다. 주위가 조용해지자 눈을 떠 둘러보니 텅빈 교회 마룻바닥에 저만 홀로 앉아 있는 것이었습니다. 공허한 가슴으로 침소에 돌아오고 말았습니다. 시계를 보니 막 새벽 2시가 지나고 있었습니다.

다음 날 대전에 돌아오자 아내가 다가오며 대뜸 하는 말이 "어제 밤 12시에서 새벽 2시 사이에 당신에게 무슨 일이 있었어?"하는 것이었습니다. 저는 다소 놀랐지만 아무 일도 없었다고 대답할 수밖에 없었습니다. 그러자 아내는 충격적인 이야기를 들려주었습니다.

아내가 들려준 것은 이런 것이었습니다. 아내는 그날 밤 몸살로 일찍 잠자리에 들었는데 밤 12시쯤에 난데없이 누군가가 잠자고 있는 자신을 걷어차듯 밀치며 "일어나 기도하라!"고 말하더라는 것이었습니다. 오늘 본문 말씀에 잠자는 베드로의 옆구리를 쳐 깨우신 것처럼 말입니다. 아내는 엉겁결에 일어나 기이한 언어를 쏟아 내며 기도에 열중했는데 이쯤 하면 되겠다 싶어 다시 잠자리에 들었으나 잠시 후 더욱 거세게 걷어 채여 다시 일어나 앉았다고 합니다.

　방 안에는 흉악한 모습을 한 괴물이 가득 차 있었고 그것들은 저를 쓸만한 놈이라 하며 잡아 끌고 가려 하는데, 제가 끌려가지 않고 있더라는 것이었습니다. 왜 그런가 하고 보니 그들의 반대편에서 누군가가 저를 놓아주지 않으려고 안간힘을 쓰며 붙들고 있더라는 것이었습니다. 자세히 보니 그분은 바로 예수님의 모습이었다고 했습니다. 아내는 그분과 합세하여 혼신을 다해 저를 반대편으로 끌어당기고 또 당겼다 했습니다.

　얼마 후 아내의 입에서는 "감사합니다. 감사합니다" 하는 말이 터져 나오며 긴 안도의 한숨과 함께 털썩 주저앉아 버리고 말았다고 했습니다. 그때 시계는 새벽 2시를 가리키고 있더라 했습니다. 이 말을 들은 저는 그만 충격에 싸인 채 아무 말 없이 제 방으로 들어갔습니다. '대전과 서천, 자정에서 새벽 2시!'를 되뇌이며···. '아, 시공을 초월하여 그런 세계가 있었구나!' 아니 나를 더욱 충격으로 몰아넣은 것은 나 같은 비천한 자를 악의 세력에게 빼앗기지 않으려고 혼신을 다하신 분이 계시다는 사실이었습니다. 성경에서 부활하셨다고 말하던 그분이! 더럽고 추하고 비열하고 못난 나를 아직도 여전히 붙들고 계셨구나. "아, 그랬었구나!"를 연발하며 저는 제 방에서 홀로 울고 있었습니다.

　생각해 보니 이제까지 저는 어려서부터 들어 온 속담처럼 "엎지른 물은 도로 담지 못한다"거나, 현명한 미국인의 대명사인 벤자민 프랭클린이 만들었다는 "쏟아진 우유, 울어도 소용없다"(It is no use crying over spilt milk), "한 번 저지른 일은 되돌릴 수 없다"(What is done can not be undone) 같은 속담에 담긴 교훈을 진리로 알고 살아왔던 것이 사실이었습니다. 그것이 자연 법칙이고 세상 살이의 법칙이었습니다. 한 번 저지른 일은 되돌릴 수 없으니 한탄해 봤자 쓸데없다. 조심해서 행동하라는 이 말의 저변에는 내가 살면서 저지른 모든 것에는 내가 책임을 져야 한다는 것을 전제로 하고 있었습니다. 그런 생각에 젖어 살아온 사람이라면 살면서 저지른 모든 죄에 대해서 자신이 책임져야 한다는 것이 자명한 것이었습니다.

살면서 지은 결코 되담을 수 없는 죄악에 생각이 이르자, 제가 '책임지고' 갈 곳은 지옥밖에 없다는 것 또한 자명해졌습니다. 제 삶이 돌이킬 수 없는 것들로 가득했습니다. 그런데 이 '울어도 못할' 일들로 절망에 빠진 저에게 세상에서는 들어 본 적이 없는 일을 하신 분이 계신 것이었습니다. 저는 그날 "네가 행한 것을 없던 것으로 해주겠다"(What you have done is undone!) 하시며 저를 위해 이제껏 들어 본 적이 없던 일을 하고 계신 주님을 만난 것입니다. 내가 일생을 통해서 '행한'(Done) 것을 '없었던 것으로'(Undone) 해 주실 뿐만 아니라 내가 행한 죄를 '없애어 버리겠다'고 하시는 것입니다. 이제까지 세상이 주입시킨 '진리'를 뿌리치시며 산더미같은 죄의 빚에서 손수 저를 건져 내시는 주님을 본 것입니다. 그 복음이 믿어지는 순간이었습니다. 그 다음 날은 주일이었습니다. 교독문을 읽던 중에 "너는 내 아들이라, 오늘날 내가 너를 낳았도다"(시 2:7; 행 13:33; 히 1:5) 예수님을 향해 하시던 하나님의 말씀이 종일 나를 엄습하고 있었습니다.

내친 김에 저희 집에 있었던 유사한 사건을 마저 말씀드려야 할 듯합니다. 저희 집안은 어머님을 통해 복음이 뿌려진 이래 온 가족이 주님을 영접하고 신앙 생활을 하고 있었으나, 유독 미국에 있는 저희 두 딸만은 예외였습니다. 저희 부부의 간절한 기도도 무효인 듯했습니다. 그런데 입소문을 통해 더러 알고 계신 분도 있을 줄 압니다만, 2년 전 여름 우리 자녀 중 하나에게 평생 잊지 못할 공포스러운 일이 닥쳤습니다. 둘째 애가 공부를 마치고 우리 집에 와서 여름을 보내고 있을 때 강도가 칼을 들고 침입했던 것입니다. 한밤중 모든 식구가 잠에 빠져 있는 시간이었습니다. 누군가가 자고 있는 자신을 쳐다보고 있다고 느낀 딸애는 그 남자가 제 아비인 줄 알고 "아빠?" 하며 부르는 순간이었습니다. 어둠 속에서 장갑 낀 손이 딸애의 입을 틀어막으며 "가만 있어!"라며 위협하더랍니다. 그때 딸애는 학교에서 배웠던 대처 요령이 떠올라, 반쯤 구부리고 서 있었던 그 자의 눈언저리를 세게 할퀴며 대들었답니다. 한국에서는 상상할 수 없었던 예상 외의 반격에 놀란 그 자는 엉겁결에 입을 막았던 손을 놓치고 말았습니다. 그러자 이번엔 딸애가 벽력같이 소리를 질러 대기 시작했습니다. 그는 들고 있던 칼로 딸애의 가슴을 세 차례 찌른 뒤 달아나 버렸습니다. (다행히 딸애는 두꺼운 브레이지어를 착용하고 있었고 두 번의 칼은 옆으로 비껴가고 한 번 찔린 것은 고작 작은 상처를 냈을 뿐이었습니다. 잠들기 전 이 더운 여름에 왠 두꺼운 브레이지어냐며 제 엄마와 실랑이하던 생각이 났습니다.) 제가 딸애 소리에 놀라 뛰쳐나와 보니 그 애는 현관문까지 그 자를 뒤쫓아 가며 소리소리 지르고 있었습니다. 아내와 저는 "어찌 신문이나 TV에서나 보던 일이 우리 집에 닥쳤단 말이냐?" 하며 난생 처음 당한 이 공포에 전율하면서도 한 가지 다른 생각에 빠져들기 시작했습니다.

우리는 사건의 공포스러움이나 딸애의 용기에 놀라고 있을 수만 없었습니다. 왜냐하면 사건 바로 이틀 전 증평에 살고 계신 누님에게서 왔던 전화 내용이 떠올랐기 때문이었습니다. 누님은 "딸 애로 인해 너희가 울며 감사할 일이 일어날 것이다"라고 했지만 우리는 힘든 하버드대학교 대학원 과정을 마치고 돌아온 딸애에게 울며 감사했어야 한다는 뜻으로 생각하여 귀넘어 듣고 흘려버렸던 것이었습니다. 떨며 지새운 그날 밤, 날이 밝기를 기다려 누님께 그 밤에 겪은 일을 말씀드리려고 전화를 했을 때 우리는 다시 한 번 놀라지 않을 수 없었습니다. 증평의 누님에게서 들려온 소리는 "밤새 너희 집을 위한 기도가 나와서 기도를 멈출 수가 없었다. 자꾸만 어떤 낯선 남자의 얼굴이 너희 집에 나타나서 밤을 지새워 기도하게 되었다. 한 시간 전에 집에 돌아왔다"는 것이었습니다. 우리가 겪은 일은 결코 단순한 강도 사건이 아니었습니다. 더구나 딸애의 용기에 관한 문제도 아니었습니다. 주님의 천사가 지키신 사건이요, 하나님께서 '침입'하신 사건이었습니다.

이 일련의 사건을 통해 저는 한 가지 사실에 놀라게 되었습니다. 그것은 저에 관련하여 있었던 저번 일에도 딸애에 관련하여 일어난 이번 일에도 주님께서는 당신 홀로 일하지 않으셨다는 사실이었습니다. 대전에 남겨 둔 아내를 깨워 기도로 동참하기를 요구하셨던 주님께서는 이번에는 증평에 계신 누님을 깨워 밤이 새도록 영적 파수꾼으로 삼으셨던 것이었습니다. 당신의 동역자들과 함께 일하신 것이었습니다! 이 사건을 전해 들은 후 그렇게 완강하게 버티던 작은 딸애는 그 후 영적 체험까지 하고 주님을 믿는 신자가 되었습니다. 이 일은 도미노 현상인지 시너지 현상인지 소위 '분석 철학'이라는 학문을 전공하고 미국에서 철학 교수를 하고 있는 더 깐깐한 큰 딸까지 흔들어 놓고 말았습니다. 몇 년 전 저희 부부는 또 한 번 감사의 눈물을 흘리고 말았습니다. 큰 딸로부터 "아빠, 나 지난 주부터 교회 다녀!" 하는 전화를 받았기 때문이었습니다. 하나님께서는 큰 딸아이마저 제 발로 교회를 찾아가게 하신 것입니다.

정리하면 이렇습니다. 우리에게는 시간과 공간의 눈을 통해서만 보는 세계만 있는 것이 아니었습니다. 천지에 가득, 눈에 보이는 것은 온통 악하고 죄된 것뿐이로되 보이지 않는 세계에선 우리를 향한 주님의 구원 계획이 진행되고 있었습니다. 보이고 들리는 것은 흑암의 바다 위에 부는 유라굴로의 노도와 광풍뿐이었으나 그 속에서 바울을 향해 들려주시던 주님의 소리가 있었듯이, 눈에 보이지 않는 다른 한 편의 세계에서 일사분란하게 전개되고 있는 하나님의 일을 인정하지 않을 수 없게 된 것입니다. 태초에 세계를 창조하실 때 '수면 위에 운행하시던 하나님의 영'이, 그리고 우리를 당신의 형상으로 창조하실 때 우리에게 불어 넣으시던 동일한 영이 그날 밤 그렇게 어느 패역한 영혼을 구원하기 위해 그리고 믿지 않는 완강한 딸들을 구원하기 위해 시공을 초월한 작전을 전개하고 계셨구나! 아, 그랬구나! 그런 세계가 있었구나!

우리 가족은 우리 가정에 있었던 이 일련의 영적 사건을 통해 깨달은 게 있습니다. 그날 밤 전능하신 하나님께서는 그런 일을 당신 혼자서 하지 않으신다는 것이었습니다. 힘없는 우리 인간을 깨워 더불어 기도하게 하셔야 일을 이루셨던 것을 주목하게 되었습니다. 이로 인해 우리 가족은 성경에 쓰인 대로 2,000여 년 전 골고다 언덕에서 있었던 사건과 그 사건을 전후하여 영적 세계에서 이루어진 일을 '사실'로 받아들이며 그 엄청난 의미에 놀라고 있습니다.

이에 더하여 전능하신 하나님께서는 당신의 사역을 혼자서 하지 않으시고 이 땅에 사람의 아들 '인자(人子) 하나님'을 보내시어 그분의 순종과 중보의 죽으심을 통해서만 당신의 사역을 해내셨던 사실을 알게 되었습니다. 더욱 놀랍게도 그 하나님께서는 동일한 진리를 가르치기 위해, 주님께서 죽음을 앞둔 절박한 순간의 겟세마네 동산에서 당신을 위해 제자들의 기도를 요청하셨던 것처럼, 예수님을 따라 우리도 당신의 중보적 프로젝트에 동참하기를 요청하고 계신 것이었습니다. 지금도 주님의 성령께서는 우리의 기도를 통해서만 일하시는 듯합니다.

기독교의 진리는 '누군가 날 위하여 기도하는' 중보적 희생의 메커니즘을 통해서만 실현되는 듯합니다. 아내가 저를 위해 기도하고 있었습니다.

누님께서 우리 가족을 위해 기도하고 있었습니다. 본문에서 읽은 대로 다음 날 죽임을 당할 감옥 안의 베드로를 위해 요한의 어머니와 성도들이 기도하고 있었습니다. 아니 주님께서 우리를 위해 중보적 죽음을 대행하셨던 것이었습니다. 성경은 주님께서 지금도 우리를 위해 간절히 기도하고 계신다고 기록하고 있습니다.

그렇습니다. 기독교의 진리는 '중보의 삶'에 있는 듯 합니다. 중보 기도는 '하나님의 동역자'로서 인간이 감당해야 할 사명의 몫인 듯합니다. 하나님의 '초기 조건'은 늘 인간에게서 '중보적 조건'을 기다려 현실에서 결과로 나타나기로 되어 있는 듯합니다. 우리는 자기 민족을 구했던 아브라함과 모세의 중보 기도를 기억합니다. 주님께서 우리로 하여금 부담을 느끼게 하는 바로 그 순간 그분의 부탁에 순종하여 성실히 응답하지 않으면 우리는 기독인이라 할 수 없을 것 같습니다. 때로 그것은 어쩌면 예수님처럼 자신의 생명을 내주는 일일지 모릅니다. (간증 끝)

이런 일이 있고 꽤 오랜 세월이 흐른 뒤 나는 참으로 절망적인 사건을 경험해야 했다. 그 이야기를 담은 간증은 다음 장에서 마저 말씀드려야 하겠다.

제2장에 부치는 기도

저를 당신의 성막(성전)이라 하신 주님.
저를 그 안에 켜두는 촛불이라 하신 주님.
저를 그 불이 꺼지지 않도록 돌보는 제사장이라 하신 주님.
풀무의 부채처럼 제 호흡 들락여
한시도 당신의 불 꺼뜨리지 않고
언제나 당신의 촛불 밝힌 채
세상 길 걸어가기를 원합니다.
미움 있는 곳에 용서의 빛으로,
싸움 있는 곳에 평화의 빛으로,
굶주림 있는 곳에 공궤의 빛으로,
외로움 있는 곳에 동행의 빛으로,
그렇게 어둠 있는 곳에 당신의 빛으로
당신과 한 몸 이루어 나가기를 원합니다.
나는 당신의 촛불이기 때문입니다.

제 3 장

왜 하나님인가? 철학을 넘어, 종교를 넘어

　제1장과 제2장을 통해서 우리는 인간의 관계적 속성이 하나님의 속성에서 연원하며, 인간과 하나님의 2인격이 1조를 이루어 공동의 사역을 수행하는 독특한 관계를 살펴보았다. 그런데 인간 측에서 하나님과 관계를 맺고자 한다 하여 절대자 하나님과의 관계가 자동적으로 성사되는 것은 아닐 것이다. 하나님 편에서 그 관계를 가능케 하는 어떤 전제가 선행되지 않으면 안 될 것이다. 인간과의 관계를 위해서 하나님께서 지니고 계신 관계적 속성이란 도대체 어떤 모습을 하고 있는 것일까?

　헤셸에 의하면 이것은 철학이나 여타 다른 신에게서 기대할 수 없고 이들과 구별되는 하나님만의 근본적인 속성이라고 한다. 이것이 무엇일까? 이에 앞서 우리는 철학이나 과학으로는 접근할 수도 해명할 수도 없는 하나님 자신이 발산하고 있는 독특한 분위기에 대해 먼저 알아보아야 할 듯하다. 이는 인간과의 관계를 고대하시는 하나님께서 먼저 영이신 당신의 존재를 우리 인간들이 느끼도록 하셔야 당신과의 관계의 문으로 들어 설 수 있기 때문이다. 하나님 자신을 '형상화'하여 인간에게 예고적으로 보여 주시는 것이다.

1. 숭엄

　후릭 팍이 나를 끌어 당기는 또 하나의 동기는 그곳이 때로 유사한 '숭엄'의 분위기를 회상하게 하기 때문이다. 그 공원에는 갈 때마다 예외 없이 나의 발길을 멈춰 서게 하는 장소가 있기 때문이다.

　(한참 평평한 길을 돌아 조금 오르막길을 오르면 요정들의 비밀 정원 같은 곳이 나온다. 가을이 깊어지는 날 그곳에 서면 잎을 떨군 나무 사이로 저만큼 아래쪽 계곡에 황토빛 산책로가 모습을 드러낸다. 이 숲속에 나만 홀로 있는 게 아니었음을 알리려는 듯 먼발치에서 길 위를 걷는 사람들 모습도 이따금 시야에 들어온다. 그럴 때면 숲은 나의 모습이 발각되면 안 되는 듯 더 비밀스런 분위기로 나를 감싸 안는다.)

　오늘따라 짙은 안개 속에 하늘을 덮은 아름드리 나무도 묵묵히 서있을 뿐 피차 말이 없다. 잠시 후 이 안개가 걷히면 숲에는 장엄한 빛의 폭포수가 쏟아져 내리겠지! 그때쯤 내 가슴은 으레 강렬한 경외와 숭엄에 감전되어 굳어진 채 가쁜 숨을 몰아 쉰다. 나뭇잎 사이사이를 세차게 두드리며 쏟아지는 강렬한 이 아침 햇살을 어찌 숭엄의 환희 없이 그냥 힐끔 스쳐 지나갈 수 있으랴! 색색으로 물들인 나뭇잎이 하염없이 뚝뚝 떨어지는 모습을 어찌 멀쩡한 가슴으로 그냥 보고만 있으란 말이냐! 발목이 덮이도록 쌓인 나뭇잎으로 엮어 짠 현란한 양탄자를 어찌 송구스런 맘 없이 그저 밟아 대란 말이냐! 뚝뚝 형형색색의 잎을 떨굴 뿐! 거인처럼 하늘과 땅을 받치고 선 채 말이 없는 나무여!

빛의 홍수 속에 강고히 서 있는 너,

대지의 은빛 부드러움이 관통하여 흐르다가 터트리는 녹색 물보라,

쉼 없이 하늘과 땅을 오가는 거간꾼

나무여!(부버 1970).

(A rigid pillar in the flood of light,

Splash of green traversed by the gentleness of silver ground,

Movement of permanent commerce with earth and air … .)

부버(Martin Buber)의 시심(詩心)이 조용히 파고 들 무렵 맘 속엔 동시에 일생을 통해 강렬하게 각인된 몇 개의 이미지가 쏜살같이 밀려들기 시작한다.

내가 맨 처음 경이와 숭엄이란 감정에 젖어 들었던 것은 대학생활 초기 생물 실험을 위해 물을 뜨려고 연못가에 엎드렸을 때였다. 물 속으로 보이는 바닥에는 작음의 끝을 알 수 없는 미생물의 세계가 전개되고 내 머리 위로는 광활함의 끝을 알 수 없는 태양계와 은하계의 우주가 펼쳐져 있음을 느끼는 순간이었다. 내가 엎드려 바라보던 연못은 수면을 덮은 물풀과 피어난 연꽃과 튀어 오르는 물고기가 아니었다. 아무렇지도 않게 보였던 '오정못'에서 채취한 한 방울 물 속을 들여다보니, 형형색색 아메바와 짚신벌레와 이름 모를 생명체로 부산한 세계였다. 다른 기계를 들이대면 더 경이로운 미분자의 세계가 펼쳐질 터였다. 그런 생각을 하고 보니 내 머리 위에 펼쳐진 하늘은 한 점 티 없이 파랗기만 해서 무심할 것 같은 하늘이 아니었다. 상하좌우로 무한히 확장하는 이들 마이크로와 매크로의 세계가 느껴지는 순간 나는 경이와 숭엄에 전율하고 말았다.

그 후 오랫동안 잊고 있던 그 하늘을 다시 만난 것은 바늘 하나 꽂을 데

없이 들어 박혀 재잘대던 별 무리 가득한 마우나케아¹의 밤하늘이었다. 정상에 누워 그 장엄한 하늘을 보며 이제까지 '하늘'을 본 적이 없었음에 소스라치게 놀라던 나에게 몰려 오던 그 숭엄의 별 가득한 밤하늘! 천억의 은하 속 천억의 태양! 그 많은 별 무리 속 이 초록빛 행성 위에 둥지를 튼 인간 종(種)에 대한 경이!²

진종일 뜨거운 창공을 건너와 먼 바다 위에 기진한 몸을 눕히는 저 태양! 그가 바다에 당도할 무렵 온 천지는 스탠드의 관중처럼 기립하여 붉디붉은 함성을 지르고 있었다. 나도 엉겁결에 벌떡 일어나, 아무도 눈길 한 번 주지 않는 일상을 묵묵히 수행한 그의 장엄한 역사(役事)에 감동의 박수를 쳐 대고 있었다. 잠시 후 여기저기 해변에 늘어선 사람들의 박수치는 소리가 잇따라 들려 왔다.

마우나케아의 영봉들 위로 하늘은 온통, 전설 속 '큰 바위 얼굴'의 도래를 기다리는 열병식처럼, 길고 긴 붉은 흥분을 주체하지 못하고 있었다. '그분'은 서서히 아주 조금씩 발걸음을 떼며 영봉의 보좌에 오르시고, 계곡 건너편 언덕에 담요로 몸을 감고 늘어서 있던 인간 군상의 뺨 위로는 하염없이 눈물이 흘러내리고 있었다. 그분의 '음성'을 들은 자의 입에서는 통곡이 북받쳐 그치질 못했다.

---

1 하와이 섬 중에서 가장 큰 섬, 빅 아일랜드의 높은 산으로 세계 최대 규모를 자랑하는 천문대가 있고 그곳에 누워 하늘을 보면 육안으로도 바늘 하나 꽂을 자리가 없을 정도로 빈틈없이 별로 가득한 밤하늘을 볼 수 있다. 별이 가득한 밤하늘을 보기 위해 반드시 마우나케아에 가거나 햇빛 쏟아지는 숲을 보기 위해 반드시 후릭 콱에 가야 하는 것은 아니다. 여기에서 언급하는 곳들은 내게 숭엄에 대한 눈을 열어 준 개인적인 체험이 일어났던 곳일 뿐이다. 하나님께서는 갈망을 가진 사람마다 적합한 환경으로 인도하실 것이며 작은 모래알이나 작은 곤충 같은 흔하디 흔한 작은 사물로도 숭엄을 경험하게 만드실 것이다.

2 이는 임마누엘 칸트가 "생각할 때마다 더욱 새로와지는 감탄과 경이로" 마음을 가득 채운 것이기도 했으리라. "Two things, fill the mind with ever new admiration and awe, the more often and steadily we reflect upn them: The starry heavens above me and the moral law within me"(칸트 1788).

하늘에서, 연봉에서, 대양에서 '그분'의 장엄한 영광이 임재하는 시간,
땅 위의 인간 군상을 본 자는 스스로 몸서리쳤으리라!
한 바탕 너털 웃음을 터트리고 말았으리라!
그 탐욕과 으스대는 꼴과, 좀스러움과 야비한 인간 냄새에!
전쟁의 참혹함과 착취의 가혹함과 경쟁의 냉혹함에 치를 떨었으리라.
마치 시내산 정상에 하나님의 영광이 임재하던 날,
이스라엘 민족이 그랬던 것처럼!
숭엄! 숭엄의 순간들이다!

숭엄 현상을 말하는 것이 하나님의 존재 '증명'을 의미하지는 않는다. 숭엄심을 자아내는 "결과가 있으니 원인이 있을 것"이고 궁극적으로는 만물의 최종 원인으로 하나님이 계시다고 주장하려는 것도 아니다. 이러한 인과론을 따라가다 보면 종국에는 그 하나님의 '원인'은 또 누구(또는 무엇)인가를 물어야 하는 우스꽝스런 일이 벌어지게 될 터이니까. 이러한 인과론을 주장하려면 데이비드 흄(David Hume)의 말대로 어떤 원인이 결과를 만들어 내는 과정을 여러 차례 지켜본 뒤에 생기는 '배후 지식'(background knowledge)이 있어야 한다. 그런데 하나님께서 세상을 만드시는 장면을 여러 차례 지켜본 자가 과연 누구란 말인가? 또는 전략을 바꾸어 안셀름(Anselm) 같은 중세 철학자들처럼, 완전한 존재가 있다면 그는 반드시 존재할 수밖에 없다며 소위 '필연적 존재'(necessary being)를 상정한다 해도 하나님의 존재 증명에 성공할 수 있는 게 아니다. 그것은 칸트의 주장처럼 하나님의 속성 문제와 하나님의 존재 문제를 동일시하는 우를 범하게 되기 때문이다. 숭엄은 영(靈)이 초월을 암시하고 지칭(reference to the beyond)하듯이, 단지 초월의 암시요 지칭일 뿐인 것이다.

이는 철학이 설명해 줄 수 없는 현상이다. 이는 자연이 드리는 예배다! 아니 초월자께서 자연을 통해 자신을 거듭 드러내시는(represent) 예술이다. 당신 자신의 '형상화'(represent) 작업이다.

숭엄은 반드시 자연의 손길을 통해서만 오는 것은 아니었다. 이들과 달리, 내 스스로 맘속 깊은 곳에서 '숭엄!'이라는 단어가 나직이 터져 나왔던 곳은, 광활하게 펼쳐진 붉은 바위들의 광야 그 속 계곡에 있는 마을, 세도나 어느 절벽 위의 작은 교회당 안에서였기 때문이다. 그곳에서 숭엄에 휩싸였던 이는 나만은 아니었던가 보다. 교회당 내 여기저기에서 제 발로 스스로 무릎 꿇으며 두 손 모으는 이들의 모습이 보였다. 자연계 너머의 영적 실재가 밀려들 때 경이로움의 극치에 이르게 된다.

이토록 두렵고 떨리게 하는 그 광경 뒤 어딘가에 계실 '그분' 앞에서 자신이 그저 미물로만 느껴지는 것은 내가 단지 미개한 원시의 영혼을 지녔기 때문인가? 나는 어찌하여 이들에 대해 깊은 경외와 숭엄의 심사에 젖어 들고 있는 것인가?

'자연 경관'에서 경외와 숭엄을 느낀다 하여 내가 반드시 범신론자나 물활론자(物活論者)일 필요는 없다. 천지에 존재하는 것들의 궁극적 원인으로서 어떤 힘이나, 자신은 움직이지 않은 채 자신에 대한 '생각만 하는,' '부동(不動)의 동인'(動因)을 머리 속에 그리는 '이데아'(idea) 철학자일 필요도 없다. 나는 지금 이 숲속에서 자연 속에 반영된 지혜나 '제일 원인'(第一原因) 따위를 묵상하고 있는 것도 아니다.[3] 나는 결코 이들의 사유에 동의한

---

3 비존재에서 존재가 나올 수 없다고 믿었던 엘레아의 파르메니데스를 비롯하여 플라톤에 이르는 고대 그리스 철인은 인간은 무엇이든 멋대로 생각할 수 있다고 생각하지만 실은 그것이 선존재하기 때문에 그것에 대하여 우리가 말할 수 있다고 믿었다. 이 말은 벌써 존재의 불변성과 불멸성을 전제로 하는 말인 것이어서 그들에게 존재 개념은 곧 신 개념이었다. "우리가 뭔가를 생각하거나 말했다면 그것은 이미 존재했다"고 말할 때 이것이 우리의 생각이 바로 그 대상을 창조한다

채 이대로 그냥 산책을 그칠 수가 없다. 그들은 인간은 무(無)에 대해서는 아무것도 생각할 수도 말할 수도 없기에 오직 '있음,' 즉 '존재'만이 실재라고 주장하는 자들이다.[4]

헤셸(『예언자들』)의 지적처럼, 이들은 존재에 선재하는 존재 자체의 시원에 대해 생각조차 해 본 적이 없는 자들이다. 그렇다고 지금 하이데거(Heidegger)처럼 "왜 없지 않고 있느냐?"라고 물어대며 '존재론적 질문'을 들고 나설 필요도 없다. 그처럼 우리 주변에 있는 하늘, 땅, 책상과 책, 심지어 우리의 상상을 통해 존재하는 것까지 포함한 모든 것(하이데거는 이들을 '존재자'라고 부른다)이 '있다'라거나 '…이다'라고 말할 수 있도록 우리의 존재 이해를 규명하려는 것이 아니다. 즉 '존재자'를 '존재자'로 '이해하는 기반'으로서의 '존재'(Sein)에 대해 질문하는 것이 아니다. 우리 인간이 그저 막연히 이해하고 있을 뿐, 이를 의식적으로 반성할 수 없는 '선(先) 술어적' 근거 따위에 관심을 갖는 게 아니다.[5]

나는 지금 하이데거처럼 하나님이든 사물이든 모든 것이 '존재자'일 뿐이라며 그 존재자가 존재한다는 것이 무슨 의미인지를 묻는 일에 관심이 없다. 그렇다고 지금 과학의 현미경을 들이대며 존재의 궁극적 원인을 찾

고 말하는 것이 아님은 물론이다. 그저 존재가 원인으로 선재하고, 그렇기에 인간은 그것을 생각하고 말할 수 있다는 의미이다. 마치 뭔가 실물이 있으니까 그림자가 가능하다는 식이다.

4 "이 코스모스는 신이나 인간이 만든 것이 전혀 아니며 도리어 있었으며, 있으며 영원히 있을 것이다. 적도(適度)에 따라 커지는 영원히 살아있는 불이다"(헤라클레이토스)

5 하이데거의 근본 질문은 자신을 포함하여 주변에 있는 사물, 즉 '존재자'에만 신경을 집중할 뿐 그 존재자의 '있음' 자체에 대해서는 생각하지 않는 인간의 허를 찌르는 촌철살인이다. 그리고 존재(Sein)를 알기 위해 존재를 느끼는 유일한 존재자인 인간 현존(Dasein)을 분석하자는 그의 접근 역시 영리한 전략임에 틀림없다. 하나님 조차도 '존재자'일 수밖에 없고 그 '존재자' 하나님의 존재를 문제 삼는 '존재'라는 용어를 선택한 그는 "존재의 문제 말고 더 근본적인 것이 무엇이겠느냐?"고 묻거나, '존재의 시원' 문제를 제기하는 헤셸류의 신앙인에게 "당신이 존재의 시원이라고 주장하는 '하나님'에 대해서도 나처럼 그분이 '존재한다'는 것의 의미에 대하여 존재론적 탐구를 하자고 응수할지도 모른다.

다가 분자에서 원자로 원자에서 입자로, 그리하여 드디어 쿼크냐 파장이 냐의 논쟁에 도달한 과학의 일로 골똘하고 있는 게 아니다. 나는 지금 존재 자체의 신비와 함께 나에게 두려움과 포근함과 형언할 수 없는 분위기를 느끼게 하는 '인격'을 말하고 있는 것이다. 나는 지금 부버의 말처럼 저들 숭엄의 현장에서 '영원한 당신'(eternal You)의 숨결을 지각하고 있는 것인지도 모른다(부버 1970). 나는 지금 나와 관계 맺기를 염원하시어 우주의 무대를 연출하신 분 앞에 "관객"처럼 서 있는 것인지도 모른다(독자께서 지금 과학과 철학 중에 어느 쪽에서도 그 답을 찾을 수 없는 존재의 신비에 직면하여 엄습하는 외경과 숭엄에 젖어 있다면, 나와 함께 이미 종교의 문턱에 이른 것이다).

숭엄이라는 정감은 어디서 오는 것이며 그 실체는 무엇인가? 철학도 과학도 이 질문에 대답이 없다.

내가 캠퍼스 내의 오정못, 후릭 팍, 서해, 마우나케아 그리고 절벽 위의 교회당에서 느끼던 '숭엄'은 철학자의 분석 대상도 아니고, 과학자의 탐구 대상도 아니다. 왜냐하면 숭엄은 "어떤 것에 대해 상상을 통해 들어오는 혼란스러운…두려움이 수반되는 경외"일 수도 있고(버크 1756), "어둡고 불확실하고 한계 없음(boundlessness)으로나 표현할 수 있는 형체 없는 대상에 대한 느낌"일 수도 있고(칸트 1790),[6] 인간이 우주의 확장이나 지속 같은 거대함(immensity of universe's extent and duration)을 관찰할 때 "인간의 무 존재감과 자연과의 일체감에 관한 지식에서 오는 기쁨"(pleasure from knowledge of observer's nothingness and oneness with nature)일 수도 있다(쇼펜하우어).

기라성 같은 철학자들이 철학 이론과 개념과 논리를 동원해도 그것만으

---

6 이에 비해 한계를 지닌 대상의 형태에 대하여 느끼는 것을 '미'라고 정의한다. 칸트는 숭엄을 고상한 것(the noble), 멋진 것(the splendid), 두려운 것(the terrifying) 세 가지로 구분한다.

로는 시원하게 설명해 낼 수도 명쾌히 규정지을 수도 없으면서도 무시할 수도 없는 불가사의하고 '규정 불가한 개념'(indefinite concept)이다. 이는 '놀라움,' '두려움,' '규정불가성'(indefinity)의 감정을 수반할 수밖에 없는 초월의 체험이기 때문이다. 결코 '절대 이성'(Absolute Reason, 헤겔)으로도, '존재'(Sein, 하이데거)로도 치환될 수 없는 현상인 것이다. 철학자 스스로 규정하고 있듯이, 숭엄의 영역은 "이성적 합리적 의식이 상황과 직면할 때" 만나게 되는 규정불가성의 영역이기 때문이다.[7] 그럼에도 철학적 만용을 부릴 경우 고작 할 수 있는 말은, 헤겔(Hegel)처럼 (숭엄은) 정신의 야만적 단계에 속하는 '동양적 감정'이라고 애써 가치절하하며 외면할 수 있을 뿐이다

경이와 숭엄은 철학과 종교, 그리고 과학과 종교의 갈림길이다. 때로 과학자도 세계의 존재에 대하여 '경이의 감정'을 느낄 수 있다. 그러나 그들에게 경이의 대상은 어디까지나 탐구를 자극하는 동기 유발체일 뿐이요, 궁극에는 검증될 것이라고 믿는 객관적 대상일 뿐이다. 과학에는 '규정불가성'(indefinity)을 전제로 하는 경외나 숭엄이 있을 여지가 없다. 그러나 세계는 경이로움이 없어 지루해 죽을 그런 곳이 아니다. 경이가 넘쳐난다. 다만 경이를 보지 않는 자들이 있을 뿐이다.[8] 하나님이 계시는 한, 세상은 하늘의 별에서 바닷가 모래알까지, 인간에서 미물까지 경이로 가득하다. 그러나 이들 숭엄을 불러일으키는 현상은 한결같이 자연 속에 펼쳐지지만, 이는 자연을 통한 하나님 자신의 형상화일 뿐 결코 검증 대상이 아니다. 하나님은 시편 기자의 말을 통해 이렇게 요구하신다.

---

7   "Greatness beyond all possibility of calculation, measurement, and imitation"(Jean-François Lyotard).
8   "The world will never starve for want of wonders, but only for want of wonder"(G. K. Chesterton).

온 땅은 여호와를 두려워하며, 세계 거민은 그를 경외하라(시 33:8).

초기 고대 그리스 철학에 엄청난 철학적 화두를 던졌던 사람이 있다. 파르메니데스(Parmenides)였다. 그는 "우리가 뭔가를 생각하거나 말했다면 그것은 이미 존재했다"고 선언했다. 이 말은 우리가 뭔가를 생각하고 있는 한 이미 존재하고 있다는 것을 뜻할 뿐만 아니라, "존재하는 것은 그것에 대해 우리가 생각할 수 있고 말할 수 있다"는 것을 전제하고 있다. 그러나 그리스 철학의 대전제였던 이 명제가 한 가지 간과하는 것이 있다. 헤셸의 지적처럼, 그것은 존재하지만 인간이 생각하고 말해 낼 수 없는 신비가 있다는 점이다. 그리하여 궁극적 문제는 존재가 아니라 오히려 존재의 신비인 것이다.[9]

> 성경은 오히려 존재의 우발성을 직시한다. (그런고로) 존재의 궁극성을 전제하는 것은 논점 선취다(헤셸 2004).

인간이 존재의 뿌리에 대하여 느끼는 숭엄의 건너편에는 경이의 하나님이 계신 것이다.

그러나 하나님께서는 진정 저만큼 멀리 떨어져 있는 먼 창공의 밤하늘에서, 또는 먼발치의 마우나케아 산등성이에서, 또는 4,000여 년 전 시내산에서 벌어지던 광경에 대해 우리가 경외감과 숭엄심에 싸여 떨며 바라

---

[9] 모든 것의 근거는 존재다. 존재하니까 그것에 대해 말할 수 있는 것이다. 내가 하나님에 대해 말하고 있는 것도 그 하나님이 존재하니까 말할 수 있는 것이다. 이 말은 절반은 맞는 말이다. 그러나 놓치고 있는 것이 있다. 존재하는 것을 다 말할 수 있다고 주장할 수 없을 뿐만 아니라 존재를 존재하게 하는 존재의 뿌리를 놓치고 있다. 우리가 그것에 대해 말할 수 없는, 존재를 가능케 하는 신비 말이다. 하나님을 '존재'로 상정한다 할지라도 여전히 신비로 남는 궁극적 근거는 결국 스스로 계시는 "예흐예 아쉐르 예흐예"인 것이다.

보기만을 원하시는 것일까? 전술한 것처럼, 숭엄심이나 경외감에 싸인 인간에게는 으레 우주의 위엄과 자신의 왜소함이 엄습한다. 그러나 현자는 그때 오히려 평안의 심사에 빠져들며 고귀한 비상을 시작한다. 우울한 비애감(melancholy)에 젖어 살던 젊은 날의 키에르케고르는 광활한 바닷가에서 바다의 위력(the power of the sea)과 자신의 왜소함(my own nothingness)을 느끼다가 "바다의 노래"와 바다 위를 날으는 "새의 노래"를 듣는다(키에르케고르 1958). 폭풍 속에서 바람 타기를 즐기는 갈매기는 "아버지께서 허락하지 아니하시면 참새 한 마리도 땅에 떨어지지 아니하리라"라고 노래하고 있었다. 틈날 때마다 되풀이하여 가르쳐 주시던 예수님의 말씀이다. 키에르케고르의 가슴엔 즉시 "자신이 얼마나 위대한 존재이며 동시에 얼마나 작은 존재"인지를 인지하는 깨달음이 밀려들었다. 그는 하나님 안에서 "자랑과 겸손"이 다정하게 결합하는 순간이었다고 고백한다(키에르케고르 1958). 그것은 위엄과 경이와 숭엄의 하나님은 한없이 작고 무력한 그를 눈동자처럼 지키는 분이라는 것과 폭풍 속에서도 당신의 날개 안에 품어 주신다는 것을 깨닫는 순간이었다. 이것이 숭엄의 궁극적 메시지인 것이다.

2. 철학과 하나님: 파토스의 하나님

이제까지 우리는 헤셸과 함께 "왜 철학을 넘어 종교인가?"에 대한 한 가지 이유로 숭엄의 문제를 생각해 보았다. 그러나 그 현상이 자아내는 감성이 과학이나 철학을 넘어 종교적 언어로만 접근할 수 있는 것이라 하더라도, 왜 그것이 반드시 유대-기독교가 말하는 그 "하나님인가?"¹⁰ 필자는 이미 앞에서 그렇다고 논점 선취하고 말았다.

독자께서는 세계 이곳저곳의 사원들을 관광하며 여행할 때마다 내면에서 일어나는 한 가지 질문에 봉착하여 당혹스러웠던 적이있는가? 혹 "'이 좋으신 말씀들'을 쏟아 내는 신(神)들 대신 왜 반드시 '하나님'이어야 하는가?"라는 질문에 대답하기가 난감했던 적은 없었는가? 종교의 나라 인도에서 시크교 성지를 방문하며 잠시 혼란스러웠던 적이 있다. 그들이 주장하며 실천하는 내용이 내가 듣고 자란 교회의 가르침과 크게 다르지 않은 것에 놀랐기 때문이다. 우리가 믿는 하나님은 누구인가라는 질문에 단도직입적으로 대답할 수 있는 당신의 정직한 대답은 무엇인가?

요한복음의 저자 요한이 소개하는 '태초에 계셨던 말씀' 성자(聖子) 하나님은 그리스어 '로고스'(Λόγος)로 기술되어 있다. 저자 요한이 그리스 말이 아니라 예수님이 직접 사용하신 아람어나 자신의 유대어로 썼다면 어떤 단어를 선택했을까? 이 개념은 그리스 철학의 로고스 개념으로 치환해도 되는 것인가? 그렇지 않다면 어떻게 구별되는지 난감해진다.

우리는 여기서 앞서 소개했던 유대교 랍비 철학자 헤셸의 강론에 다시

---

10 성령님, 시티리치이스트교회(마노어극장 예배) 2017년 8월 13일 11시. 개종한 유대인을 위한 교회인 이 교회 주일 예배 중이었다. 예배 중 대니얼 오닐 목사는 다른 때와 달리 그 날은 찬양이 끝나자 전방의 화면에 앞에서 묘사한 것과 흡사하게 숭엄의 감정이 물씬 풍기는 각종 영상을 띄우면서 침묵 중에 기도하라고 선언했다. 나는 흔쾌히 그 분위기에 빠져들고 있었다. 그런데 갑자기 내 앞 줄에 서 있던 한 이상한 옷차림을 한 중년 남성이 시야에 들어왔다. 그는 이따금 이상한 몸짓도 하고 있었다. 나는 갑자기 전면의 저 숭엄한 영상 속에 계신 하나님과 내 앞의 저 사나이는 무슨 상관이 있는가? 하는 생각이 들자, "하나님, 지금 저 형제에게 임재하사 그의 영혼을 만져 주시고, 저 형제와 함께하여 주시옵소서"라고 기도하기 시작했다. 그러자 "그렇단다. 나 여호와는 파토스의 하나님이 아니냐? 그래서 인간의 몸으로 너희에게 다가가 너희의 죄를 짊어진 것이 아니더냐? 그래서 문둥병으로 시달리는 너희 몸을 낫게 하고, 너희 감은 눈을 뜨게 하고, 너희가 죄지을 때 내가 울고 있지 않았더냐?" 하시는 듯했다. 나의 두 볼 위로는 한없이 감사의 눈물이 흐르고 있었다. 어느덧 그 사람의 몸도 더 이상 움직이지 않은 채 조용히 서 있었다. 잠시 후 교제 시간이 선언되고 그와 나는 깊은 포옹을 나누며 서로를 축복했다.

한 번 귀 기울일 필요가 있어 보인다. 특히 그의 '정념의 하나님'(God of pathos) 개념이 설득력을 가진다. 그에 의하면 고대 그리스 철학을 위시하여 여타 종교가 믿는 신과 우리가 믿는 하나님을 극명하게 구분 짓게 하는 것은 그분이 우리 인간에 대하여 정념(Pathos)을 지닌 채 다가오시며, 말을 걸으시고, 우리의 말을 들으시는 인격적 존재라는 점이다![11] 이것은 세계의 철학이나 종교가 말하는 궁극적 개념과는 판이하게 다른 개념이 아닐 수 없다. 간단하지라도 이들과 하나씩 대비해 보기로 하자.

우선 주의해야 할 것은, 앞에서 언급한 것처럼 파르메니데스의 말("우리가 뭔가를 생각하거나 말했다면 그것은 이미 존재했다")이 인간의 생각이 바로 그 대상을 창조한다는 뜻은 아니었다는 점이다. 말 그대로 그저 존재가 원인으로 선재하고, 그렇기에 인간이 그것을 생각하고 말할 수 있다는 뜻이었다. 이처럼 존재의 생성에 대한 서양 철학의 무관심은 '세계 원인'과 세계 간의 비정한 법칙을 논할 뿐 존재의 생성에는 무관심하다. 이는 플라톤, 아리스토텔레스 같은 고대 그리스 핵심 철학자에게도 마찬가지다. 세계는 내재하는 법칙에 따라 굴러가는 체계일 뿐이다. 이신론적(理神論的) 또는 자연신론적 체계인 것이다. 그들에 의하면 이 법칙의 근원에는 선(善) 이데아라는 제일 원인이 있을 뿐이다. 이것은 자기 충족적인 '부동의 동인'(不動 動因)이다. 이것이 '자기 충족적이다'라는 말은 "이들은 인간사에 초연하여, 자신의 내부에만 머물며 사유하는 존재"라는 뜻이다.

> 그도 그럴 것이, 존재에서 행동을 제거(부동[不動])하면 사유 외에 남는 것이 무엇이겠는가?(헤셸 2004).

---

11 기독교가 말하는 하나님은 "아담, 네가 어디에 있느냐?" 하시며 관계를 끊고 숨은 인간을 찾으시는 하나님이다.

생각 자체를 생각하는 이 '부동의 동인'은 소위 '자의식'(self-consciousness)일 뿐, 후대 스피노자(Spinoza)의 표현대로, 무엇을 사랑하지도 미워하지도 않으며 무엇에 대한 열정에서 자유로운 냉정한 신인 것이다. 인간의 슬픔에 동정하여 움직이는 신은 그 온전성을 상실한 신이라는 것이다.

헤셸의 지적처럼, 이러한 존재의 비정한 근원에 대한 사상은 불교나 회교, 또는 중국의 전통 철학인 도교(道敎) 등 여타 종교에도 예외가 없다. 노자(老子)가 말하는 도(道)는 오관(五官)으로 포착할 수 없고, 따라서 이름을 지을 수 없는 실재다. 노자는 마치 하나님께서 천지를 창조하시기 전 우주에 가득차 있던 '어둠'이라도 본 듯 (그러나 그 어둠 위에 운행하시던 하나님의 영은 보지 못한 듯), 이 도를 '어둠'(玄)이라고 할 수밖에 없다고 한다. 이 현묘성(玄妙性)이 도(道)의 성질이라고 한다. 그에 의하면 만물은 이 현묘성에서 생성된다. 이 어둠이 만물의 근원으로 그 자체로 존재한다. 그는 이 어둠은 무(無)요 비존재로서 모든 유적(有的) 존재를 발생시키는 근원이라고 했다. 그는 이를 "비유(非有)의 유(有)"라고 부른다. (물론 이 무[無]는 유무상생 따위의 상대적 개념이 아니다.)

노자는 이 도(道)의 작용은 만물의 작용을 일으키는 자연과 같은 것으로서 무위(無爲)일 뿐이라고 한다. 그런고로 인간 역시 사물을 발생시키는 실재의 이 제일성(齊一性)과 순환성에 따라 무위자연해야 한다고 가르친다. 왜냐하면 인간의 모든 행위는 부작용을 낳을 뿐이고 힘은 자신을 패망시킬 뿐이기 때문이다.[12] 자연처럼 도의 일관된 순환적 제일성이 운행하니, 모든 욕망과 열정을 버리고 그저 무위하여 고요와 자유의 삶을 얻는 것이

---

12 노자는 이런 주장을 뒷받침하는 현상적 예시로 法令滋章, 盜賤多有를 든다. 인간이 범죄를 줄이기 위해 머리를 써서 법령을 많이 만들면 만들수록 도둑은 더욱 넘쳐난다며….

진리의 삶이라는 것이다.

　동양의 또 다른 한 축을 이루고 있는 불교의 전신 힌두교의 신 역시 관계의 손을 내밀지 않기는 마찬가지다. 흥미롭게도 힌두교의 세 경전 '베다, 우빠니샤드, 바가바드 기따'에는 우리의 성경과 매우 유사한 구절이 등장한다. 그러나 무엇이 결정적인 차이인지를 보라.

　　　태초에 존재하는 것은 아무것도 없었다. 온 세상엔 죽음(배고픔)이 둘러싸여 있었다(『우빠니 기도문』).

　　　태초에 한 분이신 하나님이 계셔서 (네 팔과 날개로) 천지를 지으셨다. 그의 이름은 소리(옴)다(『베다』).

　여기에 더하여 힌두교에는 교파에 따라 섬기는 각기 이름이 다른 신들이 있다. 생명 창조의 신 브라마, 생명 유지와 땅 위의 악을 심판하기 위해 수차 성육신한다는 네 손을 가진 비슈누, 죄와 고통을 없애는 파괴와 구원의 신 시바가 이들 주요 신이다(진기영 2015). 그러나 이들은 응보(應報)의 법칙을 따라 엄격히 세계를 지배 운행하는 신이다. 세계는 소위 카르마(Karma)라는 업(業)에 따라 윤회(輪廻)한다. 그런고로 세계의 고통의 양은 전생에 지은 업보(業報)의 양에 비례한다. 세계에는 어떤 신의 간섭이나, 은총이나, 용서나, 자유도 없이 운행되는 비인격적 질서가 있을 뿐이다. 인간들은 이 인과율에서 벗어나기 위해 억겁(億劫)의 혈투를 벌여야 한다. 그리하여 죽은 후 인간을 이렇게 말한다.

　　　달에 도착할 때, "너는 누구냐?"라고 물으면 "나는 한 번 태어나고 또 다시 태어난 사람입니다. 12번째, 13번째 달에 태어난 자입니다. 이것이 내가 알고 있는 전부입니다. 오, 계절의 주재시여. 저를 불멸의 땅으로 이끌어 주소서"라고 하라(『우빠니』).

억겁으로 이어지는 이 업보의 사슬에서 벗어나는 길은 무엇인가? 바가바드는 분노, 욕망, 욕심은 지옥에 이르는 문이니, 늘 진실하며, 화내지 말며, 존재하는 모든 것을 사랑하며, 온유하며, 겸손하라고 요구하면서 이렇게 말한다.

인간은 어떤 보상이나, 자기 만족이나, 자기 의(義) 때문이 아니라, 진리에의 의무(義務) 때문에 하는 행위로만 구원된다. 선한 행위만이 그대가 할 일이다. 결코 그 행위의 결과를 구하지 말라. 네 행위의 동기를 그 열매에 두지 말라.

힌두의 신은 구약의 성경 구절을 연상시키는 말도 한다.

나 이외의 다른 이를 섬기지 말라. 나만을 사랑하고 믿는 사람만이 내 안에 거하는 자요, 그가 나와 완전히 연합하리라(『바가바』).

그럼에도 불구하고 힌두의 신 역시 앞서 소개했던 사상이나 종교와 다를 바 없이 비정하다. 이들을 어기는 자는 여지없이 업보에 따라 윤회의 바퀴 속으로 되돌아간다.

그러나 성경이 말하는 하나님의 '있음'은 움직이지 않고 그저 생각을 생각할 수 있을 뿐인 '부동의 동인' 이데아나 '비 존재의 무'나 억겁의 인과

율과는 다른, 적극적으로 뭔가의 발생을 야기시키는 '있음'이며 그 발생은 '말씀'의 발화에 의해 이루어진다. 그분의 이름 '예흐바' 자체에 담긴 함의 "스스로 있는 자"(I am that I am)[13]가 의미하듯이, 그분은 빛에 대해서, "예히 오르! 빛이 있으라!"라고 '말씀'을 발하신다. 하늘과 땅에 대해 존재를 명하신다. 요한복음의 첫 문장은 태초에 그 '말씀'이 계셨다고 기록한다. 이 단어의 뜻을 히브리어 번역판 요한복음에서는 '로고스'라는 말 대신 "행하다, 유발시키다"(act, cause) 말씀 약속 그리고 이들의 결과를 만들어내는 사건까지를 함의하는 '다바르'라고 번역하고 있다.[14] 이는 유발 행위와 생성물 간의 역동적인 관계가 담긴 단어가 된다. "있으라, 예히"를 발하는 '말씀'이자 지속적인 발화와 답화의 관계를 맺는 '말씀'인 하나님이다(볼츠 2000).[15]

헤셸의 말처럼 상기한 종교의 신들은 모두 한마디로 '냉정한'(Apatheia) 비인격적 절대 관념이거나, 법칙이다. 지속적으로 우리를 창조하지도 않고, 우리에게 말을 걸어 오지도 않으며, 우리의 간구에 귀 기울이지도 않는 냉엄한 필연이거나, 운명이거나, 영구불변의 내적 상태다. 그러면서도 인간을 향해 지속적으로 실천적 명령을 발하는 관념이다. 계산, 측정(computation, reckoning, esteem, measure, value, relation, explain) 등으로 번역되는 그리스 철학의 로고스나, 객관화하는 능력인 이성 역시 고작 비인격적 술어로 생각하는 능력일 뿐이다. 그러나 이처럼 관념 속에서 비인격적 추론을 하는 한, 거기에 참다운 신성(神性)은 없다.

---

13 출 3:14, 에흐예 아세르 에흐예(אֶהְיֶה אֲשֶׁר אֶהְיֶה). 이 "있음"은 그리스 철학이 전제로 하는 인과적 '존재'가 아니라 '흑암' 속에 존재의 근거로 존재하시는 영적 이성적 존재이시다.
14 히브리어 판 신약성경
15 유대인 철학자 발터 벤야민은 하나님과 사물 그리고 하나님과 인간 간의 언어를 구분하여 설명하고 있다.

그리스 철학이 도달한 것은 어떤 감지할 수 있는 인격적 대상이나 정념이 아니다. 플라톤 자신도 스스로 인정했듯이,

> (이성이 가설을 세우고 변증을 통해 제일 원리에 도달할지라도 그것은) 관념들을 통해 도달한 관념일 뿐이다(『국가론』).

그러나 우리가 만나야 하는 하나님은 마음으로 그리는 상(像)도, 눈으로 볼 수 있는 가시적 대상도, 개념으로 꾸며 내는 관념이나 원리도 아니다. 그 분은 인격적 현존의 모습으로 나타나, 절대적 실재로 존재하신다. 인간을 부들부들 떨게 하실 수 있는 분임에도 인간과 인격적 관계를 맺고자 하시는 분이다("God comes not in the image of an idea, but in the image of personal presence. He speaks to us not with the language of Essence but the language of presence," 헤셸 1959).

성경이 말하는 하나님은 이성적 공리(公理, axiom)가 아니라, 인격체 간의 직접적이고 자발적인 교감을 나누는 존재이시며, 에브너의 말처럼, 우리에게 말 걸어 오시는 언어 속의 상대방이시며, 인간을 동역자로 두고자 하는 분(고전 3:9)이시며, 인간과 (법적 상관관계에서 맺는 계약[contract]이 아니라, 자비에 바탕을 둔 인격적 삶 간의 상호 참여를 의미하는) '언약'(covenant)을 맺는 분이시며, '관념'이 아니라 '관심'으로 동참하는 분이시며, 인간의 역사에 기적으로 참여하는 분이시다. 이사야 57:15의 말처럼 "통회하고 마음이 겸손한 자와 함께 거하며, 겸손한 자의 영을 소성케 하며 통회하는 자의 마음을 소성케"하는 분이시며, 인간의 업보라는 행위의 혈투를 통해서가 아니라 하박국의 말처럼 당신에 대한 '믿음'을 통해서만 의롭게 하고 구원을 베푸는 분이시다.

헤셸과 함께 이 모든 것 속에 인간을 향한 하나님의 정념(Pathos)이 전제

되어 있음을 보게 된다. "신적 인격(divine person)의 자유와 (인간의) 인격(person)의 자유가 대결하여 파멸을 자초한 경우에(조차)도 냉정한 응보 대신 긍휼과 은총과 용서를 품으시는"(헤셸 2004) 하나님의 정념 말이다. 이 하나님의 정념은 인간의 행위에 따라 하나님 당신이 고통을 겪기도 하는 역동적 상태를 의미한다. 헤셸에 의하면 이것이 우리가 기도할 수 있는 조건이다. 그분에게 이 정념이 없다면 우리는 기도조차 할 수 없다. 헤셸의 주장처럼 하나님은 긍휼, 자비, 용서 같은 말로나 설명할 수 있는 정념의 하나님이시기 때문이다. 그분은 관계의 하나님이시다! 바로 이점이 여타의 종교가 알지 못하는 우리의 하나님만의 속성이다.

저들도 그것이 무엇이든 절대적 존재를 상정할 수 있다. 저들도 삶 속에서 '영'을 인정하기도 한다. 예를 들면 힌두교의 요기(yogi)도 사유를 초월하는 정신 현상(transcendent)과 미, 평안, 사랑, 기쁨의 상태(emergence of peace, love, beauty, jubilee)와 죽음에 대한 공포의 부재(loss of fear of death) 같은 영적 요소를 경험한다고 말한다. 그러나 그들이 경험하는 것들은 절대자와의 살아 있는 관계에서 오는 것이 아니라 체념에서 오거나 다른 영으로 인해 겪는 유사체험일 뿐이다.

이제까지 헤셸은 경이를 이야기하며 파토스의 하나님을 이야기했다. 그러나 헤셸에 대한 이야기는 여기까지다. 여기까지여야 한다! '경이'의 다른 이름은 '기적'이기도 하다. 그리고 기적의 현상은 루이스의 말대로, 역사 속으로 침투하시는 하나님의 사건으로 나타난다(루이스 2008).

세상은 역사 철학이라는 학문적 형태로 인간 역사의 시작과 끝에 관한 궁금증을 풀어 보려고 애써왔다. 그 세상적 학문인 역사 철학은 으레 다니엘서의 이야기로 말문을 열곤 한다. 다니엘서가 역사 속에 개입하시는 하나님을 극적으로 기술하고 있기 때문이다. 느부갓네살 왕의 꿈에 현시된 거대한 역사의 상이 창밖에서 날아든 '뜬 돌'에 의해 박살 나고 이번에는 그 돌이 점점 커져 커다란 새로운 산을 이루더라는 것이었다. 역사 속으로 침투하시는 하나님이 기적이요 경이라면, 경이 중에 경이는 이사야의 예언대로 이 땅에 오신 "전능하신 하나님이요, 기묘자(wonderer)이신" 예수님이 아닌가?

　루이스의 말대로 기독교는 바로 이러한 '기적'으로 시작해서 '기적'으로 끝나는 종교다. 예수의 탄생으로 시작해서 예수의 부활로 끝나는 기독교야 말로 기적의 종교이기 때문이다. 기적이 무너져도 끄떡없이 존재하는 타 종교와 달리, 이 기적이 무너지면 종교 자체가 허물어지고 마는 것이 바로 기독교의 본질이다. 하나님의 역사 속으로의 개입, 즉 예수 그리스도 사건이 본질이다! 인간을 향한 하나님의 가장 적극적이고 구체적인 파토스의 실현인 것이다!

　그러나 유대인 랍비 헤셸은 바로 이 하나님을 알지 못한다. 마지막 장에서 상론하겠지만, 하나님께서는 당신의 말씀을 우리의 삶 속에서 구체화하여 진리를 실현하라고 요구하신다. 당신 자신의 이름 '여호와'를 동의이어(同意異語) '미츠바'로 표상하시며 땅 위의 인간의 삶 속에 구체화되기를 원하신다. 그 하나님께서는 우리에게만 그렇게 요구하신 게 아니다. 파토스의 하나님을 소개하고 있는 구약성경은 이미 수차에 걸쳐 그 파토스의 하나님께서 예수님으로 구체화되어 역사 속으로 오실 것을, 아니 그렇게 구체화되어야만 한다는 것을 예언해 왔다. 궁극적으로는 당신 자신을 예수 그리스도로 구체화시키시어 진리를 완성하신 것이다. 헤셸은 안타깝게도 유대의 전통에 눈이 가리워 이 진리를 간과하고 말았다. 하나님의 파토스는 그 깊이의 끝이 십자가 위의 예수님에게서 확인된다. 우리가 죄의 길을 걷고 있을 때 당신의 가슴을 찢으며 울다 못해 아예 당신께서 대신 십자가에 달리신 예수!

헤셸 역시 우리의 죄를 용서해 주시는 하나님에 대해 이야기한다. 아마도 그는 그 속죄는 하나님의 사랑 때문이라고 이야기할 것이다. 그러나 진실은 그렇지 않다. 그것은 속죄의 구체적 조건이 빠진 사랑이다. 하나님의 파토스가 구체화되는 곳에는 추상적으로 하나님의 자비나 사랑을 말하는 것으로 충분하지 않은 다른 면모가 요구된다. 하나님께서 용서해 주겠노라고 하셔도 우리 자신조차 자신을 용서할 수 없었던 그 죄악을 하나님이 용서하신 것은 누군가가 우리의 죄를 대신해 죽었기 때문이었다! 하나님의 공의가 충족되었기 때문이었다. 오스왈드 챔버스는 이렇게 말한다.

> 하나님이 사랑이기 때문에 우리를 용서하신다고 말하는 것은 아주 어리석은 말입니다. 우리가 성령으로 죄에 대해 책망받는다면 우리는 다시는 절대로 "하나님은 사랑이시기에 우리를 용서하신다"고 말하지 않을 것입니다. 하나님의 사랑은 오직 갈보리를 의미합니다.…하나님께서 나를 용서하실 수 있는 유일한 근거는 주님의 십자가입니다. 그곳에서 하나님의 공의는 만족되었습니다(챔버스 2014).

결국 예수 그리스도가 부재하는 헤셸의 '하나님의 파토스'는 공허하기까지 하다. 파토스의 하나님이 '말씀'이라는 것이 요한의 '통찰'이었고, 인간을 향해 말 걸어 오시고 행동해 오신 그 '말씀'은 예수 그리스도였다. 예수 그리스도가 인간과 우주를 향한 하나님의 관계의 구체화요 완성인 것이었다. 그제서야 하나님께서는 당신의 뜻을 "다 이루신" 것이었다.

기독교는 상식인에게 가장 황당하고 믿기 어려운 종교임에 틀림없다. 세상의 고등 종교들이 실재의 한 면을 말하고 있다고 인정해 줄 수 있다.

그러나 기독교는 이들처럼 서로 넘나들며 상호 대체될 수 있는 교리들과는 사뭇 다른 내용이 핵심을 이루고 있다. 종교에 있어서 무엇보다 중요한 관심은 정말 신이 존재한다면 그분과 인간은 어떤 관계인가에 대한 관심일 것이다. 그런데 하늘과 땅의 관계에 대해서 "뜻이 하늘에서 이루어진 것처럼, 땅에서도 이루어지이다"라고 기도하라고 가르치신 이가 있다. 땅을 향한 하늘의 어떤 의지가 있다는 말이다. 그리고 그렇게 가르치던 그는 내처 당신 자신이 하늘로부터 보내진 당사자요, 그 뜻의 구체적 실현을 위한 단초라고 선언하기에 이른다.

그리하여 그의 말이 사실이라면 하늘과 땅의 관계, 즉 하나님과 인간의 관계는 그렇게 선언한 그분의 일거수일투족에 연관될 수밖에 없게 된다. 기독교의 진리성은 자신이 하나님의 아들이라고 주장한 이 예수의 신비에 담겨 있다. 기독교의 진리는 영원한 생명을 원하는 이마다 당신의 살과 피를 먹고 마시지 않으면 안 된다고까지 말씀하시는 주님 자신의 선언 속에 담긴 당혹성 속에 숨겨 있다. 성경은 주님의 이 당혹스런 말씀을 들은 제자들조차 더 이상 그분을 따르지 않고 떠나갔다고 기록하고 있다. 그러나 성경은 오직 예수와의 이 신비스런 관계 속에서 이루어지는 구체적인 삶만이 영원과 진리의 나라로 인도한다고 믿으며 살았던 수많은 사람과 그들의 삶 속에 일어난 일을 기록하고 있다. 이 증언이야말로 기독교의 진리성에 대한 결정적인 방증이다.

3. 인도에서 본 것

(우리의 내적 세계를 지배하며 우리의 영혼을 부자유하게 속박하는 것 중에 가장 체계적으로 광범위하게 삶에 영향력을 행사하고 있는 것에는 앞에서 잠깐 언급한 것처럼 각종 세계관이 있다. 이것에 대해서는 본서 제2부에서 보다 체계적으로 다루려고 한다. 좀 더 심각한 학문적 접근을 하기에 앞서, 여기에서는 앞에서 말씀드린 힌두교적 세계관이 지배하고 있는 생생한 현장을 들여다 보기로 하자.)

나에게는 인도에 대한 막연한 낭만적 동경이 있었다. 대학 시절 띄엄띄엄 읽었던 『인도로 가는 길』(*Passage to India*) 때문이었다. 나중에 영화로도 감상한 작품이다. 게다가 인간 간디의 위대한 삶에 대한 존경까지 겹쳐 있었다. 인도는 생애에 꼭 한 번 가보고 싶은 곳이었다.

인도의 종교적 사회 현실에 대해서는 중고등학교 시절부터 들어 온 그 땅의 카스트 제도를 통해 막연한 지식은 지니고 있는 터였다. 공항에서 우리 내외를 맞이한 김바울 목사를 따라 처음 도착한 곳은 그의 사역지 뉴델리 외곽 어느 쓰레기 야적장이었다. 충격은 바로 그 장소에서 시작되었다. 야적장 안으로 난 길을 덜컹거리며 진입하는 동안 좌우로 소들이 어슬렁거리고, 그들의 배설물을 뭉쳐 쌓아 올린 더미들이 노적가리처럼 여기 저기 솟아 있었다. 차가 멈춰 서자 동네 아이들이 시야에 들어왔다. 갈색의 얼굴을 한 깡마른 아이들이 동네 강아지들과 어울려 놀고 있었고 일부는 녹슨 펌프 주변에 모여 몸을 씻고 있었다.

눈길을 돌리자 먼발치서 쓰레기 더미를 뒤지던 아이 하나가 시야에 들어왔다. 그애는 나와 눈이 마주치자 황급히 달아나 버렸다. 젊은 시절 읽으며 가슴 설레던 논픽션 『개미 마을의 마리아』가 뇌리를 스치며 지나갔다. 전후 일본의 도시 외곽에서 넝마주이를 하며 기독교 사랑을 실천하던 어느 여인의 이야기였다. (50여 년 전 나는 그 책을 두 여인에게 주었다. 그 책에 크게 감동하며 너덜너덜해진 책 표지를 다시 싸 준 여인이 지금 이곳에 나와 같이 서 있는 것이다!) 내 가슴은 금세 그때의 흥분이 되살아나 뛰고 있었다. 잊혔던 감정이 이토록 생생하게 50여 년을 격하여 재현되는 것에 내심 놀랐다. 나는 잠시 '주님, 50년 세월이 지났는데 아직도 저를 잊지 않으시고 이곳으로 인도하시나이까? 내 여생을 이곳에 묻으라고 명령하기라도 하실 것입니까?' 하는 상념에 사로잡혔다.

그곳은 힌두인 중에도 '불가촉천민'(不可觸賤民) 집단이 갈데없어 정착한 이슬람 교도와 섞여 사는 슬럼 지역이었다. 장마가 들이닥쳤던 지난해에는 이곳 전체가 물에 잠겼다고 한다. 김 목사는 죽은 쥐들이 여기저기 발길에 차이는 동네 골목으로 우리를 안내하며, 연신 할 일 없이 서 있는 아이들과 청년들의 어깨를 두드려 가며 말을 걸고 있었다. "요즈음 어떻게 살고 있느냐? 왜 교회에 나오지 않느냐?"라고 묻는 듯했다. 그들은 자신들이 살고 있는 집 안으로 머리를 들이미는 김 목사를 멋쩍은 듯 흰 이를 드러낸 채 웃으며 맞이하곤 했다. 입구를 거적때기로 막은 움막 안에선 밀가루 반죽을 나무토막 같은 것으로 밀며 뭔가를 만들고 있었다. 만들어 놓은 것 위에는 파리 떼가 새까맣게 달라붙어 있었다. 거리로 나가 팔 먹거리라 했다.

'아 이것이 삶이로구나!'

조금 넓은 골목으로 나오자 자동차 한 대가 복잡한 사람들 속으로 빠르게 밀고 들어오는 것이 보였다. 내 옆에 이제 갓 두세 살쯤 되어 보이는 아이가 길 한가운데 서 있음에도 차는 속도를 줄이지 않은 채 들어오고 있었다. 나는 어느새 그 아이의 팔을 세차게 낚아채며 내 곁으로 끌어당기고 있었다. 아내가 손을 들어 그 차의 보닛을 세게 후려쳤건만 차는 아랑곳하지도 않은 채 쏜살같이 지나가 버렸다. 그 아이의 발에서 벗겨진 신발 위로 지나간 차의 바퀴 자국이 선명했다! 분노가 치밀어 씨근덕거리는 우리가 이상하기라도 한 듯 동네 사람들은 태연하기만 하다. 하나쯤 죽어나는 게 무슨 대수냐는 표정이다. 그런 일을 늘 보아서인지 김 목사조차 아무렇지도 않은 표정이다.

 김 목사가 마련하여 교회당으로 쓰고 있는 방에 들어서자 무덥고 좁은 공간 안으로 크고 작은 아이들이 빼곡히 모여들고 있었다. 노래 부르는 자신들을 좀 봐 달라는 듯 목이 터져라 '주일학교 노래'를 부르고 있었다. 잠시 후 아이들은 배식 테이블을 향해 긴 줄을 만들기 시작했다. 저마다 손에는 큼직한 깡통이 들려 있었다. 제법 큰 아이들이 서로 밀치는 통에 자기 차례를 놓치지 않으려고 버티던 두어 살배기 아이가 넘어지고 깡통이 나뒹굴었다. 그 아이는 거의 밟힐 지경이었음에도 울음조차 잊은 채 다시 제 자리를 찾아 끼어든다. 손자 녀석의 얼굴이 떠올라 차마 볼 수가 없다. 니자무딘 모하밧 학교에도 초코파이를 얻으려는 아이들이 구름처럼 몰려든다.

 말로만 듣던 이 '불가촉천민'은 행색부터 가까이하기 꺼려질 정도로 혐오스러운 외모를 하고 있으려니 했던 나의 막연한 상상은 여지없이 깨어지고 말았다. 이 아이들을 보는 순간 아내와 나는 이 아이들이 우리 '손자 녀석만큼이나 잘생긴' 아이들이라는 데 공감했다. 남자 아이든 여자 아이든 한국에 데려다 놓으면 주위 사람들이 모두 아역 배우하라고 부추길 만큼 준수한 외모를 하고 있었다. 이들을 이런 모습으로 만드신 분은 누구며, 이들을 쓰레기장으로 내몰아 음식물을 찾는 일에 개들과 함께 경쟁하게 만든 자들은 누구란 말이냐![16] 내 입에서 욕설이 터져나오고 있었다.

---

16 God created such beautiful kids and god-damned worldviews expell them to the garbage

며칠 후, 그곳이 그곳 같은 지루한 인도 땅을 가로질러 야간열차가 우리를 내려놓은 곳은 힌두교의 본거지라고 해도 좋을 힌두교 신학교가 있는 바라나시였다. 뉴델리 번화가를 벗어난 변두리가 다 그렇듯이, 그 도시 역시 온통 함락 직전 피난민의 아귀다툼을 연상시켰다. 고막을 찌르는 차량 경적, 그 사이로 목숨 걸고 들이미는 닉샤!(자전거형 인력거). 페달을 밟아 대는 인력거꾼의 장단지가 참새 다리 같다. 그 안에는 거구의 사내가 제 덩치만큼이나 커다란 짐을 틀어 쥐고 앉아 있다. 온갖 차량들을 몰고 나와 금방이라도 부딪칠 듯 말 듯 곡예를 벌이며 씨근대는 이 아비규환의 삶을 인간들은 뭐 하겠다고 저렇게도 질기게 살아야 하는 것인가? 저절로 이런 생각에 젖어 드는 사이 시야에는 참으로 기이한 모습이 들어온다. 이 전쟁 같은 거리를 아무렇지도 않은 듯, 참으로 아무렇지도 않은 듯 유유자적 느릿느릿 걸음을 옮기는 존재가 있다니! 그 우공(牛公)께서는 아예 거리에 널브러져 드러눕기까지 하시는 게 아닌가? "바쁜 인생들아, 바삐 가려면 가거라!" 하는 투다.

한참을 '피난 행렬'로 시달리다가 정신을 차려 보니 갑자기 주위가 조용해졌다. 우리는 벌써 도심을 벗어나 갠지스강이 저만치 아래로 내려다보이는 강 언덕 위에 서 있었다. 죽음 같은 정적이 흐르는 강 언덕에는 산 사람인지 죽어 굳어진 미라인지 구분키 어려운 검붉은 구루의 모습이 시야에 들어왔다. 언덕 위 여기저기서 시간을 잊은 채 구부리고 앉아 기도하고 있는 그들의 모습이 뼈다귀 냄새가 날 만큼 앙상하다. 삶의 부산함이 끝나자 곧바로 찾아온 죽음의 고요가 느껴진다. 갠지스강은 예의 그 소들만큼이나 천천히 유장하게 흐르고 있었다. 인도인은 갠지스강을 힌두교 신 중

ground!

하나인 시바의 머릿결이라 한다고 했다. 갠지스강은 히말라야에서 발원하여 긴 역삼각형 같은 인도 땅 오른쪽 귓바퀴를 관통하며 뱅골만으로 흘러든다. 강 건너편에는 강만큼이나 무심해 보이는 백사장이 무표정한 채 펼쳐져 있다.

내가 서 있는 시내 쪽 강안(江岸)에는 갓트라 불리는 계단이 아랫쪽으로 강까지 이어지고, 그 위로는 붉은색 계열의 건물들이 길게 늘어서 있었다. 갓트를 내려가 강가에 정박해 있는 작은 보트에 올랐다. 우리를 태운 배 외에는 강을 오가는 배가 없다. 사공은 한국말을 제법 할 줄 아는 힌두 청년이었다. 한국에 가는 것이 꿈이라고 했다. 모든 힌두교도는 죽은 뒤 반드시 자신의 주검을 이 갠지스 강물에 던져야 한단다. 불에 태운 재로든, 알몸으로든! 임신한 여인이나, 갓 태어난 아이나, 승려나, 시바를 상징하는 코브라 뱀에 물려 죽은 자를 제외하고는 모두 재가 되어 강물에 던져져야 한다고 했다(앞에 예시한 자들은 죄에 오염되지 않은 신성한 존재로 여겨 화장하지 않고 그냥 강물에 던졌다[17]).

그제서야 이제까지 힌두인의 거주지에서 왜 묘지를 볼 수 없었는지를 이해할 수 있었다. 아닌 게 아니라 강을 역류하며 흰 보자기에 싸인 채 떠내려오는 물체가 보였다. 사공은 저것이 바로 그냥 버려진 시체라 했다. 갓트가 늘어서 있는 왼쪽 언덕 두어 곳에서 흰 연기가 피어 오르는 모습이 보이기 시작했다. 예의 그 화장터다.

그 중 규모가 커 보이는 곳으로 배를 접근해 갔다. 강을 향해 비탈진 언덕길 위로 노란색 또는 붉은 색 천에 덮인 채 들것에 실려 내려오는 시체가 보였다. 사내들은 그것을 강물까지 들고 내려와 강물에 적신 후, 미리

---

17 오늘날에는 갓 태어난 아이 외에 모두 화장해야 한다고 한다.

불붙여 둔 장작더미 위에 얹는 것이었다. 여기저기서 그런 장작더미가 불에 타고 있었다. 부유한 자는 질이 좋은 장작더미 위에 얹고, 가난한 자는 막장작 위에 태운단다. 제법 힌두 교리에 심취해 있는 듯했던 뱃사공 청년은 신기해하는 우리를 향해 '관광 가이드'를 하기 시작했다.

지금 저 강물 위의 고인들은 시바의 품에 자신을 눕히며 지상의 죄와 고통에서 벗어나 구원받기를 염원하고 있는 것이라 했다. 저렇게 연기가 되어 달에 도착하는 날, 죽은 자는 "너는 누구냐?"라고 묻는 이 앞에 선다. 앞에서 들은 대로 그는 "저는 12번째, 13번째 달에 온 자입니다.…오, 계절의 주재시여, 저를 불멸의 땅으로 이끌어 주소서"라고 간청해야 한다는 것이다. 달에서 다시 비로 변해 이 땅에 뿌려지고 풀로 태어나고 풀을 뜯는 짐승으로 윤회하는 운명을 면하게 해 달라는 것이다. 그대로 영원히 하늘에 오르기를 꿈꾸는 저 장작더미 위의 영혼들! 조금 전 전쟁 같은 '바라나시'의 삶을 지나 이제 갠지스강 언덕에 이른 영혼들! 그들이 품고 있을 절절한 기도가 배 안에 앉아 화장터를 바라보는 내 가슴에 사무친다. 왜 안 그러겠느냐! 무슨 좋은 꼴 보자고 또 다시 이 땅에 회귀하겠단 말이냐?

업보의 사슬에서 벗어나기 위해 "인간은 진리에의 의무(義務) 때문에 하는 행위로만 구원된다"는 마치 칸트의 의무론 같은 바가바드의 교리를 따라 살아온 자들이다. 분노도 욕망도 욕심도 내비치지 못한 채, 전생에 지은 업보(業報)의 양에 비례하는 고통을 묵묵히 감당한 채, 카르마(Karma, 業)를 따라 기계처럼 운용되는 윤회(輪廻)의 법칙에 체념한 삶이었다! 신의 간섭이나 은총이나 용서 따위가 발붙일 틈도 없이 운행되는 이 비인간적 질서 속의 삶이 질식할 듯 느껴졌다. 이 인과율에서 벗어나기 위해 억겁을 발버둥쳐야 하는 힌두인들! 일각의 차착도 없이 집행해 오는 업보에 몸서리치며 한사코 이 윤회에서 벗어나기만을 염원하는 힌두인들! 그런 속에서도 불가촉적으로 배척당하며 살아온 챤달라(chandala)들에게 영원에의 염원처럼 절실한 게 또 있으랴!

　인도 역사 속 한 시기에 한 무리의 인간 집단(아마도 사제 집단일 게 분명하다)들이 만들어 냈을 한 토막 신화가 이처럼 강력하게 인간의 삶을 옭아매고 있다니! "권력을 쥔 왕족과 우리 사제 계급은 창조의 신 브라마의 머리 부분에서 나온 걸로 하고, 우리들을 지켜주는 칼을 든 군인 계층은 가슴 부위에서 나온 걸로 하고, 우리들을 먹여살리는 상공업과 농업에 종사하며 뭔가를 생산해 내는 자들은 신의 복부에서 나온 걸로 해 주고, 그리고 하층 노예 계층은 브라마 신의 발에서 나온 것으로 해 주어 써먹자" 하며 꾸며 내었을 한낱 이야기가! 이런 우화 같은 전설이 탐욕스런 자들에 의해서 강고한 제도(소위 카스트 제도)로 돌변해 버린 것이었다. 이것에 성이 차지 않은 인간의 가학증적 본능은 특별히 힘없어 보이는 사람들을 골라 자신들의 탐욕과 쾌락의 대상으로 삼고 말았으리라. "너희는 신의 어느 부위에서도 나온 게 아니야! 우리와 같이 섞여 일할 수도, 같이 먹을 수도, 신체적 접촉조차 할 수 없어!" 하며 '불가촉천민(不可觸賤民) 챤달라'라는 이름을 붙여 주었다. 브라만 여인과 수드라 남성 사이에서 난 인도인이거나 이방인 일반에게 붙여진 이름이다. 유대인이 이방인과 가나안 지역 사람들에게 멋대로 붙였던 레테르다. 착취가 종교의 이름으로 정당화되는 순간이었다. 아이러니하게도 이 챤달라 역시, 자신들을 인간의 거주 영역 밖으로 쫓아내고 대를 이어 착취를 자행해 온 이 제도를 정당화하는 거짓 세계관의 신도가 되어 있었다. 어이없는 그 가르침을 따라 가망 없는 영원한 세계를 꿈꾸고 있었다.

　안타깝게도 업보를 따라 빈틈없이 돌아가는 윤회의 바퀴를 벗어날 엄두조차 내지 못할 만큼 철저히 세뇌된 이들은 그들의 모든 '업보적' 죄를 대신 지시고 그들과 살과 살을 맞대며 '접촉'(接觸)하기를 애타게 기다리시는 참 하늘을 바라볼 줄을 모른다.

김 목사에게 전도되어 주님의 도를 따르기로 작정한 날, 침례를 받으려고 모든 '업보'의 짐을 주님께 맡긴 채 김 목사의 손길을 따라 물속에 잠기는 불가촉천민 아이들을 보았다. 뺨 위를 흐르는 분노의 눈물을 닦느라 나는 사진 찍기가 힘들었다. 이제 그만 쓰레기 더미를 뒤지거라! 이제 체념이 아니라, 소망 속에 하나님을 바라보거라! 이 어이없는 삶을 강요하는 세계를 바꿀 혁명의 눈을 뜨거라, 사랑스런 아이들아!

(세상을 옭아매고 있는 세계관 속의 비정한 신들과 달리, 내가 아는 하나님은 파토스의 하나님이셨고, 성경이 말하는 예수님은 친구의 죽음에 우시는 하나님이었다. 다음에 소개하는 내 간증은 체험 속에 만난 파토스의 하나님 이야기다.)

4. 예수께서 우시더라[18]

제 신앙 생활에 관련한 간증을 하라 하면 신앙 성장 과정의 중요한 계기로 여겨지는 한 장면이 떠오릅니다. 제가 유학을 마치고 고국에 돌아왔을 때 한참 유행하던 노래 중에 제가 곧잘 흥얼거리며 따라 하던 유행가가 있었습니다. "울고 싶어라…" 하는 가사가 나오는 노래였습니다.

---

[18] 성령님, 미국 펜실베이니아 피츠버그 비컨가, 2017년 8월 11일 03시. 원래 이 간증은 같은 제목으로 2007년 4월 노은교회에서 발표한 것이었다. 나는 이 간증문을 본서의 앞 부분에 실린 "아, 그랬었군요"에 이어서 집필을 계속하고 있던 중이었다. 그러나 상기한 시간 한밤중에 "예수께서 우시더라"라는 본 간증은 "정념의 하나님"을 소개한 다음에 잇대어 써야 한다는 생각이 쏜살같이 임했다. 황급히 침상에서 일어나 이를 기록해 두었다가 아침에 말씀대로 이를 이행했다. 생각할수록 지당하고도 지당하신 팁이었다.

저는 솔직히 그 가사의 다음 소절을 잘 모르기 때문에 그 가수가 왜 무엇 때문에 울고 싶어 한다는 것인지는 잘 알지 못합니다. 그럼에도 제가 그 대목을 좋아하는 이유는 제가 하나님 앞에서 한 번이라도 통곡을 좀 해 보고 싶어서였습니다. 제가 신앙 생활을 시작한 이래 늘 바라던 것 중 하나는 절대적 존재이신 그분과 대면하여 단 한 번만이라도 실컷 울어 보는 것이었습니다. 이 사회가 종교의 자유가 허용되는 사회이고, 저의 생활 주변 역시 충분히 종교적 분위기여서 저의 그 소원을 제약하는 것이 전혀 없었음에도 어쩐 일인지 저는 그렇게 할 수 없었습니다. 그것이 통회의 눈물일 수도 있고, 감사와 감격의 눈물일 수도 있으며, 중보의 눈물일 수도 있을 것이련만 저는 도무지 그렇게 할 수가 없었습니다.

나름대로 기독교 진리에 대한 깨달음도 컸다고 자부하고, 남은 삶을 전폭적으로 그 진리를 따라 살기로 스스로 의지를 굳히기도 했음에도 전술한 그 소망을 실행할 수가 없었습니다. 깨달은 대로 그대로 그저 충성스럽게 살면 되지 반드시 울음을 터뜨려야 하는 것이냐며 핀잔하실 분도 있겠지만, 저 역시 마음을 고쳐 먹으려 해도 그 욕구는 시들지 않은 채 늘 아쉬움으로 남아 있었습니다. 왜냐하면 그것은 단순히 눈물의 문제가 아니라, 통회든 감격이든 연민이든 마음과 감정의 고갈과 관련되어 있거나, 예수께서 늘 책망하시던 영혼의 완악함이나 석화(石化)된 영혼의 상태와 연관된 문제일 것이라고 느꼈기 때문입니다.

제가 그렇게 하지 못하는 이유로 전혀 집히는 게 없는 것은 아니었습니다.

언제인가 모임에서 성격 분석을 위한 심리 테스트를 한 적이 있었습니다. MBTI라며 영어 알파벳 약자로 16가지의 성격 유형을 나타내 주는 것이었는데 참으로 신기하게도 제 처와 저의 것이 정반대 유형에 속한다는 것을 발견했습다. 우리 둘이 극단적으로 반대 방향을 향해 막대 그래프를 그리고 있는 대척 항목은 대략 "감정적 지향이냐 또는 논리적 지향이냐"의 문제와 관련된 것이었습니다. 제 처는 감정 항목이 거의 100점에 가까운 반면 논리적 지향은 거의 0점에 가까웠고, 저의 경우는 정 반대로 논리적 성향이 100을 향해 접근하는 반면 감정 영역은 0점에 가까울 정도로 잘 보이지도 않을 정도였습니다.

돌아보면 우린 무척이나 상대방을 기이한 피조물로 여기며 살아왔습니다. 하는 말이나 행동 방식이 너무나 어처구니없어 화가 치솟을 때면 피차 상대방을 불량품이라고 느끼고 있었습니다. 우리의 화내는 겉모습은 같아 보일지 모르나 각기 화내는 이유는 근본적으로 다른 듯합니다. 아내가 저로 하여금 숨이 막히게 하는 것은 '말이 되지 않는, 즉 'make sense' 하지 않는' 지독한 '비논리성' 때문이었습니다. 그러나 반면에 아내가 저로 인해 분을 삭이지 못하는 것은 감정의 문제인 듯합니다. 이따금 아내는 사람들 앞에서 "모든 건 다 어떻게 해 볼 수 있지만 사람 비정한 건 못 해본다"며 묵은 감정을 토로하기도 합니다. 그럴 때면 저는 나 들으라고 하는 소린 줄 금세 알아 듣습니다.

이 시간 저는 이처럼 고갈된 감정으로 살아온 저의 인격에 개입해 오신 하나님에 관련된 사건을 나누고 싶습니다. 이 사건을 통해서 주님께서는 저에게 상대방의 고통에 공감(그저 동정[sympathy]이 아니라 감정이입적[感情移入的] 공감[empathy])하는 감정의 준비 없이는 우리 기도가 공허한 것이 되고 만다는 귀한 가르침을 주셨습니다.[19]

저에겐 제가 '조 군'이라고 부르던 여학생 제자 하나가 있었습니다. 그

---

19 하나님을 향한 인간의 예배 또한 양자 간의 감정 교류다. 성령님이 감정을 지닌 인격이시기 때문이다. 더구나 인간과 하나님의 관계를 가로막는 장벽 또한 인간의 감정 속에 각인되어 있다.

는 제가 대학에서 처음으로 강의할 무렵, 철학과 학생이 아니었으면서도, 시원찮은 제 강의를 열심히 빼놓치 않고 듣던 학생이었습니다. 조 군은 제가 처음으로 번역서를 낼 때에도 그것을 성실히 교정을 보아 주기도 한 학생이었습니다. 그 애는 사람 앞에 서면 얼굴이 붉어지는 '적면증'(赤面症)으로 시달리기도 했습니다. 그러던 조 군은 졸업 후 한 동안 캠퍼스에서 볼 수 없었습니다. 졸업 후 스승의 날이나 한 번씩 뭘 보내 오곤 할 뿐, 20여 년 동안 거의 대면하며 대화하지 못하던 참이었습니다. 이따금 그가 정신분열증으로 고생하고 있다는 소식을 들으며 걱정하고 있을 뿐이었습니다.

그러던 어느 날 아내가 갑자기 "미국에 있는 언니가 보고 싶다"며 미국에 가 있을 때였습니다. 아내는 예상 밖으로 그곳에 길게 1년여나 머물러야 할 상황에 처해 있었습니다. 한밤중이었는데 전화 한 통이 걸려 왔습니다. 아내의 전화려니 하고 잠결에 수화기를 들어보니 뜻밖에 예의 그 조 군이었습니다. 그는 겨우 자신임을 밝히고는 울먹이느라 말을 잘 잇지 못했습니다. 저는 언뜻 한밤중에 여자 애가 울먹이기에 무슨 좋지 않은 일이라도 그 애에게 발생한 줄로 여겨져 "너 어디에 있니? 내가 지금 그곳에 갈께!"라고 했습니다.

그의 대답은 이런 것이었습니다. 지금 자기는 술집에서 술을 마시고 있는 중인데 아까부터 "너 죽어라, 너는 죽어야 한다"라는 소리가 계속해서 들려오고 있다는 것이었습니다. 전에도 이따금씩 있었던 일이었지만 이번엔 그 소리의 요구대로 하고 싶어져서 "그래 알았다. 한 병만 더 마시고 죽으마!"라고 대답하고는 계속 술을 마시는 중이라고 했습니다. 그런데 갑자기 이번에는 귓속에서 "7359…7359"하는 소리가 들려오더라는 것이었습니다. 그는 난데없이 이 무슨 의미 없는 숫자의 나열인가 싶어 그때마다 무시해 버리고 있는 중인데, 한참 후 이번에는 "김득룡…김득룡" 하는 소리가 계속해서 들려오더라는 것입니다. 이상히 여긴 그가 얼른 수첩을 꺼내어 제 이름을 찾아 보니 제 이름 옆에 "629-7359"라고 저의 연구실 전화번호가 적혀 있고 그 옆에는 저의 집 전화번호가 나란히 기록되어 있더라는 것이었습니다. 그래서 이렇게 전화하는 것이라며 지금 바로 저를 만나러 우리 집에 찾아오겠다는 것이었습니다.

저는 과년한 여자가 (그 애는 서른이 훌쩍 넘었음에도 아직 결혼하지 않고 있을 때였습니다.) 밤이 깊은 때에 홀로 있는 나를 찾아온다는 것이 조금 망설여졌으나, 지금 그런 것을 따질 상황이 아님을 직감하고는 얼른 "조 군, 어서 오게" 하고 집 밖에 나가 기다리고 있었습니다. 도착한 조 군에게서는 술 냄새가 짙게 풍기고 있었습니다. 집에 들어오자, 언뜻 여러분도 잘 아시는 원종수 권사의 이야기가 떠올라, "자네 살겠구만!" 하며 원종수 권사의 이야기를 들려주었습니다. 그가 의과 대학 실험실에서 죽으라는 유혹을 따라 옥상에 올라갔던 일과, 옥상에서 투신하기 직전 그를 황급히 막아서는 그의 어머니의 환상에 관한 이야기와, 그 직후 산 기도하러 올라가서 중증의 폐결핵을 치료받던 이야기와, 그가 얼마나 영적인 하나님의 사람이 되었는지에 대해서 이야기해 주었습니다.[20] 신앙에는 관심이 별로 깊지 않던 조 군이었기에 나는 그날 밤 여러 가지로 신앙적인 권면을 했습니다. 우리는 한참이나 엎드려 같이 기도하고는 헤어졌습니다.

그 후 그는 나의 권유를 따라 몇 차례 우리 성경 공부 모임에 참여하기도 했으나 얼마 후부터 더 이상 나오지 않았습니다. 한참이 지난 어느 날

---

20 극빈한 가정의 신앙심 깊은 홀어머니 밑에서 자라난 원종수는 고등학교 시절 추위와 배고픔을 이기기 위해 교회에 엎드려 요한복음을 읽은 후, 무엇이든 두어 번 읽으면 영상으로 기억되는 'photographic memory'라고 알려진 놀라운 능력을 은사로 받았다. 상기 이야기는 그가 서울대학교 의대에 다닐 때 있었던 일이다. 그후 그는 대학을 수석으로 졸업하고 현재 미국에서 암치료 전문의로 활약하고 있다.

저는 새벽 기도회에서 돌아오던 중 조 군에 관하여 내 맘속에 심한 질책과 뉘우침 같은 것이 일어나는 것을 느끼기 시작했습니다. 주님께서 "너 그럴 수 있느냐? 참 실망스럽구나! 모처럼 네 도움이 필요한 사람을 보냈더니 고작 몇 마디 해 주고는 그 애가 더 이상 안 찾아오니 난들 어찌하겠느냐고 말하는 게냐?" 하시는 것만 같았습니다. (하나님과의 관계로 인해 행한 일들은 사람들 앞에서 자랑처럼 떠벌리면 혹 사람들의 칭찬을 받을지는 모르나, 더 이상 하나님과의 관계는 끊어진다고 생각합니다. 그러나 이 일은 저의 참담한 실패담이기 때문에 여러분께서 타산지석으로 삼으시기를 바라서 말씀드리고 있습니다.) 저는 그날 즉시 1주일간 금식 기도를 드리기로 작정했습니다. 아내한테는 물론 조 군에게도 아무 말 하지 않고 금식을 시작했습니다.

3일쯤 지난 어느 날 밤이었습니다. 미국에 있는 아내에게서 전화가 걸려 왔습니다. 아내는 "잘 지내고 있느냐? 아무 일 없느냐?"고 물었습니다만 나는 아무 일 없노라며 통화를 끝냈습니다. 다음 날 아내에게서 다시 전화가 걸려 왔습니다. 아내는 내가 연속해서 꿈에 나타나는데 아주 다리에 힘이 없어 보인다며 무슨 일 없느냐고 다그쳐 묻는 것이었습니다. 나는 하나님께서 시키시는 일인지도 모른다는 생각이 들어 아내에게 자초지종을 말했습니다. 신체적으로 금식을 잘 견디지 못하는 아내였지만 아내는 즉시 남은 3일은 자기가 할 테니 나는 금식을 그치는 게 어떠냐고 했습니다. 우린 한 몸이니까 그렇게 해도 하나님께 한 약속은 지키는 셈이라고 위로하며…. 저는 그렇게 하자고 대답은 했지만 내친김에 남은 기간을 채워 금식을 마쳤습니다. 그러고는 다시 조 군에 관한 생각을 잊고 있었습니다.

영어를 아주 잘하던 조 군은 어느 미국인과 결혼을 했고 저를 영적 아버지라 부르며 종종 전화를 걸어 왔습니다. 천재적인 감수성과 지능을 가졌던 조 군은 언젠가는 예수님을 만나던 자신의 꿈 이야기를 들려주었습니다. 꿈에 십자가에 달리신 예수님의 손과 발로부터 한 방울씩 흘러내리는 피를 자기 손으로 맞으며 조 군은 그분의 심적 괴로움이 자신의 마음에 그대로 박혀드는 체험을 했다고 했습니다. 그는 그런 꿈을 연거푸 두 번이나 꾸었다고 했습니다. 조 군은 그 꿈의 경험에서 얻은 통찰을 이렇게 요약해서 적어 보내기도 했습니다.

"우리는 어떤 대상에 대해 공감하는 만큼만 그 대상에 대해서 알 수 있는 것 같습니다. 그런고로 공감의 한계(limit of empathy)가 인식의 한계일 것이라고 생각합니다."

그러던 어느 날 저는 조 군의 친구로부터 믿기지 않는 소식을 듣고야 말았습니다. 조 군이 끝내 자살하고 말았다는! 장례식장에서 나를 붙들고 짐승처럼 울부짖고 있는 남편을 마주한 채 저는 심한 죄책감과 좌절감과 신앙적 갈등에 휩싸이고 말았습니다. 내 기도를 버리신 하나님은 나를 버리신 것이 아닌가? 저는 한동안 더 이상 기도도 할 수 없었습니다. 조 군이 들려준 공감의 한계론만을 이따금씩 떠올리며 말입니다. 조 군에 대한 나의 공감의 한계가 바로 내 기도의 한계였단 말인가?

그 후 저에게는 한 가지 의문이 일기 시작했습니다. 그것은 이런 것이었습니다. 죽음을 유혹하는 동일한 사탄의 유혹을 받고 왜 원종수 권사는 살았고 조 군은 죽고 말았는가? 이 질문에 대한 대답은 스스로 자명해졌습니다. 그것은 원종수의 어머니의 중보 기도와 저의 중보 기도의 차이임이 분명해졌습니다. 이는 '신자의 파토스적 삶'이 실제적으로 어떤 차이를 일으키는 것인가를 보여 주는 단적인 사례였습니다! 그리고 예수님을 생각하며 이 의문에 대한 대답은 더욱 자명해지고 말았습니다. '하나님의 동역자'의 전형이신 예수님은 생전에 "친구를 위하여 자신의 생명을 내어 주는 것, 이에서 더 큰 사랑은 없다. 밀알이 땅에 떨어져야 30배, 60배, 100배의 열매를 얻는다"고 가르치시다가 끝내 스스로 당신께서 십자가를 지셨습니다. 하나님의 파토스는 궁극적으로 십자가 위에서 구체화되는 것이었습니다! 그 주님께서 우리에게 요구하시는 것이 중보 기도였습니다.

물론 중보 기도는 단지 중보 기도 대상자를 위해 목숨을 거는 것만을 의미하지 않았습니다. 신도의 삶은 동시에 주님을 위해서도 목숨을 거는 것이기도 했습니다. 일생을 사는 중에 자신의 목숨을 내어놓을 만한 것을 발견한 사람은 일단은 제대로 사는 삶의 궤도에 발을 올려놓은 사람인 것 같습니다. 인간은 특히 보은(報恩)을 위해 그렇게 하도록 설계된 존재인 듯합니다. 그러기에 3류 영화에서든 TV연속물에서든 천한 자신을 알아준 자를 위해 기꺼이 목숨을 내어놓는 장면에 우리는 눈시울을 적시며 공감하는 것 같습니다. 자신에게 잘해 준 자이면 옳고 그름의 감각을 상실한 채 기꺼이 그의 졸개가 되어 순장(殉葬)당하라는 말이 아님은 물론입니다. 나 같은 흉악한 죄인을 끝까지 사랑하시어 사망에서 구원해 내기 위해 생명을 바치신 주님을 위해 삶을 내어놓는 것 그리고 그분의 몸이 되어 목숨을 걸고 그분의 뜻을 이행하는 것이야말로 이 보은적 인간 본질을 궁극적으로 이행하는 삶이라고 생각합니다.

조 군은 그렇게 나에게 중보 기도는 자신의 생명을 거는 것임을 일러 주고는 스스로 삶을 마감한 채 홀연히 세상을 떠났습니다. 저는 이제 "(중보)기도할께!"라는 말을 쉽게 입에 올리지 못합니다. 그리고 심각하게 중보 기도를 해야 할 상황에서는 조 군을 생각하는 버릇이 생겼습니다.

얼마 전 읽은 바운즈(E. M. Bounds) 목사의 말씀이 맘에 걸리는 것은 어쩔 수 없었습니다. 그는 "마음으로 하지 않는 기도는 모두 헛수고다"라고 되풀이하여 가르치고 있었습니다. 하나님께서는 당신의 사역을 이루시기 위한 조건으로 우리의 기도를 요구하시되, "너는 지금 마음으로 기도하고 있느냐?"고 물으신다는 것입니다. 다시 말해서 감정이입적 공감으로 기도하고 있느냐고 물으신다는 것입니다. 그러나 하나님의 사역은 어쩌면 개별적인 감정적 '공감' 역량의 문제를 초월하는 것일지도 모르겠습니다. 왜냐하면 당신의 동역과 함께 사역하실 분은 하나님이시기 때문입니다.

그런고로 한 가지 단서가 첨부되어야 할 것 같습니다. 이 '공감'이 결코 물에 빠진 자의 공포나 굶주린 자의 허기에 동참하여 같이 고통의 강물에 떠내려 가는 것을 의미할 수 없을 것입니다. 그의 공포나 배고픔에 함몰되는 것이 아니라 먼저 그를 바라보며 울고 계시는 하나님의 마음에 '공감'하는 것이 전제되는 것입니다. '우시며' 기도하셨던 주님처럼, 이웃을 위해 기도할 때 하나님의 마음과 같은 마음이 되어 기도하고 있느냐는 것입니다.[21]

불행하게도 저의 기도는 예수님처럼 '울며' 하는 기도가 아니었던 것입니다. 상대의 고통에도 하나님의 마음에도 공감하지 않는 기도를 '기도한다'고 생각하며 시간을 보냈던 것입니다. 그 '기도' 시간조차 지적 생각으로 바빴던 내가 생각났습니다. 금식 기도한다는 기간 중에도 메마른 당위와 의지력으로 버티었습니다. "지금 그분께서 내 기도를 요구하신다. 그분은 인간의 기도를 조건으로 하여 당신의 사역을 이루신다. 그런고로 이렇게 기도하다가 죽어도 내 삶은 가치있는 것이 될 것이야"라며 견뎌 내는 것이었습니

---

21 나는 이 생각에 한 가지 단서가 붙는 다는 것을 나중에 헤셸을 읽으며 깨닫게 되었다. 제5장에서도 다시 다루겠지만, 헤셸은 우리는 하나님께 기도하며 나의 배고픔이나 나의 고통의 크기에 대해서 말씀드리기보다 하나님의 사랑과 그분의 능력을 먼저 생각하며 기도해야 한다고 한다. 이는 타인을 위한 중보 기도 시에도 마찬가지라고 한다. 그의 배고픔이나 고통에 공감하는 것으로 그치는 게 아니라 그보다 먼저 하나님의 사랑과 능력에 관한 기도를 드리라는 것이다. 나는 그 이후 상황이 절망적일수록 기도 시에 하나님께서 보이셨던 생생한 사례를 감사 회상하는 일부터 하게 되었다. 자연히 기도는 나의 문제이든 타인의 문제이든 고통에 대한 '걱정'에 매이지 않게 되었다. 그리고는 우리에게 "아무 일도 일어나지 않은 것처럼 하나님만 생각하자"고 다짐한다.

다. 그러나 결연한 의지조차도 주님의 '파토스'가 결여된 메마른 기도인 한, 하나님께서 응답하지 않으실 듯 했습니다. 하나님 자신이 '파토스의 하나님'이시기 때문입니다. 성경 속의 예수님께서 나사로의 주검 앞에서, 때로는 예루살렘 언덕에서 우시었다고 기록하고 있기 때문입니다. 예수께서 나사로와 이스라엘 민족을 사랑하시는 하나님 마음을 느끼셨기 때문에 우신 것일 것입니다. 파토스의 하나님은 우시는 하나님이신 것입니다.

사도 바울은 몸을 불살라 바친다 해도 사랑이 없다면 공허한 일일 뿐이라고 가르칩니다. 저는 하나님께서 모처럼 제게 맡겨 주신 조 군을 끝내 악한 세력에서 지켜 내지 못하고 말았습니다. 하나님께서는 저의 기도 하나를 그렇게 간절히 요구하셨건만….[22] 그 녀석은 죽음을 며칠 앞두고 제게 공감의 기도에 대한 진리를 그렇게 간명하게 일러 주었건만…! 그동안 저는 60평생 의지적으로 기도했고 일종의 책임감에 의해 금식 기도했던 것이었습니다. 사랑했던 나사로의 죽음 앞에서 우시던 예수님처럼, 그리고 멸망해 가는 예루살렘을 위해서 우시던 주님처럼, 이 시간도 저는 얼마 남지 않은 내 생애에서 단 한 번만이라도 주께서 내게 맡기신 이들을 위하여 진실한 마음으로 "울고 싶어라"를 노래하고 있습니다.[23] 들어 주셔서 감사합니다. (간증 끝)

제1부를 마치기 전에 이제까지 우리가 해 온 이야기에 대해서 생각해 보아야 할 것이 있다. 하나님께서 우리와의 관계를 통해 무엇을 이루고자 하시는가 하는 것이다. 그리고 '정념의 하나님'과 땅 위의 내가 '동역자적 관계'를 맺기 위해서 구체적으로 해야 할 일이 무엇인가 하는 것이다. 헤

---

22 이 간증문을 본서에 이기하면서 나는 조 군을 위한 '뒤 늦은' 중보 기도를 드리고 있다. 시간을 초월하시는 하나님께서 조 군의 영혼을 이제라도 보살펴 주시기를 간곡히 그리고 간절히 기도하고 있다.
23 내 간증이 담고 있는 기도에 관한 상기의 통찰에 첨부해야 할 한 가지 단서가 있다. 단지 '감정 이입적 공감'의 기도를 오해할 때 생길 수 있는 위험에 관련하여 본서 말미에서 다루고 있다.

셸에 의하면 하나님께서 우리와 관계를 맺으시려는 목적은 우리를 통해 하나님 나라를 재건하시려는 것이라 한다. "당신의 형상을 따라 창조된 인간에게 당신의 형상을 따라 세상을 재창조"(헤셸 2004)하라고 명하신다는 것이다. 에덴 동산에 인류를 두셨던 조물주께서 이제 겟세마네에서 당신의 옆구리를 찔러 피를 쏟으신 까닭은 그 피로 우리를 정결한 신부로 만드시기 위함이었다. 그렇게 타락한 에덴을 재건하고 하나님 나라를 이 땅에 실현시키기 위함일 것이다.[24] 이러한 하나님의 목적을 실현시키기 위해 신부된 우리에게 하나님과의 관계가 전제됨은 물론이다.

그런데 그분과의 관계를 어떻게 이룰 것인가를 먼저 묻지 않을 수 없다. 왜냐하면 실제로 예수님은 말세에 다시 오실 때, 당신에게 찾아와 자신이 "주님의 이름으로 귀신을 내어 쫓았으며, 병든 자를 낫게 했으며, 기적을 행했다"고 말하는 자에게 "나는 너를 모른다. 내 뒤로 물러 가라. 악을 행하는 자여!"라고 책망하셨기 때문이다. 평생을 주님과 영원한 관계를 갖기 위해 살아온 자에게 이는 청천벽력 같은 절망이 아닐 수 없다. 주님께서 나를 모른다 하시니 이제까지 행한 모든 것이 허사가 되지 않겠는가! 사실이 이렇다면 하나님과의 영원한 관계를 위해 우리가 해야 할 일이 무엇이란 말인가? 그런 일이 있기라도 한건가?

이에 대한 주님의 대답은 단적으로 제시된다. 소자에게 다가가 돕는 것이 주님을 직접 도운 것이라는 말이다. 소자와의 관계가 주님과의 관계라는 것이다. 하나님과의 관계를 위해 제물을 가져온 사람에게 먼저 이웃에게 가서 화해하고 나서 제물을 바치라고도 하신다(마 7:22; 25:31). 인간과의 관계가 주님과의 관계의 전제라는 말씀이 아닌가! 주님은 하나님께 제물 바치기 위

---

24 이는 물론 헤셸 자신의 통찰과는 다른 것이다.

해 부모를 봉양하지 않는 자를 책망하기도 하신다. 배고픈 이웃을 그대로 둔 것이 (하나님에 대한) 죄요, 외로운 이웃을 외로운 채로 두는 것이 (하나님에 대한) 죄요, 우리어게 죄 지은 자를 용서하지 못하는 것이 죄가 되는 것이다.

주님께서는 "우리가 우리에게 죄 지은 자를 용서한 것 같이, 우리 죄를 용서"하시겠다고도 말씀하신다. 그리하여 주님께서는 구름 위로 승천하실 때 하늘만 바라보며 서있는 제자들에게 땅 위의 한 곳을 가리키시는 것이다. "갈릴리로 가라!" 하시며…. 요약하자면 하나님과의 관계를 맺는 목적은 당신의 형상을 따라 세상을 다시 창조하시려는 것이며, 그러한 목적을 위해 하나님과의 관계의 전제 조건은 이 땅에서 인간과의 관계를 회복하는 것이다.

주께서 당신과 관계 맺기 위한 전제라 하시며 우리에게 요구하시는 것이 땅 위의 이웃을 위한 우리의 행위라면 우리가 맺는 그 관계의 진실성이 관건이 될 수밖에 없다. 우리의 비진실성은 주님과의 관계를 가로막는 최대의 장애물일 수밖에 없다. 진심으로 '울고' 있느냐는 것이다. 어느 경우에든 우리의 이웃과의 '관계'는 겉 얼굴 따로 속 마음 따로 아닌가? 겉 행동 따로 속 실재 따로 아닌가? 그래서 스스로 늘 비진실성으로 인해 괴로워 하지는 않았는가? 우리의 참된 변화를 가로막는 우리 내부의 문제가 무엇인가? 이제부터 우리의 눈길을 우리의 내적 실재로 옮겨 보기로 하자. 이러한 일련의 질문은 우리의 관계 문제로 시선을 돌리게 한다. 이 문제를 제2부에서 다루어 보기로 하자.

제3장에 부치는 기도

쨍! 하는 소리라도 들릴 듯
얼어붙은 산정(山頂) 호수
호변에 둘러선 침엽수의 비경
그 속에 당신은 계시지 않았습니다.
맹렬히 타는 불길 속에도,
장엄히 부는 광풍 속에도
당신은 계시지 않았습니다.
숨 막히게 적확히 운행하는 우주의 법칙 속에도
당신은 계시지 않았습니다.
당신은 파토스이시기 때문입니다.
주께서 우시기 때문입니다.
당신의 형상따라 지어진
저도 울고 싶습니다.
당신 앞에서, 당신과 함께
당신은 나의 '데미안'이기 때문입니다.
"헛되고 헛됨"을 채우주실
"충만"이시기 때문입니다.

부록

하버마스의 '해방된 관계'?

앞에서 우리는 몇몇 학자들과 함께 인간의 실재가 '관계성'인 것과 그 형이상학적 근원이 무엇인지를 들여다보았다. 왜 관계인가, 그리고 그 근거가 무엇인가를 물어 온 것이다. 그러나 어떤 관계를 말하는 것인가? 더구나 이 '관계'가 구체적으로 사회에 나타날 때 그것은 어떠한 모습으로 나타나야 하는 것인가? 더욱이 이 관계가 제도화될 때 그것은 어떠한 모습이어야 하나님께서 의도하신 인간관계를 왜곡하지 않게 되며, 하나님의 형상을 지니고 태어난 인간을 억압하지 않는 것이 될까?

총부리 앞에서 지시에 따라야 하는 '관계'도 관계는 관계다. 사이비 교주와 신도의 '관계'도, 주인과 노예의 '관계'도, 독재자와 시민의 '관계'도, 그리고 허구한 날 '대화'는 하지만 늘 겉돌기만 하는 결혼생활 속 부부의 '관계'도 모두 관계는 관계다. 사회생활은 모두 어떤 카테고리에 들든 '관계'이기 때문이다. 사회적 관계는 결국 제도로 구체화되게 되어 있고, 무엇이든 일단 제도가 되면 그 제도엔 자체의 관성이 생기고 뒤따라 권력이 생겨난다. 그러나 그로 인해 관계의 본질이 왜곡될 때 제도는 필연적으로

부패하게 된다. 사람에게 유익을 주기로 되어 있던 당초의 목적을 놓치는 것이다. "영혼 없는 몸"이 되는 것이다.[1] 그리하여 제도는 일정한 기간마다 개혁하지 않으면 안 되는 운명을 지니게 된다. 주님께서 베드로의 믿음 위에 세우신 '교회'도 예외는 아니었다. 그래서 루터를 통한 '종교개혁'이 필요했던 것이었다. 이제부터 잠시 하버마스와 함께 우리의 관심을 잠시 '어떻게'(How) 관계를 만들어 갈 것인가의 문제에 돌려 보기로 하자.

하버마스는 근본적으로 포괄적인 사회과학 주제를 통해 인간의 해방을 논하는 학자다. 여기에서는 전술한 것처럼, 인간의 언어적 삶에 근거한 그의 '의사소통 이론'을 통하여 현대 사회의 관계적 병리에 대한 그의 분석을 들여다보기로 하자. 칼 마르크스의 학문적 전통을 따라 비판이론을 집대성한 위르겐 하버마스(Jürgen Habermas)는 자본가와 노동자의 관계를 넘어 현대의 기술 관료 사회(Technocratic society) 속의 인간관계 일반으로 지평을 확장한다. 앞서 소개한 미드의 이론에 크게 자극 받은 하버마스는 관계성 일반을 '의사소통적 합리성'(communicative rationality)이라는 관점에서 분절하고 있다.

그에 의하면 모든 인간관계는 언어를 통해 전개된다. 그러나 하버마스에게 있어 '말하는 존재로서의 인간'은 단지 '인간은 관계적 존재임'을 함의하는 데 그치지 않고, 이를 넘어 '합리성'에 근거한 자유의 관계라는 전제를 담고 있다. 그는 "우리가 내 뱉는 첫 마디 말 속에는 벌써 상대방이 합리적으로 대답해 줄 것에 대한 요구가 담겨 있다"(하버마스 1987)고 말한다. 소위 '언어적 전환'(linguistic turn)을 겪은 현대 철학의 눈으로 볼 때 언

1　막스 베버가 『청교도 윤리와 자본주의 정신』에서 한 말이다. 오늘날 자본주의는 초기 자본주의가 지니고 있던 청교도 정신을 상실한 채 이익 창출의 수단으로만 전락해 있다는 것이다, 수단이 목적이 되어버린 자본주의와 관료주의 사회에 이르는 과정을 그리며 한 말이다.

어는 이미 '이성'의 또 다른 이름일 뿐이기 때문이다. 인간의 언어에는 이미 '이성'이 내재되어 있다는 것이다.

하버마스는 현대 사회의 왜곡된 관계, 병리적 관계에 시선을 집중하며 그곳에서 착취와 지배와 이데올로기적 허위의 굴레를 본다. 그는 이러한 사회적 행태들을 자신의 의사소통 이론을 통해 분석, 진단, 처방한다. 하버마스는 우선 마르크스의 '감각적 인간 활동'(sensuous human activity)이라는 개념으로부터 '노작'(work)과 '상호 작용'(interaction)이라는 인간의 두 가지 근본적인 활동 형태를 도출해 내는 일부터 시작한다. 전자가 대(對)자연**관계** 활동이라면, 후자는 대(對)인간**관계** 활동이라 할 수 있다.

이하 양 영역의 특성이 무엇인지에 대한 하버마스의 분석을 잠깐 소개해야겠다. 지금부터 우리는 이 특성의 차이가 무엇인지를 눈여겨 봐야 한다. 왜냐하면 하버마스에 의하면, 현대 기계 문명 사회의 삶에서는 인간관계의 영역이 더자연관계의 논리로 대체되어 버렸기 때문이다. 무엇이 우리 삶 속의 관계를 지배하고 있는지 유의하여 살펴보자.

노작은 인간과 동물을 구별 짓는 소위 '도구제작인'(Homo Faber)으로서의 인간의 특징이기도 하다. 이에 비해 인간과 인간 간의 세계에서는 언어가 개입된다는 점이 다르다. 이 또한 인간만의 특징임은 물론이다. 대자연관계에서 도구는 외적 자연과 관계 맺는 과정에서 기술적 지식을 향상시키고 생산력을 발전시켜 감에 따라 자연을 더욱 효율적으로 이용하고 정복하게 한다. 반면에 대인간관계에서 언어는 인간의 '내적 자연'을 사회에 적응시키고, 인간 상호 간의 요구를 해석하고, 때로 서로의 행위를 허락하기도 하고 금지하기도 하는 규범 구조를 발전시켜 왔다.

대자연관계의 영역에서는 경험적 지식에 근거하는 기술적 규칙과, 물리적 사회적 사건에 대한 경험적 예측을 사용하는 목적 합리적 행위와 전략적 행위와 합리적 선택이 작용한다. 반면에 대인간관계에서는 두 사람 이상의 행동 주체 쌍방 간에 인지와 이해를 통한 행동 규정과 구속력을 지닌 합의적 규범(consensual norms)이 작용한다. 이 규범의 의미는 일상적 언어의 의사소통을 통해서 객관화되며, 그 타당성은 상호 간에 인지된 의무에 의해 확보된다. 대자연관계의 세계에서는 타당한 기술적 규칙이나 전략에 어긋나는 짓을 하면 무능력한 행동으로 찍혀 현실에서 퇴출되고 만다. 그러나 대인간관계의 세계에서는 합의적 규범을 어긴 행동은 인간관계 속에서 용인받지 못하게 되어 동일한 운명을 걷게 된다. 대자연관계에서 학습된 규칙은 우리에게 기술을 제공하나, 대인간관계에서 내면화된 규범은 우리에게 인성 구조를 가져다 준다.

다소 복잡하게 들렸을 이상의 이야기를 간략히 도식화하면 다음과 같은 모습이 된다

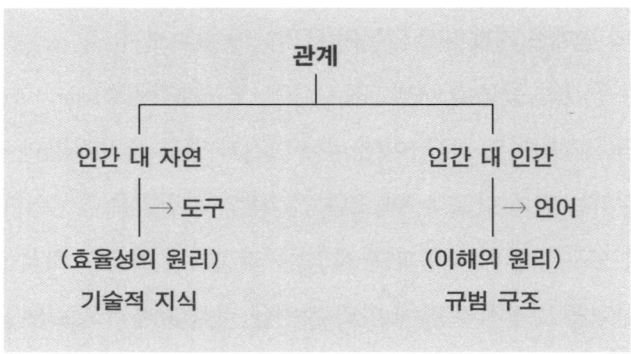

이제부터 우리의 주 관심 대상인 인간과 인간 사이에 발생하는 관계에만 집중해서 하버마스의 이야기를 발췌해 보기로 하자. 하버마스는 만일 인간 대 인간의 관계에서 행동을 규제하는 권력이 쓰여야 한다면, 그것은 의사소통적 사회 조직 내에서 철저히 '논제화된 담론'(thematized discourse)

을 통해 승복되지 않으면 안 된다고 주장한다. 이 과정을 통해서 도달한 합의적 규범에 바탕을 둔 힘의 행사만 허용되어야 한다는 것이다. 오직 그럴 때만 사회 제도와 인간관계는 합리적인 것이 되어 "합리적인 사회"를 이룬다는 것이다. 그럴 때에만 인간은 인간으로서 대접받는 삶을 살게 된다.

그러나 하버마스에 의하면 현대 기술 문명, 즉 테크놀로지 문명 사회가 도래하면서 우리의 인간관계와 사회관계는 우리가 의식하지 못하는 사이에 '기술관료 이데올로기'(Technocratic Ideology)라는 인류가 일찍이 경험한 바 없는 '비합리적' 권력에 의해 지배당하고 있다고 주장한다. 그 이후 현대 사회에서는 앞서 분석해 보인 노작의 논리만 작용하여 상기한 의사소통적 담론 과정이 설 자리를 잃고 말게 된 것이다. 이러한 현상은 필연적으로 자유의 억압을 초래하고 만다.

이와 같은 분석과 진단에 이어 하버마스가 내어놓는 처방은 의사소통적 합리성과 그 내재적 원리인 이해와 합의에 의한 인간관계의 제도화이며 이러한 주장의 근거는 인간의 언어에 있다. 언어에 내재된 합리성의 원리를 따라 현대의 왜곡된 병리적 삶을 치료해야 한다는 것이다.[2] 1965년 프랑크푸르트대학교에서 행한 하버마스의 강연 일부를 들어 보자.

> 자율성과 책임(Mündigkeit)에 대한 인간의 관심은 단순한 환상이 아니다.

---

2   인간은 발화 시에 불가피하게 자기의 발화 내용이 참(true)이라거나, 진실되다(truthful)거나, 올바르다(정당하다)거나 하는 타당성 주장(validity claim)을 하게 된다. 자기의 타당성 주장을 제기하고 상대방이 그 주장을 수용(인정)해 줄 것을 요청하는 것이다. 평상시의 의사소통에서는 소박한 근거 제시만으로 합리적 기초 위에 서 있는 것으로 간주된다. 그러나 이것은 일상적인 근거 제시에 의해 즉각적으로 받아들여지지 않는 비일상적인 경우에 직면하게 되면, 소위 '이론적 담론'(theoretical discourse)의 주제가 된다. 이제까지 당연한 것으로 여기던 모든 타당성 근거가 중지되고 이제부터는 모든 것이 명시적으로 논제화되는 현상학적 입장에 서게 된다. 성찰적인 '이론적 담론'의 차원으로 옮겨가게 되는 것이다.

왜냐하면 우리는 그것을 선천적으로 간파해서 알고 있기 때문이다. 인간을 자연과 구별하여 길러낸 것 중에 우리가 유일하게 그 속성을 알고 있는 것은 언어다. 이 언어의 구조를 통해서 우리는 자율과 책임성이라는 것을 가정할 수 있게 된다. 우리의 첫 문장은 억압받지 않은 보편적 합의를 지향하는 의도를 명백하게 표출하고 있다.

자율과 책임에 대한 인류의 보편적 관심을 바탕으로 합의를 이루어 가는 것이 합리성의 요체라는 것이다. 우리가 이상으로 삼는 전략적이지 않은 의사소통은 상호 이해를 목표로 삼고 있으며, 그러는 한, 그것은 또한 합의에 도달할 것을 목적으로 삼은 것이라고 주장하는 것이다. 하버마스에게 있어 이것은 인간이 의사소통하기 위해 내뱉는 첫마디 말 속에 담긴 대전제다. 요컨대 언어 속의 인간은 이미 자신의 발화가 말이 되고(즉, 문법적 명료성을 지니고), 자신이 말하는 명제의 내용이 참이고, 진실하며, 정당하다는 일련의 타당성 주장을 제기하고 있을 뿐만 아니라, 이를 상호 인정함으로써 형성되는 암묵적 합의(background consensus)를 지니고 있다. 그러나 이러한 암묵적 합의에 이의가 제기되는 상황이 발생할 경우 전술한 '논제화된 이론적 담론'의 차원으로 이행하게 되며 합의에 이를 때까지 논쟁을 계속 진행해 나가야 한다는 것이다.

하버마스가 이와 같이 담론적 의사소통 행위를 주장하는 근본 목적은 왜곡된 의사소통 형태인 전략적 행위로부터 사회를 해방시키고자 하는 데 있다. '힘'을 지향하는 전략적 행위 대신 상호 인정되는 타당성에 근거하여 '이해에 도달'하는 것을 목적으로 삼는 사회를 만들자는 것이다. 이해와 합의를 지향하는 의사소통 행위에 근거한 해방된 인간관계를 이상으로 그리고 있는 것이다.

여기에서 우리가 관심을 두어야 할 것은 상기한 '논제화된 담론'(thematized discourse) 과정이 무엇인가에 있지 않다. 왜냐하면 그 과정은 극히 이론적 차원의 담론이며, 이하에서 논하겠지만 우리의 의사소통적 실재에도 부합하지 않기 때문이다. 우리가 하버마스의 상기 논의에서 관심을 갖고자 하는 부분은 자유를 억압하는 현대 사회 병리의 근본 원인이 위에서 살펴봤던 것처럼 근본적으로 상이한 두 삶의 영역 간에 발생한 기이한 '범주오류'(category mistake) 때문이라는 점이다. 이는 근본적으로 효율성과 생산성을 성공의 근거로 삼는 노작의 논리가 '의사소통적 합리성'을 근거로 삼는 일상적 상호 작용의 영역 안으로 담을 넘어 침투해 들어 왔기 때문이라는 것이다. 생산성과 효율성의 논리가 후자의 인간관계 속에 판단 근거로 자리를 잡은 것이다.

이것이 현대 사회가 겪고 있는 심각한 시대적 부자유와 병리의 근원이라고 하버마스는 진단한다. 현대의 테크놀로지 사회에서 효율성을 최고의 원리로 하는 노작의 원리가 언어적 관계 영역을 대체해 버리는 과정에서, 이를 당연시하도록 우리를 세뇌시켜 온 현대적 이데올로기를 인지하라는 하버마스의 주장은 우리의 공감을 불러일으키기에 족하다.

우리가 타인을 만나고 있는 현실 세계에서 원하는 것은 자연에의 복종도 정복도 아니며, 타인에의 굴종도 지배도 아니고, 대등한 대화 상대로서의 상호관계일 것이다. 하버마스의 의사소통 이론은 분명히 이러한 이상적인 인간관계와 사회체계를 위한 이론적 기초를 제공하는 데 공헌하고 있다. 그리고 하버마스의 언어분석이 지적하는 대로, 인간에게는 지배와 복종이 아닌 자율과 책임을 지향하는, 전략적 영향력을 행사하는 상호관계가 아닌 이해를 위한 상호 주관성을 지향하는, 자의적으로 '선택'(결단)하는 사회체계가 아닌 의사소통을 통한 사회체계를 지향하는 선천적 관심이 있을 것이다. 이는 하버마스의 커다란 학문적 공적임에 틀림없다.

이제까지 우리는 하버마스와 함께 관계의 실재성과 형이상학적 근원을 넘어 관계의 합리성을 생각해 봤다. 왜 관계인가의 문제뿐만 아니라 제도적 차원에서 어떻게 관계를 운영해 나갈 것인가의 문제까지 생각해 본 것이다. 즉 'Why'뿐만 아니라 'How'의 문제도 생각한 것이다.

그럼에도 불구하고, 영적인 영역은 차치하더라도, 하버마스의 의사소통 이론에 의한 인간관계 회복 전략은, 학문적인 차원에서도 몇 가지 단서를 달지 않을 수 없는 문제점을 지니고 있다. 여기에 몇 가지 언급해 두는 것으로 만족하기로 하자.

첫째, 언어생활을 하고 있는 우리 인간은 실제로 하버마스가 말하는 '의사소통적 합리성'에 의해 결정을 내리며 살고 있는가? 다시 말하자면 '합리성' 또는 '이성'이 인간의 '말'의 실재인가 하는 것이다. 언어 속의 합리성은 단지 언어의 부분적 진리에 불과하지 않는가? 사실은 실제적 삶에서 우리는 많은 비이성적 요소들, 특히 감정의 개입 없이 아무런 결정도 내릴 수가 없다. 이는 파스칼(Pascal)이 지적한 것처럼 감정(심성)은 이성이 모르는 자신만의 이유를 가지고 있기 때문이다. 그것은 이성과 달리 개별적인 판단 능력까지 관장하고 있다. 그렇기 때문에 개별적인 감정이 작용하지 않은 채로는 어떤 결정도 불가능할 수 있다.

구체적으로 최근 두뇌 과학자들의 연구는 아무리 논리적으로 이해하고 이성적으로 알고 있는 사람이라 하더라도 두뇌의 감정 부위에 손상을 입을 경우 전혀 결정을 내리지 못하는 것을 확인하고 있다. 정상적인 사람조차 도파민의 양에 따라 전혀 다른 결론을 내리고는 이를 끝까지 합리화하고 있음을 확인할 수 있다.³ 자기가 선택한 정치 후보자라면 객관적으로 아무리 뒤쳐지는 토론을 하고 있어도 그저 그의 말만 옳고 '귀여워' 보일 뿐이다. 더구나 하버마스는 신앙적 행위나 선행과 같이 인간 사이에 말로 분절할 수 없는 요소, 때로는 사람들 앞에서 분절되면 위선이 되어 버리는 요소가 있음을 간과하고 있다.⁴

둘째, 관계의 위기에 봉착한 모든 관련 당사자들이 실제로(일반 소시민에서 어린이나 지적 장애를 앓고 있는 사람에 이르기까지) 하버마스가 평상적 대화에서 문제가 해결되지 않을 때 가야 할 해결의 최종 단계라고 소개하고 있는, '논제화된 담론'(thematized discourse)에 이르고 있는가? 평범한 언어생활 속의 우리는 모두 그렇게 자신의 입장을 논증할 만큼 능력을 발휘할 수 있는가? 그렇지 않은 것이 현실이라면 하버마스가 말하는 '진리'는 일반 대중에게는 처음부터 가용하지 않은 그림의 떡이 되고 마는 것이다.

셋째, 하버마스는 우리는 "말의 첫마디에 합의를 전제하고 있다"고 한다. 그러나 실생활의 상황에서 그것은 '희망 사항'일 뿐이지 않는가? 우리는 합의가 아니라 서로의 다름을 인정한 채 살 수밖에 없지 않는가? 인간은 반드시 합의되어 사는 것인가? 피차 느낌의 공유가 불가능한 채로 살아야 할 때가 얼마나 많은가? 오직 사안에 따라서만 합의 가능한 것 아닌가?

넷째, 파괴된 관계의 치유는 (환자와 의사로 만나는 경우를 포함해서) 그가 말하는 소위 '(교육적) 합의'에 의해서가 아니라, 먼저 대화의 한 측이 자신의

---

3 미국 PBS TV 방송, "On Brain," 2017. 8. 18. 물론 하버마스는 인간의 감정 영역이나, 예술 영역, 심지어 종교 영역조차 좋은 감정, 좋은 예술 작품, 성스러움을 가리는 준거로 합리성이 작용하고 있다고 주장한다. 그러나 이것은 모든 영역이 합리성을 근거로 하여 최종적인 합의에 이른다는 결론을 합리화하기 위한 견강부회로 들린다.

4 자선을 행하고 그것을 공적으로 입증하려 든다면 그 순간 그의 자선은 위선이 될 것이다. "오른손이 한 일을 왼손이 모르게 해야" 되는 것이다.

'관계 회로'의 회복을 수행함으로써 가능해지는 것 아닌가? 그리고 그것은 궁극적으로 우리와의 관계 회복을 위해 하나님께서 먼저 수행하신 용서의 희생을 기억함으로써 시작될 수 있는 것이 아닌가?

이렇게 동의하기 어려운 문제점을 지니고 있음에도 하버마스의 의사소통 이론은 인간의 본질을 규명하는 철학적 작업은 주관(subject)이 아니라 상호 주관적(intersubjective) 관계를 최종적인 근거로 삼아야 한다는 것과, 인간관계에서 의사소통적 상호 주관성을 역행할 때 정신 질환이나 사회적 이데올로기 증후군 같은 '체계적으로 왜곡된' 부자유가 발생한다는 것 등, 의미있는 분석을 펼쳐 보였다는 점에서 경청하지 않을 수 없게 된다. 그러나 무엇보다도 우리의 관심을 끄는 그의 주장은 앞에서 우리가 요약을 통해 언급된 바와 같이 자연 지배의 논리가 극에 달한 과학적 테크놀로지 속에서 전개되는 현대 사회의 삶은 효율성과 생산성의 논리에 의해 인간과 인간 간의 의사소통적 세계가 침탈당하고 있다는 점이다.

현대 사회는 효율성을 내세우는 전자의 논리가 인간과 인간 간의 상호 관계의 세계를 지배해 버린 지 오래다. 효율성의 논리를 따라 성능이 떨어지는 구 모델의 컴퓨터가 버려지듯, 사람이 사람을 버리고 부부가 서로를 버리고, 더 효율적으로 보이고 더 생산성이 높아 보이는 인사로 대체된다. 그리하여 한물간 물건이 버려져 쓰레기 더미가 높이 쌓여 갈수록 이혼율도 같이 높아 간다.

어디 그뿐인가? 앞에서 하버마스가 지적하는 병리 현상은 주님을 따라 인간 간의 사랑을 지고의 덕목으로 가르치고 전파하는 기독교 선교의 현장에서도 목도된다. 이 효율성 만능의 시대에 상기의 이데올로기가 어떻게 하나님과 우리의 관계 속으로 침투해 들어오고 있는지 보게 되는 것이다. 오스왈드 챔버스는 현대는 하나님을 위한 '사역'의 중요성을 강조하는 나머지 하나님과의 관계마저 그 속에 파묻혀 버리고 마는 상황을 개탄한다. 현대 영성의 대가였던 그는 이렇게 경고한다.

> "그러나 귀신들이 너희에게 항복하는 것으로 기뻐하지 말고, 너희 이름이 하늘에 기록된 것으로 기뻐하라"(눅 10:20)고 말씀하시는 예수께서는 성공적인 사역으로 기뻐하지 말고 당신이 주님과 바른 관계에 있는 것으로 기뻐하라고 말씀하십니다.…오늘날의 풍조는 사역을 강조하고 있습니다. 사람의 유용성을 그 사역의 기초를 삼는 자들을 경계하십시오. 당신이 사람을 유용성으로 평가한다면, 예수 그리스도는 이 세상에서 살았던 자 중 가장 크게 실패한 자일 것입니다. 성도를 인도하는 주체는 하나님이지 당신의 유용성이 아닙니다.…주님께서 사람의 삶 속에서 가장 귀히 여기시는 것은 그 사람이 하나님 아버지와 어떠한 관계를 갖는가 하는 것입니다 (챔버스 2014).

우리의 할 일은 오직 이 관계에 몰두하는 것이다. 그때 '사역'은 우리가 알지 못하는 사이에 그분께서 하시는 것이다!

제2부

너의 내적 실재를 인지하라

제4장 내 안의 비본질적인 것들

제5장 당연한 것들, 하나님의 다림줄로 대체하라!

부록 1: 과학과 하나님

부록 2: 눈의 세계관, 귀의 세계관

지금까지 제1부를 통해서 인간의 관계적 본성의 근거가 무엇인가에 대해서, 즉 인간관계성의 본질을 인지하는 것에 대해서 생각해 보았다. 왜 관계인가를 생각한 것이다. 그러나 그 관계가 어떤 모습으로 나타나야 하는 것인가에 대해서는 직접 논하지 않았다. 조금 전 하버마스를 통해서 그 관계가 사회 제도로 나타날 때 어떤 모습이어야 하며 그 당위적 근거가 무엇인가를 조금 살펴보았을 뿐이다. 불행하게도 관계라는 것은 하나님께서 예정하신 행복의 통로임과 동시에, 제도적 차원에서든 개인적 차원에서든 억압의 도구가 되기도 한다. 그래서 혹자는 "나는 자연인이다!"라고 선언하며 산속에 은거하게 되는 것이다.

　이제부터 제2부에서는 인간과 인간 사이에서 이루어지는 관계의 실재를 들여다보기로 하자. 우리가 앞에서 논했던 하나님과의 관계에 대한 통찰과 갈망이 하늘을 찌른다 해도 우리의 내면에 그 관계를 가로막는 장애가 쌓여 있다면, 모든 것이 허사가 되고 말 것이기 때문이다. 마치 마약에 취해 있는 정신과 의사처럼 말이다. 이 문제를 위해 먼저 하나님의 형상을 지닌 존재로서 누려야 할 자유와 행복과 위엄을 여지없이 짓밟는 틀로 전락해 버린 '관계'의 실상을 분석하기로 하자. 그 억압과 왜곡이 싹트는 못자리판으로 전락한 가정, 그 가정 안에서 '부자관계'를 가지고 이야기를 풀어 가기로 하자. 가정 속에서의 이러한 관계는 우리의 내면에 모종의 기질을 형성하게 되는 바, 이것이 하나님과의 진실된 관계를 가로막는 장애물로 작용하기도 한다. 이제 주님의 말씀을 좇아 변화하려는 길에서 우리의 발목을 잡는 우리 내면의 숨은 '진지'를 인지하고 색출해 내기로 하자. 인간에게 있어 관계는 필연이다. 그러나 그것을 의미 있게 하기 위한 필수는 진실성이다.

제 4 장

내 안의 비본질적인 것들

'왜 우리는 변화하지 않는가?'

본서의 서두에서 말한 바와 같이 이 질문이 본서를 추동하고 있는 주제다. 본서가 이 질문에 대한 답으로 설정하고 있는 것은 크게 세 가지이다.

첫째, 하나님의 존재를 인지하지 못하거나 그릇되게 개념화하고 있기 때문이다. 이제까지 제1부에서 이것을 다루었다.

둘째, 하나님과 관계 맺을 필요를 느끼지 못하게 하는 뭔가를 지니고 있기 때문이다.

셋째, 하나님과의 진실된 관계를 불가능하게 하는 왜곡된 자신의 내적 실재를 인지하지 못하기 때문이다.

이제부터 이 둘째와 셋째 문제를 하나씩 다루기로 하자.

1. 우리는 뭔가를 가지고 있다

주님의 보혈에 관한 복음을 받아들였으면서도 우리는 왜 이 모습일까? 우리의 삶은 왜 변화하지 않는 것일까? 갈릴리 해변에서 주님의 제일성은 "회개하라! 천국이 가까이 왔느니라"(마 4:17)였다. 이 말씀은 우리의 삶이 변하지 않으면 안 된다는 종말론적인 표현이었다. 그분께서 그 말씀을 설파하신 후 지상에는 그분에 관한 '복음'이 지속적으로 전파되어 왔고, 지역에 따라서는 기독교 교리를 국교로 선포하는 나라까지 생겼다. 그 결과, 그들의 삶의 현실은 무엇인가?

국민의 80% 이상이 '기독교도'인 나라 케냐는 에이즈, 부족 간 잔인한 살인, 부정부패로 몸살을 앓고 있는 것으로 알려져 있다. 그런가 하면 국민의 90% 이상이 '가톨릭교도'인 필리핀은 한 해에 3모작을 하는 천혜의 땅에 살면서도 피폐한 삶, 청부살인, 조직 범죄, 마약, 부정부패로 선뜻 여행에 나서기 어려운 곳으로 전락해 버렸다.

실은 그렇게까지 멀리 두리번거릴 필요도 없다. 국민의 27%가 기독교의 복음을 전해 듣고 '신도'가 된 나라, 이 나라 대한민국의 현실과 한국 기독교도의 삶에 대해 알고자 한다면 잠깐 신문을 펼치거나 TV를 켜는 것으로 족할 것이다. 한국에서 기독교도가 범죄와 연루된 사건을 접하는 것은 전혀 어렵지 않은 일이 되어 버렸다. 사회에 봉사하거나 사회를 변화시키기는커녕 사회 복지 시설이나 장애자 시설을 이용해 횡령, 착복하다가 덜미를 잡힌 악덕 사이비 목회자, 대형 교회 목회자의 비리, 일반 기독교 신자가 각종 부정부패 등에 연루된 사건을 뉴스거리로 다루는 것은 우리 사회에선 이미 진부한 이야기가 되어 버렸다. 그러나 본서의 관심이 그런 특정 사건에 연루된 '신자'에 있는 것은 아니다. 본서에서 언급하고 있는 기독교 신자는 이 사회의 소위 '믿는 사람' 일반을 두고 하는 말이다. 그럼에도 본서는 이러한 신자 일반이 살고 있는 우리 사회의 상황을 폭로하거나 분석하려는 것에 목적을 둔 것도 아니다. 더군다나 사회를 변화시키고 개혁하는 것이 본서의 근본 목적인 것도 아니다. 그것은 성경 속 예수님의 목적도 아니었다. 크리스천이 된다는 것은 예수를 통해 하나님 앞에 의로운 자로 **변화된 삶**을 사는 것을 의미한다. 그런데 어찌하여 '믿는' 우리의 삶이 상기한 것처럼, 변화된 삶이 되지 못하는 것일까?

신자를 자처하는 우리의 삶이 변화되지 않는 이유는 자신의 참담한 내적 실재를 기독교 교리에 대한 '믿음'과 구원받았다는 자기 위안으로 '회칠'하고 덮어 버렸기 때문이 아닐까? 그렇게 자신의 모습을 감추어 버리고는 정작 예수께서 가리키시는 자기 내면은 아예 바라보지 않는 까닭이 아닐까? 예수는 우리 위에 덧칠할 석회가 아니라 내 삶을 내면으로부터 변화시킬 '이스트'다. 받아 먹을 '살'이요, 받아 마실 '피'다. 그런데, 유산균을 머금은 요구르트는 다시 요구르트를 만들어 낸다. 예수의 피와 살을 먹은 자는 다시 작은 예수가 되어 땅 위의 사람들에게 다가가게 되어 있다. 이 땅에 하나님의 영이 부재한 채 사회적 병리와 함께 '기독교 문화'의 가면만 요란스러울 뿐인 것은 신자를 자처하는 우리가 자신의 내면을 정직하게 인지하는 첫 발을 내디딘 적이 없었기 때문은 아닐까? 도대체 '변화'란 무엇인가? 변화란 우선은 내적 상태 이동을 의미할 것이다. 상태 A에서 → 상태 B로의 상태 이동일 것이다. 변화가 일어나지 않는 첫째 내적 이유는 이러한 상태 이동에 대한 필요도 갈급함도 절박함도 느끼지 못하기 때문일 것이라는 이야기가 된다.

그러나 이러한 갈급함은 무엇보다 먼저 **자신의 본질과 자신의 내적 실재에 대한 인지가 없이는 불가능한 일이다.** 이것이 선행하지 않은 채로는 주께서 말씀하시는 '회개'는 현실적으로 불가능해 보인다. "번개처럼 회개의 영이 임했다" 할지라도 '회개'의 과정을 분석적으로 살펴보기로 한다면 그 찰나에 이미 자신의 현 상태에 대한 인지가 선행하여 작동된 것이라고 보아야 할 것이다. 그리하여 무엇보다 먼저 우리가 직시해야 할 우리의 문제는 우리가 자신의 내적 상태(A)를 인지하지 못하고 있다는 점이다! 변화가 일어날 개연성은 스스로 그 초기 상태(A)가 싫어서 진저리 치거나, 그 상태를 의식하면 창피해서 머리를 들고 다닐 수 없는 사람에게나 존재한다. 그러기 위해서는 먼저 자기의 상태를 깨닫는 과정이 선행되어야 하는 것이다.

나는 본서와 동일한 주제를 가지고 한 학기짜리 강좌를 몇 차례 진행한 바 있다. 이럴 때면 늘 강좌 요목에 기록하거나 강좌 시작에 앞서 언급해 두고 싶은 말이 있었다. 그것은 다음과 같은 것이었다.

> 강의를 시작하기 전에 유감스럽게도 이 강좌를 들을 수 없는 몇몇 부류의 사람에 대해 언급하지 않을 수 없음을 용서하시기 바란다. 우선 자기 내면의 실재를 보려고 하기보다 다른 사람을 가르치기에 바쁜 사람은 듣지 마시기를 권한다. 이 강의는 자신을 인지하자는 것에 목적을 두고 있기 때문이다. 그리하여 현재 사역 중이신 분들께서는 이 강의를 듣지 마시기 바란다. 이 강의를 통해 좋은 결과를 내기가 사실상 불가능하기 때문이다. 그러니 시간 낭비일 뿐이다.
>
> 그러나 목회를 꿈꾸며 신학교를 다니거나 졸업하신 분께서는 꼭 들으시기를 권한다. 더욱이 신학교를 중도에 박차고 나와 버리신 분이라면 반드시 들으시기를 강권한다. 첫 번째 인사들께서는 낫 들고 들판에 나갈 마

음만 분주하셔서 자신의 손바닥(의 상처)[1]을 볼 겨를이 없으실 것이기 때문이다. 그런고로 사역하시다가 좌절하여 잠시 쉬시는 분들은 예외가 될 것이다. 두 번째 경우는 목회 준비를 앞두고 비본질적인 것을 연마하는 데 전념하는 분들을 많이 보았기 때문이다. 세 번째 부류는 이안류에 휩쓸려 영영 진리의 땅으로 다시 돌아올 수 없는 먼 바다로 떠내려 가면서도 큰 소리치기 때문이다. 역사적으로 헤겔이나 하이데거 등이 그랬거니와 요즘에도 우리 주변에 그런 사람이 많다. 물론 이 중에는 세상의 학문가에서 기라성의 반열에 든 분도 많아서 나는 그들과의 말 싸움에서 이길 자신이 없기는 하다.

상기한 세 그룹에 대한 저의 인상을 절대적으로 일반화시킬 맘은 추호도 없다. 각 그룹마다 제가 진심으로 존경하는 예외적인 분들이 계신 것도 사실이기 때문이다. 상기한 특정 그룹의 사람들 외에 이 강의를 들어 봤자 시간 낭비만 할 법한 사람들이 있다. 실례를 무릅쓰고 예를 들자면, 자신에 대해 도시 창피한 게 없는 사람, 자신에 대해 '내가 어때서 그러냐?'라고 느끼는 사람, 지식 습득하는 것이 목적인 사람, 아는 게 힘이 아니라 아는 게 병인 사람, 그리고 마지막으로 12번째 이후로 이 강의에 수강신청하신 분(대단위 강의에서 다루어질 주제들이 아니기 때문이다) 등이다. 오늘 첫 강의에 오신 여러분 중에 혹 이런 분이 계시면 이 시간은 들으시되, 상기 항목과 관련하여 스스로 준비되실 때, 다음 기회에 강의실에서 다시 만나 뵐 수 있기를 바란다.

---

1   다음에 소개하는 영화 "플로렌스"를 참조하시기 바란다.

교만하기 짝이 없는 이런 불쾌한 말을 감히 입에 올려야 하는 이유는, 자기 안에 주님의 성품에 반하는 암덩이 같은 영혼의 '장애'를 지니고 있으면서도 이를 완강하게 부인하며 아예 보려고조차 하지 않는 한, 백약이 무효일 것이 분명하기 때문이다. 인간들 눈에도 그렇게 '똑떨어지게' 드러나 보이는 것을 말이다! 내가 한 이 말은 한국교회의 현실과도 관련되어 있다.

감히 이렇게 무례하기 짝이 없는 독설을 입에 올리는 보다 근본적인 이유를 포펫(Poffet) 목사님의 일갈로 대신하려 한다. 그분은 비싼 돈 들여 하와이 코나까지 찾아오는 수많은 기독교 신자를 향해, "우리가 좋은 설교나 강의를 못 들어서 우리 삶이 변하지 않고 사회와 가정이 이 모양인가?"라고 물으신다. 많은 사람이 코나의 열방대학(YWAM DTS)에 참여했다가, 외부 강사로 초청되어 오신 백발의 노 목사님에게 이 말을 들은 일을 가장 잊지 못할 근본적인 도전으로 기억한다.

저의 강좌 역시 몇 가지 지식이나 정보를 드리려는 데 목적을 둔 것이 아니다. 자신에게 정직하지 않은 영혼에게 주어지는 지식은 그것이 어떤 것이든, 삶에 스며들지 않은 채 거짓된 자아의 껍질만 더욱 두꺼워지게 할 뿐이다. 오히려 하나님과 자신 사이에 장벽만 더욱 높아지게 할 뿐이다. 그가 자족하는 사람이기 때문이든, 자신에 눈멀어 있어서 그렇든 자신의 현재 모습에 대하여 무지한 상태에 있다면 어떻게 변화가 가능하겠는가?

수강 인원을 12명 이하로 제한하는 이유 역시 앞서 말씀드린 본 강좌의 목적에 비추어 자명해진다. 수강 인원이 늘어나면 학생은 다중 속에 숨고, 강사는 쓸데없는 인기에 신경쓰게 마련이다. 강좌는 또 다시 삶에 아무런 변화를 견인한 것도 없이 각자의 기억 속에 잠시 머물다가 언젠가 허무하게 사라지고 말 것이다. 주님께서 12명으로 제한하여 시작하셨음에도 결국 11명만 남았던 것처럼, 이렇게 제한해도 이 강의 역시 여러 가지 사유로 끝까지 마치는 분은 채 몇 명 되지 못한 채 끝나고 말 것이다. 그런다 할지라도 변화의 결실을 기대하는 한, 앞으로의 강의도 이렇게 갈 수밖에 없지 않을까 생각한다. 제 강의에 관한 이야기가 좀 장황해지고 말았다.

요약하면 다음과 같다.

① 변화를 위한 첫 번째 계기는 자신의 내면적 실재가 무엇(What)인지를 아는 것(A)이라는 이야기를 하다가 이렇게 되었다. 무엇보다 먼저 이제까지 이 세상에 살아남기 위해 스스로 쌓아 온 거짓된 자아, 나를 휘둘러 온 내 안의 거짓 생각, 내 눈을 가려온 문화와 사회 체계에 의한 허위 의식, 나를 결박해 온 거짓 세계관, 그리고 나를 농락해 온 내 안의 강고한 사탄의 진지 등에 눈을 뜨고 이를 '인지'(Recognize)하는 것이 변화의 선결 조건이다. 어려서부터 기둥에 묶여 있어서, 줄이 썩은 줄도 모른 채 여전히 기둥을 맴돌고 있는 성장한 코끼리가 있다면 그가 자유롭기 위해 맨 먼저 해야 할 일이 무엇이겠는가?[2]

② 변화의 두 번째 계기는 어디로(Where) 갈 것인가의 문제(B)다. 어디로 가야 할지 모르거나, 가고 싶은 곳에 대한 '동경'(C. S. Lewis가 좋아하던 말 'Sehnsucht'다!)이 없는 사람은 동기가 부재하여 변화가 일어날 수 없을 것이다. 그러나 소망스러운 것은 비록 인간 종(人間種)이 '못할 짓

---

2 수강자를 대상으로 상기의 여러 항목을 열거할 때 이 모든 항목을 나의 내적 실재에 관련하여 되묻게 되는 것을 어찌할 수 없다. 그리고 모든 항목이 나를 괴롭게 하는 것도 사실이다. 그럼에도 이런 주제를 다룬 책이 한 권쯤 세상에 있어도 좋겠다는 생각이 드는 것 또한 어찌할 수 없다.

이 없는' 무서운 존재이고, 향방을 알 수 없는 자유 의지의 칼을 휘두르는 원죄의 자식이고, 태어나면서부터 악한 생각이 내재하는 '곤고한' 존재라 하더라도, 본질적으로 그것이 인간의 전부는 아니라는 점이다. 그것이 인간 군상의 모습 일반일지라도 그 속에 뿌리칠 수 없는 또 하나의 세미한 감각이 있기 때문이다. 자기 인격의 본향인 '하나님의 형상'을 향한 동경이 일생토록 어느 상황, 어느 때에도 꺼지지 않는 채 가물댄다. 현실의 목소리는 강하고 우리 안의 그분의 상(像)은 세미하다. 그러나 현실적으로 언제나 후자가 전자 속에 함몰되고 말지라도, 인간이 사는 한 결코 꺼져 버리지 않는 영원의 음성이다. 살면서 목도하는 바, 우리 영혼의 밭을 가득 덮는 잡초는 우리가 그 음성을 놓치기 때문일 뿐이다. 그리하여 우리의 변화의 최종적 목표는 이러한 음성을 따라, 하나님께서 우리를 창조하실 때 우리 하나하나에 대하여 품으셨던 고유한 이미지를 지향하여 그분과 고유한 관계를 회복하는 것이다. "그 누구도 너를 대신할 존재는 없다. 세상에 네가 없다면, 난 울고 말게다!" 하시며 짝사랑을 고백해 오셨을 그분과 관계를 맺는 것 말이다. 더욱이 그분께선 우리와 더불어 동역하길 원하기까지 하신다 하지 않았던가! 이것이 우리 삶의 궁극적 동기요 변화의 목적지다. 제1부에서 우리가 논해 온 것이 바로 이것이었다.

③ 변화의 세 번째 계기는 어떻게(How)의 문제다. 현재의 상태를 알고, 가야 할 목표를 안다 할지라도 가는 방법(그것이 개인의 심리학적 과정이든 인도하는 이의 교육적 전략이든)이 효율적이지 못하면 원하는 변화를 이루기가 불가능할 것이다. 나는 상기한 타코마교회 브렌트(Brennt) 목사의 『자유 교실』(*Freedom Class Manual*)을 들으며 자기 내면에 대한

'인지'와 후속하는 '대체' 과정이 얼마나 중요한지를 개인적으로 처절한 체험을 통해 깨달은 적이 있다. 이들은 본서를 이끄는 두 개념이기도 하다. 나는 제2부에서 이 체험을 소개하면서 이 변화의 첫 번째 계기 A에 대하여 이야기를 진행해 나가려 한다. 이제까지 우리들은 이미 변화의 계기 B를 먼저 역순으로 다루어 온 셈이다.

이제 우리는 왜 변화하지 않는 것일까에 대한 첫 번째 이유를 찾기 위해 먼저 예수님의 말씀에 귀 기울여 보아야 할 것이다. 예수께서는 우리 영혼이 하나님 나라를 소유하는 상태로 변화하기 위한 조건으로 '영혼의 가난'을 요구하고 계신다. 이 가난이 무엇인가? 왜 주님은 우리에게 영혼의 가난을 주문하시는가? 주님께서는 지금 우리의 영혼이 '부유한' 상태임을 지적하고 계심에 틀림없다. 주님의 이 말씀을 맨처음 문자로 기록한 것은 그리스어 '호 프토코스'(ὁ πτωχός)였다. 이 말은 '거지, 가난한 자'라는 뜻이다. 그런데 어떤 사람이 거지가 되는가? 거지가 되는 자는 거지로 나서기 전에, 먼저 자신의 생명을 스스로 부양해 갈 수 없음을 **깨달았음**에 틀림없다.

얼마 전 방송에서 알라스카에 정착했던 초기 한국 이민자의 간증을 들은 적이 있다. 단돈 천여 불을 쥐고 궁벽한 동토에 이민으로 발을 디뎠는데 도저히 일자리를 찾을 수 없었다고 한다. 가진 돈이 모두 바닥이 났는데도…! 그냥 빈방에서 아이들하고 며칠을 굶고 있던 어느 날 불현듯 이대로 가면 아이들과 함께 모두 굶어 죽고 말겠구나 하는 생각에 이르렀다고 한다. 자기가 아무것도 할 수 없는 존재임을 **깨달은** 것이다! 그제야 그녀는 며칠 굶은 아이를 둘러업고 사람들이 많이 오가는 곳에 나가서 손을 내밀며 소리치기 시작했다고 한다. 자신이 할 수 있는 영어는 "아이 앰 항그리!"(I am hungry!)가 전부였다고 했다. '거지'가 된 것이다! 우리 역시 자력으로 자신을 구원할 수 없다는 냉엄한 영적 실재를 철저히 인정할 수밖에 없을 때, 즉 자신이 아닌 다른 존재에 의존하지 않고는 영적으로 생명을 누릴 수 없는 존재라는 것을 처절히 깨달을 때 '거지'가 되는 것이다. 주님께서는 지금 우리에게 자신의 영을 하나님께로 인도할 아무런 능력이 없음을 깨달으라고 말씀하시는 것이다. 예수님께서는 우리에게 자신이 그 '거지'가 되어야 하나님 백성으로 변화될 수 있다고 가르치고 계시는 것이다.

이하에서 우리가 다룰 모든 과정은 하나님과 관련되어 있다. 나의 현재 상태를 보여 주실 분도, 인지와 회개와 대체의 과정을 이끄실 분도, 그리고 당신께서 태초에 설계하셨던 우리의 원래 모습을 보여 주시며 인도하실 분도 실은 하나님이시다! 모든 변화에는 외적 힘이 필요하다. 자연계에는 외적인 힘의 작용 없이 가만히 있는 존재에게 변화가 발생하는 법이 없다. 나는 우리 동네에서 감나무가 많이 서있는 뒷산에 오를 때마다 끔찍한 느낌을 받곤 한다. 한여름에는 얼핏 보면 모든 감나무가 아주 무성해 보인다. 그런데 그중에도 유난히 더욱 풍성해 보이는 나무가 있다. 그러나 가까이 가서 자세히 보면 그것들은 온통 칡넝쿨을 흠뻑 뒤집어 쓰고 있는 것들이다. 그 감나무는 햇볕이 차단된 채 그 해가 지나고 나면 모두 말라서 죽어 간다. 그럼에도 이 나무들은 안타깝게도 스스로 그 칡넝쿨을 툴툴 털어 버릴 줄을 모른다. 누군가가 걷어내 주어야한다. 인간도 마찬가지다.

수년 전 우연히 TV를 보다가 어떤 최면술사 앞에 불려 나와 무대 위에 선 사람들을 보았다. 그들은 모두 자원해서 나오긴 했겠지만 자신들이 최면술사의 지시대로 물을 마시고도 취하여 비틀거리거나, 뻣뻣한 나무토막처럼 굳어 버리거나, 갑자기 패션모델처럼 무대 위를 걷는 것을 어색해 하고 있었다. 처음에는 무대 위에 올라 온 십여 명 중에 한두 사람만 최면사의 명령에 따라 무대 위를 패션모델처럼 걸어 다녔다. 나머지는 끝내 포기하고 말았다. 그런데 그들 모두 무대 아래로 내려보낸 뒤, 최면사는 다시 동일한 음악을 틀면서 자신이 큐를 주면 조금 전에 올라왔던 사람 모두 다시 무대에 올라와 패션모델이 될 것이라 했다. 아닌게 아니라, 잠시 후 그가 신호를 보내자 정말 그들 모두 약속이라도 한 듯, 무대 위로 하나둘 올라오기 시작하더니 각양의 몸짓을 하며 무대 위를 이리저리 걷기 시작하는 것이 아닌가! 그러자 최면사가 사회자에게 그 사람 중 아무하고나 인터뷰를 해 보라고 권했다.

그때 인터뷰를 하던 사람 하나가 사회자에게 내뱉은 말을 나는 잊을 수가 없다. 아나운서를 향해 그가 퉁명스럽게 내뱉은 말은 "× 팔려요! 어서 저 음악이나 끄세요!"였다! 아니 자신의 말대로 '× 팔리면' 그만두면 되지 않는가? 그럼에도 실상은 그렇지 못한가 보다. 원치 않는 상황에서 자신을 '구원해' 내지 못하는 것이었다. 이것이 인간의 영적 실재이기도 하다. 누군가가 밖에서 음악을 꺼 줘야 한다. 누군가가 밖에서 칡넝쿨을 걷어내 줘야 한다. 그리고 누군가가 사랑과 능력으로 죄악에서 구출해 줘야 하는 것이다. 우리는 내면에 덧씌워진 온갖 올가미를 '인지'하고 이를 주님의 진리로 '대체'하려 해도 결국 밖에서 들어오는 주님의 손길 없이는 스스로 빠져나올 수 없다.

불행히도 인간에겐 자신을 구원할 자정 능력 같은 기능이 내장되어 있지 않다는 게 평생 이 문제에 매달려 인간을 연구한 사람들이 절망적으로 내린 결론이다. 도스토옙스키(Dostoevsky)가 그 전형적인 사례가 될 것이다. 일생 동안 "인간이 무엇인가"라는 주제에 매달려 쓴 그의 글에 서술된 대부분의 인생은 절망 자체였다. 이는 도스토옙스키를 비관론자로 읽어 내기에 충분할 정도다(셰스토프 1969). 그러나 그가 진실로 도달한 결론은 "인간의 본성은 하나님의 본성에 연관되어(correlative) 있어서, 하나님이 없다면 인간도 없다"(『까라마조프의 형제들』)는 것이었다. 신이 죽은 세상에 인간이 스스로 '인간 신'(man-god)을 자처하며 '신인'(神人, God-man)을 대체하겠다고 나서지만, 그 결과는 인간성의 파괴를 가져올 뿐이라는 것이다. 니체의 초인론을 예견이라도 한 듯한 말이다. 인간을 스스로 구원할 듯이 니체의 차라투스트라는 '초인(超人)의 힘'을 꺼내 들지만 그러나 실제로 인간에게 인간 자신을 구원할 그런 힘은 존재하지 않는다. 어둠 속의 몸부림일 뿐이다.

근본적인 이유는 인간이 무엇에든 일단 순복하면 그후에는 그것의 노예가 될 수밖에 없기 때문이다. "열쇠를 빼앗긴 차주"(車主)처럼 되기 때문이다. 그 순복의 대상이 인간 자신이든 사탄이든 특정 감정이든 이데올로기든 특정 선입견이나 편견이든 세계관이든 사정은 마찬가지다. 이후 그의 영혼 속엔 그것을 제거해 줄 어떤 것도 존재하지 않는다. 그리하여 에덴동산의 타락 이후, 인간이 내세우는 '지고한 덕'이란 것도 오히려 죄다. 하나님께 손을 내밀지 못하도록 저항하는 가장 치명적인 저항 세력이 될 뿐이다.[3] 끝까지 자신의 덕을 변론하고 싶어 하는 '초인'은 자신의 본질적 죄성을 보지 못한 자일 뿐이다. 그리하여 자신의 '지고한 덕'이 자신의 그 죄성을 해결해 주신 예수의 진리에 눈을 감게 한다. 어둠 속에서 성냥불도 켜지 못하게 하는 것이다.

그러나 하나님께서 제시하시는 해결책은 전혀 다른 방식으로 다가온다. 쪽으로 물들이든 떫은 감으로 물들이든 한번 물들인 천은 아무리 빨아

---

[3] "인간의 미덕이(야 말로) 하나님께 항복하기를 격렬히 거절하는 최후의 대항 세력인 것을 발견하게 됩니다.…인간에게는 자신의 덕에 대해 끝까지 변론하고 싶은 마음이 크기 때문입니다.…그래서 세상의 관점에서 볼 때 선하고 도덕적인 사람이 복음을 멸시할 때가 자주 있습니다"(챔버스 2014).

도 결코 그 물든 색이 지워지지 않는다. 그것을 지우는 방법은 밖에서 부어 넣는 표백제밖엔 없다. 우리의 '주홍빛같이' 물든 죄성도 그렇다. 십자가에서 흘리신 하나님의 피에 접촉하는 방법밖엔 '흰 눈같이' 되는 법은 없다. 그래서 "성령께서(는) 내 안의 잘못을 발견하시면 그것을 시정하라고 요구하시지 않고, (이는 어둠 속의 몸부림일 뿐임을 잘 알고 계시기 때문이리라) 하나님의 빛을 받아들이라고 요청하신다"(챔버스 2014). 역사적 인간 예수를 예로 들며 여전히 초인론을 옹호하려는가? 그러나 성경이 말하는 예수는 결코 "사람이 하나님이 되신 것이 아니며 하나님께서 성육신하신" 분임을 기억해야 한다(챔버스 2014). 도스토옙스키 식으로 표현하자면 '인간-신'(man-God)이 아니라 '신-인간'(God-man)인 것이다.

나는 어릴 때 또래 친구들처럼 프로레슬링 경기를 보느라 열광했다. 친구를 만나면 김일 선수 이야기로 열을 올리곤 했다. 그런데 어떤 때는 둘씩 조를 이루어 싸우는 '태그매치'(tag match) 방식으로 경기를 운영하기도 했다. 그럴 때면 죽도록 얻어맞고 있는 선수가 링 밖으로 나가려 해도 나갈 수 없는 상황을 보게 된다. 상대편 선수가 놔주지 않는 것이다. 그러나 규칙상 밖에 있는 자기편 선수와 교대하려면 그와의 '터치'가 있어야 하고, 손끝을 살짝 스치기만 해도 그와의 '터치'가 인정되어 상대 선수는 어쩔 도리 없이 그를 내보내 줘야 했다.

재미있는 것은 본인이 아무리 발버둥치며 밖으로 도망치려 해도, 심지어 밖에 있는 자기편 선수가 아무리 애타게 손을 뻗고 있어도 소용이 없다는 것이다. 그 참담한 상황에서 빠져나올 수 있는 오직 한 가지 길은 어떤 상태에서든 밖에서 자기를 향해 손을 펴고 있는 자기편 선수와 '터치'하는 것 뿐이다. 우리 영혼도 마찬가지다. 인도의 힌두교도처럼 아무리 자신의 처지에서 탈출하고자 애를 써도 되지 않는다. 아무리 주님께서 당신의 간절한 손길을 펼친 채 기다리고 계신다 해도 구원이 이루어지는 것은 아니었다. 오직 한 가지 길이 있을 뿐이었다. 두 손이 터치되는 길뿐이다.

심지어 인간 측의 어떤 노력이나 자질도 인간 자신을 구원할 수 없다는 이 명제는 "나는 믿음 때문에 구원받은 것이 아니다.…회개로 구원받은 것도 아니다"[4](챔버스 2014)라는 고백까지 함의해야 한다고 오스왈드 챔버스는 주장한다. 심지어 내 안의 순종이나 거룩함 때문도 아니라고 한다. 이들은 "하나님께서 그리스도 예수 안에서 이루신 일을 깨달은 징표"일 뿐이라는 것이다. 예수의 속죄 역사에 대한 이러한 깨달음조차 실은 성령의 빛이 내 맘속에 깨달음을 주실 때에만 가능해진다는 것이다.[5] 내가 나의 죄를 회개했기 때문에 의롭게 되고 하나님과의 관계 속으로 편입되는 것이 아니라, 예수 그리스도 안에서 이루어진 인간의 의식을 초월하는 하나님의 놀라운 은혜의 역사가 먼저 선결 조건이 되어 내 손을 마주 잡아 주심으로 이루어진 일이다. 사실이 이러함에도 우리는 내 안에 자신을 구원해 줄 뭔가가 있으리라는 공허한 신념을 지닌 채 살고 있지 않는가?

사실 과학의 시대를 사는 요즈음 날마다 살기 어렵다며 죽는 소리를 해도 우리는 실상은 부유해질 대로 부유해진 상태다. 우리는 젊을 때부터 더 많은 탤런트(talent)를 얻기 위해 전력투구한다. 젊은이는 저마다 온갖 탤런트를 개발하고 소위 '스펙'을 쌓기에 바쁘다. 다들 몇 가지 자격증쯤은 필수다. 자신을 위해 스스로 뭔가 해야 하기 때문이다. 이러한 생각은 영혼

---

4 이 말이 인간의 믿음의 중요성을 평가 절하하기 위함은 아닐 것이다. 하나님의 아들 예수의 속죄를 강조하기 위한 것일 뿐일 것이다. 이것이 우리의 구원을 위한 하나님 편의 조건이라면, 믿음은 인간 편의 조건이라 해야 할 것이다.
5 지금 하나님께서 인간에게 주신 자유의지를 무시하는 '예정론'을 주장하는 게 아니다. 무엇이 먼저냐를 말하는 것이다. 우리를 구원하시려는 하나님의 은혜가 선결 조건으로 존재하고 이에 인간이 응한 것일 뿐이다.

의 문제까지 이른다. 그리하여 사고의 저변에 자신을 스스로 구원할 수 있는 근본적인 능력이 인간 일반에 감추어져 있을 것이라는 확신이 도사리고 있는 것이다. 그것이 무엇일까? 인간이 하나님을 만나기 위해 하나님께 '손벌리며' 거지가 되는 것을 꺼리게 하는 이 영적 자존심의 근거는 무엇일까? 에브너가 조롱해 마지않던 철학자들은 그것을 '이성'이라고 믿어 왔다. 심지어 그것을 인간의 '본질'이라고 믿기도 한다.

그런데 다행스럽게도 그 이성이란 것이 무엇인가에 대해 '회의'를 품은 철학자도 있었다. 데이비드 흄이 그 한 예다. 그는 우리가 진리라고 생각하는 '자명한 사실'은 대부분 인과관계에 의존해 있으며 이들은 사실 모두 여러 차례의 경험에 근거해서 도출된 습관적 신념일 뿐이라고 일갈한다. 자명한 진리나 법칙이란 없다. 내가 살고 있는 대전의 동쪽, 식장산에서 떠서 서쪽 계룡산으로 지는 태양을 수천수만 년 지켜본 경험에 근거해서 "해는 동쪽에서 떠서 서쪽으로 진다"는 명제를 얻어 낸다고 치자.

그러나 이 명제는 이처럼 경험을 근거로 해서는 절대로 논리적 정당성을 확보할 수가 없다는 것이다. 왜냐하면 이제까지 수억 수만 년 태양이 그렇게 뜨고 졌더라도 내일부터는 정반대로 운행하지 말라는 법이 없기 때문이다. 이러한 회의론적 논리 앞에 '자연의 제일성'(齊一性) 따위는 궁색해지고 만다. 이처럼 세상엔 지각을 통한 대상의 경험이 있을 뿐이고 그 결과 얻어지는 감정이 있을 뿐이다. 이렇게 믿는 흄은 아예 "이성은 정념의 노예여야 한다"고 말해 버린다. 이성적 판단이란 것의 토대는 감정에 불과하기 때문이라는 것이다.[6]

---

6 그러나 불행히도 경험주의자 흄은 인간의 '이성'이란 것에 의문을 제기하는 것을 넘어, 하나님의 절대진리에 대해서도 회의론을 펼칠 것이다.

그럼에도 '털 없는 원숭이'들은 털 있는 원숭이들과 자신들이 근본적으로 다른 점은 역시 '이성'이라고 말한다. 그리하여 앞에서 말했던 것처럼, 동물과 달리 인간이 일생을 통해 개발하고 애쓰는 그 부분 역시 바로 이성 부분이다. 그것만이 모든 본능적 기능에서 뒤처진 인간이 자연계에서 살아남는 유일한 보증이 된다고 믿기 때문이다. 우리가 신체의 모든 부분을 가리고 살면서도 가리지 않고 자랑스럽게 내 보이며 다니는 신체 부위가 어디인가? 바로 얼굴과 손이 아니던가? 그렇다. 두뇌가 있는 머리와 그 두뇌의 지시를 날렵하고 정확하게 수행해 내는 우리의 손이다. (건물 안에서 벽에 붙은 버튼을 작은 손가락으로 누르면 "열려라 참깨!" 벽이 열리고, 기적처럼 벽 속에서 엘리베이터가 튀어나와 눈앞에 대령하고, 손바닥 안의 작은 물건에 손가락을 대면 공룡이 나와 이야기를 쏟아 낸다. 세 살배기 손자 녀석은 벌써 이 손가락의 위력을 알아차린 듯하다!)

그러나 동물학자의 눈에 인간은 여전히 동물군에 속하는 특이한 종일 뿐이어서 결국 동물계의 법칙에서 자유로울 수 없다고 믿는다. 그리하여 결국 인간 역시 동물계의 위계질서(hierarchy) 정상에서 머지않아 내려오게 될 것이라고 예견한다. 그런데 그 재앙의 단초가 아마도 그들이 자랑해 마지 않는 바로 그 이성의 성과물인 핵무기일 것이라고 우울한 전망을 내놓는다. 인간의 이성이 만들어 낸 과학과 테크놀로지의 발달에 의해 인류가 멸망할지도 모른다는 어두운 전망은 최첨단 IT 영역에 종사해 온 천재들의 입에서도 쏟아져 나온다. 빌 게이츠, 일론 머스크, 마윈 등은 하나같이 인류는 바로 이 IT 기술로 인해 해결난망한 불평등을 겪게 될지도 모른다고 경고한다. 로봇 청소기와 무인 배달 드론의 등장은 불을 보듯 뻔하게 인간의 실직을 부채질할 것이며, 킬러 로봇의 등장으로 인해 제3차 세계대전이 초래될지도 모른다.

창세기 바벨탑 사건에는 한 가지 흥미로운 대목이 소개된다.

> 자 우리가 내려가서 거기서 그들의 언어를 혼잡케 하여 그들로 서로 알아듣지 못하게 하자(창 11:7).

하나님께서는 왜 인간의 언어에 집착하시는 것일까? 하나님께 대항하여 그분 없이도 살 수 있겠다는 자만심을 상징하는 것이 인간의 이성이다. 그리고 그것은 인간의 언어와 무관하지 않다. 철학사에서 소위 '언어적 전환'(linguistic turn)이 이루어진 현대 철학에서는 요즈음 실증주의의 영향을 받아 인간의 언어를 떠나 따로 이성이란 것이 존재하는가를 심각하게 따져 묻고 있다. 더 이상 언어는 이성 전달 매체가 아니라 이성 자체라는 것이다. 언어 사유 과정을 거치지 않고 이성 작용이 불가능하다는 전제하에 하는 말이다. 나는 학생들과 함께 수업 시간에 "혹성탈출"(Escape from the Planet)이라는 영화를 여러 차례 본 적이 있다. 수천 년이 지난 후의 지구의 모습을 그린 것이다. 그 영화에는, 동물학자 데스몬드 모리스(Desmond Morris)의 예언을 입증하기라도 하듯, 생물계 피라밋의 정상 자리를 원숭이에게 물려주고 내려온 초라한 인간 군상의 모습이 등장한다. 영화에서 발견되는 한 가지 흥미로운 장면은 그 인간이 모두 언어를 상실한 채 원숭이의 포획을 피해 이리저리 도망 다니는 모습이었다. 도대체 인간이 무슨 짓을 했길래 이 지경에 이르게 된 것일까? 이에 대해 영화는 말이 없다.[7]

---

[7] 현대 철학의 한 흐름인 포스트모더니즘 시대의 인간은 '못할 짓이 없는 인간'으로 규정된다. 인간은 더 이상 '본능'(instinct)의 범주로 설명해 낼 수 없는 존재임이 드러났다. 본능적 행동에는 스스로 설정된 한계가 있다. 동물의 세계에서는 발정이 되더라도 수컷이 수컷에게 또는 암컷이 암컷을 상대로 성적 행위를 시도하지 않는다. 더구나 종이 다르고 과가 다른 동물의 암컷이나 수컷을 향해 성적 흥미를 느끼는 법이 없다. 그러나 인간에 대해 눈을 돌리면 이야기가

과학과 테크놀로지 문명의 끝에서 목도할 인간의 모습이 이러하다고 볼 때 창세기의 하나님께서 왜 인간의 언어를 치신 것인지를 조금은 이해할 수 있을 듯하다. '이성'으로 풍요롭기만 한 우리의 영혼 말이다. 이 풍요와 편리의 시대가 안겨 주는 '행복 의식'(happy consciousness)에 눈이 가려 자신의 영혼이 춥고 비참한 상태를 벗어나 평안의 언덕에 누워 있다고 착각하는 것은 아닐까? 그러나 하나님께서 이 시대의 우리를 보시며 더이상 '가르쳐도 소용없는 구제 불능의'(unteachable) 존재라며 낙망하고 계시지는 않을까?

 지금까지 여러 영역의 주장을 늘어놓은 것을 정리하며 끝내야 겠다. 예수께서 '영혼의 가난'을 말씀하실 때, 이 '가난'이라는 단어를 처음 기록한 것은 그리스어겠지만, 이 단어를 처음 우리에게 말씀하신 분은 예수님이시고 따라서 처음 발화된 언어는 아람어일 것이어서, 히브리어로 된 신약을 찾아 보았다. '영혼이 가난한 자는 복이 있다'(마 5:13)는 말을 예수님은 어떤 단어로 말씀하셨을까 궁금해서다. 후세 히브리인들이 희랍어 '프토코스'(πτωχός)를 뭐라고 번역했을지도 궁금해졌다. 성경을 기록한 유대인 사도들이 이 말을 그리스어가 아닌 자신들의 언어로 기록했다면 어떤 단어를 썼을지가 궁금해졌다. 그 말은 이러했다.

아슈레 아니예 하루아흐(אַשְׁרֵי עֲנִיֵּי הָרוּחַ).

달라지고 만다. 정말 못할 짓이 없는 기이한 '동물'인 것이다. 그래서 인간은 본능의 동물을 넘어 '충동'(impulse)의 동물이라 한다. 충동의 동물 인간에게는 상기한 모든 한계가 무용지물이 되고 만다. 호모도 수간도 문제될 게 없다. 공격 충동이 발동하면 항복하고 도망치는 적을 향해 원자폭탄 투하도 불사한다.

이때 '가난한'으로 번역된 형용사 '아니예'(עָנִי), 즉 '아니'(עָנִי)의 뜻은 그리스어 '프토코스'와 비슷하게 '가난한, 겸손한, 연약한'(poor, humble, meek)이었다. 그런데 이들에 반드시 첨가되는 또 하나의 뜻이 있었다. '공격받은'(afflicted)이었다. '고통 중에 처한 자' 또는 '악에 의해 억압받는 자'란 뜻이다. 주님께서 말씀하시는 '프토코스'는 그저 가난한 상태나 누군가 먹을 것을 주어야 하는 상태에 그치는 게 아니었다. 중과부적(衆寡不敵)의 적에 의해 압제당하는 고통에서 나를 해방시켜 줄 자를 학수고대하는 심령인 것이다. "이 압박받는 처절한 상황에서 날 구하소서!"라고 절규하는 영혼인 것이다. 이집트에서 노예살이 하던 이스라엘 민족이 먹을 것이 없어서 절규했던가? 사자에 목덜미를 물려 하릴없이 하늘만 쳐다보는 세렝게티의 새끼 누처럼, 악한 영의 올무에 걸려 백약이 무효인 영혼의 울부짖음인 것이다. "눈을 들어 하늘 보니 도움 어디서 오나?" 하며 절망의 상태에서 울부짖는 절규가 하나님 나라를 소유할 영혼의 조건이라는 말씀이었다. 단지 자신의 무능력뿐만 아니라 올무를 자각한 절박하고 처절함(desperation)이 없는 사람은 하나님 나라를 소유할 결정적인 조건을 결하고 있다는 말씀이 되는 것이다.

우리는 위가 텅비어 홀쭉하게 달라붙어 있음에도, 허기를 느끼는 신경이 고장나 전혀 배고픔을 느끼지 못한 채 '배불러 있는' 환자일 뿐 아니라 곧 죽을 자신을 전혀 감지하지 못한 채 무언가 헛것으로 배불러 있고 악에 사로잡힌 영적으로 고장난 영혼이 아닌가?

그러나 "우리의 영을 '배불러 있게' 하는 것이 바로 인간이 자신의 '고결한 덕'이라고 믿는 것이거나 자신의 본질이라고 믿는 '이성'이다."라고 말하고 우리의 변화라는 이 주제를 끝낼 일은 아닌 것 같다. 우리는 이제까지 이들에 집중하느라 실제의 삶에서 우리의 영을 지배하는 우리의 생각과 감정 같은 실제적 정신 기능(agents)에 대한 분석을 시작하지 않았다. "그것은 이성이다"라고 한 마디로 규정해서 결론 내려 버린 채 끝내면 우리의 영을 그릇되게 이끌어 온 삶의 모든 구체적인 정황이 제대로 드러나지도 못하고 그대로 파묻혀 버리고 말 것이다. 이는 하나님과 나 사이를 가로막는 내면의 실재를 보지 못한 채 덮어 버리는 일이 된다. 이제부터 우리의 변화를 가로막아 온 내면의 장벽을 하나씩 점검해 보는 일을 시작해 보자. 성경이 "성령의 전"인 '몸'을 잘 관리하라고 명할 때, 그 '몸'은 광의적으로 우리의 '삶'을 의미할 수도 있을 것이다. 우리의 삶을 잘 관리하기 위해서는 우리의 생각과 감정이 우리의 삶을 어떻게 그릇되게 지배하고 있는지를 관찰하지 않으면 안 된다. 이제부터 이 부분을 집중해서 분석하기로 하자. 우리의 생각과 감정은 하나님과 우리의 관계를 어떻게 가로막고 왜곡시키고 있는 것일까?

2. 생각(의식)은 비실재를 양산한다: 칼 레만, 줄리언 제인스

인간은 '미망'(迷妄)에 사로잡혀 있다는 말을 많이 듣는다. 어떤 미망을 지니고 있는지 스스로 돌아본 적이 있는가? 자신을 지배하고 있는 못난 논리와 그것을 추동해 온 욕망의 드라이브(drives)를 생각해 본 적이 있는가? 불행하게도 우리 인간은 외부로부터 특정한 '상처'를 입지 않아도 스스로 비실재를 제조-운용하는 기관을 가진 비운의 동물이다. 우리의 생각은 우리가 생각하고 있는 것처럼 믿을 만한 기관이 되지 못한다. 이제부터 생각이 수행하는 믿기지 않는 현상을 몇 가지 들여다 보기로 하자.

인간의 의식과 생각은 참으로 가공할 만한 위력을 지닌 인간의 역량이다. 인간의 생각은 인간을 만물의 영장(靈長), 그러니까 '영묘한 힘을 가진 만물의 우두머리'로 만들었다. 셰익스피어의 희극, 베토벤의 교향곡, 우주선, 우리 손안의 스마트 폰에 이르기까지, 인간을 여타의 생물과 구분 짓게 하고 인간을 인간 되게 하는 이 모든 것은 결정적으로 인간의 생각과 의식의 산물이다. 그러나 인간은 바로 이 생각을 소유하기 때문에 당장 닥치지도 않을 죽음을 미리 앞당겨 생각하며 불안해 하거나, 우울증에 빠지기도 하고, 우주가 폐쇄 체계인가 개방 체계인가를 따지며 평생을 방황하기도 한다. 무엇보다 인간의 생각은 왜곡된 실재를 만들어 내기도 한다.

생각이 사람 잡는다. 우리의 생각은 소위 '생각 중독증'으로 자신을 죽일 수 있다. 오랫동안 천천히 멍들이며 목을 조일 수도 있고, 때로는 신속하게 목을 부러뜨릴 듯 세게 조일 수도 있다. 폭풍우 속에서 생각이 해낼 수 있는 것은 텐트치고 숨는 것일 게다. 그러나 콘크리트 옹벽을 치고 들어 앉아 있다 한들 무슨 소용이 있을까? 제 안에 괴물을 만들어 내는 생각이 들어 앉아 있는 것을!

인간의 생각은 두 가지 차원에서 실재를 왜곡하는 듯하다. 그 하나는 구조적 측면에서 발생하며 다른 하나는 운용적 측면에서 발생한다. 전자가 인간의 생각(또는 의식)이 태생적으로 지닌 한계 때문에 발생한다면, 후자는 우리의 욕망 실현에 복무하라는 유혹에 직면할 때 생기는 성향이다. 이러한 문제를 보다 체계적으로 들여다보기 위해 이제부터 『내 마음의 벽』(*The Wall in my Heart*)의 브루스 톰슨(Bruce Thompson), 『임마누엘 일기』(*Joyful Journey: Listening to Immanuel*)의 짐 와일더(James Wilder), 『네 자신을 앞질러 가라』(*Outsmarting Yourself*)의 칼 레만(Karl Lehmann) 같은 전문가의 도움을 받아 보기로 하자. 이들의 도움을 받아 내 안에 난 '영혼의 상처'를 분석하고 제거해 가기로 하자. 먼저 생각의 구조적 병리에 관한 것부터 이야기를 시작하자. 우선 이러한 실재의 왜곡을 실행하는 우리 안의 기관에 대하여 잠시 객관적인 조명이 있어야 할 듯하다. 인간은 구조적으로 비실재를 제조할 수밖에 없는 불완전한 존재다. 이는 철학적 접근을 요하는 문제다.

인간의 생각은 실재를 왜곡해서 전달할 수밖에 없는 구조적 병리를 지니고 있다. 이는 인간을 미성숙으로 이끄는 메커니즘이기도 하다.『네 자신을 앞질러 가라』[8]를 쓴 칼 레만에 의하면 인간은 누구나 자신의 불합리한 믿음을 합리화해 주는 기능을 몇 가지 지니고 있다. 예를 들면 현재 상황에서 느끼는 분노, 스트레스, 불안의 진짜 원인은 실은 과거에 풀리지 않았던 외상(트라우마)이었음에도, 인간은 흔히 이를 지금 내 앞의 사람(문제) 탓이라고 믿는다. 인간의 생각은 이를 합리화하며 왜곡된 설명을 제공하는 특정한 기능을 가지고 있다.

칼 레만이 인용하고 있는 연구에 의하면 모든 인간은 경험에 의미를 부여하는 'VLE(Verbal Logical Explainer) 언술-논리적 설명 기능'이라는 것을 가지고 있는데 타로 이 기능이 이러한 불합리한 합리화 기능에 동원된다는 것이다. 이 합리화에 동원되는 또 한가지 기능은 '꾸며 대기'(Confabulation) 기능이다. 양뇌의 기능 간 연결에 문제를 가지고 있는 '코르사콥스 증후군'(korsakovs syndrome) 환자는 실재와 전혀 다른 것을 추측하여 꾸며 대는 설명을 해댄다. 예를 들면, 현대 의학적 기술을 적용하여, 좌뇌엔 닭다리 그림을 우뇌엔 눈보라 그림을 보여 준 후에, 조금 있다가 이번에는 닭의 그림을 보여 주며 이와 관련된 그림을 찾아 보라고 하면 오른손은 닭을 왼

---

[8] 칼 레만의 *Outsmarting Yourself*는 내가 우리말로 완역했으나 국내에서 출판하겠다고 나서는 출판사를 만나지 못하여 저자와 합의하에 칼 레만의 책과 사역을 소개하는 웹사이트(http://outsmartingyourself.org)에 이 한글 번역본을 탑재하기로 했다. 우리말을 아는 사람은 누구나 무료로 접근하여 이용할 수 있도록 한 것이다. 당시 한국어 번역본 제목은『이제라도 네 영혼의 속옷을 빨래하라』였다. 저자의 이름과 책의 원제목을 입력하면 무료로 사용할 수 있다.

손은 눈치우는 삽을 가리킨다.[9] 왜 닭을 보았는데 눈치우는 삽을 가리키느냐고 질문하면, 그는 "왜 그런지 모르겠다"고 '정직하게' 답하지 않는다. 그의 대답은 "닭이 있으면 닭장을 치울 삽이 필요한 것 아니냐"라며 그럴싸한 논리로 둘러대는 것이다.

문제는 그런 환자만 그러는 게 아니라는 점이다. 평범한 인간도 최면 상태에서 최면술사의 지시를 따라 방의 문을 열게 한 다음, 최면이 풀린 후 왜 문을 열었느냐고 물으면, "방이 답답해서 열었다"라고 둘러댄다. 칼 레만이 소개하는 실재를 왜곡하는 또 하나의 기능은 '중추 신경의 추정 기능(Extrapolation)'이다.

그는 중간에 끊긴 노래 테이프를 그 노래를 아는 집단과 모르는 집단에게 동시에 들려준 다음 반응을 물을 때, 전자는 "노래가 안 끊겼다"고 반응하는 반면, 후자는 "노래가 끊겼다"고 반응하는 현상을 소개한다. 전자에게서 노래가 끊겼다는 엄연한 사실을 왜곡하며 거짓 설명을 해 대는 '중추 신경의 추정 기능'을 확인할 수 있는 것이다. 그들은 그 거짓을 사실로 믿는다. 이렇게 그가 끊긴 구간을 들으며 추정 기능을 발휘할 때 그의 청각 피질은 왕성하게 활동하고 있는 것이 확인되는 데도 말이다.

레만에 의하면 인간은 과거의 상처를 현재 눈앞의 사람에게 덤터기 씌울 때에도 이러한 합리화 기능을 동원하고 있다. 칼 레만은 이를 엉뚱한 범인을 체포하고는 더 이상 진범을 추적하지 않는 경찰과 같다고 설명한다. 이런 것에 안주한 채 과거 트라우마의 원인을 더 이상 탐색하려 하지 않는다는 것이다.

---

9   정상적인 사람도 양뇌와 양손은 서로 엇갈려 작용한다. 좌뇌는 오른손을, 우뇌는 왼손을 지배한다.

인간이 그토록 긍지를 가지고 매달려 온 과학 활동을 주도하는 인간의 생각이란 것에도 역시 심각한 구조적 허점이 내재하고 있다. 과학을 믿는 만큼 생각의 기능 또한 무조건적으로 신뢰할 수 있다고 믿어야 하는 것인가? 예일대학교 심리학자 줄리언 제인스(Julian Jaynes)가 흥미로운 연구를 한 적이 있다. 물론 그의 책 『의식의 기원』(The Origin of Consciousness in the Break Down of Bicameral Mind)은 '의식'이라고 하는 인간의 특정 정신 기능을 다루고 있을 뿐, 생각 일반을 다룬 것도 본격적으로 영적 영역을 다룬 것도 아니다. 그럼에도 그의 연구는 과학의 한계, 특히 과학과 영과의 관계에 있어 과학의 한계에 대해 깊이 있는 통찰을 던져 주고 있다. 그가 말하는 '의식'에 대해 들어 보기로 하자.

제인스에 의하면 인간은 추상적 언어를 이해하기 위해 일단 마음 속에서 '볼' 수 있지 않으면 안 된다. 이때 마음의 '눈'으로 이들을 '본다'는 말은 일종의 은유인데, 보려면 어딘가에 갖다 '놓지' 않으면 안 된다. 그러려면 놓을 '공간'이 필요하게 된다. 제인스는 정신 속의 이 공간이 의식의 특징이자, 의식의 필수적인 기체(基體)라고 주장한다(제인스 2017). 의식은 이 환경에서 소위 '이야기를 엮어 낸다'(narratization). 이야기를 지어내는 의식의 기능은 마치 영화가 여러 토막의 정지된 장면을 연결하여 필름을 만들고 이를 이어 상영하면 스크린 속의 인물이 연속 동작을 하는 것으로 착각하게 하는 것과 같은 기능을 연출한다. 의식이 만들어 내는 모든 상(像)은 정지된 공간 속의 상임에도 움직이고 있는 듯이 말하고 움직이는 것이다. 마치 전지처럼 한 곳을 비치고 있는 동안은 다른 곳을 보지 못함에도 스스로 모든 곳을 보고 있으며 모든 곳을 밝은 곳으로 믿고 있는 것이다.

이처럼 의식은 실재를 왜곡한다. 머리 속에 '의식'의 작용을 위한 사적 '공간'이 생기면서 모든 것을 시각화하는 기능이 생기게 되고, 스스로 이야기를 엮어 내는 능력이 생기고, 그리하여 실재가 아닌 시각적-공간적 세계가 자리 잡게 된다. 제인스에 의하면 오늘날 우리가 신뢰하는 과학은 실재를 시각화하고 공간화하고 문자화하는 이 행위의 전형이다. 그리하여 이제 첨단 과학의 시대에 사는 우리는 목소리로 통화하는 것조차 꺼릴 정도까지 되었다. 문자로 보내라고 역정을 낸다. 끊임없이 흐르는 시간이라는 실재 속에서 그때그때 판단을 내려야 하는 현실에 봉착하기를 꺼리는 것이다. 시간이 삶의 실재임에도 불구하고 말이다.[10]

그럼에도 제인스는 이러한 의식을 통한 공간화, 문자화, 시각화는 인류의 운명으로 받아들여야 한다고 말하기를 잊지 않는다. 그럴지도 모른다. 이것이 인간의 '운명'일지도 모르기 때문이다. 그러나 도대체 우리는 어느 정도만큼 이 '운명적' 현실을 받아들여야 하는 것인가? 제인스의 주장을 그대로 받아들이기에는 한 가지 단서가 필요할 듯하다. 생각이 제공하는 것으로 실재 영역을 대체하게 만들어서는 안 된다는 단서이다. 생각이 표상하는 것 이상의 실재가 인간의 손때 묻지 않은 채로 엄존해 있을 뿐만 아니라 그 한계 안에서조차 생각이 제공하는 내용이 왜곡되기도 하기 때문이다. 과학이나 학문 일반이 그 탐구의 궁극적 목표로 삼고 있는 '실재'를 파악할 수 없다는 것은 본질적으로 생각(또는 의식)이 시간을 파악할 수 없고 그 실재를 왜곡하고 있다는 데서 연원한다. 이는 언어 분석학자 피터 윈치(Peter Winch)의 말대로 '실재'(實在)라는 용어 자체가 궁극적으로 하나님의 영역에 속하는 용어이기 때문이라면(원치 1958), 시간의 실재 역시 철학이 믿고 있듯이 영원의 반대 개념이 아니라, 헤셸의 말대로, '변장한 영

---

10 전술한 것처럼 이는 철학적 통찰을 요하는 문제다. 여기에서는 더 깊게 다루지 않겠다. 이 문제를 좀더 천착하기 원하는 독자께서는 나의 『형색과 소리』 중에 베르그송과 줄리언 제인스 비교 연구를 참조하시기 바란다.

원'이기 때문인지도 모른다.[11] 진실이 이러하다면, 현대 사회는 생각의 산물인 과학의 한계를 인정해야 한다. 이는 결코 시간과 영원으로 이어지는 실재의 세계를 생각의 총아 과학의 이야기로 축소 또는 환원(reduced)해 버릴 수 없음을 의미하기도 한다.

이제까지 우리는 생각 일반이 지닌 구조적 한계에 대해서 이야기했다. 그러니 어쩌란 것이냐? 이처럼 생각이 부정적인 한계를 지닌 기관이니 폐기라도 하자는 이야기냐? 무뇌인(無腦人)으로 살라는 것이냐? 하나님께서는 인간을 창조하실 때 이미 이에 대한 대안을 마련해 두신 바가 있다.

'생각'에 해당하는 히브리어 레브(לב)는 영을 의미하는 히브리어 루아흐(רוח)와 구분된다. 히브리어 레브는 '마음, 감정, 의지, 성격, 내부의 인간'(mind, emotion, will, personality, inner man)을 뜻하는 반면, 루아흐는 '영, 바람, 호흡'(spirit, wind, breath of mouth)을 의미한다. 이 언어적 현상이 지닌 함의가 예사롭지 않다. 양자는 상호 심대한 영향을 끼친다. 생각은 실질적으로 영의 세계에 결정적인 영향을 끼친다. 그러나 전자가 일방적으로 득세하여 후자의 영역을 점령해 버릴 때 문제가 발생한다. 인간의 생각과 마음의 상태는 영혼의 깊은 곳에 침투하여 인간의 영혼까지 파멸에 이르게 할 수 있다.[12]

---

[11] 이런 의미에서 내가 『형색과 소리』에서 '형색'과 '소리'로 각각 현대의 과학 문명과 종교적 영역을 지칭하고 있는 것은 옳은 통찰이었다. 보만(Thorleif Boman)이 『그리스적 사유와 히브리적 사유의 비교』(Das Hebräische Denken im Vergleich mit dem griechschen)에서 철학적 전통의 '형색'을 시각적 언어 문화로 그리고 종교적 전통의 '소리'를 청각적 언어 문화로 분절해 내고 있음 또한 이를 뒷받침한다 하겠다.

[12] 『두뇌 전사의 길』(The Brain Warrior's Way), 『당신의 뇌를 바꾸어 당신의 삶을 바꾸라』(Change Your Brain, Change Your Life)의 저자이기도 한 하버드대학교 의대 교수 대니얼 에이멘(Daniel G. Amen) 박사는 최근 미국 TV에 연속 출연하며 인기리에 강의를 진행하고 있다. 그는 우리가 우리의 몸과 생각을 잘못 관리하여 우리의 두뇌를 얼마나 치명적인 상태에 빠뜨리는지를 증언하고 있다. 그 중에서도 우리의 관심을 끄는 것은 인간의 생각이 미치는 파급효과에 관한 부분이다.

이와 같은 재앙은 생각이 영에서 오는 영향을 거부한 채 유아독존적인 자만에 빠질 때 발생한다. 나가서는 과학 만능 주의에 빠져 과학으로 영적 세계의 본질을 해명했다는 착각과 함께 양자 간의 범주 오류를 범하고 있기 때문이다.

요즈음 우리가 흔하게 듣고 있는 우울증이야말로 우리의 생각이 만들어 내는 치명적인 결과물 중 하나다. 이것은 마음의 구조적 문제로 설명되지 않는다. 에이멘(Amen) 박사에 의하면 우울증은 미국 인구 중 5천만 명의 삶을 파멸에 이르게 하고 있다. 인간의 생각으로 시작되는 이 질환은 이혼, 실직, 비만, 치매에 연루되어 여성의 경우 알츠하이머에 걸릴 위험성을 두 배로 높이고 있을 뿐만 아니라 결국 자살에 이르게까지 한다. 이는 결코 건전한 영적 상태가 아님에 틀림없다. 아래의 사진은 정상인의 두뇌와 우울증 환자의 두뇌를 비교한 것이다. 충격적인 두 사진을 비교해 보시라.

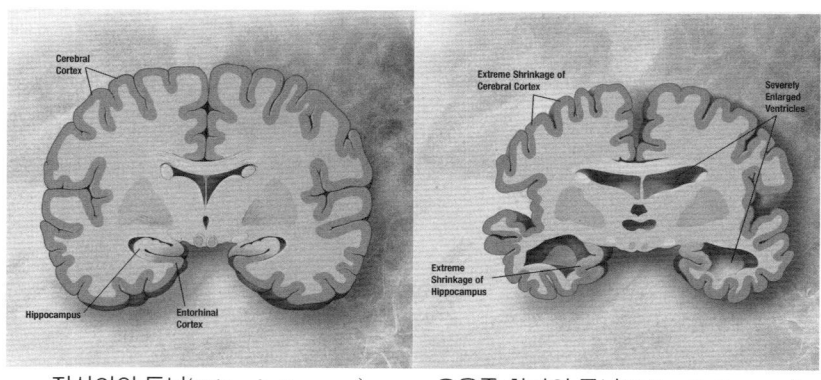

정상인의 두뇌(Wikimedia Commons)　　우울증 환자의 두뇌(Wikimedia Commons)

니콜라이 교수 역시 『루이스 vs 프로이트』(*The Question of God*)를 통해 어떻게 우울증이 인간의 영혼을 파괴하는지를 극명하게 대비시켜 보여 준다. 양자의 비교 분석에 대한 상론은 본서 제5장 끝에 수록된 "눈의 세계관 귀의 세계관"으로 미뤄 두기로 하자.

 이것은 앞에서 말한 실재를 왜곡하는 생각의 또 하나의 제약, 즉 운용적 한계가 만드는 현상들의 한 예이다. 이제 그 한계와 병리를 하나하나 들여다 보기로 하자.

3. 내 안의 비본질적인 것들: 창피한 것/음치/인지부조화

 충남 예산군 대술면 산기슭에는 '지우(志友)국제학교'라는 조그마한 대안학교가 있다. 이 학교 학생들은 걸핏하면 서로 "그건 창피한 거야!"라고 한단다. 그들은 대학에 가는 것을 '창피한 것'이라고 한다. 좀 더 정확하게 말하자면 대학에 가려는 솔직한 현실적 목적에 대하여 부끄럽게 생각한다는 것이다. (대학에 갈 바에는 누구나 소위 '일류 대학'에 가려 할 터이고) 그렇게 '좋은' 대학에 가는 이유는 그래야 이후의 삶이 편해지고, 사람들 앞에서 조금이라도 거들먹거릴 수 있고, 좋은 직장에 갈 수 있다. 멋진 아내나 남편도 얻어 좋은 집에 살 수 있고, 그래야 자식도 '좋은' 대학에 보낼 수 있는 것이 아니겠는가. 이러한 목적의 사슬에 매여 목숨 걸고 사는 삶이 '창피하다'는 것이리라. 철학을 공부했다는 나보다 더 큰 안목으로 삶을 더 깊이 꿰뚫어 보고 있는 듯하다.

 이 학생들이 창피하게 생각하는 것은 여기에서 그치지 않는다. 다른 학교 학생들과 학교 대항 배구 시합을 하는 날, 자기네 배구 코트 안에 떨어진 볼을 놓고 상대편 실점이라고 호루라기 부는 심판을 정정해 주다가 형편없이 '깨지고도' 그냥 헤헤거리며 웃기만 하는 애들. 상대편 학생들이 자신들을 바보 취급하며 쳐다보는 데도 마냥 좋아하기만 하는 학생들! 이들이 창피하다고 하는 것의 리스트를 듣다 보면 어느새 나 자신이 창피해지기 시작한다. 이 아이들의 이야기를 들으며 우리는 왜 '창피'를 느끼는가? 우리는 어떤 경우 내심 창피해하는가?

우리는 때로 '나'가 아닌 모습을 연출하는 자신이 창피했을 것이다. 자신의 내적 실재에 부합하지 않게 부풀려 보이려고 행동을 하는 자신을 보았기 때문일 것이다. 또는 지우학교 학생들이 그랬던 것처럼, 삶의 '비본질적인 것'에 매여 행동하고 있거나 그렇게 평생을 살아왔다고 느꼈기 때문일 것이다. 또는 어느 날 불현듯 자신의 행동이나 삶에 실체적인 것은 전무하고 겉모양새만 있을 뿐임을 보았던 때문일까? 그럼에도 이렇게라도 창피한 짓을 하고 있는 자신을 인지하는 것은 어리석음을 벗어나는 첫 걸음임에 틀림없다. 구원을 향한 첫 걸음임에 틀림없다.

글을 쓰다 보니 70평생 살면서 어느새 몸에 배어 버린 '창피한 짓들'로 '배불러' 있는 내가 보인다. 나는 진지하게 콘트라베이스 줄을 긋고 서 있는 카카오톡 메신저 속의 내 모습을 보며 창피를 느낀다. 나 자신이 글자판 위에 타자하는 것을 위시해서 손가락으로 재빨리 해 대는 일에는 유난히 머리가 안 돌아가는 위인인 것을 누구보다 잘 알기 때문이다. 나는 아무리 멋있어 보이더라도 더 이상 콘트라베이스를 들고 사람들 앞에 서지 않기로 했음에도 내면을 향한 부끄러움은 완전히 가시지 않는다. 하나님께서 아나니아와 삽비라를 벌하신 것은 그들이 판 재산의 남은 절반을 자신이 갖고 있는 것 자체 때문이 아니라, 전부를 바친척 하는 그들의 거룩의 가식 때문은 아니었을까?

우리가 창피를 느껴야 할 항목 중에 어떤 것은 때로 우리의 의식의 눈길을 피해 부지중에 내면으로 굳어져 버린 것이 있다. 그렇게 스스로 죄책감을 사면 처리해 버린 것들이 있다. 그래서 쉽사리 창피조차 느끼지 못하는 항목일 수 있다. 이런 경우 문제의 해결은 우리의 의지나 용기뿐만 아니라 동시에 하나님의 도우심이 필요할 듯하다. 주님의 도우심을 빌며, 우리의 삶을 둘러싼 어둠같은, 우리 영혼의 눈을 가리고 우리를 부자유하게 해 온 우리의 내적 실재를 하나씩 짚어 보기로 하자. 우리의 내면에는 변화를 가로막고 진정한 '나'의 실현을 가로막아 온 강고한 장벽이 엄존한다.

그러나 불행하게도 이들은 우리 눈에 쉽게 띄질 않는다. 아니 정직하게 말하면, 우리는 의식적으로나 무의식적으로 이것들을 보고 싶지 않은 것인지도 모른다. 어쩌면 그것은 이제까지 사람들과 부딪치며 힘든 세상을 살아오는 과정에서 나를 살아남도록 지탱해 준 유일한 무기였는지도 모르기 때문이다. 나의 자랑이요 나의 자산이요 내 자신이었는지도 모른다. 그리하여 우리에게는 그것을 직시할 용기나 정직성조차 없다. 그것을 정직하게 직시하는 순간 삶이 무너지고 더 이상 삶을 지탱할 힘도 삶의 목적도 없어지는 것처럼 느껴지기 때문이다. 그렇기 때문에 누군가가 그것을 지적해 주기라도 하면 그는 그 즉시 영원한 적이 되고 만다. 독자들께서는 실제로 친구 사이에서 유사한 경험을 한 적이 있을 것이다.

그런데 우리에게는 이 창피한 것보다 더 심각하게 우리를 비진리로 이끄는 함정이 있다. 우리가 인지해야 할 대상은 상기한 내 안의 '창피'만은 아니다. 창피한 짓은 본질에 대하여 양심에 호소하면 어느 정도는 자신이 창피한 짓을 하고 있는지 인지할 수 있다. 우리는 누구나 무엇이 본질인지 실체인지 정확히 정의할 수는 없을지라도 어느 정도는 어렴풋하게라도 이들의 부재시 생기는 불안감과 실존의 공허감을 감지한 채 살아가고 있기 때문이다. 그러나 자신에 대해 착각하는 '영혼의 음치'나 '영혼의 색맹'의 경우, 본질이나 양심에 호소한다고 해서 쉽게 자신의 문제를 인지하게 되지 않는다. 훨씬 힘든 상태에 빠져 있기 때문이다.

영화 하나로 그 이야기를 시작해 보자.

영화는 "플로렌스"(Florence)다. 스티븐 프리어스 감독, 메릴스트립과 휴 그랜트 주연의 이 영화는 실제했던 한 인물의 삶을 모델로 한 것이라서 더욱 우리 주제에 실감을 더한다. 음악에 대해 관심이 깊은 유복한 상속녀 플로렌스는 다른 사람의 음악에 대하여 신랄한 평론을 쓰기도 하면서 정작 자신의 음악 기량에 대해서는 눈멀어 있다. 자신이 아주 훌륭한 소프라노 성악가라는 착각에 빠져 산다. 그녀를 사랑하며 이해심도 많은 남편 베이필드 플로렌스는 그녀의 착각을 알면서도 이것을 지적해 주거나 공개적으로 폭로할 경우 그녀가 받을 것으로 예상되는 엄청난 충격이 겁나서 엄두를 내지 못한다. 그는 또 심각한 신체적 질병을 앓고 있는 아내의 행복을 위해 아내가 자신의 음반을 내고 개인 레슨을 받도록 돕기까지 한다.

남편과 반주자 맥문, 개인 레슨 교수까지 모두 만류하지만 자기의 음악 기량에 자신감 넘쳐 있던 플로렌스는 어느 날 갑자기 참전 용사들에게 용기를 주겠다며 카네기 홀에서 독주회를 열겠다고 선언해 버린다. 남편은 공연 전담 매니저가 되어 군인 1,000명을 청중으로 초대하고 신문 기자들을 매수하여 신문에 혹평이 실리지 못하도록 만반의 준비를 한다. 이러한 남편의 호소에 설득된 주변 사람들의 침묵과 거짓 칭찬과 격려에 완전히 눈이 가려진 플로렌스 여사는 드디어 무대에 서고 만다. 늘 정직한 평가에 대해 봉쇄된 삶을 살아온 아내가 자신의 음악에 대한 정직한 평가에 직면할 때 느낄 죽음 같은 충격과 절망을 누구보다 잘 아는 남편은 공연 다음 날 그녀의 노래에 대한 혹평이 실린 신문을 모두 수거하기 위해 주변 가판대를 찾아다니기까지 한다.

그러나 이상한 낌새를 느낀 플로렌스는 직접 신문을 찾아 거리로 나선다. 그리고 신문 가판대 주변의 쓰레기 통에 버려진 신문 하나를 발견한다. 자신의 공연에 대한 혹평이 실린! 한 번도 자신의 진면목을 정직하게 대면해 본 적 없이 철저히 착각하며 일생을 살아온 그녀! 그녀는 충격에 쓰러지고 그 충격으로 결국 숨을 거두고 만다. "다들 내가 노래를 잘 못한다고 말할 수는 있어도, 내가 노래를 안 했다고는 말하지는 못할 거야"라는 논점을 일탈한 자기 위안의 변을 중얼거리며….

이제 나는 독자들에게 자기 안의 '플로렌스'를 찾는 고통스러운 숙제를 드린다. 우리는 왜 이 고통스러운 작업에 뛰어들어야 하는가? 이것이 우리의 본질적인 모습이 아니기 때문이다. '나'의 왜곡된 모습이기 때문이다. 이들은 정직한 영으로 나목(裸木)이 되어 하나님 앞에 서면 결코 허용될 수 없는, 자신의 모습이 아닌 부풀려진 것이기 때문이다. 이런 태도가 습성으로 자리잡은 영혼은 하나님과의 관계 역시 왜곡되어 있을 가능성이 크다.

어떤 점에서 우리는 모두 영적 음치 또는 영적 색맹일지도 모른다. 태어날 때부터 신체적으로 색맹인 사람의 경우, 그는 자신에게 색깔을 분별하는 기능에 문제가 있는 것을 알지 못한 채 붉은색을 초록색이라고 우겨 댈 수 있다. 교통 신호를 어기고 지나갈 수 있다. 그에게 우선적으로 필요한 것이 무엇인가? 당연히 자신이 색맹인 것을 알아차리는 '인지' 작업이다. "아하, 내가 색을 잘못 보는구나"라고 알아차린 뒤 그 사실을 '(입으로) 시인'하며 인정하는 것이다. 그래야 이제까지 자신이 객관적인 실재를 무시하고 자신의 지각만을 맹신한 채, 붉은색을 초록색이라고 우겨댄 것을 '회개'하는 일이 가능해진다. (자신이 붉은색을 초록색으로 잘못 보는 것을 회개하는 것이 아니다. 그렇게 된 것은 하나님 소관이다. 마치 내가 인간 일반의 원죄적 유전에 대해 회개할 책임이 있는 것이 아닌 것처럼 말이다. 그것은 하나님께서 예수님을 통해 이미 해결해 주신 일이다. 이를 믿는 것으로 우리의 할 일을 다한다.)

그런고로 인지는 회개의 선행 조건이 된다. 색맹인이 마지막으로 해야 할 필수적인 일은 이제까지 자신이 특정 색채에 대해 주장해 온 자신의 색 분별력을 포기하고 제3의 객관적인 색채 인식 능력을 가진 사람의 분별로 '대체'하는 것이다. 이것이 바로 순종하는 일이다.[13] 이것이 플로렌스 여사에게 필요한 것이었다.

이 주제를 마치기 전에 실재의 왜곡에 관한 본 주제와 관련하여 우리의 삶 속에서 좀더 보편적으로 확인할 수 있는 하나의 예를 들어 보기로 하자. 우리는 인간의 생각이 제조해 내는 불합리를 일상적인 실제의 삶 속에서 흔하게 만나 볼 수 있다. 레온 페스팅거(Leon Festinger)가 말하는 소위 '인지부조화'(認知不調和)의 현상에서 그것을 확인할 수 있다(페스팅거 1957).[14] 그에 의하면 인간은 자신의 신념과 실제 간에 불일치(inconsistency) 또는 부조화(dissonance)가 발생할 때 이를 피하기 위해 그 상황을 피하려는 경향을 보인다. 조화를 이루기 위해 노력하기보다 부조화를 피하려는 행동을 한다는 것이다. 이것은 행복을 추구하기보다 불행을 피하기 위해 노력하는 것처럼, 일견 문제될 게 없어 보이기도 한다.

그러나 문제점은 불일치나 부조화가 일어날 경우, 불일치의 증거를 부인해 버리는 쪽을 택한다는 데 있다. 포도를 따먹을 수 없는 상황에 처한 노루가 그 포도를 '신 포도'라고 믿어 버리는 식이다. 이단들이 자신이 예언한 바와 달리 휴거가 불발하면 이를 인정하고 자신의 믿음 체계를 고치지 않고 자신들이 잘못 계산했다거나 자신의 믿음이 약해서 그렇다고 생

---

13 이 경우 나의 색채 감각은 '나의 다림줄'을 의미하며 제3의 객관적 척도는 '하나님의 다림줄'에 해당할 것이다. 이 부분에 대한 실제적이고 구체적인 논의는 브렌트 목사의 '다림줄' 이야기로 미루어 두자.
14 이 이론의 '인지'는 본서에서 논하고 있는 '인지'(recognition)와 동일하게 번역되고 있고 어원도 같지만 인식작용 일반을 의미하는 광의적 용어다.

각해 버리는 것이다. 자기가 한번 좋게 본 사람이면 그 사람의 잘못된 행동을 보여 주는 객관적인 증거가 나와도 "그건 음모다. 조작이다" 하며 현실을 왜곡해서라도 자기가 원하는 쪽으로 믿어 버리는 것이다. (사리를 따지는) 머리도 (옳고 그름을 느끼는) 양심도 던져 버린 인간인 양, 그저 "~가 좋다"든가 "~가 싫다"는 단세포적 감정만을 따라 믿어버리는 것이다.

인간의 이런 '인지부조화'적 심리는 그대로 두면 진리와 동떨어진 편견과 고집을 형성하는 주범이 된다. 자기 믿음에 반하는 증거가 아무리 쏟아져 나와도 자기 믿음을 고치기보다 오히려 그 증거를 부인해 버리는 지경에 이른다. 이런 점에서 일상적으로 만나는 우리 인간 일반은 합리적 존재가 아니다. 합리화의 천재인 것이다! 페스팅거는 "인간은 자기 위선을 정당화하기 위해 놀라운 정신적 활동을 하는" 경향성을 가진 동물이라는 슬픈 사실을 실토한다. 결국엔 '진리'가 아닌 '이데올로기'에 갇혀 배배 꼬여 있는 협량한 자신의 인성을 보지 못하는 것이다. 김대중이 노벨평화상 타면 정치인인 김영삼이, 한강이 문학상 타면 작가 김규리가 스웨덴 한림원을 매도한다.

상기한 케이스들에 공통된 점은 자신의 객관적 실재를 왜곡하고 있다는 점이다. 사실도 본질도 아닌 허세에 목매고 살거나, 자신의 실제 모습이 아닌 것을 자신의 모습으로 착각하거나, 문제의 원인이 자신임에도 외부에게 책임을 물으며 덤터기 씌우거나, 눈앞에 드러난 실제를 부인하며 합리화하거나 이들 모두에는 객관적 사실을 왜곡하는 논리가 작용하고 있는 것이다.[15]

---

[15] 신앙 생활하는 중에 예수에 대한 신앙을 말하면서도 실제 삶 속에서는 예수에 대한 신앙보다 특정 정치 신념이나 이데올로기를 더 앞세우는 이들을 만난다. 정치적 현실 문제에 대해 자신과 다른 감각을 가진 자는, 아무리 신앙심 깊은 인사일지라도, 즉시 하나님을 모르는 이방인으

이들은 깊게든 얕게든 현실을 부정하는 정신병적 질병의 태아적 논리를 공유하고 있다. 그리하여 메시아닉 콤플렉스나 과대망상이 그 다음 단계에서 이들을 기다리는 것이다. 생각이 심어주는 실재에 대한 이런 일련의 '왜곡'으로 인해 인간은 허세를 부리기도 하고, 착각에 빠져 살기도 하고, 가는 곳마다 분쟁을 몰고 다니기도 하고, 온갖 논리로 '5+7=11'이라고 우겨 대기도 한다. 모든 사람이 알고 있는 '12'를 절대로 받아들이지 않는다. 이것이 솔로몬이 전도서에서 지혜의 반대편에 병치시키고 있는 **어리석음**'이 아닐까? "쇠공이로 곡식 빻듯, 빻아도 깨어지지 않는다"는 어리석음 말이다.

4. 생각은 영적 전쟁의 수문장이다: '~면 어쩌나'

이제 우리는 이상에서 본 생각과 의식의 한계와 비실재성[16]에서 한 발 더 들어가 영적 삶에서 생각이 수행하는 치명적인 역할에 대하여 주목해 보기로 하자.

인간의 생각은 영적 전쟁에서 결정적인 역할을 수행한다. 도스토옙스키의 통찰대로 "인간의 마음은 하나님과 사탄의 전쟁터다"(The devil struggles with God, and the field of battle is the human heart, 『까라마조프의 형제들』). 사탄

로 따돌림받거나 배척당하고 만다. 그러는 그들에게 정치적 이념은 이미 우상으로 작용하고 있는 것이다. 더 이상 순수한 신앙이 아니다. 예수님이 말씀하신 신앙과는 다른 오염된 신앙이다. 살면서 예수님의 정신에 어긋나는 정치 사회 이슈에 대해 예수님이 보이신 대응 그 이상으로 나가고 싶은 충동에 직면할 때마다, 자신의 내면을 정직하게 들여다보지 않으면 안 된다. 신앙적 진리를 가로막고 있는 자기 내면의 장애를 인지하지 않으면 안 되는 것이다.

[16] '한계성'은 공간에 집착하는 시간성에 대한 한계를 말하는 것이며 '비실재성'은 그들이 그려내는 것이 실재 자체는 아니라는 뜻에서 하는 말이다.

의 주요 공략 대상 역시 인간의 생각이라고 알려져 있다. 왜냐하면 생각의 일차적 기능은 선택하는 기능이기 때문이다. 사탄은 에덴 동산부터 인간의 선택을 통해서 자신의 기획을 실현하고 있다. 근본적으로 세상의 죄악은 사탄 홀로 수행한 것이 아니다. 딘 셔만(Dean Shirman)은 이를 이렇게 공식화한다.

> 죄란 사탄의 기획과 인간의 생각의 선택이 합하여 이루어진 것이다
>
> (Sin = Satan's Scheming + Man's Admitting, 셔만 2010).

이 말은 인간의 선택 없이 "사탄이 나를 죄짓게 했다"고 말할 수 없다는 뜻이 된다. 사탄은 우리 생각의 동의 없이 우리 안에 들어올 수 없다. 심지어 예수님조차 우리 마음 속에 임의로 들어오실 수 없다고 하지 않던가? 문고리 없는 현관문 앞에 서 계신 예수의 그림처럼! 그러나 사탄에게 일단 문을 열어 주고 동조한 후에는 인간은 자율권을 사탄에게 넘겨 준 것이 된다. 마치 강도에게 자동차 열쇠를 넘긴 차주처럼 말이다. 이들은 기수(騎手)의 시선에는 아랑곳하지 않은 채 '당연한 듯' 길을 내달리는 말처럼 우리를 끌고 다닌다. 이런 의미에서 생각은 영적 전쟁의 수문장이다.

이제부터 우리가 어떻게 생각의 문을 악한 영에게 열어 주는지 내게 일어난 구체적인 사례를 통해 살펴보기로 하자. 이제부터 서술하는 이야기는 저자의 삶에서 인지 작업과 대체 작업에 관련하여 어떤 일이 일어났는지에 관한 보고다. 우리가 명확하게 인지하지 못하는 사이에 우리의 생각이 영적 삶에서 첫 단계인 인지 작업과 마지막 단계인 대체 작업을 수행하는 실제를 다루고 있다. 인지 작업은 영적 전쟁에서 가장 중요한 첫 작전을 수행한다. 자신의 삶을 덮고 있던 어둠에 눈을 뜨고 그 꺼풀을 걷어 내

는 첫 작업이다. 인지 작업만 잘 해도 모든 불행에서 탈출이 시작되고 살 길이 열린다.

그러나 여기서 주의할 것이 있다. 인지 작업은 몹시 중요한 일에 틀림없지만, 이로써 모든 것이 해결되는 것은 아니라는 점이다. 예수님께서는 주님의 빛으로 '대체'되지 않은 회개는 즉시 '7배'의 사탄을 불러들이는 '청소된' 영혼일 뿐임을 가르쳐 주신 바 있다. 예수님의 적확한 비유다. 나는 실제로 인지 작업만 잘 되어도 엄청난 영적 진전이 이루어진다는 사실을 체험했다. 그러나 마지막 단계의 대체가 이루어지지 않을 때 어떤 일이 벌어지는지 또한 처절하게 체험했다.

다음은 우리의 생각이 어떻게 우리 생명의 목을 조이는지, 그리고 그것에 대항하여 인지와 대체 작업이 어떻게 위력을 발휘하는지 보여 주는 나의 간증이다.[17]

5. 간증 1(2007. 9. 노은교회)

지금부터 말씀드리는 것은 제 맘에 실제 평안이 안착하기까지 제가 걸어온 신앙 오디세이의 한 부분입니다. 제 신앙 여정상 중요한 변곡점을 이룬 체험의 일부입니다.

몇 해 전인가 저는 갑자기 제 인생 60여 년이 어떤 알 수 없는 걱정과 불만족과 불행한 감정에 짓눌린 채 지내 왔음을 깨닫고 소스라쳐 놀랐습니

---

[17] 인지된 내용은 후일을 위해 꼼꼼히 기록하여 객관화해 두는 것이 도움이 된다. 대개 인지의 대상은 그 존재가 몹시 불명확하여 평상시 그 존재를 느끼지 못하며 살기 때문이기도 하고, 명시화해 두지 않으면 어느새 다시 제 자리로 돌아와 지배력을 행사하기 때문이다. 내 간증 역시 그런 차원에서 기록된 것이다.

다. 늘 숙제가 밀려 있는 학생처럼, 또는 쫓기는 탈옥수처럼 말입니다.

그러던 어느 날 가을 아침 출근하던 차 속에서 곰곰이 생각하다가 나를 쫓고 있는 어떤 실체라는 것이 없다는 것을 깨달았습니다. 그러고 보니 실제로 나를 쫓는 어떤 구체적인 숙제거리 같은 게 있는 것도 아니었습니다. 알고 보면 저는 숙제를 하는 처지가 아니라 학생에게 숙제를 내는 입장에 있습니다. 그러나 땅을 짓누르고 있는 죽음의 공기처럼 내 일생을 지배해 온 몹쓸 '분위기'가 지금의 나를 지배하고 있는 것을 본 것입니다.

'나를 누르고 있는 실체가 존재하지 않는다!'는 것을 깨닫는 순간 이제까지 가 보지 못했던 삶의 반대편이 보이기 시작했습니다. 내 삶 속에 언제나 상존했었을 것이고 제가 누렸어야 했던 삶의 모습이 느껴지기 시작한 것입니다. 그러자 차가 달리는 천변의 따스한 가을볕에 한들거리며 한없이 줄지어 서 있는 코스모스의 군무가 눈에 들어왔습니다. 눈을 드니 멀리 식장산 봉우리가 맑게 개인 하늘과 속삭이듯 처음 보는 산봉우리처럼 평화롭게 다가왔습니다.

문득 집으로 마음의 눈을 돌리자 평생 나만을 바라보며 나를 사랑해 온 아내의 부드러운 모습이 사랑스런 아이들의 모습과 함께 클로즈업되었습니다. 이 모든 것은 내 주변에 상존했던 것이었습니다! 둘러보니 주위엔 내 생에서 모처럼 진실한 대화를 나누며 함께 진리를 향해 걷고 있던 사랑스런 목장 식구들도 있었습니다. 그런가 하면 알량한 저의 강의에 귀를 기울여 주는 고마운 학생들이 있었고, 그런 자리를 마련해 준 직장이 있었고, 60평생 무탈 무병한 건강한 신체가 있었고, 무엇보다도 나에겐 나의 파란만장하고 굴곡이 심한 죄 많은 삶을 향해 "괜찮다. 괜찮아. 모든 것 모르고 산 삶이었지 않느냐!"하시며 감싸 주시는 주님이 계신 것이었습니다.

생각이 거기까지 도달하자 사악한 일이나 도모하며 억울하게도 나를 향해 공격을 해 오던 사람들의 얼굴이 떠올라도 "뭐 그럴 수 있지" 하며 미운 생각도 사라지고 모든 걸 대수롭지 않게 여기게 되었습니다. 내 차선을 거칠게 침범해 들어오는 차라도 "바쁜가 보네, 나도 저럴 때 있었지!" 하는 생각이 들었습니다. 저는 "공중에 나는 새"처럼 행복했습니다. 그날 이후 한참 동안 주변에서 만나는 믿지 않는 친구들에게 "나, 득도(得道)했소" 하며 싱글거리며 다녔습니다. 돌이켜 생각해 보면 저 같은 기질을 가진 사람에게 찾아 온 이런 종류의 행복한 '통찰'은 예수 안에서 삶의 궁극적 의문에 대한 해답을 발견한 이래 저의 삶에 처음으로 주어진 주님의 은혜였습니다. 제가 '중생'했는가 보다고 생각했습니다. 그런 간증하는 분들이 말한 내용과 '증상'이 똑같았기 때문이었습니다.

그 후 저는 제 삶을 그렇게 어둡게 지배해 온 것이 과연 무엇이었는지를 곰곰이 생각해 보게 되었습니다. 제 삶을 그렇게 지배해 온 한 가지 논리가 있었습니다. 그것은 '혹 ~면 어쩌나'(what if)라는 논리였습니다. 그러고 보니 저에게는 이 논리와 관련된 몇 가지 어리석은 기억이 있습니다.

한 가지는 저의 선친과 관련된 것이어서 저의 이야기가 선친께 누를 끼치는 일이 될까 죄스러운 생각이 듭니다만, 이 자리에서 말씀드려야 겠습니다. 어릴 때부터 선친께서는 창백한 안색으로 병약하게 태어난 제가 꽤나 성에 차지 않으셨나 봅니다. 어린 저를 향해 "폐병 3기 걸린 것 같은 녀석!" "언제 죽을지 모를 녀석!" 거침없이 이런 말씀을 하셨으니까요. 그러면서도 저보다 한참 뒤에 태어나고 통통하게 생기고 이 교회의 성도 여러분도 잘 아시는 제 동생(노은교회 담임목사)에 대해서는 "멀쑥허니 우엉속 같어! 한 인물 허겄어" 하시곤 했습니다.

어릴 적 저는 혼자 있을 때면 폐결핵 환자 같이 홀쭉한 제 볼때기에 바람을 불어 넣으며 불룩하게 만들어 보기도 하고, 거울을 보며 손으로 볼을 잡아당기기도 하면서 '정말 폐결핵에 걸렸으면 어쩌나'라며 살았습니다. 실제로 폐병에 걸린 듯 이따금씩 아파오는 가슴을 쓸어내리기도 했습니다. 당시는 사회적으로나 개인적으로나 폐결핵을 불치의 저주처럼 여길 때여서 초등학교에서도 전체 학생을 대상으로 엑스레이(x-ray) 사진을 찍었습니다. 그런 날이 오면 저는 '폐병'이 발각될까봐 초죽음이 되어 안절부절 못했습니다. 꾀병을 둘러대면서 결석하든지 하며 잔꾀를 부려 보기도 했습니다. 결국 붙들려 가 엑스레이 사진을 찍고 난 다음 판독 결과가 나오기까지 수 주 동안 저에게 지옥 같은 나날이었습니다. 그러다가 폐에 이상 있는 것으로 판독된 학생 중에 내 이름이 호명되지 않고 넘어가게 되면 저는 으레 가슴을 쓸어내리며, 그 많은 학생을 건성으로 대충 찍어 대니 내 병을 잡아 내지 못하고 지나간 것이려니 하며 무능한 의사 선생님께 감사하곤 했습니다. 고등학교 진학을 위해 부모님을 떠나 이곳 대전에 올 때까지 저는 '폐병3기 환자'로 반신반의하며 살았습니다. 어느 날 스스로 용기를 내어 저 홀로 대전 시내 방사선과 병원을 찾아갈 때까지 말입니다.

또 하나의 예는 제가 미국에서 공부를 마치고 귀국한 후 대학에서 강의를 시작할 무렵의 일입니다. 뇌일혈로 쓰러져 혼수 상태에 계시다가 인공호흡 장치를 제거하자 돌아가시는 숙모님을 지켜보고 돌아온 지 1주일쯤 지난 뒤의 일입니다. 갑자기 제가 강의 준비하며 읽고 있던 책의 글자들이 마구 움직이는 것이었습니다. 날이 갈수록 그 증상이 더 심해져서 더 이상 책을 읽어 나갈 수 없는 지경이 되었습니다. 책을 덮고 먼 산을 바라보았더니 이제는 산도 심하게 흔들리고 있었습니다. 불현듯 "내 인생은 이제 끝장이로구나!" 하는 공포가 엄습해 왔습니다. "이제까지 공부한 건 다 뭐하며, 이 보잘것없는 육신으로 막노동판에 나서서 어찌 살아간단 말인가?"

그때 제일 먼저 떠오른 생각은 제 안경이었습니다. 맞추어 쓴 지 꽤 되었으니 안경과 내 시력이 맞지 않아 어지러울 것이라는 생각이 들었습니다. 안과를 찾아갔으나 의사의 소견은 안경과 시력에 약간의 차이는 있으나 그것이 어지러움의 원인은 아니라는 것이었습니다. 다음으로 찾아간 것은 내과였습니다. 의사가 의미있는 웃음을 지으며 지어준 약은 처음부터 나를 잠에 곯아떨어지게 하는 것이었습니다. 약을 쓰레기통에 쓸어 넣은 저는 신문에서 뇌졸중에 관한 기사를 읽다가 그것이 정확하게 나의 증상과 유사하다고 생각했습니다.

며칠 후 저는 출퇴근길에 봐 두었던 변 아무개라 하는 신경외과 병원에 앉아 있었습니다. 내 머릿속이 뭔가 잘못된 듯하니 CT 사진 좀 찍어보자고 했습니다. 미심쩍어 하면서도 진료를 시작하던 의사는 별안간 혈압기를 책상에 내려놓으며 자신의 경험상 나처럼 혈압이 정상인 사람은 결단코 그런 병에 걸릴 리가 없다고 단언해 버리는 것이었습니다. 며칠을 고심한 제가 마지막으로 간 곳은 어느 신경정신과였습니다. 그곳의 의사는 나를 세워 놓고 자기 손가락을 따라 눈동자를 이리저리 굴리게 하는 등 몇 가지를 체크해 보고는 대뜸 "어지럽더라도, '사람이 살다 보면 어지러울 수도 있는 거지, 좀 있다가 없어지겠지' 하며 살아야지 뭐 이렇게 호들갑입니까?" 하며 호통치는 것이었습니다.

건방진 의사라고 생각하며 분을 삭이지 못한 저는 병원을 나오자 병원에서 준 약봉지를 쓰레기통에 던져버리고 다른 정신과를 찾아가고 말았습니다. 저는 의사가 내미는 두툼한 문제집을 한참 동안이나 풀어야 했습니다. 곧 이어 그는 몇 가닥의 줄을 한 쪽은 기계에 연결하고 또 다른 쪽은 껌 같은 것으로 내 머리에 고정시키고는 한참이나 침을 삼키지 말라 하며 기계를 돌려 댔습니다. 얼마 후 그 의사는 의미 있는 미소를 지으며 내 앞에 두 개의 그래프를 들고 나타났습니다. 그래프는 잔잔한 물결같이 진행하다가 이따금씩 갑자기 날카롭게 치솟는 모양을 하고 있었습니다. 두 그래프는 너무도 똑같이 닮은 모습이었습니다. 조금 전에 제가 풀었던 심리테스트와 뇌파 검사 결과라고 했습니다. 그가 들려준 제 병명은 잊었으나 내용인 즉 "멀쩡한 놈이 제 스스로 병을 만들었다 낫다 하는 증세"라는 것이었습니다. 매주 자신과 함께 상담을 하자며 어린 시절 저와 부친과의 관계는 어떠했느냐, 저와 어머니와의 관계는 어떠했느냐 하는 따위의 질문을 해 대기 시작했습니다.

한 시간여 상담을 마치고 집에 돌아오는 길에 제 맘속에 한 가지 생각이 떠올랐습니다. "내가 언제까지 이런 짓을 하고 앉아 있겠는가? 내가 만든 병이면 내가 낫게 할 수 있지 않겠는가?" 하는 생각이 들었습니다. 집에 돌아오는 즉시 저는 그 의사에게 전화를 걸었습니다. "제 스스로 나을 수 있을 것 같으니 다음 약속을 취소해 주시기 바랍니다"라고 통보해 버렸습니다. 다음 날부터 저에겐 믿기지 않는 일이 일어나기 시작했습니다. 수개월 동안 나날이 증세가 심해지던 어지러움이 약 한 번 먹지 않았는데 단 며칠 만에 씻은 듯이 사라져 버리는 것이었습니다.

생각해 보니 아마 숙모를 삽시간에 식물인간으로 만들어 버리는 인간의 뇌를 보며 내심 공포를 느꼈던 모양이었습니다. "혹 내 머리에 저런 문제가 발생한다면 나는 어쩌지?" 하며 말입니다. 예의 그 '~면 어쩌나'의 논리가 발동한 것이었습니다. 돌이켜 보면 이런 논리가 작동하던 고비마다 사건이 긍정적으로 해결될 수 있었던 것은 참으로 주님의 은혜였습니다. 왜냐하면 예의 그 '~면 어쩌나'의 논리대로라면 앞서 말씀드린 경우 제가 그 엑스레이 병원에 가서 오케이(OK) 판정을 받았다 하더라도 저는 얼마든지 계속해서 그 의사의 기술과 기계의 결함을 떠올리며 끝없이 제 가슴을 의심했을 터이고, 방금 말씀드린 후자의 경우 내 생각이 장난하는 한, 얼마든지 곁길로 빠져나갈 소지가 훨씬 더 컸기 때문입니다.

인간은 일생 동안 크고 작은 무수한 '만약'의 논리에 사로잡혀 사는 듯합니다. '지나가는 자동차의 운전자가 졸다가 길을 벗어나 보도를 걷고 있는 나를 덮치면 어쩌지,' '내가 운전하고 있는 자동차의 바퀴가 튕겨져 나가면 어쩌지,' '내가 탄 비행기가 추락하면 어쩌지,' '내 몸 안에 나도 모르는 사이에 암이 진행되고 있으면 어쩌지,' '늙어 치매에 걸려 아내도 못 알아보다 죽으면 어쩌지,' '남편이 바람이 나서 나를 버리면 어쩌지,' '객지에 나가 있는 자식에게 무슨 일이 생기면 어쩌지' 하며 말입니다. 일단 이 세계에 사로 잡혀 이 세계 안에 갇혀 있는 한 어떤 대안도 없어 보입니다. 어떤 대안을 제시한다 해도 그 대안에 대한 '~면 어쩌나'도 여전히 가능하기 때문입니다. 의심에 의심이 꼬리를 물고 불안에 불안이 꼬리를 물고 이어질 수 있습니다. 자동차 바퀴가 의심스러우면 출발하기 전에 먼저 정비소에 들르면 되지 않느냐고요? 그러나 '혹 그 정비사가 실수라도 해서 볼트 하나를 건성으로 조였으면 어쩌지'라고 생각하는 한 그게 답이 되지 않습니다. 암이 발생했는지 매년 종합 검진을 받아보면 되지 않느냐고요? 의사가 잘못 판독해서 오진을 일으켜 나중에 암세포가 발견되었을 때는 이미 회생불능한 상태더라 하는 경우가 얼마든지 있던 걸요? 그래서 내시경 검사는 의사의 정신이 가장 맑은 아침 시간에 하라고 하던걸요? 괜찮다는 말만 믿고 몇 년 후에 다시 검사했더니 이미 암이 상당히 진행되어 버렸으면 어쩌지요?

이처럼 '~면 어쩌나'의 세계를 지배하는 세력은 고약한 악의 논리를 지니고 있습니다. 그 세계 안에 있으면서 대안을 찾으려는 시도는 모두 헛수고일 뿐입니다. 백전백패입니다. 용쓰면 용쓸 수록 더 처참한 상태에 빠질 뿐입니다. '~면 어쩌나'의 세계에 거주하는 사람은 텐트 밖의 바스락 소리로도 텐트 안에서 어떤 괴물이든 만들어 냅니다. 그래서 우리가 의심에서 의심으로 만약에서 또 다른 만약으로 끝없이 이어가며 스스로를 공격하는 어두움과 맞서 싸우는 것은 참으로 어리석어 보입니다. 그것은 더욱 어두움의 질곡에 빠져들게 할 뿐입니다. 그러나 그런 생각을 떨치고 일어나 작은 성냥개비 하나를 그어 대는 것으로 어둠과의 싸움은 즉시 끝나고 맙니다. 아무리 작은 빛일지라도 어두움은 즉시 물러가 버리고 맙니다.

신앙 생활에서 성냥불을 켜는 이 첫 번째 행위는 내 생각의 텐트를 벗어나서 하나님의 실재를 확인하는 것을 의미했습니다. 이 행위가 실재의 주재이신 하나님을 향한 작은 신음이어도 좋습니다. 부르짖는 소리여도 좋습니다. 그렇게 황당한 공포의 괴물을 길러내는 '~면 어쩌나'의 텐트를 뛰쳐나와 그분께 소리를 발하는 것입니다. 그리고 그 실재의 세계에서 하나님께서 저의 영혼을 위해 만세 전부터 준비하고 기다리시는 축복의 비밀을 발견해야 하는 것이었습니다. 그러나 문제는 여기에서 그치는 게 아니었습니다.

문제는 '만약'의 논리와 독립적으로 존재할 실재 세계가 언제나 제가 바라는 대로 되란 법이 없다는 데 있었습니다. '~면 어쩌나'의 세계 밖이 실제로 내가 걱정하던 대로 나타날 수 있기 때문입니다. '혹시나'가 '역시나'일 수 있기 때문입니다. 그러고 보면 '혹시나'의 세계 밖으로 뛰쳐나오는 것도 마지막 해답일 수 없는 것 아니냐고 생각할 수 있습니다. 뛰쳐나와 보았더니 역시 내 허파는 결핵 말기에 와 있을 수도 있었고, 실제로 제 머리 속에 뭔가가 신체적으로 잘못되어 있는 것으로 최종 판정을 받을 수도 있기 때문입니다.

그런고로 저는 그 '~면 어쩌나'의 논리를 결정적으로 극복하기 위해서는 적어도 한 번은 최종적으로 이 논리를 인정하며 이 논리와 담판하지 않으면 안 되었습니다. 토론을 하려면 일단은 상대의 논리를 받아들일 수 있는 한 최대로 받아들이며 들어가야 하는 것처럼 말입니다. 이는 그 논리의 포로가 되는 것을 의미하는 것이 아니라 '~면 어쩌나'라는 논리 자체의 근거를 허물어 없애 버리기 위한 것이었습니다. 그 해답은 "혹 그렇게 되면 어쩌지"에 대해 "그렇게 된다 한들 어떻단 말인가?"로 응수할 수 있는 자세와 관련되어 있었습니다. 영어 표현의 도움을 빌어 말해 보자면 'What if?'의 어둠에 대해 'So what?'의 성냥개비를 그어 응수하는 것이었습니다. 그것이 두 번째 성냥개비였습니다. 하나님께서 나의 영혼을 위해 담으신 비밀이 '~면 어쩌나'의 텐트 밖 실재 속에서 나를 기다리고 있다면, 그렇다면 그 실재가 무엇이든 어떤 괴로움이든 어떤 역경이든 그것은 순명(順命)의 대상이 되어야 하지 않겠습니까?

저는 이쯤에서 사무엘상 13:6-13에 나오는 사울 왕의 경우를 떠올리지 않을 수 없습니다. 그는 바닷가의 모래처럼 몰려든 믹마스의 블레셋 군을 앞에 두고 있었습니다. 시간이 갈수록 겁에 질린 이스라엘 군은 하나둘씩 도망치고 있는 상황이었습니다. 이스라엘 군사를 독려하여 전쟁을 수행하고 조국 이스라엘을 구해야 할 사명을 맡은 왕으로서 사울은 아직 하나님의 공격 명령을 허락받지 못한 것 때문에 초조해하고 있었습니다. 게다가 번제물을 드리고 제사를 집전하기로 되어 있는 사무엘마저 시간이 되어도 나타나지 않고 있습니다. 아마도 그는 이렇게 중얼거리며 조바심치고 있었을 것입니다. "이 상황에서 전쟁에 직접 도움이 되지도 않을 출정 전 요식 행위 같은 제사에 묶여 이렇게 시간을 다 보내며 기다리고만 있는 것이 현명한 짓이냐? 적군이 쳐들어오는 것을 바라보면서 사무엘을 통한 하나님의 음성을 기다리며 앉아 있어야 하느냐? 그러다가 결국 조국을 적에게 넘겨주고 만다면 백성과 후대의 역사가는 나를 얼마나 어리석은 왕으로 여길 것인가?" "제사 없이 나가는 것보다 나라도 대신해서 번제를 드리면 될 것 아니냐? 이것이 합리적이지 않느냐? 일이 되게 해야 하지 않느냐?"

그렇다고 사무엘처럼 늘 하나님의 음성이 즉시 들려 "그렇게 하지 말라"든가, "조금만 더 기다려라 사무엘이 오고 있다"든가, "근심치 말라 이 전쟁은 반드시 이기게 되어 있으니 잠자코 기다리고 있기만 하거라" 같은 말씀이 전혀 들리지 않는 상황에서, 보이는 것은 믹마스에 몰려든 벌떼 같은 블레셋 군과 길갈에 진 치고 있는 초라한 이스라엘 군뿐인 상황에서, 사울의 맘속에 밀려드는 한 가지 목소리는 '~면 어쩌나'의 논리였을 것이 분명합니다. 기별도 없는 사무엘과 언제 들려주실지 모를 하나님의 명령을 기다리고 있다가 '이스라엘이 전멸당하면 어쩌나,' '내 왕관은 어찌 되나,' '아니 내 앞에서 처자식이 도륙당하는 꼴을 지켜보는 신세가 되면 어쩌나'였을 것입니다.

그는 이 '~면 어쩌나'의 논리에 항복하고 말았습니다. 스스로 번제물을 바쳐 버린 것입니다. 성경을 통해 들려주신 하나님의 결론은 하나님께 순종하는 대신 자신의 '~면 어쩌나'의 논리를 따라 간 사울을 하나님께서 영원히 내치셨다는 것이었습니다. 사울에게 필요했던 것은 악한 '~면 어쩌나'의 논리를 벗어나지 못한 채 인간적인 잔머리를 굴려 대는 대신, 최후의 순간까지 하나님의 신실하심을 믿는 것이었습니다. 약속하신 대로 자신과 조국을 하나님께서 지켜 주시도록 의지한 채 요지부동의 자세로 기다리는 것 말입니다. 텐트 밖의 실재가 어떤 것일지라도 "죽으라시면 죽겠나이다"의 순명으로 나가는 것 말입니다.

아브라함이 하나님의 명령을 좇아 이삭을 제단에 올리고 칼을 드는 그 순명의 순간에 이르러서야 비로소 하나님을 체험했던 것처럼, 사울도 그러한 절대적 순명을 통해서만 하나님을 체험하게 되고 사악한 '~면 어쩌나'의 논리에서 해방을 쟁취할 수 있지 않았을까요? 전신을 던지며 맡기지 않는 자는 물의 부력을 직접 체험할 수 없습니다. '~면 어쩌나'라는 끝없는 순환 고리를 차단하는 최종 방법은 실재의 뚜껑을 열어본 즉, 내가 원하는 것이 아닐지라도 "죽으라시면 죽으리이다" 하는 하나님을 향한 신뢰와 순종인 듯합니다. 이것이 '~면 어쩌나'의 저주를 완벽히 극복하는 최후의 방법이라고 믿습니다. 이는 일견 동문서답같이 엉뚱하게 보일 수도 있습니다. 그러나 이것이 최종적인 답이라고 믿습니다.

근본적으로 '~면 어쩌나'는 미래에 관한 문제입니다. 이는 정신과 의사가 말하는 '부정적 결과에 대한 예측'(anticipation of negative results)에 해당합니다. 인간의 몸과 마음을 연구하는 의학자들이 조사한 바에 의하면(초프라-탠지 2018) 이것이 인간의 건강을 가장 치명적으로 해치는 정신 활동으로 나타났습니다. 그들이 그 다음 치명적인 것으로 꼽고 있는 것은 '후회'(regret)였습니다. 전자('~면 어쩌나')가 미래에 관한 것이라면 후자('후회')는 과거의 문제입니다. 사실상 이들 모두 아직 오지 않았거나 이미 지나가 버린 지금은 존재하지 않는 것들입니다. 현재와 무관한 일입니다. 따라서 후회하거나 걱정하고 있는 이들은 관심이 현재에서 떠나 있는 상태입니다. 일견 이 두 가지는 과거의 잘못을 고치기 위해 또는 미래를 준비하기 위해 하는 행위라고 정당화할 수 있습니다.

그러나 이들은 주님께서 가르치신 것과는 정면으로 배치되는 방법입니다. 불안은 '~할걸 그랬는데'와 '~면 어쩌나'에 사로잡혀 사는 자의 마음 상태입니다. 그러나 주님은 과거도 현재로, 미래도 현재로 '대체하라'고 하십니다. 주님의 관심은 내일이나 어제가 아니라 '오늘'에 있습니다. "내일 일은 내일이 염려할 것이요 한 날(오늘)의 괴로움은 그 날(오늘)로 족하기"(마 6:34) 때문입니다. 이는 사실 우리에게 현재만 있기 때문입니다. 현재는 시간의 다른 이름이기 때문입니다. 다른 것에 신경쓰느라 현재를 소홀하게 여기는 사람은 삶에 있어 씻을 수 없는 엄중한 죄를 쌓는 것입니다. 주님께서는 계속해서 "걱정하지 말라"고 말씀하십니다. 하늘 아버지가 계시기 때문이라고 말씀하십니다. 그리고 이어서 "후회하라"가 아니라 "회개하라"고 하십니다. '후회'는 자신의 죄를 안고 무덤을 파는 것이지만 '회개'는 하나님 앞에 셈을 치르고 주님의 품에 안기는 것이기 때문입니다.

예수님에 의하면 우리가 관심 둘 곳은 '하늘나라'입니다. '하나님'입니다. 먹을 것과 입을 것을 찾고 있는 우리에게 예수님께서는 "먼저 그 나라와 그의 의를 구하라"(마 6:33)고 가르치십니다. 삶의 집을 지을 재목과 기술을 걱정하는 우리에게 집터가 될 반석을 먼저 주문하십니다. 그러고 난 다음 우리가 할 일은 그 근거의 바닥에 우리의 삶을 눕히는 것입니다. 우리가 그렇게 할 수 있는 것은 우리를 구원하신 주 예수께서, 불안해하고 걱정하는 우리에게 들려주신 말씀 때문입니다. 주님께서는 불안해하는 우리에게 들의 백합보다 우리의 영을 더욱 귀하게 여기시사 궁극적으로 가장 좋은 것으로 먹이고 입히시는 하나님을 바라보라고 말씀하고 계십니다. 그런고로 문제에 봉착하여 내가 최종적으로 점검할 것은 하나님과 나의 '현재' 관계였습니다. 지금 내가 회개한 심령으로 하나님께 100% 완전하게 의탁하며 나가는가의 문제인 것이었습니다.

제 생애 중 60여 년이 지난 지금에 와서 돌아보면 어릴 적부터 걱정하던 저의 폐는 제가 지니고 있는 장기 중에 무척 건강한 부분이었습니다. 군 시절 우리 부대는 장거리 달리기나 중무장 구보 경기마다 늘 저를 대표 선수로 내보내곤 했으니까요. 이상이 생긴 게 아닌가 했던 제 뇌는 그 후 지금까지 20여 년 동안 학문 활동과 교육 활동을 하는 데 아무런 지장 없이 건강했습니다. 앞으로 달려갈 저의 남은 생애에는 또 어떤 축복과 섭리가 기다리고 있을지 모를 일입니다.

태생적으로 '~면 어쩌나'의 악한 영에 사로잡혀 있던 제가 영혼을 눕힐 '주의 친절한 팔'을 발견한 뒤, 저에게는 조금씩 삶의 변화가 생기고 있습니다. 저는 늘 주말이 지나고 다가오는 월요일이나, 방학이 끝나고 다가오는 개학일이 제일 싫었습니다. 나이 들어 교수가 된 후에도 여전했습니다. 주말 동안 열심히 강의 준비를 해도 방학 동안 쉬지 않고 강의 준비와 논문 작업을 해도 월요일과 개강일이 초조하기는 마찬가지였습니다. 이 모든 것은 하나님의 신실하심에 대한 신뢰가 100%가 아니기 때문임을 깨닫게 되었습니다.

저는 언제부터인가 한 가지 작은 결심을 이행 중입니다. 다가오는 월요일 강의를 위해 절대로 주일에는 강의 준비를 하거나 학문 서적을 읽지 않기로 했습니다. 다음 날 강의가 엉망이 되면 어쩌나 하는 생각이 들지라도 "죽이시면 죽으리라"로 일관하고 있습니다. 신기하게도 그 이후 제 강의에는 자신감이 커지기 시작했습니다. 어느 해인가 방학을 이용해 성경 전체를 한 번 정독해 보기로 작정했습니다. 성경을 다 읽기 전엔 어떤 세상책도 손에 잡지 않으리라고 결심했습니다. 천천히 묵상하며 성경을 읽어가던 저는 방학이 다 끝나는 마지막 날에야 계시록의 마지막 줄을 읽은 적이 있었습니다. 물론 그 방학엔 아무런 학문적 성과물도 특별한 강의 준비도 없이 개학을 맞고 말았습니다. 그러나 어쩐지 그 학기 강의는 풍성했습니다. 사악했던 '~면 어쩌나'의 긴 터널을 벗어나기 위해 저에게 불가피하게 필요했던 과정이었던 듯합니다.

그 후에도 저는 삶의 불안 요소와 마주칠 때마다 하나님을 대면하여 그분께 순응하는 방식으로 대응하는 법을 배우고 있습니다. 그렇게 함으로써 저의 인생 전체가 하나님께서 저의 영혼을 위해 마련하신 축복을 누리는 삶이 되기를 바라는 것입니다. (간증 끝)

(그러나 "나의 생각이 모든 악한 것이 들어오는 통로요 내가 그 수문장이다"라는 사명당의 득도 같았던 이 깨달음도 내 삶을 뒤덮고 있던 어둠에 대한 인지도 최종적인 해답이 아니었다. 하나님에 대한 신뢰와 순종으로 가는 구체적인 과정이 이루어지지 않았던 것이었다. 깨끗해진 채로 둔 빈 집에는 7배의 원수들이 들이닥친다고 하시던 주님의 경고대로, 나에게는 정말 '7배'의 저주가 닥쳐오고 있었다. 나는 내 생애에서 가장 공포스러웠던 이 사건을 간증에 담은 적이 있다. 다음은 그 간증문이다. 이어지는 저의 증언을 경청해 주시기를 바란다.)

6. 간증 2

제가 겪은 이 사건은 고인이 되신 저희 어머님과 관련된 일입니다. 아시는 분도 계시겠지만 저의 어머님께서는 쓰러져 거동이 어렵게 되어 아들인 교회 담임목사 사택으로 옮기시기 전까지 탄방동에서 막내와 함께 독립하여 사시는 삶을 고집하셨습니다. 어머님께서 이 땅에서 얼마 사시기 어렵겠다는 예감이 오면서부터 저는 새벽 기도를 마치고는 어머님께서 주무시는 곳에 찾아가 주무시는 중이라도 어머님의 다리며 등이며 주물러 드리곤 했습니다. 이른 시간임에도 어머님께선 즐거우신 표정이셨습니다. 예상했던 대로 어머니께선 얼마 지나지 않아, 늘 앉아서 예배 드리시던 자리를 텅 비워 두신 채 다시 뵐 수 없게 되었습니다. 저는 그 자리가 비어 있을 때면 으레 그 자리에 앉는 것으로 어머님을 그리며 살고 있었습니다.

그렇게 어머님에 대한 특별한 감회 없이 3년여가 흐른 어느 날이었습니다. 한밤중 침대에 누워 있던 저에게 일생에 처음 겪어 보는 말로 형언할 수 없는 무서운 현상이 덮쳐 왔습니다.

어머님 생존시 저는 탄방동에 계신 어머님을 찾아 뵈었다가는 잠시 앉아 있는 시늉만 하고 "어머니, 저 직장 가야 돼요" 하며 황급히 일어서곤 했습니다. 그럴 때면 어머니께선 이것저것 저에게 먹일 것을 준비하시다가 허망한 얼굴이 되어 쓸쓸히 마당까지 따라 나오시며 저를 전송하시곤 했습니다. 저에게 사건이 덮쳤던 그날 밤 어머님의 바로 그 모습이 제 머릿 속에 떠오른 것이었습니다. 탄방동 골목길을 한참 걸어가다가 힐끔 돌아보는 제 눈에 보이던 빈 마당의 어머님 모습, 그리고 그 어머님의 자태에서 풍겨나오던 짙은 외로움이 화살처럼 제 가슴에 깊이 박혀 오는 것이었습니다.

저는 그날 밤 금방이라도 어머님이 계신 곳이면 어디든 당장 달려가 발 앞에 엎드려 평생 쏟지 못했던 눈물을 펑펑 쏟아 대고 싶었습니다. 그토록 외로우셨던 것을! 저토록 외로움이 사무치셨던 것을! 남편한테서 다정한 말 한 마디 들어 보지 못하시다가 그마저 먼저 떠나 보내신 채 홀로 살아오신 것을! 단 한 번도 어머님의 그 외로움을 공감한 적이 없었던 이 비정한 자식! 평소 어머님에 대한 저의 불효가 뼈저리게 느껴져 깊게 회개 한 번 제대로 하게 해 달라고 기도해 오던 저는 어머님을 여의고서도 3년이 지나고 나서 이제야 뒤늦게 철이 드는가 보다고 느끼고 있었습니다.

그 찰나 저의 가슴이 무언가에 갑자기 세게 얻어맞은 듯, 무언가로 가슴이 뻥 뚫리는 듯하더니 저는 금방 표현하기 어려운 공포 상태에 휩싸이고 말았습니다. 지옥을 일곱 번 돈다는 스틱스 강(Styx River), 칠흑의 어둠, 그 강의 외딴 배에서 괴물에 맞닥뜨린 상황이 이럴

까요? (독자께서는 제가 그 상황에 대한 기술을 더 이상 계속할 수 없음을 양해해 주시기 바란다. 그 상황을 떠올리면 다시 그 상황에 빠져들 것처럼 전신에 힘이 빠지기 때문이다.) 저는 숨을 쉴 수 없게 되면서 무서운 공포에 빠져들고 있었습니다. 이러다가 미치는 것인가 하는 생각에 사로잡히자, 저는 머리를 흔들며 침대에서 뛰쳐나왔습니다. 방을 왔다갔다 하며 그 상태에서 풀려나기를 기다렸습니다. 어머님의 외로움에 대한 공감이 이제야 느껴지다니! 나이 60이 넘고, 어머님이 돌아가신 지 3년이 지나서야! 그런데 이 공포스런 감정은 무엇이란 말인가?

이런 상태는 그 후 몇 주 동안이나 계속되었습니다. 그런데 문제는 이런 일이 이제 어머님에 관련해서만 일어나는 게 아니라는 데 있었습니다. 늘 벽에 걸려 있던 가족 사진을 물끄러미 바라보고 있던 어느날 갑자기 미국에 있는 아이들을 보고 싶은 생각이 밀물같이 엄습했습니다. 그럼에도 아이들은 머나먼 태평양 건너편 미국 땅 어딘가에 있고, 나는 이곳에서 영원히 만날 수 없게 될지 모른다는 생각이 밀려드는 순간이었습니다. 그러자 나는 앞에서 말씀드렸던 것과 동일한 상태 속으로 빨려들고 마는 것이었습니다. 이럴 때면 누군가가 내 안에 일어나고 있는 상황을 전혀 알지도 못하면서 저에게 이래라저래라 씨도 안 먹히는 충고를 지껄여댔더라면 저는 하마터면 칼이라도 휘둘렀을지도 모릅니다. "기도할 줄 알면 곁에서 조용히 기도나 하며 내가 헤어나는 것을 지켜보기나 해!"라고 소리쳤을 것입니다. 저는 이 충격적인 경험으로 인해 한 가지 부수적인, 아니 어쩌면 이 부수적인 깨달음이 하나님께서 저에게 일깨워 주고 싶으신 부수적인 레슨이셨는지도 모르는 한 가지 귀중한 깨달음을 얻게 되었습니다.

이 일 후로 저는 누가 충분히 이해하지 못할 자신의 내면의 고통이나 부당한 불평을 내게 쏟아 낼 경우, "저 사람도 이해할 수 없는 내면의 아픔이 있는가 보다!" 하는 공감을 지니려고 애쓰게 되었습니다. 나중에 이렇게 난생처음 겪은 경험을 아내에게 말했을 때 당황하게 되었습니다. 나의 이야기를 듣던 아내는 "여보, 나는 그런 일 여러 번 있었어요. 기억 안 나요? 내가 가슴 아프다고 할 때 말예요" 하는 것이었습니다. 그제야 생가슴이 찢긴 듯 하다며 호소하던 아내의 말이 어슴프레 생각나기 시작했습니다. 저의 것과 정확히 일치하는 것은 아니겠지만 아내는 아내대로 말로 충분히 표현할 수 없는 어떤 아픔을 경험했던가 봅니다. 언젠가 딸아이하고 통화하던 중 딸아이가 "아빠는 나를 이해하지 못해요"(Dad, you don't understand me!) 하며 절규하던 일도 생생하게 떠올랐습니다. 이제야 비로소 타인이 겪는 고통에 대한 공감의 심화가 저의 내면에 일어나기 시작한 것입니다. 눈물도 많아졌습니다.

그 후 몇 주 동안 밤마다 어머님의 외로움으로 겪었던 것과 유사한 공포가 밀어닥쳤습니다. 저는 더 이상 잠자리에 들기가 무서워져 드디어 병원에 찾아갔습니다. 제가 겪은 사건을 듣고 있던 의사의 말은 제가 소위 '공황 장애'를 앓고 있다는 것이었습니다. 그러니까 하나님께서는 공황 장애라는 극단적인 방법을 통해서 저의 고갈된 감정의 치료를 하고 계셨는지도 모르겠습니다. 그 후 저는 "주님, 다시 공황 장애를 앓는다 해도 좋으니 십자가 위에서 당신께서 겪으셨던 외로움을 단 한 번이라도 제가 공감하게 해 주시옵소서"라고 기도하기도 했으니까요.[18] 그러나 이 사건을 통해 준비하신 진정한 주님의 은혜는 다른 데 있었습니다.

의사의 말을 들은 후 저에게는 한 가지 의문이 일어났습니다. 내 자신의

---

[18] 이제까지 나눈 나의 공황 장애 역시 실은 앞서 말했던 '내가 노후에 외로워지면 어쩌나'라는 논리가 그 시발점이었음에 틀림없다. 어머님의 외로움이 나 자신의 미래의 외로움을 격발한 것이었다. 인간은 철저히 이기적인 동물이다.

어두운 내면에 대한 인지에서 시작하여 난생 처음 겪는 진정한 회개와 그 뒤에 누린 영혼의 평안은 어찌 되는 것인가? 이 모든 것은 내가 꾸며 낸 신기루이거나 착각이었단 말인가? 60년 세월을 짓누르고 있던 나의 암울했던 무의식의 실재를 인지하고 스스로 '득도'(得道)했노라고 표현했던 그 행복한 체험은 어이없게도 '7배'나 더 고통스럽던 공황 장애로 이어지고 말지 않았는가 하는 것이었습니다.

그 후 주님께서는 감사하게도 브렌트 목사님의 강의를 통해서 저의 질문에 대답해 주셨습니다. 결정적인 원인은 나의 생애 속에 진리로의 '대체'가 없었던 탓이었습니다! 인지와 회개로 정화된 심령은 그대로 방치해서는 안 되는 것이었습니다. 그렇게 될 때 '7배'나 힘센 사탄의 은거지로 돌변하는 것이었습니다. 세상의 모든 것은 자연 상태이건 우리의 심령 상태이건 '진공 상태'로 존재할 수 없었던 것이었습니다. 무엇으로건 채워지고 마는 것이었습니다. 하나님의 진리로 채워지지 않은 우리의 심령은 언제든 사탄의 악한 세력으로 채워지기로 되어 있는 것이었습니다! 그래서 하나님 없는 세상의 모든 것은 궁극적으로 악의 편에 서게 되는 것이었습니다. 자연 상태에 진공이란 없듯이 영적 세계에 중립이란 없는 것입니다.

그 후로 저는 공황 증세가 생기면 즉시 엎드려 내가 진심으로 믿는 주님의 말씀을 적기 시작합니다. "뜻이 하늘에서 이루어진 것처럼 땅에서도 이루어지이다.…" 하면서 말입니다. 단 몇 줄이면 상황 끝입니다. 이 절체절명의 순간에는 오직 내가 진실로 믿는 말씀만이 위력을 발휘합니다. 남에게 가르치기 위해 '설교'해 온 '말씀'이나, 그저 입버릇처럼 암송해 온 '말씀'은 죽은 장승처럼 아무런 힘도 없을 뿐입니다. 오직 "진리가 너를 자유케 한다."

그렇습니다. 결론은 이것입니다.

너의 평상적 삶에 내재한 불의한, 건강치 못한, 부정적인 분위기를 '인지'하라.[19] 그리고 즉시 이를 주님의 말씀으로 '대체'하라. 걱정하지 않으려 해도 걱정하고 있는 자신의 마음을 걱정하는 악순환의 고리를 끊고 주님의 말씀으로 대체하라. 그런 후 주님과 동행하는 삶의 평상적 분위기를 선택하라. 늘 주님과의 관계를 유지하며 감사와 기쁨과 환희로 삶을 자축(celebrate)하라! 어떤 상황 속에서도 주님과 하나님을 바라보며 감사하라. 흑암과 유라굴로 광풍 속에서도 하나님의 임재와 빛 속에 서 있던 바울처럼! 그 결과는 하늘이 주는 샬롬(Shalom)이다!

이것이 이 사건을 통해 저에게 주신 주님의 가르침이었습니다. (간증 끝)
이제까지의 이야기를 정리해 보자. 생각의 기능을 주신 이는 하나님이시다. 만물 중 유일하게 인간에게 허락하신 이 기능은 분명히 축복이 아닐 수 없다. 그러나 이는 인간의 이성이 그렇듯 겸손이 요구되는 기능이다. 자신의 한계와 병리에 대한 인지가 요구된다. 이 기능은 하나님과의 소통을 위해 인간에게 주어진 영의 빛 안에서만 안전하게 작동할 수 있게 된다! 이것이 생각이 진리 안에서 봉사할 수 있는 조건이다. 우리는 실제 삶 속에서 신문을 펼쳐 들거나 TV를 켤 때마다 빼어난 지능을 가진 세기의 범죄자들을 만나지 않는가? 이들이 결여하고 있는 한 가지가 무엇인가? 그들은 자신의 생각만 믿고 살아왔을 뿐 아닌가? 우리는 또한 반대로 성령의 빛 안에서 기능을 발휘하는 매일매일의 생각이 어떻게 우리의 삶을 축복으로 이끄는지를 증언하는 많은 하나님의 사람의 이야기도 듣고 있지

---

[19] 이는 결코 내면을 내성한답시고 평온한 내면을 들쑤셔 대며 병을 만들라는 게 아니다. 오히려 그렇게 지금 병을 만들고 있는 자신을 인지하라는 것이다.

않는가?

 사실이 이러하다면 우리가 해야 할 일은 무엇인가? 우리는 습관적으로 생각하고 느끼고 행동해 온 이제까지의 삶에 더 이상 끌려다니지 말아야 한다. 그 결과는 어리석음이요, 비진실이요, 불안이요, 우울증이요, 공황장애요, 자살이다. 우리 주변에는 우리 생각의 한계에 더하여 이를 교묘히 이용하는 악의 세력이 엄존하기 때문이다. 그렇게 되지 않기 위해 우리가 할 일은 이들의 존재를 인지하는 것이요, 하나님의 말씀으로 대체하는 것이요, 떠오르는 태양과 함께 매일매일 하나님으로부터 오는 새로운 생각을 자신에게 명령하는 것이다. 성령의 빛 안에서 작용하는 생각이 어떻게 부정적인 악의 생각을 제압하고 건강한 영-혼-육을 유지하게 하는지에 대한 구체적인 전략은 이어지는 이야기에서 모색해 보기로 하자. 우리는 이제까지의 이야기를 아래와 같이 도식으로 요약해 볼 수 있다.[20]

 (예수님의 십자가는 이 양자 간의 장벽을 허무셨다. 그리하여 내가 한 구석에 처박아 둔 성령님께서 그 빛을 발하여 좌측으로 영향력을 확장해 나가셨다. 마치 지성소와 성소 사이의 장막을 찢어 버리심으로 지성소의 하나님께서 만방에 흘러넘치도록 하신 것처럼.)

---

20 성령님, 미국 펜실베이니아 피츠버그 비컨가, 2018. 1. 12. 05시. 상기의 논의를 명확하게 하기 위해 도식화해야겠다는 생각이 점점 명료해지자 나는 자리에서 일어나 노트에 도식을 그리기 시작했다. 다음 날 주일 예배 시에 만난 성령의 사람 윌이 내게 기도해 주는 중에 5번이나 연거푸 "명료화하라!"를 반복하며 하나님 뜻을 확인해 주었다.

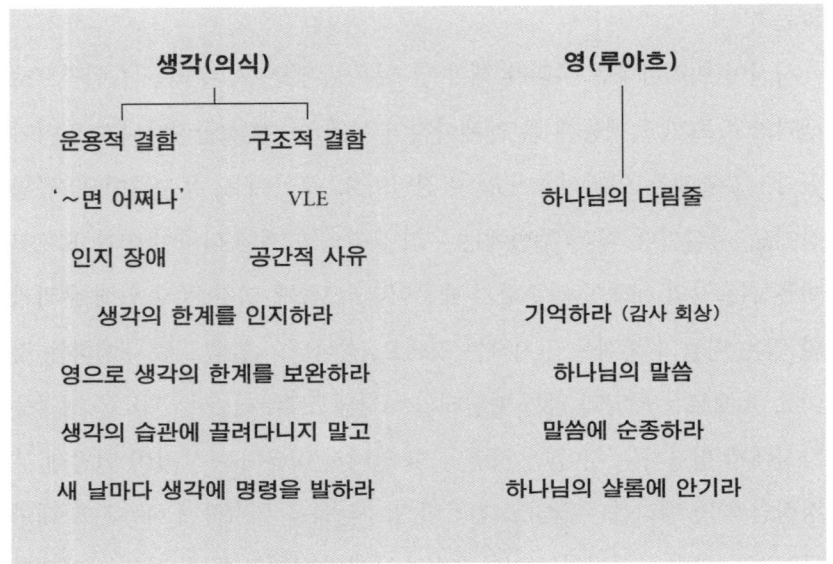

부록: 과학과 하나님

생각에 관한 이야기를 나누었던 이 단원을 마무리하면서 한 가지 덧붙이고 싶은 사족이 있다. 인간의 생각과 과학 활동에 관한 것이다. 도대체 어떻게 해서 완전히 고장나 멈춰 버린 냉동실에 갇힌 냉동 기술자가 동사(凍死)한 채 발견되고, 최면술사의 말이 누군가의 신체를 나무 토막처럼 굳어 버리게 하고, 내가 5층 난간에서 작업하고 있을 때 타지에 나가 있던 아내가 그 시간 동안 그렇게 불안에 휩싸이게 되는가? 그것은 말할 것도 없이 인간의 생각의 '장난'이요 그 위력이다. 어떻게 해서 보이지도 않는 우리의 생각이 우리의 삶과 신체에 이토록 엄청난 영향을 행사하고 시공을 초월해서 작용할 수 있단 말인가? 일상 생활에서건 신앙 생활에서건 도대체 어떻게 해서 이런 현상이 생기는지 궁금하지 않을 수 없다.

본서의 근본 관심에서는 다소 벗어난 곁다리 이야기를 하기로 하자. 현대 과학이 상기 질문에 대하여 한 가지 대답을 가지고 있다고 하기 때문이다. 현대 물리학은 소위 '양자중첩성'(Quantum Entanglement) 또는 '비국지성'(Non-locality) 원리라는 이론을 내놓고 이를 실험으로 입증하기에 이르렀다. 이 이론에 의하면 인간의 생각을 포함하여 세상의 모든 것은 소립자(양자)로 구성되어 있고, 아무리 멀리 떨어져 있어도 소립자 간에는 긴밀한 연관관계가 작동하여 상호 영향력을 행사한다는 것이다. 2012년 프랑스 아로슈아와 미국의 와이랜드는 상기 이론을 실험으로 입증해 보이기까지 하여 노벨상을 수상했다. 유사한 실험(예를 들면 떼어낸 피부와 그 피부의 주인 간의 공포 실험, 어미에서 분리된 토끼 새끼와 어미 토끼 간의 충격 실험 등)으로 이어지면서 상기 이론은 더욱 타당성을 더해 가고 있다. 인간의 생각과 신체 간에도, 심지어 생각과 자연 간에도 상관관계가 이루어지고 있음이 입증되었다고 한다.[21]

현대 과학의 후성 유전학(Epigenetics)은 한발 더 나가 심지어 후성 유전(Epigenome) 현상까지 주장한다. 인간은 생각만으로도 뇌세포에 전기 자극을 주어, 유전자의 DNA 염기 서열을 변화시키지 않은 채, 유전자를 변경시키고 이를 유전하게 한다는 주장이다(김진호). 이것이 사실이라면 우리의 악한 생각은 우리의 삶과 영혼을 얼마나 부자유한 상태 속으로 몰아 넣을 수 있겠는가를 생각하게 된다. 그런데 이러한 긍정적 성과에도 불구하고, 상기의 과학 이론을 잘못 적용하는 경우 이것은 하나님의 영적 현상에

---

21 첫 실험은 1998년 미 국방부 실험, 두 번째는 러시아에서 수천 km 떨어진 북대서양 심해 잠수함에서 새끼를 살해할 때 어미의 뇌파 측정 실험. 세 번째는 29명의 손목에 깁스를 하고, 주 5일, 매일 11분씩 손목을 운동하는 상상을 하게 한 후, 1개월 후에 조사한 결과, 다른 그룹에 비해 근육이 2배로 증가한것이 확인된 오하이오대학교의 실험(김진호).

대한 과학적 해명에 도달했다는 만용을 부추길 수 있다.

양자 물리학이 말하는 위와 같은 현상은 앞에서 소개했던 아브라함 헤셸의 논리를 따라 설명하자면, 소위 '유사성의 원리'에 따라 가능한 것이다. 헤셸에 따르면, 자연계의 합법칙성과 인간의 지성(이해성, intelligibility) 간에 있는 유사성때문에 인간이 과학을 수행할 수 있게 된다. 같은 논리로 영이신 하나님과 영을 지닌 인간 간에 유사성 원리가 작용하기 때문에 인간은 예언을 할 수 있게 된다.

그러나 이는 인간이 자연 현상을 설명할 수 있고 하나님의 은혜로 예언할 수 있게 된 원리를 설명한 것일 뿐이다. 양자 역학처럼 인간이 과학적 방법을 통해 하나님을 '검증'(verify)할 수 있다고 말하는 게 아니다. 물리계에 나타난 영적 현상 또는 하나님과 인간의 관계를 표시하는 영적 현상의 존재를 입증하기 위한 물리적 증거로 쓰일 수 있을 뿐이다. 또는 무신론자에 대한 반증으로 쓰일 수 있을지언정 영의 본질을 규명했다고 주장할 수 없다. 이 물리적 현상이 영적 현상의 흔적은 될 수 있을지언정 영적 현상의 본질은 아니기 때문이다. 결단코 양자 역학이 하나님이나 영적 세계를 과학적으로 증명해 냈다고 주장할 근거는 되지 못한다. 하나님과 인간이 '동역자'일 수 있으나 '신인동일체'(神人同一體)가 아니듯이 말이다.

'모든 것이 입자다. 생각도 양자다. 영의 세계도 양자다. 그런고로 영적 세계도 양자 역학으로 증명할 수 있다. 영이란 그저 양자 입자일 뿐이기 때문이다'라고 주장하기로 한다면 영이신 하나님도 입자일 뿐이라고 주장해야 할 것이다. 그 입자를 창조하신 분을!

앞서 말했듯이, 과학은 우주에 내재한 합법칙성과 인간에 내재하는 지성(intelligibility) 간의 유사성으로 인해 과학 활동을 할 수 있고, 인간은 영이신 하나님과 내 안에 내재하는 영 사이의 유사성으로 인해 예언을 할 수 있을 뿐이다. '유사성'! 그것이 전부다. 어찌 전자의 논리로 후자의 영역에 있는 영적 세계를 입증했다 할 수 있겠는가? 이는 단지 범주 오류를 범할 뿐이다. 전자와 후자 간에는 경이와 숭엄의 간극이 엄존한다. 영이 세상에 현현되어 나올 때 과학은 이를 '입자'라거나 또는 '파장'이라고 하면서 물리 현상에 대한 설명을 시도할 수 있을지 모르나 이로써 영의 본질을 해명한 것은 아니다. 단지 자연 현상에 나타난 그림자에 대해 여러가지 기술을 하고 있을 뿐이다. 모세가 본 시내산 떨기나무에 붙은 불을 연소 현상에 대한 과학적 조사와 규명으로 접근한다면 그에게서 무엇을 더 기대하겠는가?

제4장에 부치는 기도

주님, 저희는 미망에 사로잡힌 자들입니다.
허세, 착각, 책임 전가, 합리화…
온갖 미망의 자식들입니다.
이것들로 당신께서 말씀하시던 '어리석음'의 집을 짓고 살았습니다.
'쇠 공이로 찧어도 부서지지 않는' 강고한 집을 지었습니다.
뉘라서 귀띔이라도 해 주면 죽일 듯 달려들며
그를 평생 원수로 낙인찍었습니다.
되씹고 되씹었습니다.
가슴 아프게 인지할 용기도 정직도 없이
손쉬운 거짓의 집에 안주했나이다.
오, 주님, 당신의 '지혜'만이 이 어리석음에서 벗어나 살 길이었습니다!
어리석게도 태초에 당신께서 심어 주신 영을 밀쳐 둔 채
덧입혀 주신 이성, 생각, 의식의 겉옷에만 매달렸나이다.
왕의 말씀을 들은 척하지도 않고
호위무사와 기병대의 행렬에 현혹되었나이다.
주님, 작은 목소리로 발하시는 당신의 음성조차 놓치지 않겠사오니
말씀하시옵소서, 순종하겠나이다.

제 5 장

당연한 것들, 하나님의 다림줄로 대체하라!

　우리가 본격적으로 제5장에서 분석 작업에 들어가려는 것은 더 보편적으로 우리의 삶에 직접적인 영향력을 행사하여 우리의 영혼을 파괴하는 것들이다. 그럼에도 간파하기 힘들어서 본인조차 이 사실도 원인도 알아차리지 못한 채 살며 주위 사람을 괴롭히는 경우가 있다. 이 경우는 앞에서 예로든 경우들보다 우리 자신의 책임이 더 크다.

　예를 하나 들어 보자. 소금을 쥐면 손이 따가운 사람이 있다. 그는 소금을 팽개치며 소금에게 짜증을 낼 것이다. 그런데 그의 손 어딘가에는 틀림없이 상처가 있을 것이다. 물론 맨 처음 외부의 뭔가가 그의 손을 찔렀을 것이다. 처음에는 찌른 그(것)가 비난 받아 마땅하다. 그럼에도 시간이 지나 상처가 해결된 (아문) 손은 소금을 쥐어도 아무렇지 않아야 한다. 그러나 시간이 지났음에도 여전히 손이 따갑다면 이젠 그 손이 비난받을 차례다. 더 이상 찌른 사람이나 쇠꼬챙이가 아니라 그 손이 책임져야 하는 것이다. 마땅히 해야 할 일을 안 한 것이다. 이번에도 제일 먼저 그에게 필요한 일은 이제까지 몰랐던 자기 손 안의 상처를 알아차리는 일이다. 낫지 않은 생채기가 있는 것을 알아차려야 약을 바르든 반창고를 붙이든 할 수 있게 된다. 우리 중엔 의외로 많은 사람이, 아니 거의 모든 사람이 마음에 '상처'를 지니고 산다. 이로 인해 주변 사람을 불편하게 한다. 그럼에도 자신을 그렇게 반응하게 하는 마음의 생채기를 인지하지 못한 채 오히려 주변을 비난하며 산다. 이 때에도 해결책은 역시 인지와 대체의 문제로 요약된다.

제4장 끝 부분에서 잠시 대체의 중요성을 생각해 보았다. 우리가 대체해야 할 것은 우리의 상상을 초월할 만큼 뿌리가 깊다. 이제부터 이것들을 좀 더 깊게 분석해 보아야 하겠다. 인간은 사는 중에 저마다 자신의 경험에서 '자신의 다림줄'을 만들어 낸다. 일종의 생존 전략일 수 있다. 이것에 의해 처신하고 때로 이것에 의해 자식을 엄하게 교육하기도 한다. 제법 위엄을 갖추고 명령한다. 해병대 출신은 '해병대식'으로, 조폭 출신은 '조폭식'으로 하겠단다!

그러나 이러한 자의적인 방략은 인간의 영혼을 더욱 깊은 비진리의 늪에 빠지게 할 수 있다. 하나님의 진리 세계에서 벗어나 자신의 법칙을 만들어 그 안에 군림하게 한다.[1] 이제부터 이러한 자기 다림줄을 만들어 내고 있는 원초적인 인간의 실존적 상황을 분석해 보는 일부터 이야기를 풀어 보기로 하자.

---

1 그러나 하나님은 이렇게 말씀하신다. "무릇 사람을 믿으며 육신으로 그의 힘을 삼고 마음이 여호와에게서 떠난 사람은 저주를 받을 것이다"(렘 17:5).

1. 내 다림줄로부터 해방: 브루스 톰슨

인간은 태어나자마자 운명적으로 특정한 부모(또는 권위 인물)와의 관계 속에 던져진다. 소위 피투적(被投的) 상황에 처하는 것이다. 그리고 그 관계로 인해 불가피하게 특정 결과를 겪지 않으면 안 된다. 이제 그 관계 속에서 생성되는 내적 상처를 설명하기 위해 두 가지 유형의 성격 패턴을 다루어 보기로 하자. 이를 보다 쉽게 이해하기 위해 먼저 영화 두 편을 동시 상영하는 영화관으로 독자 여러분을 안내해 드리겠다. 프로그램은 "샤인"(Shine)과 "굿 윌 헌팅"(Good Will Hunting)이다.

영화 1: "샤인"

영화의 줄거리는 다음과 같다. 스콧 힉스(Scott Hicks) 감독의 이 영화는 실존 인물로 오스트레일리아의 전설적인 천재 피아니스트 데이빗 헬프갓(David Helpgott)의 일대기를 그려본 것이라고 한다. 이 영화 역시 실존 인물의 삶을 모델로 이루어졌다는 점이 더욱 관심을 끈다. 단지 픽션이 아니라 우리의 현실 모습을 보여주었다는 것에 의미가 있다. 데이빗의 가족은 제2차 세계 대전 당시 나치의 박해를 피해 외국으로 이민한 폴란드계 유대인이다. 데이빗의 아버지 피터 헬프갓은 가족과 전통을 중시하는 유대인 특유의 문화에서 자란데다 나치 치하에서 부모와 형제를 잃은 개인적 상처까지 겪었기 때문에 타협이 있을 수 없는 독선적인 가장의 모습으로 등장한다. 그의 이런 트라우마는 영화 곳곳에서 강박적 행태로 나타난다. 그의 입에서 후렴처럼 되풀이 하여 나오는 말은 "살아남아야 해!" "이겨야 해!" "가족, 가족, 가족!"이다. 그에게 가족을 이탈하는 행위는 결단코 용납할 수 없으며, 이탈하는 즉시 저주의 대상이 된다. 가정과 자녀에 대한 피터의 이런 집착은 사랑을 넘어 폭력으로 나타난다. 가정에서 자녀에게는 아버지에 대한 절대 복종만 있을 뿐이다.

데이빗은 번번이 피아노 콩쿨에서 입상할 정도로 천재적인 음악적 재능을 가진 아이다. 그것마저 음악에 특별한 집착을 가지고 있는 아버지에 의해 강압적으로 길러진다. 그에게는 해외 명문 학교에서 장학생으로 받아 주겠다는 초청이 잇따른다. 그럼에도 번번이 아버지의 강한 반대에 부딪혀 유학의 꿈이 좌절된다. 결코 가족을 벗어나 해외로 나갈 수 없다는 것이다. 그러나 자신의 음악적 성취를 포기할 수 없었던 데이빗은 "가족을 버리고 집을 떠날 테냐? 이 애비를 사랑한다면 가지 마라. 지금 나가면 너는 평생 벌을 받을 거다!" 하며 막아서는 아버지의 절규를 뒤로 한 채 탈출하듯 집을 떠난다. 영국 왕립음악원으로 유학 길에 오른 것이다. 데이빗은 영국에서 피아노의 대가 세실 팍스 교수의 지도하에 놀라운 기량을 쌓아 가지만 아버지에 대한 죄책감에 시달린다. 견디다 못한 어느 날 고향집 아버지에게 전화를 걸지만 아버지는 끝내 수화기를 들지 않는다. 뿌리 내릴 터전을 상실한 채, 늘 마음 한구석이 불안한 그가 매달릴 것은 음악밖에 없었다.

어느 날 그에게 오케스트라와의 협연을 위한 오디션에 지원할 기회가 왔다. 오디션 연주곡은 어릴 적부터 아버지가 가장 난해한 곡이라고 귀가 따갑게 말씀하신 곡, 라흐마니노프의 "피아노 협주곡 3번"으로 했다. 그렇게 해서라도 아버지와의 관계를 회복해야겠다는 심사였으리라. 그러나 혼신을 다해 연습에 몰입하던 데이빗에게 그의 인생 전체를 송두리째 허물어뜨리고 말 불행이 엄습한다. 연습 도중 정신 줄을 놓아 버린 것이다. 그의 마음속엔 늘, '아버지로부터 내쳐진 인생, 가정에서 영원히 버림받은 몸, 하늘 같은 아버지를 거스린 패륜아,…' 이런 생각으로 가득했다. 그래서 자신은 저주받은 죄인이라는 의식이 가득했으리라. 이 죄의식을 씻어 낼 방법은 '라흐마니노프'에 생사를 거는 것 밖에 없었을 것이다. '난이도 최고의 곡으로 승부하여 아버지 앞에 나타나야 하는데….' 그는 '이 일을 해내지 못하면 모든 게 끝장'이라는 강박감에 사로잡혀 있었을 것이었다. 그러는 중에 이미 그의 정신 세계는 피폐할 대로 피폐해 있었다. 더 이상 감내할 수가 없었던 그의 정신이 파국에 이르고 만 것이다. 그 후 그의 생애는 12년간 정신 병동 생활로 이어진다. 영화는 한참이나 더 이어지지만 그것은 우리 관심 밖의 일이다.

데이빗의 삶을 지배해 온 정신적 분위기는 그가 정신 이상 상태에서 뇌까리는 독백에 고스란히 묻어난다. 그는 쉴 새 없이 "난 못된 놈이예요. 난 평생 벌 받을 거야, 내 힘으로 해내야 살아남는 거야.…"를 되뇐다. 데이빗의 이 정신적 분위기는 정신과 의사 브루스 톰슨이 『마음의 벽』에서 정형화해 놓은 '거절감'의 벽돌에 고스란히 담겨 있다. 톰슨이 한 쪽 벽의 성격적 특성으로 규정하고 있는 기질의 목록은 다음과 같다. 슬픔, 자기 연민, 자기 증오, 우울, 무감각, 열등감, 불안, 실패감, 죄의식, 기력 고갈, 절망감, 좌절감, 완전 소진 등이다. 톰슨에 의하면, 이 모든 것은 '권위자'와의 관계에서 겪은 '거절감'(rejection)에서 연원하며 결국 자기 파괴를 지향한다.

영화 2: "굿 윌 헌팅"

이어지는 두 번째 영화는 "굿 윌 헌팅"이다. 어릴 때 받은 상처로 인해 좀처럼 세상에 마음을 열지 않는 반항아, 천재 소년 윌 헌팅의 이야기다. 천재적 두뇌를 지니고 태어난 윌 헌팅은 어릴 적 양아버지에게 심한 학대를 받으며 자랐다.

"양아버지가 '야, 이 새끼야! 너 어떤 걸로 두들겨 맞고 싶으냐? 이 가죽 채찍으로 패주랴? 아니면 이 쇠몽둥이로 패주랴? 네가 골라!' 하면 나는 언제나 쇠몽둥이를 택했지요."

상담 말미에 윌이 털어놓는 말이다. 윌은 불우한 환경에서 자라난 탓에 정규 교육도 제대로 받지 못한 채 동네 패거리들과 몰려다니며 지낸다. 절도, 사칭, 폭력 등 수많은 전과 기록이 그를 따라다닌다.

MIT의 청소부로 일하고 있을 때의 일이다. 제랄드 램보 교수는 난해한 수학 문제를 복도 게시판에 적어 놓겠으니 누구든 도전해 보라며 수업을 마친다. 며칠 후 누군가가 보란 듯이 그 문제를 칠판에 풀어 놓았지만, 정작 상을 받으러 앞으로 나오라는 교수의 말에 교실의 학생 중 누구도 나오는 이가 없다. 서로 얼굴만 쳐다볼 뿐! (윌은 그 학교 학생이 아니었기에 아무도 나타나지 않은 것이다) 어느 날 램보 교수는 드디어 다시 칠판에 문제를 풀고 있는 '범인'을 발견한다. 윌이었다! 보호 관찰 대상이었던 윌이 다시 폭행 죄로 수감될 운명에 처한 것을 알게 된 램보 교수는 주선에 나선다. 정신과 상담을 받게 하겠다는 조건을 걸고 윌을 보석시킨다. 램보 교수가 동료 상담 교수 숀에게 윌을 부탁하며 숀과 윌 간의 상담이 시작된다.

세상에 대한 분노가 가득 차 있는 윌이 잠재적으로 지니고 있는 한 가지 삶에 대한 태도가 있었다. 세상은 자신의 천재적 지능의 노리갯감일 뿐, 그 이상도 이하도 아니다! 대상이 누구건, 그것이 MIT 수학 교수 램보건 하버드의 대학원생이건 상담 교수건 실컷 놀려 주는 거다! 부모가 자신에게 그랬듯이, 남이 나를 버리기 전에, 내가 버림받기 전에 내가 먼저 장난치다 내치는 거다! 그렇게 복수하는 거다! 그리하여 그가 만나는 모든 사람은 이용해 먹고 버릴 대상일 뿐이다. 하버드의 교정에서 만난 여자 친구스카일라 역시 그런 대상일 뿐이었다. 세상엔 이런 윌을 가르칠 자가 없다. 소위 '가르쳐 볼 수 없는'(unteachable) 존재인 것이다.

그러나 상담 교수 숀 맥과이어를 만나며 윌에게는 한 가지 원천적인 질문이 스며든다. "나는 누구인가? 내가 안다는 것이 진정 무엇인가?" 소위 '앎과 삶'에 관한 본질적 질문에 직면한 것이다. 숀 교수는 윌의 놀라운 천재성과 지식이라는 것이 정작 삶에 관한 한, 철저한 무지와 공허가 아니냐고 집요하게 다그친다. "네가 사랑을 노래한 세익스피어의 소넷을 줄줄이 암송하고 역사 속의 전쟁을 묘사한 대목을 정확히 외워 댄다 한들, 네가 장기간 투병 중인 아내를 향해 내가 품었던 사랑과 연민을 손톱만큼인들 아느냐? 전장에서 죽어 가는 전우의 눈빛을 네가 보았느냐? 인생에 관한 한, 너는 그저 애송이가 아니냐!"

숀 교수는 동시에 윌의 행동 저변에 무의식적으로 작용하던 자신의 운명에 대한 분노를 본다. 그러고는 자기 부정을 앓고 있는 젊은 윌에게 한없는 연민으로 다가간다. 어느 날 그는 윌을 향해 "얘야, 네 탓이 아니다"를 연발한다. 윌이 자기 가슴에 얼굴을 묻으며 오열할 때까지!

우리는 윌이 앓고 있는 이 정신적 장애 역시 브루스 톰슨이 정형화해 놓은 '적개심의 벽돌'에 고스란히 담겨 있음을 확인할 수 있다. 그가 이런 류의 사람이 지니고 있는 성격적 특성으로 규정하고 있는 목록은 다음과 같은 것이다. 적개심, 자만, 궤변, 망상, 정신 불안, 우월감, 경쟁심, 지배적 기질, 고집, 타인을 조정하려 함, 완고함, 교육 불가, 환상, 쓴 뿌리, 비판적 성향, 지배적 성향, 집착 등. 톰슨에 의하면 이 모든 것 역시 '권위자'와의 관계에서 형성된 '반항'(rebellion)에서 연원한 것이며, 이는 결국 타 존재의 파괴를 지향한다.

제1부에서 논한 바와 같이 하나님의 형상을 받아 태어난 인간은 모두

관계의 원형이신 하나님이 그러하시듯 '관계적 존재'다. 그리고 인간은 실제로 그 어느 동물보다 긴 세월 동안 가정을 통해 관계 중의 관계인 '부자관계' 속으로 편입된다. 그런데 그 '부자관계'는 전술한 것처럼 그저 피와 살을 나누는 것이 전부는 아니다. 그것은 두 존재 간의 마음 대 마음의 관계이고 이 과정에서 불가피하게 마음, 특히 절대적 의존관계에서 보살핌을 받아야 하는 자식의 마음이 심대한 영향을 받게 된다. 그 영향이 부정적인 경우 그 부모의 영향력은 자식의 일생을 치명적인 상태로 빠뜨린다. 심리학에서는 그때의 보살피는 역할을 하는 존재를 '권위 인물'(authority figure)이라고 부른다.

성경은 수많은 곳에서 '하나님 나라'를 언급한다. 예수께서 말씀하고 계시는 영적 차원에서의 '하나님 나라'를 잠시 뒤로 하고, 제도로서 '하나님 나라'를 생각한다면, 하나님께서 이 세상에 최초로 염두에 두셨을 '하나님 나라,' '뜻이 하늘에서 이루어진 것처럼 땅에서도 이루어질' 그 '나라,' 그런 제도가 있기로 한다면 그곳은 어떤 곳일까? 국가일까? 교회일까? 아닐 것이다. 하나님께서 교회보다 먼저 세우신 제도가 가정이 아닌가? 구약에 소개되는 하나님의 사역은 철저히 가정을 중심으로 전개된다. 그리하여 최초의 그리고 최소 단위의 제도로서 '하나님 나라'가 가정에서 이루어지기를 기대하셨을 것임에 틀림없다.

'나라'엔 통치자 즉 '권위자'가 있기로 되어 있다. 성경은 가정에서는 그것이 아버지여야 한다고 명시한다. 그 권위를 위임받은 자, 즉 '권위의 근원'(Authority)이신 하나님으로부터 권위를 '위임받은'(authorized) 존재가 아버지라는 것이다. 그런데 그 권위자인 아버지라는 존재는 불완전한 인간일 뿐이지 않는가! 권위의 왜곡된 행사가 불가피해지는 대목이다. 불행하게도 그 결과는 브루스 톰슨이 『내 마음의 벽』에서 자신의 임상을 통해 설명해 내는 것처럼 각각 궁극적으로는 '자살'(suicide)과 '타살'(homicide)을 지향하는 '자기 거부의 성격'(rejection)과 '반항의 성격'(rebellion)으로 귀결되고 만다(톰슨 2011).[2]

그러나 앞서 '부자관계의 영향'이라고 표현했던 말은 광의의 의미에서는 현실적으로 아버지와 아들 간의 관계가 부재했을 때의 부정적 영향까지 포함해야 한다. 혹자는 부자관계의 영향이란 것이 아버지의 인간적 한계로 인해 불가피하게 부정적 영향에 노출되는 아슬아슬한 것이라면, 차라리 그런 관계가 없는 세상에서 사는 게 더 낫지 않겠느냐는 공상을 할지도 모른다. 그러나 만물 중에 가장 부서지기 쉬운 존재인 유아가 장기간 보살핌을 받지 못하는 상태에 버려진다는 것은 인간 자신의 생존을 생각하는 한 헛된 공상일 뿐이다. 게다가 가정에서 권위의 대명사인 아버지가 없는 상태에서 자라는 아이들을 대상으로 한 간접적인 반증이 현실적으로 드러났다. 브루스 톰슨은 소위 '부 결손 증후군'(父缺損症候群)이라는 것을 소개한다.

장기간 해외 근무를 해야 하는 군인 가족의 경우처럼, 어릴 때 아버지의 부재를 경험하며 자라는 유아의 마음 속에는 분노, 현실 부정, 죄책감, 두려움, 미해결 스트레스, 퇴행 같은 부정적인 감정의 침전물이 쌓이더라는 것이다. 이것은 장차 그들의 성장 과정에서 사회생활을 저해하는 성격 장애와 병리 현상으로 나타나게 되는 것이 확인되었다(톰슨 2011).[3]

---

2   부모와의 관계가 인간의 인격 형성에 이처럼 심대한 영향을 끼치는 이유를 칼 레만은 이렇게 설명한다. "태어난 유아에게 최초로 천혜의 평안인 '샬롬'을 주는 존재는 부모다. 그런 유아가 부모에게서 이와 정반대로 억압이나 공포를 겪을 때 유아에게는 인격 파탄이 일어난다. 이는 '액셀러레이터와 브레이크를 동시에 밟는 것과 같은 혼란을 경험하는 것'이다."
3   부 결손을 체험하는 유아기의 분노는 성인이 되어 **범죄**로, 그들의 현실을 부정하는 공상은 성인이 되어 성격 장애나 자기 기만으로, 재결합을 시도하려는 유아의 행동은 성인이 되어 관계를 질식시키는 **욕망**으로 발전한다. 자신의 잘못으로 아버지가 사라졌다고 생각하는 유아기

그리고 보면 이 '부자관계'라는 인간관계는 인간에게만 주어진 불행한 '운명' 같은 것이 아닐 수 없다. 생애에서 어떤 이유로 이 관계가 부재하게 되면 부재하는 대로, 반대로 이 장기간의 부자관계 속에 편입되면 편입되는 대로, 인간은 모종의 부작용을 앓게 되는 '운명의 동물'인 것이다.

그러나 이 운명적 불행은 대안 없는 '운명'이 아니다. 성경이 '하나님의 다림줄'을 소개하고 있기 때문이다(암 7:7-8). 권위의 근원이신 하나님께서 진리의 중심점을 향해 내리 꽂으시는 중력의 '다림줄' 말이다. 이는 위에 적은 딜레마의 문제 해결에 접근할 수 있는 두 가지 방향을 제시한다. 하나는 하나님의 다림줄을 따라서 권위 인물 자체가 변화하는 것이요, 다른 하나는 피보호자의 자기 회복이다. 근래에 자주 듣게 되는 '아버지 학교'라는 주제가 전자(권위 인물 자체의 변화)를 지향하는 노력에 해당된다면, 후자(피보호자의 자기 회복)는 '내적 치유' 사역의 주제일 것이다. 양자 모두 궁극적으로는 그 방향이 하나님의 권위에 맞춰져 있어야 할 것이기 때문이다. 전자의 핵심은 하나님의 다림줄에 조응하는 권위 행사에 맞춰져야 할 것이며, 후자의 경우 권위 인물에게서 부당한 경험을 체험하면서 불가피하게 스스로 형성해 왔을 왜곡된 자기 방식의 '다림줄'을 인지하는 것에서 회복을 시작하게 될 것이다. 말하자면, 각기 어떻게 하나님의 다림줄에서 이탈한 것인가를 보는 것이다.

다음의 도표는 앞의 두 영화에서 제기된 두 가지 파괴적 성격 유형에 대한 심리학적 분석과 그에 대한 신앙적 대안을 대비한 것이다. 브루스 톰슨의 『내 마음의 벽』에 브렌트 목사의 『자유 교실』을 합성하여 재구성해 본

죄책감은 **우울증**으로 내재화되거나 **범죄 행위**로 외재화되며, 유아기의 두려움은 성인이 되어 **신경증(노이로제)**으로 발전되고, 유아기의 미해결된 스트레스는 후에 정신적 신체적 **장애**로 발전되며, 유아기의 퇴행은 성인이 되어 **정신 이상**이나 **미성숙**의 원인이 된다.

것이다. 전자가 정신과 의사답게 심리학적 접근을 하고 있다면 후자는 목사답게 영적 전쟁의 차원에서 분석하고 있다. 이 도표가 목적하는 바는 자명하다. 도표의 좌측으로부터 단적인 단절과 우측으로의 단적인 결단이 '운명'[4]에 대한 우리의 영원한 대안이다!

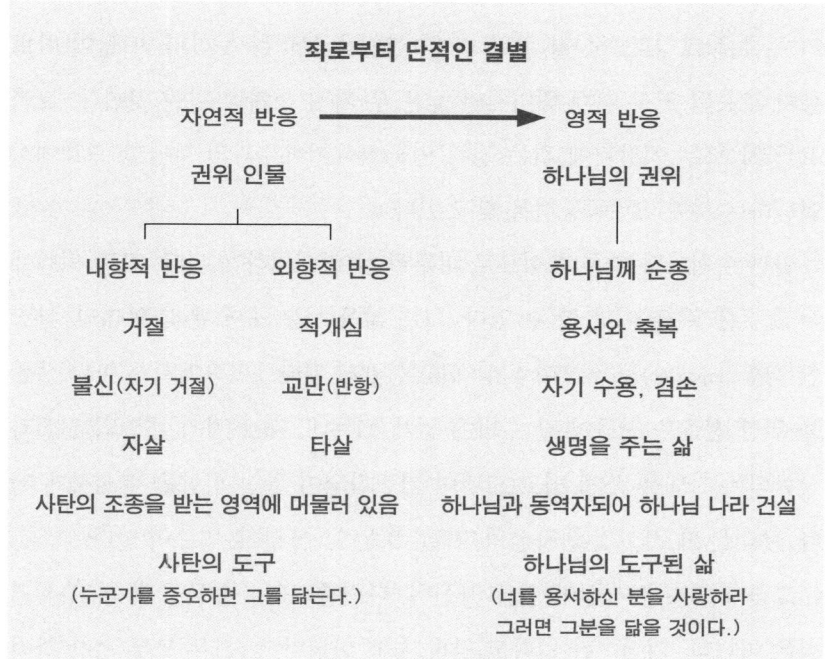

브루스 톰슨은 『마음의 벽』에서 전형적인 두 가지 성격을 유형화해서 보여 주고 있다(톰슨 2011). 그가 그 한 쪽의 성격적 특성으로 규정하고 있는 기질의 목록은 전술한 바와 같이 슬픔, 자기 연민, 자기 증오, 우울, 무감각, 열등감, 불안, 실패감, 죄의식, 기력 고갈, 절망감, 좌절감, 그리고 완전 소진 등 자기 생명의 부정을 지향한다. 반면에 다른 쪽의 기질 역시 전

---

4   그렇다. 성격이 운명이다. 에리히 프롬의 말이다.

술한 바와 같이 적개심, 자만, 궤변, 망상, 정신 불안, 우월감, 경쟁심, 지배적 기질, 고집, 타인을 조정하려 함, 완고, 교육 불가, 환상적, 쓴 뿌리, 비판적, 지배적, 집착 등 타인 생명의 파괴를 지향하는 것이다. 앞서 본 두 영화의 주인공과 오버랩되는 선명한 그림이다. 전자('자기 생명의 부정')의 목록은 그대로 "샤인"의 데이빗을 묘사하는 듯하고, 후자('타인 생명의 파괴')의 목록은 그대로 "굿 윌 헌팅"의 윌 헌팅을 그리는 듯하다. 이들이 바로 상기 도표의 왼쪽 편에 대비시켜 놓은 두 가지 성격 유형인 것이다. 그리고 양자 모두 성장기에 겪은 권위 인물(특히 아버지)과의 부당한 관계에서 연원하는 것이라는 공통점을 갖고 있다.

인간은 저마다 다른 형식으로 피투된 삶에 대처하게 된다. 그런 의미에서 그것은 '운명'이라 할 수 있다. 그런 삶을 사는 중에 온갖 형태의 '부당한 경험'(injustice)을 겪으며 외상(外傷)을 앓게 된다. 그 속에서 저마다 생존을 위한 전략을 만들어 갈 수밖에 없게 되는데, 때로 자기 내면의 진실과 상반되는 가면을 쓰게 되고 그것이 기질화되어 특정 성향을 형성하게 된다. 우리는 때로 그것을 자신의 '기질' 또는 '스타일'로 믿으며 산다.

그러나 그것은 자신이 만든 자신의 '다림줄' 또는 습성일 뿐 타고난 기질은 아니다. 기질이란 없다고 말하는 게 아니다. 기질은 모두 성장 과정에서 부정적으로 형성된 것이라고 말하는 것도 아니다. 각 사람마다 지닌 기질의 차이는 오래전부터 연구를 통해 확인된 성격적 실재다. 여기서 말하려는 것은 환경, 특히 부당한 고통에 의해 '제2의 천성'처럼 굳어진 반응을 기질이라고 착각하고 있다는 점이다. 이 관계 파괴적인 침전물을 마치 하나님에게 직접 받은 기질처럼 오해하지 말자는 것이다.

브렌트 목사는 상기의 성격적 침전물이 형성되는 과정을 다음과 같이 공식화해서 설명하고 있다. 소위 부당한 경험의 진행 방식인 것이다(브렌트 1862).

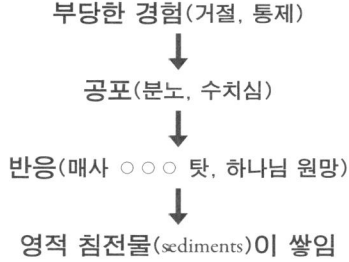

요컨대 인간은 사람이나 환경에 의해 가해진 부당한 경험으로 인해 상처를 받으면 내면에 분노, 수치심, 수동성, 쓴 뿌리 같은 견고한 진지(陣地)를 쌓는 죄에 빠지게 되고, 그 결과 언제나 모든 것을 타인의 탓으로 돌리며 자신이 받은 상처대로 타인에게 상처를 입히는 패턴을 계속한다는 것이다. 그의 영혼에는 악한 영적 침전물이 쌓여 갈 뿐이다. 영화 "부산행"처럼 말이다! 하나님에 의해 치료되지 않은 악은 그렇게 재생산되고 세상은 조만간 모두 사탄에 목이 물려 미쳐 버린 '부산행 열차'가 되고 말 것이다.[5] 어쩌면 지금 우린 이미 그런 세상 속에 던져진 채 살고 있는지도 모른다. 정녕 그렇게 느낀 적이 없는가? 당신은 "인간은 참으로 악한 동물이로구나!"라고 절규하며 소스라친 적이 없는가? 믿기지 않는다면 한강의 작품을 읽어보라.

우리의 대안은 이 '자연적'인 자기 세계에서 벗어나, 윗 도표의 오른편에 제시한 것처럼, 하나님의 '다림줄'에 순종하는 것이다. 왜 하나님의 다림줄로 대체하라는 것인가? 이제까지 해 온 우리의 이야기를 통해 자명해진다. 앞의 이야기를 요약하면, 하나님이 부재하는 자연적인 인간의 삶 속에는 무엇인가(부모, 선생, 전통, 종교 등)가 권위의 자리를 차지하게 되어 있

---

[5] 하나님의 성령은 악한 세력의 "부산행"식 확장 방식과 정확히 반대 방향으로 하나님 나라를 확장시켜 나가신다. 다음 장에서 칼 레만이 논하는 '조율'의 논리를 보라.

고, 그 결과는 언제나 왜곡된 상처로 귀결된다는 것이다. 하나님이 아니면 사탄이기 때문이다. 그리고 하나님이든 사탄이든 자신의 메시지를 전달할 매체가 필요하게 되며 가정에서는 부모가 그 역할을 담당하기로 되어 있었던 것이다. 그러나 (부모를 포함한) 인간에겐 근원적으로 자기 구원 능력이 내장되어 있지 않을 뿐만 아니라, 하나님에게서 독립하여 기능하는 인간의 모든 기능은 위험천만하기까지 하다는 것이다. 철학자들이 인간의 본질이라고 믿어 왔던 이성도, 이성의 총아인 현대 과학과 테크놀로지에 의한 미래도 생각하면 불안하다. 유발하라리(Yuval Harari)의 주장과 달리 후자(현대 과학과 테크놀로지)로 인해 인류의 미래를 더욱 위태롭게 끌고 갈 수도 있기 때문이다. 앞에서 논했던 것처럼 인간만이 지닌 생각(의식)은 구조적인 면에서 비실재성을 낳게 되는 근본적인 한계를 지닐 뿐만 아니라 삶 속의 부당한 경험과 욕망의 영향으로 인해 실제 운용 측면에서 실재를 왜곡시켜 '자신의 다림줄'이란 것을 양산해 낸다. 개인의 비뚤어진 '제2의 천성'이나 민족적 세계관 같은 것을 만들어 낸다.

사실이 이러하다면 진리를 향한 인간의 대안이 무엇이어야 할지는 자명해진다. 현대 프랑스 철학의 효시로 꼽히는 베르그송은 인간의 지성에 (신적) 직관 능력을 병치시키는가 하면, 전술한 줄리언 제인스는 의식에 선재하는 양원성의 존재를 주장한다. 이들 직관이나 양원성이 함의하는 것은 '레브'(생각)는 '루아흐'(영)의 빛 안에서만 진리를 지향한다는 메시지가 아닌가? 하나님의 '루아흐'(영)의 빛을 따르는 것! 오직 그렇게만 우리는 다르게 살 수 있다! 그렇게 살지 않으면 대안은 없다. 상기 도표상의 좌측과 단적인 결별을 선언하고, 태어나서 처음으로 하나님의 다림줄을 따르기로 결단해야 한다. 결코 하나님의 다림줄에 잠시 감정이 끌려서 그 쪽으로 가는 게 아니다. 그분께서 제시하시는 '다림줄'이 지적으로 이해가 되어서

가는 것도 아니다. 믿음에 의한 결단으로 가는 길이다. 하나님께 자신의 의지를 굴복하기로 결단하는 의지의 문제다. 나의 다림줄을 버리고 하나님의 다림줄을 따르는 문제에 있어 가장 긴요한 것은 (지정의[知情意] 중에) '의'(意)인 듯하다. 오스왈드 챔버스는 "주께서 말씀하신 바에 인생을 걸겠느냐"고 물으며 이렇게 말한다.

> 믿음이란 믿으려고 하는 '의지'입니다. 설득력에 넘어가는 것이 아니라 하나님의 음성 앞에 자신의 의지를 항복하는 것이 믿음입니다.…하나님 신뢰를 막는 장애물은 항복하려는 의지가 없는 지적 이해입니다. 감정이 가는 대로 따르는 것은 가장 무모한 것입니다. 믿기 위해 '의지'해야 하고, 과거의 가치관과 습관에서 나 자신을 분리시키려는 뼈를 깎는 수고가 있어야 합니다(챔버스 2014).

앞의 도표(좌로부터 단적인 결별)에서 우측에 명시된 것은 우리가 그렇게 의지적으로 결단할 때 나타나는 영적 성품이다. 좌측이 모든 인간이 피투적으로 태어난 '자연적' 상태 그대로라면, 우측은 기투(企投)하여 예수님을 따라 의지적으로 죽음을 '선구'(先驅)[6]하는 삶을 선택할 때만 가능한 은혜의 성품이다. 좌측이 관계 속에서의 인간의 '자연적' 반응이라면, 우측은 관계 속에서의 '영적' 반응이다. 좌측이 인간적 권위 인물과의 부정적 관계에서 이루어지는 성격이라면, 우측은 하나님만을 권위로 삼는 그분과의 관계 속에서 이루어질 수 있는 성격이다. 이것은 바울이 빌레몬에게 요

---

6 하이데거의 용어다. 그러나 그는 자연적인 죽음이 오기 전에 먼저 죽음을 앞질러 달려 나가라(vorlaufen)는 의미로 한 말이다. 인간에게 궁극적인 두려움을 주는 대상인 죽음을 극복하지 않고는 진정한 자유도 진실된 삶도 불가능하다는 주장이다.

구한 것이기도 하다. 주인을 버리고 도망친 자를 '범법자'로 다루는 사회의 당당한 '다림줄,' 인간적 선의를 배신하고 도망친 '패륜아'로 규정하는 마음속 쓴 뿌리가 당연시되는 세상적 '다림줄' 대신, 그를 '친구'로 맞이하라는 주님의 '다림줄'을 선택하라는 의지의 요구다. 이것의 실현을 꿈꾸며 서신을 쓰고 있는 바울의 처소는 더 이상 '감옥'이 아니었다. 그곳은 이미 하나님 나라가 실현되어 있지 않은가!

브렌트 목사에 따르면, 나의 기질이요 나만의 정체성이라고 굳게 믿고 살아왔던 좌측의 모든 항목은 내가 이제까지 사탄에게 발판으로 제공해 온 사탄의 견고한 진지요 '침투 기지'(stronghold)로 작용해 왔을 뿐이다. 우리의 '자연 상태'는 영적 '처리' 되지 않은 채로 그대로 놔두는 한, 사탄의 사슬에서 벗어나지 못한 채 그의 도구가 되어 살게 되어 있을 뿐이다. 의식적 결단 없이 그대로 끌려가는 이 상태의 특징은 모든 판단의 근거가 나로 귀결될 뿐이다. 하나님 말씀도 아전인수 격으로 해석하며, 유일한 관심도 나요 판단 근거도 나다. 자신이 '만물의 척도'인 것이다. 그러나 이들은 아우구스티누스가 말하는 '어둠의 자식'에 속할 뿐이다.

이처럼 하나님 없이 '독립적으로' 형성된 성품은 종국적으로, 자기 생명이든 타인의 생명이든, 생명 파괴적인(life-destroying) 삶으로 귀결될 수밖에 없게 된다. 반면에 우측은 생명의 근원이신 하나님의 성품을 따라 생명을 살리는(life-giving) 용서와 축복의 삶을 살게 된다. 우리는 무엇 때문에 (도표상의) 왼쪽과 단절하고 오른쪽의 삶으로 결단해야 하는가? 단적으로 말해 자연적 인간은, 권위 인물이든 보호의 대상이든, 태에서부터 죄 중에 태어난 존재일뿐이기 때문이다. 그뿐만 아니라 사는 중에 여러 경로를 통해 부당한 경험에 내던져지게 됨으로써, 믿음의 선택을 하지 않는 한, 불가피하게 왜곡된 자아상을 형성할 수밖에 없게 된다. 그래서 결국에는 생명 파괴

적 행동 패턴을 따라 파멸로 마감할 수밖에 없게 된다.[7]

그리하여 하나님께서 우리에게 제시하는 명령은 지금까지 갔던 것과 "반대 방향으로 가라."[8] 예수를 통해 보여 주신 삶을 따라가라는 것이다. 교만 대신 겸손, 쓴 뿌리 대신 용서다! 하나님의 명령에 복종하여 죄를 우로 '대체'(Replace)하는 것이 우리가 확인한 이 딜레마에 대한 답이다! 더구나 용서는 내가 구원받는 조건이기도 하다. 아시시의 성 프란치스코의 말대로 "용서함으로써 용서받기 때문이다." "굿 윌 헌팅"의 클라이맥스에서 상담 교수가 윌을 향해 "네 탓이 아니다"(It's not your fault!)를 연발하는 것은 단지 인지 단계에 머문 정도다. 운명 앞에 선 인간의 실존에 대해 '인지'하는 지혜 정도일 것이다.

그러나 우리는 "나를 부당하게 대하신 내 아버님도 불쌍한 삶의 피해자다. 그분을 용서하고 축복한다"고 말해야 한다. 영화 속 데이빗의 살 길 역시 아버지 피터 헬프갓이 살아온 운명을 측은해하며 이해와 용서와 축복으로 '대체'하는 것에 있었을 것이다. 불행히도 '하나님의 도움'(Helpgott)을 이름에까지 담고 있던 아버지 피터나 아들 데이빗이 택한 길은 하나님의 다림줄과는 무관한 것이었다.[9] 내가 품고 있는 "원한은 사탄의 탄약고"

---

[7] 영어는 이를 이렇게 간결히 표현해 버린다. Unless we'd turn to God by faith, naturally we are born killers by birth.

[8] 성 프란치스코의 기도이기도 하고, YWAM의 창시자 커닝햄의 말이기도 하다.

[9] 특히 자기 거절의 성격 패턴을 지닌 사람에게는 브렌트 목사가 제시하는 이하의 항목이 지침이 될 것이다. "나는 사랑스럽지 못하며, 가치 없으며, 거절받아 싸다"는 거짓말을 받아들이지 말고 다음 같이 선언하라고 한다. 사탄이 주입시킨 말 대신, # 나는 하나님의 말씀에 기초하여 사람을 대하며 사람을 용납하고 사랑할 것이다. # 나는 다른 사람을 격려하고 사랑하고 축복할 것이다. # 나는 더 이상 내 안에 거절에 대한 분노와 반항을 지니고 살지 않겠다. # 나는 더 이상 사람에게 용납받고 사랑받으려고 노력하는 대신, 성령의 인도하심에 따라 내 영적 은사로 사역하겠다. # 나는 배우자에게 나의 연약함과 약점을 드러내는 것을 두려워하지 않고 하나님을 신뢰하겠다. # 나를 거절한 사람이나 나보다 더 자유와 자신감을 가지고 사는 사람에 대해 비판적인 마음을 갖지 않겠다. # 나는 먼저 다른 사람에게 다가가는 행동을 취하며 위로하고 격려하는 말을 하겠다. # 나는 더 이상 자기 연민이나 외로움에서 위로를 찾지 않겠다.

가 되나, 용서로 대체하는 나는 손양원 목사님에게서 보는 것처럼 영혼을 하나님께로 인도하는 "예수의 보물"이 된다. 이것이 운명 속에서 한숨짓던 주인공이 취해야 했던 대안이었을 것이다.

영화 이야기를 끝내며 마지막으로 첨언할 대목이 있다. 불행하게도 두 번째 영화 속 상담자 숀이 "네 탓이 아니다"라며 제시한 길은 운명에 자력으로 도전하는 길이 고작이었다. 그러나 오스왈드 챔버스는 하나님에게서 '독립한' 세상적 '자아'나 '자아 실현'은 오히려 예수 그리스도 앞에서 부서져야 할 대상이라고 단언한다(챔버스 2014). 그에 의하면 인간의 모든 '자아 실현'은 하나님과 하나님의 다림줄에서 독립하려는 '나의 독자성'에 다름 아니다. 그는 인간의 참된 자유는 자신의 '인격적 본성을 주님과 하나되게 하는' 때 획득된다고 강조한다. 그리고 이 일은 바울 사도의 고백처럼 '내가 그리스도와 함께 십자가에 못 박힘'으로만(갈 2:20) 가능해진다고 한다.

오스왈드 챔버스는 이 일이 선행되지 않은 신자의 행동은 모두 '거짓 경건'일 뿐이라고 경고한다. '마음을 다해 자신의 권리를 포기하고' 주님과 함께 십자가에 못 박히는 오직 그때에만 "그 즉시 초자연적인 하나님의 실제 사건이 발생하고…성령의 증거가 분명하게 나타난다"(챔버스 2014)고 귀띔해 준다. 하나님 안에서 이루어지는 진정한 자유 체험은 매일 '여덟 시간씩 엎드려 기도'했을 때나, 천문학적 금액을 헌금했을 때나, 엄청난 신학적 지식과 통찰을 소유할 때가 아닌, **완벽한 자아의 죽음을 통해 하나님의 다림줄에 순종할 때** 나타나게 된다는 뜻이다.

나는 하나님께서 나를 만드신 원래의 모습을 기뻐하며 '나 자신이 될 것이다.' # 나는 성령님이 기회를 주시는 대로 어디서나 누구에게나 그리스도에 대한 나의 믿음을 나누겠다(브렌트 1862).

이는 우리의 자아를 부서뜨리는 순종 없이는 하나님의 다림줄을 선택하는 일 자체가 불가능하다는 말이기도 하다. 내 안의 모든 것은 죄악이 아닌가? "세상의 죄를 없애기 위해" 십자가에 못 박히신 그분의 일로 인해 구속받은 자의 선택이 무엇이어야 할지 자명해지는 순간이다.

2. 수동성에서 해방

철학자 데카르트(Descartes)는 우리 자신이 참이라고 알고 있는 모든 명제에 대하여 평생에 한 번은 그 진리성을 의심해 보아야 한다고 주장한다. "나는 생각한다. 그런고로 존재한다"라는 명제의 진리만 제외하고 말이다. 이는 그의 소위 '방법론적 회의'라는 것이다. 하나님을 믿는 우리 역시 평생에 한 번은 자신도 모르는 자기 내면의 부끄러운 모습을 보여 달라고 기도해야 한다. (물론 이말은 데카르트의 철학적 주장을 수용해야 한다는 말이 아니다. 본서의 의도는 그의 생각과 정반대일 수 있다. 왜냐하면 그가 '의심'하라고 할 때 그 의미는 지금 의심[생각하고 있는 자신만이 유일하게 믿을 수 있는 근거라고 주장하고 있기 때문이다.)

우리가 할 일은 마치 내 몸의 독성 바이러스를 검사할 '리트머스 시험지'나, 암 세포를 찾아내는 PET(양전자 방출 단층 촬영) 검사처럼, 하나님과 나 사이를 차단하고 있는 내 의식 속의 어둠을 찾아내는 작업이다. 큰 암 덩이만 찾아내는 게 아니다. 작은 기미라도 있으면 도려내야 한다. 하나님 앞에서의 변화를 말하는 마당에 우리 죄성의 암 덩이가 얼마나 크냐 작으냐는 문제되지 않는다. 내 성격이 다른 사람보다 많이 두드러졌는지 아닌지는 관건이 아니다. 오히려 전자(큰 암 덩이)에 소망이 있다. 예수께서 우물가에서 만난 여인이 남편을 둘 가진 사람보다 죄가 커서 문제인 게 아니었다. 오히려 그녀는 죄의 암 덩이가 커서 사람들 눈에 쉽게 띄어 구원을 받았다. 암 덩이가 작아 그냥 눙치며 '교회 생활' 속에 묻혀 살다가 인지하지 못한 채 지내는 사람이 죽을 확률이 더 크지 않은가?

브렌트 목사의 『자유 교실』은 사탄이 우리 안에 구축하여 자신의 거점으로 사용하는 진지를 점검하고 인지하는 아주 효율적인 방법을 제시하고 있다. 분노, 수치심, 거절감, 공포, 수동성 등 각 항목마다 체크리스트를 제시한다. 이것을 점검하다 보면 자신의 내면에서 자기를 지배하고 있던 사탄의 진지를 인지하게 된다. 나는 코나에서 두 차례에 걸쳐 이 작업을 수행하던 중에 체험했던 '고통스러운 행복'을 잊을 수 없다. 그 중 '수동성' 항목 하나를 여기에 소개한다. 나는 직접적으로 눈에 띄게 관계를 파괴하는 분노, 거절감, 공포 따위와 달리 수동성은 소리 없이 우리의 관계를 파괴하는 암적 존재임을 깨닫게 되었다.

예수님은 우리가 가져야 할 관계 맺는 방식을 두 가지로 가르치고 계신다. 깨어진 관계를 회복하라(마 5:23-24)고 하시며 동시에 '작은 자'와의 관계로 나가라(마 10:42)고 하신다.[10] 전자(깨어진 관계의 회복)가 나의 잘못 때문이든 나를 송사하는 자의 잘못 때문이든 사과하거나 용서하는 소극적 관계라면, 후자(작은 자와의 관계)는 작은 자, 즉 형제 중에 극히 작은 자에게

---

10 물론 이 말씀은 휴머니스트들이 말하는 인류애를 의미하지는 않는다. 인용된 성경에서 언급하신 것처럼 예수님을 받아들인 것은 그를 보내신 하나님을 받아들인 것이고, 예수를 믿는 소자(즉 기독교 신도)를 받아들인 것(대접한 것)은 예수님을 대접한 것이라는 논리와 동일선상에서 하신 말씀이라는 주장이 있기는 하다. 그러나 예수께서 죄중에 고통받고 있는 나를 대신해서 목숨을 던지신 것은 내가 유대인이기 때문이거나 내가 주님의 사역자가 되기로 예정되어 있기 때문에 그렇게 하신 게 아닐 것이다. 전적으로 내가 저지른, 내가 책임져야 할 죄임에도 그렇게 하신 것은 인간 일반을 향한 그분의 은혜 때문이다. 이것은 인간 일반이 따라 행동해야 할 길이요 진리다. 인간의 행위는 이것을 지향할 때 승화되기로 되어있는 것이다.

찾아가는 적극적 의미의 관계라 할 수 있을 것이다. 이때 수동성은 후자의 관계를 가로막는 가장 큰 장애물인 듯하다.

인간의 적극적인 '대시'(dash)가 없었다면 세상에는 어떤 형태의 미학적 열매도, 사랑의 열매도, 구원의 열매도 열리지 않았을 것이다. 시인의 은유를 통한 '폭력적 결합'[11]이 없다면 인간과 사물은 소 닭 보듯 서로 멀뚱멀뚱 쳐다보고만 있었을 것이며, 사랑의 결단이 없었다면 이 세상에 남편과 아내에 의한 가정이라는 것은 생겨나지 않았을 것이며, 하나님께서 성육신하시어 역사 속으로 침입하시는 적극적인 결단이 없었더라면 이 세상엔 구원도 하나님 나라도 가능하지 않았을 것이다. 이제 그 성육신의 주인공이신 주님께서 우리에게도 적극적인 관계를 요구하고 계신 것이다.

수동성의 근저에는 '나 이외의 어떤 존재와 관계를 맺지 않아도 난 잘 살 수 있다'는 잠재 의식이 깔려 있다(브렌트 1862). '나 이외의 어떤 존재'에는 하나님도 포함되는 것은 물론이다. 그런고로 이는 하나님과의 관계를 거부하는 것은 물론이고, 본서의 초반에서 논했던 "우리는 관계적 존재로 태어났다"는 명제를 근본적으로 거부함을 의미한다. 이런 의미에서 수동성은 죄의 근저를 형성하는 우리의 기질이라고 해야 할 것이다.

수동성의 기저에 깔려 있는 두 번째 의식은 현상에 안주(安住)하려는 심리다. 왜 현상에 안주하려 하느냐 하면 근원적으로 하나님에 대한 믿음이 부재하기 때문이다. '본토 친척 아비를 떠나' 향방 없이 하나님의 지시만을 따라 떠날 수 없는 것이다. 내가 확실히 파악하여 완벽히 관장하고 있

---

11 물론 "그러면 이제 가세/ 그대와 나/ 저녁 노을이/ 수술대 위의 에테르로 마취된 환자처럼/ 하늘에 퍼질 때…"(T. S. Eliot, *The Love Song of J. Alfred Prufrock*)처럼 불타는 황혼의 들녘에 서서 에테르가 환자의 몸속으로 퍼져 나가는 시상을 그려내는 엘리엇이 있는가 하면, 당신 자신을 형상화하시는 하나님의 임재 속에서 숭엄을 느끼며 하늘 위로 솟아오르는 영을 체험하는 성도가 있다.

는 곳이야말로 가장 불확실성이 최소화된 편안한 안식처라고 믿는 것이다. 그러나 우리는 믿음이 있을 때만 현상(status quo)을 탈피할 첫 발을 내어 디딜 수 있게 된다.

수동성에 매여 있는 사람은 모든 것을 자신이 책임져야 한다고 생각한다. 그리하여 결국에 하나님이 은혜로 주시는 용서도 받아들일 수 없게 된다. 따라서 실존적으로 자신의 의(義) 속에서만 의미를 찾을 수밖에 없는 자여서 늘 죄의식에 사로잡힌 채 살아갈 수밖에 없게 된다. 하늘 아래 '의인은 없나니 하나도 없기'(롬 3:10) 때문이다. 『레미제라블』의 자베르 경감이 그 전형이다. 쉬지 않고 장 발장의 뒤를 쫓으며 그의 죄를 입증하려 했던 자베르는 사람은 반드시 죗값을 치러야 한다는 신념 속에 사는 충직한 경관임에 틀림없다. 그런 만큼 그는 스스로도 죄를 짓지 않으려 철저히 자기를 관리하는 일등 시민이기도 할 것이다. 남에게 용서를 받거나 시혜를 받는다는 것은 그의 자존심이 허락하지 않는 일일 것임에 틀림없다. 그것도 다름 아닌 탈옥수로 확신되는 장 발장에게 말이다. 그럼에도 자베르는 결국 그런 방식으로 구출받을 수밖에 없게 된 자신의 운명을 도저히 용납할 수 없었다. 그는 그렇게 스스로 자결하며 강물에 몸을 던질 수밖에 없었던 것이다.

그리하여 수동성은 당연히 용서 불능성을 잉태한다. 이런 사람은 위로부터 오는 용서를 받아들이지 못할 뿐만 아니라, 자신도 타인을 용서할 수 없다. 자신의 사전에 용서란 없기 때문이다. 용서를 필요로 하는 자만 용서를 받아들이게 된다. 그러나 불행히도 수동성의 사람은 용서의 필요를 느끼지 못할 수 있다.

예수께서 말씀하신 탕자 이야기는 용서의 이야기다. 그런데 왜 예수께서는 그 이야기 속에 탕자의 형을 등장시키셨을까? 그 형처럼 늘 법을 지키고, 아버지의 명령을 어긴 적이 없는 자를? 어쩌면 그 형은 스스로 죄인이라고 느껴 본 적이 없는 사람일 것이다. 탕자의 형뿐만 아니라 커다란 죄를 탕감받고도 자기에게 작은 죄를 지은 자를 용서하지 못한 자 같은 우리 주위의 '99명의 의인'에게는 영적으로 한 가지 공통적인 기질이 흐르는 듯하다. 브렌트 목사의 지적처럼 그들은 자신이 죄사함 받은 것을 진심으로 느낄 수 없다는 공통점이 내재하는 것이다.

결과론적으로 말하자면 자신의 죄가 얼마나 엄중하며 그런 죄가 사해지는 사건이 얼마나 우주적 의미를 지니는 기적인지를 깨닫는 자라면 결코 타인의 죄에 대하여 끝까지 책임을 추궁하지 못할 것이다. 그를 용서하지 않을 수가 없게 될 것이다. 그리하여 역으로 말해 타인의 죄를 용서하지 못하는 자는 자신의 죄사함을 체험하지 못한 자일 것이라는 추정이 가능해진다.

인간은 용서받고 용서하는 영적 체계 속의 존재다. 이 체계의 의미와 은혜를 깨달은 자만이 이 체계의 일원으로 편입되어 하나님 나라를 실현한다. 그리하여 예수께서는 자신의 죄를 인지하는 데 둔감하고 사죄의 은혜에 대해서는 더욱 무감각한 영적 나환자보다, 자신은 결코 다시 아버지의 아들이 될 수 없게 되었다고 느끼며 자신의 죄를 통회하다가 자신 앞에 베풀어진 하늘 같은 은혜 앞에 감격하여 고꾸라지는 자를 하나님께서 기뻐하신다고 말씀하신 것이리라. 이런 사람만이 하나님 나라에 편입되어 용서의 은혜를 전개해 갈 수 있기 때문이다.

그리하여 브렌트 목사는 우리에게 수동성의 반대 정신으로 나갈 것을 권한다. 사탄이 내 안에 구축한 수동성에 따라 행동하는 대신, 이에 대항하여 행동하겠다고 선언하라는 것이다. 다음은 그가 제안하는 요목이다 (브렌트 2007).

① 다른 사람들이 나에게 다가오기를 기다리지 않고, 내가 먼저 대화와 행동에 나서며
② 내 안에 자기 연민이나 피해 의식을 허락하지 않으며
③ 나는 내가 하고 싶지 않으면 아무것도 하지 않아도 된다는 거짓말을 허락하지 않으며
④ 나는 다른 사람에게 다가가 그들을 축복하며
⑤ 더 많이 쓰이기 위해 더 큰 영적 축복을 간구한다

3. 과거에서 해방: 칼 레만, 짐 와일더

본장의 주제는 '과거'다. 이 과거는 주님께서 우리를 구원하시기 전의 우리 모습 일반을 지칭하는 '과거'라기보다, 그 중 특정 심리학적 계기라고 할 수 있는 과거의 부정적 경험, 특히 소위 심리적 외상 즉 트라우마(trauma)와 관련된 과거다.

흔히 "젊어 고생은 사서 한다"고 말한다. 과연 그럴까? 언젠가 어느 일본인 교수가 재일 유학생에 관해 기고한 글을 읽은 적이 있다. 구체적인 목적이나 계획도 없이 무작정 해외 유학하면 좋을 것이라는 맹신 속에 고통스런 유학 생활에 뛰어든 학생이 많더라며 안타까워서 쓴 글이었다.

앞서 언급했던 칼 레만은 "고통은 당신을 더 비참하게 하거나 더 나은 사람으로 만든다"(Suffering will either make you bitter or better)라는 영어권 속담으로 말문을 연다. 이 속담이 사실이라면 고통의 순기능에는 어떤 단서가 전제된다고 보는 것이 옳을 듯하다. 우리는 사는 과정에서 모든 고통이

다 순기능만 주는 것은 아닌 상황을 흔히 보게 된다. 그러면 무엇이 기점이 되어 고통이 삶을 처참하게 만들기도 하고 삶을 비약하게 하기도 하는 것일까? 칼 레만에 의하면 고통은 심리적 외상으로 발전하기도 하고 지식, 기능, 지혜에 있어 성숙의 계기가 되기도 한다는 것이다. 무엇이 이 갈림길의 조건이 되는 것일까?

칼 레만에 의하면 고통은 '잘 설계된 관계 속에서 이루어지는 고통 처리 과정'(process)을 통해서만 보약이 된다. 이 과정을 생략하거나 실패한 채로 덮어 버리면 고통은 소위 '잠재 기억'이 되어 의식의 수면 아래 잠복하게 된다. 잘 알려진 것처럼 인간에게는 잠재 기억이라는 기능이 내장되어 있다. 칼 레만은 두뇌의 특정 부위가 손상된 '히포캠퍼스'(hippocampus) 환자의 경우를 소개한다. 그 병을 앓는 환자는 특정 뇌 부위에 손상을 입어 전날 음악회에 갔던 것을 기억하지 못한다. 그럼에도 그 환자는 다음날 음악회에서 들은 노래를 흥얼대고 다닌다. 두뇌 어디엔가 그 음악이 저장되어 있음에 틀림없는 것이다. 칼 레만이 문제삼는 것은 과거의 기억이 언젠가 엄청난 파괴력을 지닌 채 현재 속으로 격발되어 나타나게 되는 때다.

칼 레만은 다음과 같은 공식을 정형화해 낸다.

① 과거의 고통은 미해결된 채로 두면 왜곡된 믿음을 지닌 잠재 기억이 되어 어딘가에 저장된다.
② 현재의 한 사건이 과거의 이 트라우마를 격발하게 되면, 과거의 외상은 화약고처럼 폭발하게 된다. '자라 보고 놀라' 두근거린 가슴은 '솥뚜껑'을 보고 또 놀라 기겁하는 것이다.
③ 이때 난감한 문제는 당사자가 과거의 그 미해결 내용이 현재의 상황에 참되고 타당하다고 느낀다는 데 있다(feel true and valid in the present).

우리에게는 이러한 황당한 주장을 정당화시켜 주는 기능이 있다. (앞에서 칼 레만이 소개했던 바와 같이) 인간 정신의 VLE, 꾸며 대기, 중추 신경의 추정 등 일련의 심리적 왜곡 과정이 그것이다. 칼 레만에 의하면 이러한 과정을 거쳐 나타나는 결과는 미성숙이다. 칼 레만은 미성숙의 요체는 과거의 유아기적 논리를 현재에 적용하며 요구하는 행위라고 단언한다. 이상의 이야기를 간단히 도식화하면 다음과 같이 된다.

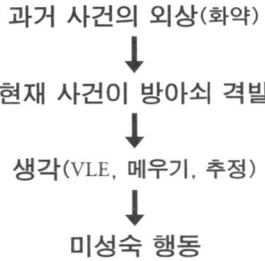

칼 레만은 이 미성숙 행위의 한 가지 사례로 아내와 자신 사이에 있었던 일을 들어 설명한다. 어릴 적 난독증을 앓았던 칼은 자신의 난독증으로 인한 실수를 놀려 대는 반 아이들로 인해 아픈 경험을 겪는다. 어린 시절 자신의 처지를 부모와 선생님이 적극적으로 보살폈어야 했다고 믿고 있는 칼은 성인이 되어서도 지금 자신과 게임을 하는 부인에게 같은 논리를 주장하는 자신을 발견한다. 과거의 난독증에 대한 트라우마를 지금 자신과 게임하고 있는 부인이 격발하자, 부인이 지금 게임을 잘 못하고 있는 자신을 적극 배려해 주어야 한다는 유아기적 합리화를 발휘하고 있는 것이다. 이것이 바로 그의 미성숙 증상의 뿌리다.

모든 사람에게는 모종의 트라우마가 있다. 그리고 저마다 현실의 문제에 이를 적용하며 그로 인해 파괴된 관계를 괴로워한다. 나에게도 트라우마가 있을까? 칼 레만에 의하면 위에 서술한 심리 메커니즘을 통해 트라우마를 현실에 적용하는 사람은 다음과 같은 일반적 특징을 가지고 있다.

작은 침해를 받아도 크게 반응한다(Small infraction, Big reaction).

자신에게 어떤 트라우마가 있는지 알고자 한다면, 나는 유독 무엇에 과민 반응을 하는가 보면 된다. 이 이야기를 들으니 내가 겪은 일 한두 가지가 떠오른다. 우리는 이따금 주변에서 몇 십 분만 같이 있어도 주위 사람들에게 명령을 해 대는 사람을 만날 때가 있다. 그는 무리가 20명이면 나머지 19명에게, 30명이면 나머지 29명에게 명령을 하기 시작한다. 미국 사람이 있었다면 즉시 "우리가 언제 너를 우리 사령관이 되어 달라고 했었는데?"(Who made you commander?)라고 쏘아붙일 만한 인물이다. 공군에서 장교 훈련을 받을 때 일이다. 부대가 훈련 중 휴식을 취하고 있을 때면 피차 훈련받는 후보생임에도 으레 앞에 나와 우리를 향해 이래라저래라 지시하며 설쳐 대는 동기생 녀석이 있었다. 그때마다 나는 그 녀석에 대한 엄청난 적개심으로 시달리곤 했다.

그런데 생각해 보면 이상한 것은 부대원 중 누구도 나처럼 분개하는 이가 없어 보였다. 이는 분명히 권위에 대한 나의 유별난 반감임에 틀림없다. 이런 류의 적대감은 사회생활 중에도 나타나곤 한다. 누군가 조금만 사리에 맞지 않을 정도로 지나치게 권위 행사를 해도 나는 참기가 힘들었다. 칼 레만의 분석을 적용한다면, 이는 나의 최초 권위자이신 아버지와의 관계에서 연원하고 있음에 틀림없다. 어린 시절 나는 아버지의 '가혹한,' 그리고 '부당한' 권위 행사에 엄청난 적대감을 키우고 있었으니까! 나는 그 동기 후보생에게 나의 트라우마(즉 내가 아버지에 대해 품고 있던 모든 적대감)를 쏟아 내고 있었을 것이다.

그런데 불행하게도 나는 이 트라우마가 돌연변이를 일으키는 기형적인 현상도 체험했다. 트라우마를 안겨 준 대상에 대한 증오는 앞에서 보인 도표 좌측의 두 성격 유형처럼 그대로 그를 닮게 한다. 나는 군 생활 이후에도 나 자신에게서 권위의 혼령 같은 것을 보았다. 예를 들면, 내가 말하고 있을 때 누군가가 동시에 말하고 있으면 금방 내 자신의 말에 집중할 수 없게 되거나 안정을 잃으며 말을 이어가기 힘들어 한다. 때로 모욕감마저 느끼며…!

그래서 대형 강의를 하게 될 때마다 첫 시간에 학생들과 한 가지 '계약'을 맺는다.

> 인간의 말은 동시에 둘 이상이 섞이면 소리로 변합니다. 소리가 되면 공기의 진동 같은 물리 현상만 있을 뿐 의미는 사라집니다. 소리는 동물계나 자연계에서 일어나는 자연 현상일 뿐입니다. 그러나 의미를 지니는 말은 인간만 누리는 지고한 기능이며 영적 축복의 산물입니다. 피차 말을 소리로 전락시켜 인간의 고유한 위상을 동물의 차원으로 끌어내리지 맙시다. 그러니 누구든 한 사람씩만 말하기로 합시다. 손을 들어 표시하시면 저는 즉시 저의 말을 그치고 그분의 말을 경청하겠습니다. 우리 서로 **그렇게 하시렵니까?**

그럴싸한 논리를 들이대며 이렇게라도 해서 내 권위가 손상당하는 불상사를 막아야겠기에 하는 말이었다. 내 말이 무시되는 때마다 나는 분명히 '트라우마 재생산자?'로 돌변하는 모양이다. 나는 이미 또 하나의 나의 아버지가 되어 버리는가 보다. 브렌트 목사의 지적처럼 우리가 적을 사랑하는 대신 미워하면 어느새 적을 닮게 되는 것인가? 오, 하나님! 이는 분명 내 트라우마의 치유가 아직 완료되지 않았다는 반증임에 틀림없다.

전술한 것처럼, 칼 레만에 의하면 트라우마를 지닌 사람은 내심 자신의 욕구 불만, 불안, 분노, 좌절 등에 대한 모든 책임이 현재 눈앞의 상대방에게 있다고 느끼게 된다. 당연히 이처럼 자신의 과거와 현재의 경험 사이를 왜곡된 논리로 꾸며 대고 메꾸는 심리 작업에 매여, 자신의 모든 불만과 불안의 책임을 외부로 돌리는 습성을 지닌 사람과는 대화가 불가능해진다. 왜냐하면 칼 레만에 의하면 그런 사람은 실은 자신의 무의식 속에서 눈앞의 상대방이 과거의 원천적인 불만에 대해서도 책임지라고 요구하기 때문이다. 그러나 이것을 인정해 줄 자는 이 세상엔 없다!

여기서 칼 레만은 트라우마의 치유를 위한 한 가지 놀라운 전기를 마련한다. 그에 의하면 트라우마가 격발되어 있을 때 우리는 공통적으로 "나는 비난받고 있다. 무시당하고 있다. 인정받지 못하고 있다. 내 말은 아무도 들어주지 않는다. 나는 외롭다. 나는 무력하다.…"고 느낀다는 것이다. 그리고 칼 레단에 의하면 이처럼 트라우마가 격발된 상태는 신경학적으로 "관계 회로가 끊어진 상태"와 정확히 일치하며, 이 끊어진 관계 회로는 바로 누구의 조율도 하나님의 조율도 받지 않는 상태에서 연원한다는 것이다. 그리하여 칼 레만은 최근의 신경학적 연구 성과에서 밝혀진 바를 토대로 트라우마가 격발된 상황의 인간은 모두 '관계 회로'가 끊어진 상태에 있으며 이 상태에서 미해결 외상이 부상하는 것이라고 결론짓는다.

칼 레만은 관계 회로가 끊어진(OFF) 상태일 때의 심리를 다음과 같이 기술하고 있다.

① 진정한 마음(true heart)으로 말하지 않는다.

② 단절된 관계에 대해 무감각하다.
③ 자신의 **수동성**에 대해 문제를 느끼지 못한다
④ 어떤 관계(하나님과의 관계)도 진정으로 원하지 않는다.
⑤ 관계 부재에 대해 슬픔을 느끼지 못한다. 이는 마치 배고픔 신경이 손상된 자가 자신의 텅빈 배를 느끼지 못하는 것과 같다. 관계 회로가 파괴된 상태에서는 관계에 대한 갈망을 느끼지 못하는 것이다.
⑥ 완고하고 경직된 사고를 지니고 타인을 문젯거리나 적으로 판단한다.
⑦ '약자나 죄인은 사회의 짐이다. 이들은 백해무익하다'는 생각을 가지고 있다.
⑧ 자기방어적 태도로 일관하며 따라서 대화가 불가능하다.
⑨ 관계 회로가 끊어진 상태는 영적으로도 죽은 상태다. 그럼에도 오랜 교회 생활 따위로 얻은 인식적 지식에 의해 영적 관계에 대하여 자동적으로 대답해 댄다.
⑩ 결합이 주는 안정, 기쁨, 조율자의 성숙을 누리지 못한다. 늘 자신은 취약하다고 느끼며 상황을 힘들게 한다.
⑪ 이런 상태에서는 주님이 곁에 다가오신다 해도 무위로 끝나게 된다. 예수님에 대해 원천적으로 편견을 지녔던 나사렛 동네에서의 예수님을 생각해 보라.

그러나 반대로 관계 회로가 켜진(ON) 상태일 때 인간은 관계 맺는 방식이 근본적으로 바뀌게 되어 진정한 마음으로 말할 수 있게 되며, 결합이 주는 안정감과 기쁨을 누린다. 무엇보다 중요한 것은 위의 경우와 정반대로 조율해 주는 사람의 신경적, 감정적, 영적 역량과 성숙이 흘러 들어 일시적으로 그것을 공유할 수 있다는 점이다.[12] (관계 회로가 꺼져 있을 때의 마지막 상태와 비교해 보라.) 이렇게 되면 그는 자기방어 대신 타인에게 조율, 긍휼, 관대, 유연성 같은 건설적 태도를 보이게 된다.

결과적으로 관계 회로가 끊어진 상태에서 대응하면 모든 인간관계는 심각하게 파괴될 수밖에 없다. 어떤 사람도 결코 내가 주장하며 느끼는 대로 현 상황에 대해 책임을 인정하지 않기 때문이다. 칼 레만의 연구에 의하면 더 심각한 결과는 트라우마에 의한 이런 관계 불능은 그대로 하나님과의 관계 불능으로 이어진다는 점이다. 하나님과의 관계는 근본적으로 나의 원초적 인간관계에 기초하기 때문이다. 부모와의 관계에서 겪은 배반감, 버림받은 느낌, 무력감, 불안, 분노 등은 하나님에 대해서도 동일한 감정으로 이어진다. "내가 어릴 때 그토록 엄마를 찾을 때 엄마는 내게 나타나지 않고 어디 있었어요?"라고 내뱉던 질문은 "내가 이처럼 힘든 상황에 빠져 하나님을 찾을 때 하나님 당신은 도대체 어디 계셨습니까?"로 이어지며 '맞아! 하나님 역시 날 버리신 거야!'라고 결론지어 버리는 것이다.

이에 대한 우리의 대응책은 무엇인가? 칼 레만과 와일더 박사는 조율과 감사-회상(appreciation)을 "하나님이 주신 관계 회복을 위한 기법"이라고 강조한다. 특히 짐 와일더는 그의 『임마누엘 어프로치』에서 감사-회상법을 강조한다.

먼저 '조율'(attunement)에 대해 알아보자. 조율은 앞서 관계 회로가 차단되어 있을 때 가진 느낌("나는 비난받고 있다. 무시당하고 있다. 인정받지 못하고

---

12 김요석 목사님은 중국의 사찰에서 정신 이상을 겪고 있던 어느 청년이 같은 방에 묵게 되자 병이 저절로 낫는 것을 봤다고 간증했다. 나는 영성 집회를 인도하시던 인도 목사님이 어느 젊은이 뒤에 서서 그의 손을 잡아 펼치게 하자 그 젊은이 앞에 서 있던 다른 사람이 성령에 사로잡혀 쓰러지는 것을 목격했다. 그 뒤로 한 동안 그 젊은이는 목사님이 보내온 메일을 보려고 컴퓨터를 열 때마다 성령의 역사로 쓰러지곤 했다고 내게 들려주었다.

있다. 내 말은 아무도 들어주지 않는다. 나는 외롭다. 나는 무력하다…")의 상태와 정확히 반대되는 상황을 만들어 주는 작업이다.[13] 칼 레만에 의하면 이와 같은 조율은 상기의 관계 회로를 ON 상태로 만드는 특효약이다. 이러한 조율은 상대방이 사태의 실재(reality)를 보며 성숙을 향해 나가도록 도움을 준다. 이러한 조율의 궁극적인 효과는 조율을 통해 그가 홀로 있지 않고 주님과 함께 있음을 지각하도록 돕는다는 것이다. 모든 인간이 나를 거부했을 그때에도 하나님은 내 곁에 계셨다는 믿음을 갖게 되는 축복에 이르는 것이다.

그리고 칼 레만에 의하면 하나님에게서 나오는 조율만이 트라우마의 초기 조건을 해소시킬 수 있게 된다. 그러니 이러한 하나님의 조율을 얻는 데 이르기 위해서는 누군가의 중보 기도와 조율이 선결적으로 요구되는 것이다. 여기서도 인간의 사역은 하나님의 사역의 필요조건이 되는 것이다. 칼 레만의 주장대로, 고통이 트라우마로 자리잡게 되는 중요한 원인은 우리가 고통받을 때 누군가의 조율을 받으며 올바른 심리적 처리(process) 과정을 성공적으로 거치지 못했기 때문이었던 것처럼, 그후 그 트라우마에서 벗어나는 과정에 필수적인 요소 또한 '조율'인 것이다.

칼 레만은 타인에게서 나오는 조율이 이처럼 중요한 조건임에 틀림없긴 하나, 그럼에도 문제 해결의 최종적 책임은 조율해 주지 않는 타인에게 있지 않고, 그 최종 책임이 본인에게 있음을 강조한다. 여기에서 앞서 소개했던 브렌트 목사의 '인지' 작업을 떠올릴 필요가 있다.

첫째로 나는 지금 내 트라우마가 격발된 상태로 상대방을 만나고 있음

---

[13] 그러니까 상대방으로 하여금 "나는 지금 누군가가 나를 바라봐 주고 있음을 느끼며, 내 말이 경청되고 있으며, 누군가가 나를 인정해 주고 있으며, 나와 함께하고 있으며, 나와 함께 있기를 즐거워한다는 것을 느낀다"고 말할 수 있도록 해 주는 행위인 것이다.

을 인지해야 할 책임이 있다. 그래서 내가 지금 과잉 반응을 하고 있는지도 모른다는 것을 인지해야 한다.

둘째로 자기 합리화에 사로잡혀 자신이 타당하다고 느껴진다고 하여 그것을 사태의 진실이라고 주장할 수 없음을 인정해야 할 책임도 있다. 자신의 느낌이 진리의 근거가 될 수 없다는 사실에 대한 통찰이 필요하다.

셋째로 현재(솥뚜껑)는 과거(자라)가 아니라는 통찰(이것을 얻는 것이 이 문제의 1단계 성숙)과 나의 내적 실재를 외부(타인)에게 전가할 수 없다는 통찰(2단계의 성숙)이 필요한 것이다.

넷째로 최종적인 문제 해결은 내가 하나님의 임재를 깨닫지 못하고 있던 때에도 하나님이 함께 계셨다는 믿음을 갖게 될 때 이루어진다는 것을 인지할 책임이 있다.

조율은 비를 맞는 이와 함께 길을 걸어 주는 행위일 것이다. 그러나 우리는 그를 보호할 우산을 준비하기에 분주하지 않았던가? 그래서 '우산'이 준비되지 않은 것을 핑계로 동행이 미루어지고, 사역이 불발하는 것은 아닐까? 안타깝게도 나는 심지어 사역의 현장에서도 늘 '우산'이 관건인 것을 목도했다. 운명처럼 트라우마를 입고 사는 불행한 인간 군상에게 원천적으로 필요한 것은 우산이 아니라 조율이었다. 조율이 부재한 세상은 사탄에서 사탄으로 악을 흘려 보내는 공포의 땅이 될 뿐이나, 조율이 베풀어지는 세상에는 조율자에서 조율자로 "조율해 주는 사람의 신경적, 감정적, 영적 역량과 성숙이 흘러 들어" '하나님 나라'가 형성될 것을 믿는다.

이제 또 하나의 관계 회복을 위한 기법인 '감사-회상'에 대하여 생각해 보자. 내가 '감사-회상'이라고 번역한 영어 단어 'appreciation'은 '어떤 사건을 회상하고 감상하고 감사하다'라는 복합적인 의미를 지닌 단어다. 우리는 성경, 특히 구약성경에서 하나님께서 이스라엘 민족을 향하여 "기억하라!"고 수없이 반복하여 명하시는 것을 본다[14]. 이제 하나님의 명령을 따라 생애 중 최고로 안락했던 순간, 최고로 감사했던 순간을 하나씩 하나씩 회고하며 그때 그 순간 속으로 빠져들어 가는 것이다.

인간이 의식적으로 기억하지 못해서 그렇지, 인간 최초의 감사-회상 대상은 어머니의 품에 안겨 젖을 빨던 수유 체험이라고 한다. 하늘의 평안을 느끼게 하던 상황이나 사건 하나하나에 이름을 붙여 가며 그 품에 다시 자신의 몸을 눕혀 보자. 이때 중요한 것은 세세하고 섬세하게 그 상황을 재현하여 당시와 똑같이 느낄 수 있어야 한다는 점이다. 칼 레만은 이렇게 하면 추상적으로 하나님의 성품을 묵상하는 것이 줄 수 없는 구체적이고 지각적(知覺的, perceptional)인 하나님과의 관계 속으로 진입할 수 있게 된다는 것을 강조한다. 특히 우뇌가 잘 발달된 사람 중에는 실제 상황처럼 하나님의 임재를 지각하게 되고 그분과 대화할 수도 있게 된다.

이러한 감사-회상법은 우리의 기도에 대해서도 새로운 시각을 시사한다. 앞서 소개했던 것처럼 아브라함 헤셸은 기도할 때 하나님께 자신의 굶주린 배를 호소하며 빵을 달라고 기도하지 말라고 경고한다. 타인을 위해 기도한다 해도 마찬가지라고 가르친다. 그 대신 먼저 하나님의 사랑과 능력을 묵상하며 간구하라는 것이다. 빵을 달라고 간구하더라도 그렇게 해야 응답된다는 것이다. 왜 그럴까? 우리는 자신에 대한 하나님의 사랑과 능력을 어떻게 확신할 수 있는가? 그 확신의 믿음은 언제 어떻게 생겼던가? 주님의 자비의 손길에 대한 깨달음과 체험이 아니었던가? 그때의 감격이다. 그것이 생생하면 생생할 수록, 그때의 감사와 감격이 깊으면 깊을 수록 우리의 기도는 믿음의 기도가 될 것이다. 주님은 믿음의 기도에 응답하신다

---

14   너희는 그가 행하신 기적과 그의 이적과 그의 입의 판단을 기억할지어다(시 105:5).

고 배우지 않았던가!

그런데 여기 현실적인 문제가 있다. 우리는 위에 제시한 처방이 사실상 불가능해지는 경우를 체험하고 있기 때문이다. 내가 경험했던 것처럼 공황 상태에 빠져있거나 그 정도는 아닐지라도 공포나 분노에 가득 차 있는 상황에서는 상기의 어느 처방도 효과 없게 된다. 심지어 기도조차 할 수 없게 된다. 이런 상황에서 하나님께서 우리에게 마련해 두신 방략은 무엇일까?

와일더 박사는 자신의 심리 상담 사역에 가장 큰 영향을 준 사람으로 알렌 쇼어(Dr. Arlen Shore)를 소개하며, 그의 연구 성과로 인간 두뇌 속의 '기쁨 중추'(Joy Center)의 발견을 꼽는다. 인간이 마약, 니코틴 등을 복용했을 때뿐만 아니라 공포나 분노 같은 격한 심리 상태에 빠져 있을 때 상기의 기쁨 중추가 흉측하게 깨어진 모습으로 나타나는 것을 발견한 것이다. 이런 상태에 있는 원숭이는 관계의 혼돈을 일으켜 자신의 새끼를 바위로 착각하여 깔고 앉아 버리며, 인간 역시 이 상태에서는 부부관계를 의식적으로는 인정하나 부부관계의 의미를 상실해 버린 상태가 된다. 성경을 읽는다 해도 전혀 영적인 의미를 느끼지 못하게 된다는 것이다.

인간관계에서 사실 가장 긴박한 상황은 '공포나 분노'(fear or anger)에 빠져 있을 때다. 이 때는 인간이 원천적으로 관계에서 '도망칠 것인가? 아니면 관계를 최악의 상태로 몰고 가는 싸움에 돌입할 것인가?'(flight or fight)의 결정을 내려야 하는 위기 상황이다. 양자 모두 관계를 극단적으로 단절하는 행위다. 이들 극단의 상황에서는 사실 위에서 우리가 논한 모든 방략을 포함해서 백약이 무효가 된다. "나는 내 생각의 수문장이다"라는 도인 같은 말씀도, 조금 전까지 설교했던 조율도, 심지어 성경 읽기도, 기도조차도 제대로 드릴 수 없게 되는 것이다!

와일더 박사와 칼 레만은 이런 경우 선행해야 할 중요한 팁을 소개한다. 소위 '모로 반응'(moro reflection)이다. 앞서 우리의 생각이 신체를 지배했던 사건을 이야기했다. 그것이 가능했다면 그 역도 가능할 것이리라! 모든 생각을 통째로 집어삼키는 공포나 분노의 상태에서 그 어떤 생각을 통한 시도도 물거품이 되고 만다면, 유일한 방법은 우리의 신체를 동원하는 방법일지도 모른다.

사실 최근의 의학은 일련의 신경학적 연구를 통해 인간이 신체적으로 특정 근육을 이완시킬 때 특정한 생각이 불가능해지는 것을 발견했다. '모로 반응'은 바로 이 원리를 원용한 것이다. 예를 들면 눈을 부릅뜨거나 입과 코를 크게 벌리거나 숨을 크게 들이쉬는 등의 행동은 각기 그에 조응하는 생리 현상을 유발하고 이는 우리의 마음을 통제하게 된다.

놀란 유아나 화난 고릴라의 표정을 상기해 보면 쉽게 짐작이 갈 법하다.

이 반사적 행동(마치 놀란 어린아이 같은 표정과 급격한 신체 행동, 갑자기 몸을 일으키면서, 눈을 크게 뜨고, 입과 콧구멍을 크게 벌리며, 급하고 큰 호흡을 들이키는 동작 등)을 의도적으로 취해 보라. 그러면 인간에게는 심장 박동, 호흡, 아드레날린, 혈류량, 긴장감 등에 변화가 일어난다. 이는 인간이 공포나 분노를 일으키는 상황에 직면할 때 일어나는 생리적 변화와 유사한 것이다. 그런 다음 4-5초에 걸쳐 천천히 정상 상태로 복귀하는 동작을 몇 차례 반복하는 사이, 인간의 마음은 신기하게 안정을 회복하게 된다.

학자들은 전자를 신경학적으로 교감 신경이 작용한 상태라고 하며, 후자를 부교감 신경이 작용한 상태라고 설명한다. 하나님께서는 위기에 대처할 준비를 갖추기 위해 전자를 주셨을 뿐만 아니라, 이에 반하여 안정이 필요할 때를 위하여 후자의 기능도 주셨다. 칼 레만은 전자가 액셀러레이터를 밟는 것이라면, 후자는 브레이크를 밟는 것에 해당한다고 설명한다. 이 신체 동작을 하고 나면 우리는 일단은 관계 회로를 차단시키는 분노나 공포의 상태에서 빠져나오게 된다. 이제야 우리는 누군가의 조율을 받을 수도 있고, 스스로 감사-회상에 진입할 수 있는 상태에 놓이게 된다.[15]

마지막으로 '하나님의 조율'에 관한 칼 레만의 주장을 마무리하면서 한 가지 첨언해 둘 것이 있다. 전술한 바와 같이 칼 레만에 의하면 트라우마가 형성되는 이유는 누군가의 조율도 받지 못한 상태에서 고통을 성공적으로 처리하지 못했기 때문이었다. 그래서 현재 트라우마가 격발되어 괴로워하는 이에게 필요한 것도 주위의 누군가가 조율하며 다가가는 것이다. 그런데 일단 과거에 생긴 트라우마에 대한 근본적인 치유는 어찌 되는 것일까?

칼 레만에 의하면 자신의 트라우마가 야기되었던 초기 상황에서 하나님의 조율을 '지각'하는 것이다. 이런 체험을 하게 되면 트라우마의 원천적인 해소와 함께 해방감을 만끽하게 된다고 한다. 즉 트라우마의 치유는 당사자가 트라우마의 초기 조건에 대한 하나님의 조율을 '지각'(perception)하는 것으로 종료된다. 예를 들어 "내가 어린 시절 양부모에게 학대당하고 있었던 그 고립무원의 공포스러운 순간에 하나님 당신께서는 어디에 계셨습니까?"라고 기도하면 하나님(또는 예수님)께서 그때 내 곁에 내 키에 맞추어 몸을 낮추신 모습으로 나처럼 괴로워하시며 나를 바라보고 계신 모습을 보여 주신다는 것이다. 이를 생생하게 '지각'하게 되는 순간 트라우

---

15 상기한 짐 와일더와 칼 레만 외에도 감사-회상의 중요성을 강조하는 주장을 자주 만나게 된다. 앞서 소개했던 대니얼 에이멘 교수 역시 깨어진 두뇌를 회복시키는 14일 프로그램에서 매일 감사할 일 세 가지를 기록하고 누군가에게 '감사-회상'(appreciate)할 것을 요구한다. 섭생과 함께 그런 훈련을 계속해서 매일 하면 심하게 손상된 두뇌도 연령에 상관없이 치유 회복된다는 것이다.

마는 원천적으로 치유되어 버린다는 것이다. 칼 레만은 이 처방을 모든 환자에게 일반화한다. 그런데 현실에서는 이런 '은혜'가 보편적으로 일어나는 것 같지 않다. 또한 이 현상이 일반화되어 일어나지 않는 것이 당사자의 신앙심이 약해서 그렇거나, 옳지 못한 신앙 상태 때문이거나, 더구나 구원받지 못한 심령 때문이라고 주장할 수 없다는 점도 지적해 두고 싶다. 이런 현상을 '지각'하게 해 달라고 평생 매달리거나, 하나님 '음성을 듣게' 해 달라고 새벽마다 부르짖거나, 죽음 뒤의 천국과 지옥의 모습을 생생하게 지각하게 해 달라고 밤낮으로 기도했더니 드디어 보여 주셨다고 간증하고 다니는 사람들을 본다.

이런 현상을 일반화하여 요구하는 것을 하나님께서는 어떻게 보실까? 모든 신도가 이와 같은 일에 매달리는 것은 위험한 신앙 생활이 아닐 수 없다. 이런 일에 집착하다 잘못되어 실제로 영적으로 위험에 처한 경우를 주변에서 심심찮게 보기도 한다. 미국에서 영적 사역의 전설적인 대부였던 케네스 해긴(Kenneth E. Hagin) 목사님은 그의 책 『어떻게 하나님의 영에 의해 인도받을 수 있나?』(*How Can You Be Led by the Spirit of God?*)에서 이런 신앙 생활의 위험성을 몹시 경계하며 다음과 같은 사실을 강조한다. 영-혼-육을 지닌 인간에게 "감정이 몸의 목소리이고 이성이 혼의 목소리라면, 양심은 영의 목소리다."

> 지금 당신이 기도할 수록 꺼림칙한 맘이 없어지며 내면의 마음이 평안해 진다면, 주님께서는 지금 그것으로 당신의 기도에 응답하고 계신 것이다. 그것이 영성이다(해긴 2010).

그는 예수 안에서 거듭난 영 안에 있는 양심만이 신뢰할 수 있는 양심이라고 말하면서 하나님께서는 지금 우리의 '양심'과 '내적 직관'과 '내적 증인'(inward witness)을 통해 말씀하고 계심을 강조한다. 오스왈드 챔버스 역시 양심을 강조한다. 그에게 양심이란 "하나님께서 기뻐하시는 일을 하고 싶은 의지"다(챔버스 2014). 하나님의 뜻과 일치하는 결단을 하는 가장 원천적인 의지요 소원이다. 사실이 이러하다면 칼 레만이 일반화하고 있는 영적 현상의 '지각' 처방에는 심각한 단서가 붙지 않으면 안 될 것이다. 그것은 하나님께서 꼭 그것이 필요하다고 판단되는 특정한 경우에 허락하시는 제한적인 '은혜'일 뿐이다. 결코 모든 신도가 모든 상황마다 그것에 매달릴 일이 아니다.

하나님께서는 우리의 지각과 상관없이 우리를 향한 당신의 사역을 수행하고 계실 것이다. 신앙 생활에 있어 우리가 늘 두려워해야 할 것은 우리가 본질을 놓쳤는가다. 주님께서 궁극적으로 우리를 책망하시고 내치실 일이 무엇인가를 생각해야 한다. 주께서 우리의 믿음 없음과 자신의 모습을 인지하지도 회개하지도 못하는 완악함과 말씀을 실천하지 않는 불순종 때문에 우리를 내치실지언정, 예언과 이적의 능력이 없어서, 주님의 음성을 듣고 환상을 보는 지각의 능력이 없어서 또는 방언과 통변의 능력이 없어서 우리를 내치겠다고 말씀하신 적은 없다.

칼 레만 자신도 이것을 추론할 수 있는 단서를 무심코 흘리고 있다. 그는 하나님의 조율을 지각하는 사역을 인도할 사역자를 선발할 때, 그는 한 가지 조건으로 우뇌가 잘 발달된 사람을 꼽고 있다. 그러나 우뇌의 발달은 신앙 영역의 문제가 아니다. 우뇌의 발달처럼 신체적 기능이 허락하지 않아서 하나님의 임재를 '지각'하는 일에 실패하고 있다면, 이로 인해 자신의 신앙이나 하나님과의 관계를 의심하고 회의에 빠지는 것은 옳지 않은 일로 보인다.

하나님의 조율은 오히려 우리의 절대적인 순종에 의해 날마다 순간마다 '체험'할 수 있으며, 하나님께서는 우리의 트라우마에 대해서도 그런 방식으로 통찰을 통해 해소시켜 주실 것이라고 믿는다. 오스왈드 챔버스는 하나님께서 우리에게 아무런 말씀도 해 주지 않으신다고 느끼는 '어두운' 관계에 빠져 있을 때에 대해 이렇게 말한다.

> 하나님께서는 때때로 우리에게 하나님 음성을 듣는 자세를 가르치기 위해 어둠을 지나게 하십니다. 종달새는 어둠 속에서 노래를 배웁니다.… 모든 어둠 뒤에는 기쁨과 부끄러움이 혼합되어 따라옵니다.…"그렇게 오랫동안 주의 음성을 들었는데 어찌 그렇게 우둔하여 아무것도 깨닫지 못했던고! 하나님께서는 여러 날 동안 계속 내게 말씀하고 계셨구나"(챔버스 2014).

우리는 일상에서 늘 말씀하고 계신 주님을 무시한 채 계속해서 '음성을 들려 달라,' '환상을 보여 달라,' '직접 만지고 바라보는 것처럼 지각하게 해 달라'고 조르며 허송세월하고 있지 않았는가? 오히려 주님의 음성을 듣기 위해 우리에게 필요한 것은 다른 데 있는 것이 아닐까? 오스왈드 챔버스는 계속해서 이렇게 충고한다.

> 성경말씀을 듣다 맘에 걸리는 것이 있으면 철저히 순종하라. 오직 그때에만 하나님을 만나게 된다(챔버스 2014).

그는 주님의 뜻에 거슬리는 내면의 성향에 대해서 "도끼로 찍는" 순종을 요구하면서 이렇게도 말한다.

당신은 공부가 아니라 순종으로 이해할 수 있게 됩니다. 아주 작은 순종이라도 그것에 의해 하늘이 열리고 당장 하늘의 가장 깊은 심오한 진리가 당신의 것이 됩니다(챔버스 2014).

하나님과의 관계 실현은 초자연적인 영감이나 체험을 통해서가 아니라, 하나님과의 직접적이고 진실한 교감을 통해서 이루어지며 그것은 그분을 향한 매 순간의 순종을 통해서 가능한 일이다.

우리가 희귀한 영감의 순간을 끊임 없이 원한다면, 그것은 우리가 원하는 것이 하나님이 아니라 (다른 데 있다는) 증거다(챔버스 2014).

영감을 받았기 때문에 순종하는 것이 아니라, 하나님을 바라보며 순종하기 때문에 영감을 받는 것이다.

이제까지 우리는 앞 장에서 제기했던 권위 인물과의 부당한 관계로 인한 '마음의 벽'(또는 진지)에서부터 '트라우마'까지 분석하며 이들에 대한 대안을 살펴보았다. 이제까지 우리의 이야기를 이끌고 온 네 사람, 브루스 톰슨과 브라이언 브렌트 그리고 칼 레만과 짐 와일더의 이론을 관통하는 중요한 첫 단계는 자신의 상태에 대한 '인지' 작업이다. 이제까지 자신이 모르고 있던 자신의 상태에 대하여, 그것이 부당한 침해(또는 권위 행사)로 인한 상처든, 조율 부재로 인한 관계 단절 상태든 자신의 상태를 인지하는 것이 첫 단계였다. 전자(톰슨과 브렌트의 침해당한 상처 인지)가 인지를 회개로 심화시키며 하나님의 진리로 대체하는 것을 지향하는 것이라면, 후자(레만과 와일더의 조율 부재로 인한 상처 인지)는 하나님과 자신의 단절된 상태를 인지하는 것에서 하나님의 임재하심에 대한 인지로 전환하는 것을 목적으로 한다.

그러고 보면 양자 모두 하나님과의 관계를 활성화시키는 전략이다. 전자가 회개할 책임을 강조한다면, 후자는 성숙을 향한 책임을 강조했을 뿐이다. 그럼에도 양측 모두 하나님으로의 대체가 최종적인 대안이다. 양자 모두 최종적인 해결책은 각각 '하나님의 다림줄'로 대체하는 것과 '하나님의 조율'로 요약된다. 하나님의 명령을 따라 용서하고 축복하며 하나님의 동행하심 속에서 치유받는 것이다.

삶에 고난이 없을 수 없다. 그리고 하나님 없는 고난도 없다(챔버스 2014). 그런고로 고난과 고통의 늪에 빠져 있을 때, 쫓기던 꿩이 덤불더미에 머리 박듯, 고통의 더미 속에 머리 박고 있어서는 안 된다. 욥은 인간에게 있을 수 있는 가장 극심한 고난의 대명사다. 욥이 고난에서 빠져나오는 마지막 장면을 기억하는가? 하나님께서는 처참한 상태에 빠져 있는 욥에게 자신을 억울하게 공격해 대고 있던 친구들의 영혼을 위해 중보 기도하라고 요구하신다. 그가 하나님의 명령에 순종하여 자신의 처지에서 눈을 돌려 타인의 영혼을 위한 기도를 드리자, 그러자 주님은 그를 '회복'('샤브 에트-슈부트,' שָׁב אֶת־שְׁבוּת, 욥 42:10)시키셨다. 우리는 치통만 겪어도 다른 일은 아무것도 신경쓸 수 없지 않은가? 하루 종일 그 통증에만 매달리지 않는가? 그러나 고난 중의 고난 속에 정신 없는 욥에게 하나님은 하나님 자신의 관심에 "눈길을 돌리기를" 요구하신다. 욥이 처한 상태를 성경은 '슈부트'(שְׁבוּת), 즉 '포로, 속박된 상태'라고 표현한다. 그것은 전쟁에서 포로된 노획물의 신세처럼 '죄나 사탄에 의해 속박당한 상태'를 의미한다. 예수님이 누가복음 4:18에서 자유를 선포하신 "포로된 자"의 상태인 것이다. 마가복음 4:18-19에서 말씀하신 것처럼 가시 떨기에 치여 말씀이 고갈되어 가고 있는 자가 바로 사탄에게 포로된 상태에 있는 것이다. 자신을 둘러 싼 고통과 고난의 가시떨기에 함몰되어 한치도 주님의 말씀에 귀기 우릴 여유가 없는 상태가 사탄에 포로된 상태인 것이다. 우리가 처한 고통이나 고난은 우리의 실수를 교육하기 위한 하나님의 뜻이 아닌한 예외일 수 없다. 사실이 그러하다면, 우리는 오스왈드 챔버스와 함께 이렇게 말할 수 있어야 한다.

> "네가 만일 나를 보는 대신에 너의 문제를 보기 시작하면 나의 말씀은 네 마음속에서 질식할 것이다." 사탄은 우리로 하여금 언제나 하나님을 보는 대신 나의 문제를 보게 합니다(챔버스, 2014).

우리의 모든 고통과 고난은 오직 하나님의 명령을 따름으로 '회복'되기로 예정되어 있을 뿐이다.[16] 그리고 그것은 언제나 자신의 문제에서 눈을 떼고 하나님을 보는 것에서 시작된다. 고통과 고난에서 일어나 하나님의 명령을 실천하는 것이 여기서 헤어나는 유일한 전략이다.

4. 거짓 세계관에서의 해방

앞에서 우리는 인간은 하나님이 아닌 무엇에든 일단 순복하면 그후부터 '열쇠를 빼앗긴 차주'처럼 그것의 노예가 되어 그를 구해 낼 어떤 장치도 없게 된다고 말했다. 그 순복의 대상이 자신이든 사탄이든, 특정 감정이든 이데올로기든, 특정 선입견이나 편견이든 마찬가지다. 일단 그렇게 된 사

---

16 '속박'과 '포로'와 '회복'이 모두 같은 어근으로 나온다. 물론 양자는 다른 어근이라는 견해도 있기는 하다.

람은 실은 신앙조차 뒷전으로 물러나게 되며 따라서 행동의 진실성도 결여된다. 정직하게 말해서 실제로 자신에게 가장 강력하게 작용하는 것이 하나님이 아니라 그 특정 감정이나 이데올로기였던 것이다. 이런 신앙의 현장에서 언필칭 '인류를 위하여 또는 국가를 위하여 또는 정의를 위하여' 하는 일이라고 목청을 높인다 해도 실상은 자신의 허한 영적 상태를 위장하기 위하여 하는 일일 때가 대부분이다.

실지로 자신이 주장하는 이념을 위해 극한의 상황에서 정말로 목숨을 내어놓을지도 확실하지 않을 뿐만 아니라, 그것이 정말로 하나님을 위한 것이었는지는 하나님만 아신다. 마지막 하나님 앞에 서는 날 자신의 실체를 보게 하시는 하나님께서 "너와 나 사이에 끼어 있는 그것을 제거하고 이야기하자. 우리 관계의 진실한 실재는 무엇이냐?"고 물으실 때 절망하게 된다. 이데올로기, 편견, 특정 감정, 세계관 등 하나님을 제외한 모든 것에서 '자유롭게 된 영혼'만이 그날 "예, 주님 제가 주님만을 사랑하는 것을 주께서 아십니다"라고 고백할 수 있게 될 것이다. 이하에서는 이 중에서도 세계관이라고 하는 보다 체계화되어 있는 그리고 인간에게 보편적으로 편만해 있는 현상에 대해 이야기를 나누어 보기로 하자.

이제부터 세계관이라고 하는 생각의 산물이 영적 삶에 미치는 영향에 관해 알아보기로 하자. 전술한 바와 같이 인간의 의식과 생각은 참으로 가공할 만한 위력을 지닌 인간의 기능이다. 그러나 인간은 바로 이 생각의 산물인 세계관에 의해 방황하기도 하고, 온갖 종류의 거짓 종교를 만들어 내기도 한다. 사회학의 아버지로 일컬어지는 막스 베버(Max Weber)는 세계의 종교와 사회에 관한 연구에서 "생각은 결과를 낳는다"(Ideas have consequences)라는 말을 남겼다.

사실 삶 속에서 지속적인 생각은 행동을 유발하게 되고, 그 행동은 습관으로 굳어지고, 결국엔 사회적 차원에서 인간의 생각은 관습과 제도로 정착하게 된다. 이렇게 하여 생각이 만들어 내는 결과는 하나님의 진리의 빛 안에서 운용되지 않는 한, 무서운 제도로 등장하여 인간의 영혼을 파멸에 이르게 한다. 앞에서 우리는 인도의 힌두 사상이 만들어낸 카스트(Caste) 제도가 어떻게 인도인의 삶을 지배하고 있는지 얼핏 들여다보았다.

가까운 역사에서도 미친 생각 하나가 무서운 결과를 만들어 내는 사례를 목격한 바 있다. 히틀러의 나치즘이나 일본의 '팔굉일우'(八紘一宇) 같은 '**생각**'은 자국민만 아니라 전 세계 인민을 전장으로 내모는 광란의 '**결과**'를 주도했다. 참으로 황당한 생각 하나에 민족 전체가 순순히 포로가 되어 집단적으로 미치고, 이웃 국가들을 살육의 전쟁터로 만드는 모습을 보지 않았는가? 두 경우 모두 어이없는 생각 하나가 만들어 낸 결과였다.

히틀러의 경우 무식하고 천박한 그에게 아이디어를 주입시키고 그를 악마적 집행자로 길러낸 자는 이상주의 시인 에크하르트였던 것으로 알려졌다. 그의 그릇된 정치적 '메시아론'이었다. 더 직접적으로 우리 민족을 살육의 대상으로 삼았던 일본의 경우는 그 과정을 조금만 들여다봐도 어이없기만 하다. "천지팔방을 하나의 지붕으로 덮어 한 분 천황이 다스리게 하라"는 소위 '팔굉일우' 사상을 처음 내뱉은 자는 태양신의 후손 니니게의 손자라고 자칭하는 일본 초대 천황 진무였다. 태양신이 땅과 바다의 딸과 결혼하여 이룬, 전 세계에서 가장 뛰어난 민족, 일본이 세계 통일의 이상을 이루어야 한다는 것이다.

이 사상은 1927년 기미 다나카의 "비밀 청사진"으로 그리고 1940년 고노에 후미마로 총리의 시정 방침으로 구체화되어 실제로 집행되기 시작했다. 그들은 모든 바다는 일본의 바다라고 주장하기에 이르렀고, 일본이 스스로 자신에게 아시아를 관리할 권한을 부여했다. 중국을 점령해 인력,

철, 석탄을 얻고, 시베리아를 점령해 석탄, 밀, 금속을 빼앗고, 말레이지아를 점령해 주석, 석유, 고무를 약탈하고, 미국을 점령해 목화, 산업 공장을 빼앗아 세계 정복을 실현한다는 계획이었다.[17]

제정신이라면 결코 꿈꿀 수 없는 계획이었다. 아니, 하는 짓을 보면 그들은 지금도 방법을 바꾸어 이 일을 도모하는지도 모른다. 이 사상은 많은 일본 젊은이를 카미카제로 내몰았고 모든 일본인은 이 황당한 일을 위해 싸우다 전사하여 존경받는 신으로 야스쿠니 신사(神社)에 안치되기를 열망했다. 이를 지켜보는 주변의 양식있는 영혼들이 이구동성으로 내뱉는 말은 한 가지다.

> 미친 운전수는 운전대에서 끌어내려야 한다.
> 동네의 미친개는 사살해 버려야 한다.[18]

앞서 살펴본 것처럼 생각은 인간을 인간되게 하고 인간의 삶을 편리하게 하지만 생각이 기술하는 그대로가 실재는 아니다. 상기한 일본 '신도'(神道)의 경우는 인간의 생각이 얼마나 심각하게 실재를 왜곡하고 있는지를 보여 주는 한 가지 예시일 뿐이다. 베버 역시 수 세기에 걸쳐, 긍정적으로나 부정적으로 위력을 발휘하고 있는 엄청난 종교 제도를 분석하며 이들 역시 인간의 생각에서 연원한 결과임을 주장한다. 이 말은 모든 세계

---

[17] 이러한 생각은 히라타 신사쿠의 『만약 우리가 싸우기만 한다면!』이나 가와시마 세이치로의 『미국에 맞서서』 등에도 나온다. 나는 독일 국민이나 일본 국민을 사랑한다. 나아가 중국, 러시아, 이슬람권에 사는 사람들도 사랑한다. 다만 그들 국민을 세뇌시키고 있는 악한 이념을 안타까워 할 뿐이다.

[18] 앞의 말은 히틀러를 겨냥한 본 회퍼 목사의 말이고, 뒤의 말은 미국 육군성이 제작한 영화 "Know your enemy, Japan"에서 가르치는 말이다.

관에 그대로 적용된다. 다행히도 나는 야만스런 거짓 세계관에 사로잡혀 있지 않아서 감사하다고 느낄 것인가? 현대 사회를 사는 우리는 더욱 허위성을 간파하기 어려운 세계관 속에 살고 있는지도 모른다. 그것에 점령당한 자신을 인지하기가 어렵고, 따라서 치료하기가 더욱 어려워진 또 다른 거짓 세계관 속에 살고 있다고 생각해 본 적이 없는가?

나는 이제부터 그런 사례 하나를 분석해 보이고자 한다. 이어지는 글은 전문 철학회지에 실었던 논문이라서 철학 용어와 전문적 접근이 생소한 분에게는 다소 부담이 될지도 모르겠다. 부록(附錄)이란 대체로 논리의 흐름상 본류에 포함시킬 수 없고 부차적인 내용을 덧붙인 기록을 의미한다. 그러나 여기에서 부록으로 처리된 "눈의 세계관, 귀의 세계관"은 결코 그런 의미에서 '부록'이라 할 수 없다. 다만 일반 독자를 대상으로 쓴 본서의 구성에 비추어 전문 학술 논문인 이 글이 별도 처리된 것 뿐이다.

그러나 허위적 세계관으로 인한 현대 사회의 영적 병리에 관심을 둔 독자라면 이 글을 일독하시기를 권한다. 나는 이 논문에서 내가 '눈의 세계관'이라고 명명하는 것을 통하여 오늘날 현대인의 의식을 지배하는 과학주의와 자연주의 속의 '시각적' 논리를 파헤치고자 했다. 그러는 한편 그 건너편의 '귀의 세계관'과 그것을 관통하는 청각적 논리를 통해 하나님께 가까이 다가가는 초자연주의적 세계를 해명해 보려 했다는 점을 말해 두고자 한다. 인내를 당부한다. 그러나 정 어렵거든 건너뛰어도 좋을 듯하다.[19] 여기에 건너뛰실 분을 위해서 논문의 간단한 줄거리를 요약해 적는다.

---

[19] 이러한 논의 속에 전개되는 시각과 청각의 논리에 관심이 있거나 이를 좀 더 깊게 이해하고 싶은 독자께서는 나의 『형색과 소리』에 나오는 해당 논문을 참조하시면 좋을 것이다.

어떤 형태로든 '세계관' 없이 사는 사람은 없다. 그리고 우리가 어떤 세계관을 가지느냐에 따라 경험의 해석이 달라지고 삶과 세계에 대한 해석도 달라진다. 동일한 경험이 환상으로 치부될 수도 있고 구원의 길목이 될 수도 있다. 삶을 속히 종식시켜 버려야 할 고통의 연속으로 받아들일 수도 있고 축복받은 환희의 순간으로 받아들일 수도 있다.

아래의 글에서 나는 현대 사회의 대표적인 세계관으로 간주되는 자연주의 세계관과 이에 맞서는 초자연주의 세계관을 대비시킨다. 전자의 전형을 프로이트의 '과학적 세계관'에서, 그리고 후자의 전형을 루이스의 '기독교적 세계관'에서 찾고 있다.

본 논문은 이들 상반된 세계관을 갖게 하는 인식론적 근거를 물으며, 줄리언 제인스의 '의식'과 '양원적 정신' 그리고 앙리 베르그송(Henrri Bergson)의 '지성'과 '직관' 등 상호대립적인 개념을 분석했다. 이를 통해 과학적 세계관에는 시각적-공간적 사유의 경향이 있음을 확인했고, 초자연적 세계관에는 청각적-시간적 사유의 패턴이 있음을 확인했다.

이로써 본 논문은 현대 사회를 사는 우리는 시각적-공간적 사유 일반인 '눈의 세계관' 속에 젖어 있음을 인지하라고 권면하는 동시에, 또 다른 편의 청각적 논리에 담겨 있는 하나님의 진리에 귀를 여는 세계관 즉 '귀의 세계관'으로 대체할 것을 제안하고 있다.

부록: 눈의 세계관, 귀의 세계관: 자연주의 세계관을 넘어서[20]

상식과 상반되는 믿음은 광신입니다. 믿음에 상반되는 상식은 이성주의입니다. 믿음의 삶은 이 두 가지를 바른 관계로 인도합니다. 상식과 믿음은 같지 않습니다. 그 둘은 각각 자연 세계와 영적인 세계와 연결됩니다. 감정적 충동과 영감이 다른 것과 같습니다(챔버스 2014).

1. 들어가는 말

사람은 저마다 우주에 대하여 또는 죽음의 확실성, 자연의 잔인성, 삶의 부질없음 같은 삶의 실재에 담긴 수수께끼(enigma of life)에 대하여 나름의 해석과 답을 지닌 채 살아간다. 이를 딜타이는 세계관(Weltanschauung)이라고 규정한 적이 있다(딜타이 1976). 이 세계관은 일상생활에서 삶의 의미를 규정지을 뿐만 아니라 지식을 찾는 학문에 있어서도 경험의 의미를 규정지어 진리성의 근거로 삼게 한다. 동일한 경험이 세계관에 따라 타당한 것으로 받아들여질 수 있기도 하고 그렇지 못한 것으로 여겨지기도 하기 때문이다. 동일한 경험이 사람의 세계관에 따라 착시 현상이나 환청(幻聽)으로 치부되기도 하고 영원한 생명의 길로 인도하는 강고한 근거가 되기도 한다. 동일한 경험이 프로이트의 비웃음거리가 되기도 하고 아우구스티누스의 영생의 길목이 되기도 한다. 이제부터 우리는 인간사에서 가장 깊은

---

[20] 이 논문은 내가 한남대학교를 떠나는 2010년 봄 학기에 개설했던 과목 "세계관"을 위해 집필하여 마지막 수업 시간에 발표한 논문이다. 전문 철학회지 「동서철학연구」(2010)에도 기고한 내용인데 본서에 싣기 위해 몇 군데 수정을 가한 것이다.

뿌리와 가장 넓은 외연을 자랑하는 세계관인 자연주의적 세계관과 그것에 적대적인 것이 되어 외곽으로 밀려나 있는 또 다른 세계관, 즉 초자연주의적 세계관이 어떻게 우리의 삶에 작용하는지 보기로 하자.

자연주의는 영적 세계관 또는 초자연주의 기독교 세계관에 최대의 적으로 간주되고 있다. 그러니까 앞의 이야기는 자연주의적 세계관을 지닌 사람이냐 영적 세계관을 지닌 사람이냐에 따라 경험 관찰의 의미가 상반될 수 있다는 말이 된다. 지그문트 프로이트는 그의 논문 "세계관의 문제"(*The Question of a Weltanschauung*)에서 정신 분석학 논리를 통해 '과학적 세계관'의 타당성을 주장하며 자연주의적 세계관의 전형을 예시한다(프로이트 1973). 다른 한편 루이스는 『기적』에서 자연주의와 초자연주의 간의 대결을 논하는 중에 후자의 우월성과 자신의 신앙인 기독교의 진리성을 설득력 있게 논증하고 있다.[21] 이들의 이야기를 좀 더 자세히 들어보기 전에 '자연주의'(naturalism)와 '초자연주의'(supernaturalism)의 일반적인 주장과 차이점을 살펴보기로 하자.

로날드 내쉬(Ronald Nash)는 자연주의의 일반적인 특징을 5가지로 규정한다.

① 자연이 있을 뿐이다.
② 자연은 존재하기 위해 다른 것에 기대지 않으며, 그것은 언제나 있어 왔다.

---

[21] 니콜라이는 양자를 이렇게 비교한다. "양자는 놀라운 지적 소유자들이었고, 아버지와 어둡고 힘든 갈등 관계에 있었고, 어린 시절 신앙 교육을 받았고, 얼마 후 무신론자 스승의 영향을 받아 신앙을 내던지고 무신론자가 되었다. 그러나 루이스는 그가 그토록 비판하던 기독교 세계관을 받아들인 반면, 프로이트는 이를 거부한 채 계속 무신론적 세계관에 남아 있다. 왜 그런 것인가?"(니콜라이 2004).

③ 자연은 규칙적이고 언제나 한결같다.
④ 자연은 결정론적 체계다.
⑤ 자연 안에서 일어나는 일은 모두 자연 질서의 다른 요소를 통해 설명된다(내쉬 2003).

이때 자연히 '자연'이라는 말의 함의가 궁금해질 수밖에 없게 된다. 루이스는 이를 '자라다'를 뜻하는 그리스어 동사 '퓌지오오'(φυσιόω)와 '출생'이라는 의미의 라틴어 명사 '나투라레'(*naturare*)와 관련지어 해석한다. 결국 '자연적인 것'이란 일부러 막지만 않는다면 인간이 의도하지 않았어도 저절로 생겨나고 움직이며 지속해 나가는 것을 의미한다.

그리하여 자연주의란 "시공간 속에서 자발적으로 움직이는 거대한 과정"(루이스 2008)으로서의 최종적 실재나 궁극적 사실을 믿는 신념 체계다. 이 세계관에 따르면 세계 안의 모든 사건은 그 체계 내에 뭔가가 발생했기 때문에 생긴 것이며 궁극적으로는 거대한 사건으로서의 이 체계 때문에 생겨난 것이다. 그런고로 철저히 이 노선을 따른다면 이 체계 안에 자유의지란 있을 수 없게 된다. 반면에 루이스가 정의하는 '초자연주의'란 전자의 전체 체계 밖에 존재하는 자존적인 근본 '사실,' 즉 모든 설명의 근거가 되는 '유일한 존재'(One Thing) 유일신을 믿는 신념 체계다.

양 체계가 의미하는 '자연'이나 '신'의 함의가 다를 수밖에 없다. "자연 이외엔 아무것도 존재하지 않는다"고 말하는 전자(자연주의)에게 있어 자연은 당연히 '존재하는 모든 것 전체'를 의미할 수밖에 없을 것이다. 그러나 후자(초자연주의)에게 있어 '자연'은 그 유일적 존재에 의해 생겨난 시공의 틀과 그 안의 내용물이 갖는 상호 연관 체계 및 그 진행이라고 할 수 있을 것(루이스 2008)이어서 이는 실재의 한 부분에 속할 뿐이다. 또한 자연주의가 상정할 수 있는 '신'이 있다면 그것은 (자연주의가 믿는 바) 인간 유기체에서 정신이 생겨나듯이, '거대한 연동 사건'(連動事件)으로서의 자연의 전체 과정에서, 어느 순간 어떤 거대한 우주 의식(意識)이 생겨나 '신'이 될 것이다. 그런고로 이 '신'은 근본 사실로서의 자연의 산물일 뿐 결코 후자의 자존적 유일신 같은 존재가 될 수 없다(루이스 2008).

2. '과학적 세계관'으로서 자연주의: 프로이트의 경우

자연주의에 따르면 경험과 관찰은 자연 체계 내의 타 존재에 의해 일어난 것으로 인과관계로 설명할 수 있어야 한다. 그것이 되지 않는 어떤 경험이나 관찰도 '사실'일 수 없고 환영이나 환청으로 치부되고 말 뿐이다. 지그문트 프로이트는 이 자연주의의 교리를 인간의 심리 분석에 적용한 전형적인 자연주의자로 보인다. 본 연구는 그의 방대한 정신 분석 이론 전체를 다루는 일에 관심이 없다. 단지 프로이트의 '세계관' 개념을 통해 자연주의의 한 구체적인 사례 하나를 보이고자 한다.

이제 프로이트가 말하는 '과학적 세계관' 개념을 분석하는 것으로 세계관의 이야기를 시작해 보기로 하자. 그는 "세계관의 문제"(*The Question of a Weltanschauung*)라는 강연에서 "정신 분석이 어떤 특정 세계관으로 인도하는가?(프로이트 1973). 그렇다면 그것은 어떤 종류의 세계관인가?"라고 자문한다. 그는 스스로 이에 답하는 과정에서 '과학적 세계관'(Scientific Weltanschauung)을 '종교적 세계관'(Religious Weltanschauung)의 대안으로 대비시킨다. 그는 자기가 세계관을 정의 내린다는 것이 '부적절해'(clumsy) 보일 것이 틀림없을 것이라는 단서를 달면서, 자기가 이해하고 있는 '세계관'이란 "인간 실존의 모든 문제를 하나의 주도적인 가설에 근거하여 일관되게 해결하는 지적 구성물이며, 따라서 이 안에서는 어떤 문제도 대답할 수 있어야 하고 우리의 모든 관심사가 이 안에서 제 자리를 찾게 된다"고 정의한다(프로이트 1973).

프로이트에 의하면 이러한 세계관을 가지는 자는 '이상적 소원'(ideal wishes)을 품는 사람이어서 이것을 '믿음'으로 삶에서 안정감을 느끼며 추구할 대상과 감정의 효율적 대처법을 알 수 있게 된다고 한다. 프로이트는 이런 것이 '세계관'이라면 이런 류의 세계관을 만들어 내는 일은 정신 분석 같은 '전문 **과학**'(specialist science)에게 아주 부적절한 일이 될 뿐이라고 단정한다. 과학이 이런 종류의 세계관을 만든다는 것은 모순을 일으킬 뿐이라는 것이다. 그러나 정당한 세계관이 가능하다면 그것은 '과학적 세계관'이 있을 수 있을 뿐이라고 주장한다.

프로이트에 의하면 '과학적 세계관' 역시 우주에 관한 설명을 시도하며 설명의 일관성을 추구한다. 그러나 이때 그것은 하나의 '프로그램'일 뿐 그 완성은 미래에 맡겨진다. 이 세계관은 '자연' 안에서 발생하는 경험에 대한 면밀한 조사와 관찰의 지적 작업 이외의 어떤 것, 예를 들면 계시나 직관이나 예언 등에서 도출된 어떤 것도 지식의 자료로 인정하지 않는다.

프로이트의 이러한 접근에 대해 인간의 정신과 지성이 요구하는 바를 간과한 것이라고 반론을 제기할 사람이 있을지 모르나, 이들은 인간의 정신과 지성이라는 것 자체가 (인간 외의) 다른 대상과 마찬가지로 과학적인 연구의 대상이 되어야 한다는 것을 모르는 소치일 뿐이라고 프로이트는 주장한다. 이런 의미에서의 세계관이라면 (과학으로서) 정신 분석학이 기여할 영역이 된다는 것이다.

프로이트에 의하면 여타의 세계관이란 인간의 감정적 요구에 근거하여 생겨나는 소위 '소원 충동의 실현'(the fulfillment of wishful impulses)으로서 '환상'에 지나지 않는다(프로이트, 1973). 이러한 충동은 예술, 종교, 철학 등의 작업을 통해 자신을 실현하는 한, 불필요한 것은 아니라 할지라도, 그럼에도 결코 이들을 지식의 영역에 들여보내서는 안 될 것들이다. 그럴 경우 개인적 또는 집단적인 '정신병'(psychosis)을 유발시킬 통로를 열어놓는 셈이며, 실재의 추구를 위해 쓰일 에너지를 환상적 소원 충족을 위해 낭비하게 된다고 경고한다.

그러나 프로이트에 의하면 전술한 말이 결코 철학이나 종교는 과학이 간섭할 수 없는 것으로서, 이들은 과학과 함께 각기 동등한 가치를 지니며 상호 양립하는 인간 정신 활동일 뿐 피차 간섭할 수 없는 관계라는 것을 의미하는 것은 아니다. 따라서 과학적 세계관에 신념을 둘 것인지, 종교적 세계관에 신앙을 둘 것인지는 개인의 자유에 맡길 일이 아니다. 이런 태도를 지니고 있는 한 '비과학적 세계관'(unscientific Weltanschauung)의 유해한 요소를 수용할 뿐이다. 과학은 이들에 대해 관용하지 않고 엄연히 비판 기능을 수행하지 않으면 안 된다고 권고한다.

프로이트에 의하면 예술, 철학, 종교, 이 세 가지 세력 중에 가장 심각한 과학의 적은 단연코 **종교**다. 예술은 환상만을 좇는 한, 무해하다고 할 수 있다. **철학**은 과학과 같은 방법을 차용하면서도 우주의 그림을 그려 보일 수 있으리라는 환상에 매달린다. 그러나 그런 환상은 지식의 발전이 이루어질 때마다 산산 조각나게 되어 있다.

프로이트는 "철학은 인간의 논리 작업에 대한 인식론적 가치를 과대평가하고 직관 같은 과학 외적 인식 자원을 수용함으로써 방법론상 길 잃은 미아 같아서…'제 잠옷 조각과 취침모를 벗어 우주의 건물에 난 구멍들을 틀어막는다'"며 하이네(Heine)의 시를 빗대어 비아냥댄다(프로이트, 1973).[22] 그러나 그는 정작 가장 강렬하게 인간의 감정을 주무르는 무서운 힘을 가진 자는 종교라고 주장한다. 종교는 한때 인간에게 과학이 생겨나기 이전엔 과학을 대신하여 모든 지적 역할을 담당하며, 드디어 타의 추종을 허락지 않는 수준의 자만(自慢)을 지닌 채 제법 일관성을 지닌 세계관을 만들어 내게 되었다고 한다. 프로이트 자신이 주장하는 참된 '과학적 세계관'의 최대의 적은 이 종교에 의해서 만들어지는 거짓된 세계관이다.

프로이트가 종교가 인간에 대하여 하는 일로 꼽는 것은 크게 보아 세 가지다. ① 우주 생성 기원에 관한 정보를 줌으로써 지식욕을 충족시켜 주는 일, ② 삶의 굴곡과 위험 속에서도 윤리적 명령을 수행하면 (실은 그렇게 해도 많은 경우 인간을 고통 가운데 방치하면서 자신에게 복종만을 강요하지만) 그 보상으로 보호와 행복을 주겠다며 공포를 달래어 주는 일, ③ 마지막으로는 과학과 전혀 다른 이유에서 금지와 제약을 포함한 윤리 강령을 내어놓는 일이다.

프로이트는 이 세 가지 요소의 조합에 대하여 우주 발생론(cosmogony)적 분석을 시도한다. 종교가 설명하는 우주 발생 기원은 인간에 비해 지혜와 힘과 정열 등 모든 면에 있어서 비교가 안 될 만큼 큰, 인간을 닮은, 슈퍼맨에 의해서 우주가 창조되는 것으로 시작된다. 그리고 그것은 으레 단수 남성, 그것도 '아버지'로 불리는 자에 의해 이루어진다. 프로이트는 자신의 정신 분석론에 의해 아예 "그는 실제로 (한때 어린아이에게 엄청난 위력으로 등장했던) 아버지다"(he really is the father)라고 단정해 버린다(프로이

---

22 잠시 후에 보겠지만 실제로 루이스는 논리적 추론이야말로 자연주의를 파괴할 단초가 된다고 주장한다.

트 1973).²³ 그러니까 종교적 신자가 생각하는 우주의 탄생은 바로 자신들의 탄생을 닮은 것이 된다. 어린 시절 나약했던 자신의 모습과 위험에 처할 때마다 아버지의 보호 아래 느꼈던 안전의 기억을 간직한 인간은, 엄청난 삶의 위험이 느껴질 때마다, 어린 시절의 위력을 지녔던 아버지에 대한 '기억 이미지'(mnemic image)로 돌아가게 되고, 그것에 신성을 부여하고 실제화시키는 것이다(프로이트 1973).²⁴ 이렇게 하여 인간은 종교를 탄생시키고 그것에 의하여 실재의 해석과 삶의 해석을 담은 세계관을 만들어 내는 것이다.

> **종교란 인간 스스로 정착해 살고 있는 감각의 세계를, 자신의 생물학적 심리학적 필요에 따라 자기 안에 이루어 온, 소원의 세계에 의해 정복하려는 시도에 불과하다(프로이트 1973).**

그러나 이런 일은 이루어지지 않는다. 그것은 인류의 유아기에 발생한 환상이요 무지이기 때문이다. 당연히 종교가 주는 위안도 믿을 만한 것이 못 된다.

"세계는 유아원이 아니기"(the world is no nursery) 때문이다. 종교는 "문명화된 개인이 유아기로부터 성숙의 단계에 이르는 중에 겪어야 할 신경증

---

23 이러한 주장에 대하여 루이스는 인간이 '하나님 아버지,' '그의 아들' 같은 용어를 사용하는 것은 (어떤 인류학적 사실에 근거한 것이 아니라) 인간에게 정신적 비물질적 사실이나 사건에 대해 은유적 접근 외에 언어적 표현 방법이 없기 때문이라고 답한다. 결코 문자적 의미가 될 수 없다고 말한다. 사실 그럴 것이다. 기독교인이 하나님은 아버지이고 예수는 그의 아들이므로 전자가 후자보다 나이가 더 많다고 이해할 사람은 없을 것이다. 이는 '삼위일체'라는 신학적 형이상학적 차원의 진리에 근거한 은유일 뿐일 것이다. 인간이 시간을 은유적으로 표현하여 이해하듯이 말이다.

24 프로이트는 아버지에 대한 두려움과 숭배의 감정이라는 양가감정(兩價感情)이 모든 종교에 각인되어 있다고 주장한다.

의 대응책(counterpart to the neurosis)으로 보인다"고 프로이트는 단정한다(프로이트, 1973, 1964 참조). 프로이트는 이러한 과학적 관찰이 수행하는 '비판적 심사'(critical examination)가 있는 한, 종교적 세계관은 이것에 견딜 수 없게 된다고 주장한다. 제일 먼저 비판적 의심과 회의를 불러일으키는 것으로 '기적'(miracles)[25]을 꼽는다. 기적이란 것은 냉정한 관찰을 통해 배운 모든 것에 모순을 일으키며, 인간의 상상력이 미치는 범위를 너무도 명백히 거스르는 것이다. 이것도 무지의 소산일 뿐, 인간이 **자연법칙에 익숙해지면** 더 이상 설자리를 잃고 만다[26]. 종교적 세계관이 유혹하는 윤리적 행위에 대한 기적적인 보호나 보상 역시 사실일 수 없음이 금방 드러난다. 대지진이나 쓰나미 같은 것을 목도할 때마다 인간은 우주 어느 곳에도 윤리적 행위의 주인공을 보호해 줄 어떤 장치나 힘이 없음을 알게 된다. 기댈 곳은 도덕 법칙이나 우주가 아니라 인간 상호 간에 의존하는 일분이라고 프로이트는 주장한다.

프로이트에 의하면 문제되는 것은 과학에 의한 종교 영역 침범이 아니라 반대의 상황이다. 종교에 의한 과학적 사유 영역 침범이 문제라는 말이다. 종교가 아무리 자신을 인간이 산출해 낸 가장 귀한 것이요 숭고한 것이라고 주장한다 할지라도 인간의 사유를 제한할 권리도, 종교에 비판적 사유를 적용하는 것을 막을 권리도 없다.

> (오히려) 미래에 대한 인간의 최상의 희망은 지성, 즉 과학적 정신과 이성

---

[25] 이것 역시 루이스는 자신의 기독교적 세계관에서 가장 중요한 의미를 가지는 것으로 여긴다.
[26] 이와 같은 주장에 대하여 루이스는 기적이라는 개념 자체가 예외적인 사건임을 함축하고 있는데 법칙에 대해 무지한 사람이 어떻게 그 사건이 (법칙에) 예외적인 것이라고 여길 수 있느냐고 반문한다. 오히려 그 법칙을 누구보다 잘 알고 있기에 비로소 기적이 가치를 지닌 것으로 여기게 된다고 답한다(루이스 2008).

이 역사 속에서 인간의 정신적 삶의 독재적 집정관이 되어야 한다는 것이다(루이스 2008).[27]

마지막으로 프로이트는 흥미롭게도 마르크스주의를 과학적 세계관에 맞서는 또 하나의 심각한 적으로 다룬다. 프로이트에 의하면 마르크스는 헤겔을 따라 비과학적 추상을 하고 있다. 그가 말하는 사회적 계층 변화는 자연법 개념이나 개념적인 변증법적 진화에 의해 이루어지는 것이 아니라 자연에 대한 통제력이 발전함에 따라 일어난다고 주장한다. 프로이트에 의하면 마르크스주의의 강력한 힘은 그것의 역사관이나 미래 예언력에 있지 않고 인간의 경제 상황이 인간의 지적, 윤리적, 예술적 태도에 영향을 준다는 통찰에 있다. 그럼에도 마르크스의 문제점은 그 경제적 모티프가 인간의 행동을 결정짓는 유일한 요소는 아니라는 것을 간과한 것이다. 동일한 경제적 조건하에서도 다른 개인이나 다른 민족은 다르게 행동하는 것이다.

프로이트는 마르크스가 인간의 사회적 반응을 논하면서 어떻게 심리적 요소를 간과할 수 있었는지 이해할 수 없다고 비판한다. 인간의 자기 보호 본능, 공격성, 사랑받으려는 욕구, 고통을 피하고 쾌락을 좇는 충동 등에 의해 작용하는 인간의 반응 등을 간과했다는 것이다. 인간의 행동은 경제적 필요 외에도 이것과 독립된 뿌리를 지니고 있는 문화적 요소에 의해서도 영향받고 있다는 점에서 마르크스의 사회 과학은 심리학을 첨가할 때

---

27 프로이트는 이제 "Our best hope for the future is that intellect - the scientific spirit, reason - may in process of time establish a dictatorship in the mental life of man"라고 말한다. 결국 과학의 종교 영역에 대한 독재권을 주장하는 것이다.

에만 완전한 것이 될 것이라고 주장한다(프로이트 1973).[28]

그러나 마르크스주의 이론에 대한 프로이트의 결정적인 비판은 마르크스주의가 마르크스 자신이 저항하여 싸우는 종교를 닮아 자신도 자기 만족적, 배타적 성격을 지닌 하나의 '세계관'을 만들어 가고 있다는 것이다. 마르크스주의는 과거에 종교가 행한 잔혹한 해악을 그대로 따라 행하고 있는 것이다. 그것은 자신에 대한 비판적 분석을 금하고, 자신의 그릇됨을 지적하는 자에게 무자비한 형벌을 가하고, 마르크스 자신이 쓴 글은 "다른 경전처럼 모순과 모호성 투성이면서도"(프로이트 1973) 성경과 코란의 자리를 대신하여 계시의 근원으로 행세하며 스스로 증명할 수 없는 환상을 발전시켜 나가고 있다는 것이다. 프로이트에 의하면 볼셰비즘은 그 신도에게 고통과 현재의 희생을 조건으로 미래의 낙원을 약속한다. 마치 "메시아의 지상 도래"를 외치던 유대인처럼, "하늘나라가 가까이 왔다"고 외치는 기독교인처럼 말이다.

3. 초자연주의적 세계관으로서의 기독교: C. S. 루이스의 경우

루이스는 특정 자연주의자를 지목하지 않고 자연주의 일반의 문제점을 지적하는 것에서 초자연주의의 당위성을 논증해 간다. 전술한 대로 자연주의에 의하면 모든 (유한적) 존재나 사건은 '전체 체계'(total system) 또는 '전체적 연동 체계'(total interlocking system)에 포섭되고 이에 의해서만 설명

---

[28] 그리하여 여기에서 사회 과학을 응용 심리학이라고 부르면서 프로이트는 과학에는 자연 과학과 (순수, 응용) 심리학이 있을 뿐이라고도 주장한다.

된다. 그러나 루이스에 의하면, 프로이트가 '전체 체계'라는 말을 쓰고 있는데, 바로 이 개념 때문에 상기의 설명이 불가능해지는 단 하나의 반례라도 발견된다면 자연주의의 주장은 무너지게 되어 있다는 것이다. 예를 들어 물질의 모든 최소 입자의 움직임은 과학자들이 믿어 온 것처럼 **자연이라는 전체적 연동 체계**와 맞물려 엄격한 법칙에 따라 움직이는 게 아니라, 평균적으로만 규칙적으로 보일 뿐, 실은 어떤 불확정적 임의적 방식을 따라 독자적이고 자발적으로 움직이고 있다는 것이다. 만약 과학계의 이 주장이 옳다고 한다면, 이는 자연 바깥에 전체 자연 체계에서 벗어난 어떤 하위 자연적(sub-natural) 체계가 있음을 의미한다는 것이고 이로써 자연주의는 이것 하나만으로도 그 정의상 무너지게 되어 있다는 것이다.

루이스가 보다 심각하게 다루는 반증 사례는 인간의 이성적 추론 능력이다. 자연주의자도 인정하거니와 이성적 추론에 의한 판단은 유일하게 타당성을 주장할 수 있는 지식 근거다. 그러나 이때 만일 이성적 추론이 **타당성**을 주장할 수 없는 것이라면 자연주의자가 그토록 신뢰하는 행위인 과학은 설 자리를 잃게 될 것이다. 자연주의가 라메트리(La Mettrie), 포이어바흐(Feuerbach) 등이 믿는 것처럼 유물론을 따라 인간의 정신이 뇌의 원자 운동에 의해 결정된다고 주장한다면, 그 정신 활동의 결과는 타당성을 주장할 아무런 근거가 없게 되고 그런 사고 활동에 의해 이루어지는 그들의 이론 체계도 타당성을 주장할 수 없게 된다(루이스 2008).[29]

루이스는 이와 함께 자연주의가 신뢰하는 인과론적 논증 방식 또한 타당성을 담보하지 못한다고 주장한다. 자연주의는 그 연동 체계 안에서 모

---

29 "우리가 이성적 추론을 할 때는 자연 너머에 있는 무언가가 작동하는 것이다." "내 머리 위에 별이 반짝이는 하늘"에서 오는 것이 아닌 것이다. 뇌 물질이 사유를 낳는다면 무질서를 낳을 뿐이다.

든 사태의 원인을 찾기 위해서만 아니라 지식의 진리성을 담보하기 위해서도 그 인과론에 매달린다. 사태와 사태 사이의 관계를 원인(cause)과 결과(effect)를 따라 소위 인과적 설명(causal explanation)을 해내면 지식이 된다는 것이다. 그러나 루이스는 신념(사유)과 신념(사유) 사이의 (논리적) 관계도 그렇게 되는가라고 묻는다. 아무리 많은 '원인'을 제시했다 할지라도 그것이 타당성 있는 근거인지는 별개의 문제이다.

여기에서 문제가 되는 것은 특정 신념의 **원인**이 아니라 그 신념의 **근거**(ground)인 것이다. 자연 속의 모든 사건을 원인과 결과라는 관계 안에서 그 사건에 선행하는 사건과 관련지어 설명해야 하는 자연주의는 이 근거와 귀결(consequent)의 논리적 추론 문제까지도 원인과 결과의 문제로 처리하려는 우를 범한다는 것이다. 루이스는 이런 사고는 "당신은 우울증 환자이기 때문에 그렇게 말하는 거야"라는 주장처럼 원인만 있고 근거는 없는 편견이거나 망상일 뿐이라고 주장한다. 자연주의자에게 "한 생각이 다른 생각을 일으키는 것은, 전자가 후자의 근거라서(being)가 아니라 전자가 그렇게 후자의 근거라고 보여지기에(seen to be) 그런 것"(루이스 2008)[30]일 뿐이다.

이와 같이 자연주의자는 인간의 정신적 행위를 완전히 설명할 수 있다고 주장하지만 루이스에 의하면 그 설명 속에는 앎이나 통찰 행위가 존재할 수 없다. 왜냐하면 자연주의에 의하면 이성은 자연 속에서 뒤늦게 역사 과정에 출현했고 이성적 사고나 추론은 (생존에 덜 적합한 것은 도태되는) 자연 선택에 의해 진화되어 온 것이기 때문이다. 다시 말해서 이는 외부에

---

30 프로이트가 정신 분석 과정에서 즐겨 쓰는 자유 연상 작용에 대해서도 루이스는 같은 대답을 들려줄 것이다.

원인을 둔 자극-반응일 뿐이기 때문이다. 해로운 반응은 제거되고 생존에 적합한 반응은 채택되는 과정을 거쳐 "반응이 제아무리 향상을 거듭한다 해도 결코 통찰의 행위로 변할 수 없기 때문"이다.

> 왜냐하면 반응과 자극의 관계는 지식과 그 대상인 진리의 관계와는 전적으로 다르기 때문이다.…빛에 대해 아는 사람은 특별히 눈이 좋은 사람이 아니라 관련 학문을 연구한 사람인 것이다(루이스 2008).

지식은 실험과 추론에서 나온 것이지 반응의 향상에서 나온 것은 아니라는 것이다. 루이스에 의하면 추론적 지식은 흄의 지적처럼 반복 경험의 기대에서 오는 것이 아니며 이성은 단순한 기대를 추론으로 대체할 때 들어온다.[31]

> 자연주의자는 우리가 추론이라고 생각하는 것에 대해, 그것은 전혀 진정한 의미의 통찰이 아니라는 취지의 설명을 제시했(었다). 우리나 그나 자신의 생각에 확신을 갖고 싶어 (한다). 그런데 알고 보니 그의 확신은 또 하나의 추론(만약 유용한 것이라면 옳은 것이다라는 추론)에 불과하다는 사실

---

[31] 이러한 루이스의 '이성'에 대한 논증은 '이성'에 대한 신뢰를 함의하고 있는 듯하다. 그러나 그가 개념화하고 있는 '이성' 개념은 앞에서 우리가 언급한 이성 개념과는 다른 성격의 개념이다. 그가 말하는 '이성'은 하나님의 초월적 조명하에서 나오는 것이어서 '영'과도 조응하는 개념이다. 이러한 그의 '이성' 개념은 '신비가들의 통찰'이나 초자연적인 '기적'까지 포괄할 수 있는 '하나님의 이성'이라는 광의의 개념으로 이어진다. 본서 앞 부분에서의 이성에 대한 비판이 이성을 하나님께서 주신 것임을 부인하는 의미가 아님은 물론이다. 일단 (하나님으로부터) 주어진 이성은 그 후로는 하나님으로부터 독립적으로 실행될 수 있다고 믿는 자연주의적 또는 이신론(理神論)적 이성을 지칭한 것이었음을 혼동하지 마시라. 이러한 이성관은 인간이 하나님의 형상을 따라 태어났기 때문에 무엇을 하든지 하나님의 행위로 용인될 수 있다고 믿는 것처럼 그릇된 생각에 빠져 있다.

이 밝혀진 것(이다).…그러나 우리의 이성적 추론 행위의 가치가 의심받고 있는 상황에서는 그것의 가치를 이성적 추론을 통해 세우려고 시도할 수는 (없다)(루이스 2008).[32]

루이스는 이러한 자연주의에 맞서 인간의 정신과 이성은 하나님의 조명을 받아서 생겨나는 것이며 하나님의 이성에서 자연의 질서 정연함이 비롯되고, 이로써 우리는 자연을 알 수 있게 되는 것이라고 대응한다. 인간의 이성 행위를 자연의 그림 속에 맞춰 보려고 하면 실패할 수밖에 없다고 한다. 왜냐하면 이성적 추론 행위는 자연의 전체 연동 체계와 다른 방식으로 연관을 맺고 있기 때문이다. 예를 들면 기계에 대한 이해는 기계 부품이 상호 간에 맺는 관계와는 다른 방식으로 관계 맺는 것과 마찬가지다.

> 우리가 이성적 추론을 할 때는 자연 너머에 있는 무언가가 작동하는 것이다(루이스 2008).

자연주의자가 주장하는 대로 우주의 모든 원자가 어떤 관계 속으로 들어가 그것이 어떤 우주 의식을 일으키고, 그 의식이 사고 행위를 할 수 있게 되고, 그것이 인간의 정신을 통과하도록 만들었을 수 있다 할지라도 그 의식 자체의 사고가 반드시 이성적일 필요는 없으며 "우리가 사용하는 일

---

[32] 유감스럽게도 루이스는 여기에서 자연주의적 신념을 지닌 실증주의가 경험 관찰만이 지식의 진리성을 보증한다는 검증 이론을 더 이상 견지할 수 없게 되자 **논리적 지식이나 경험적 지식**만이 참된 지식을 이룬다(Genuine knowledge is logical or empirical.)고 후퇴한 것을 다루지는 않는다. 그럼에도 우리는 루이스의 논리를 따라 논리 실증 주의의 입장이 지니고 있는 모순을 지적할 수 있을 것인 바, 논리 실증 주의는 경험적 지식 외에 논리적 지식의 진리성을 인정하고 있는 한 자연주의적 진리관은 스스로 한계를 인정한 셈이다.

상적 판단 원칙에 의하면 아무런 타당성도 가질 수 없다." 왜냐하면 그때 그 우주적 정신은 아무런 생각 없는 자연의 산물일 뿐이기 때문이고 자연의 산물인 뇌 물질이 사유를 낳는다면 무질서를 낳을 뿐이기 때문이다.

"자연주의의 심층적 난점"이라는 장에서 루이스는 자연주의의 신조를 따라 마르크스가 자본주의적 경제 체제에 근거한 전통적 도덕을 공격하고 프로이트가 억압적인 성 윤리에 근거한 전통적 도덕을 공격할 때, 양자가 공히 당연시하는 논리는 두 체제가 비이성적 근거에 서 있다는 것이었다. 그럼에도 그들 역시 도덕과 관련하여 자연주의의 심층적 난점에서 자유롭지 못함을 지적한다(루이스 2008). 이들(앞에서 살펴본 바와 같이 특히 프로이트)에 의하면 도덕적 당위는 하나의 몽상에 지나지 않는 것이다.

루이스는 이 몽상의 형성 과정에 대한 자연주의의 설명을 다음과 같이 정리한다. 우선 화학적 조건은 생명을 낳고, 태어난 생명은 자연 선택의 영향하에서 의식을 낳고, 특정 의식의 유기체는 다른 유기체보다 더 오래 살고 더 번성하게 되고, 이를 바탕으로 한 특정 유기체의 유전과 교육은 후손에게 특정 행동 패턴을 제시하고, 이를 어기는 자에게 벌을 주는 신을 발명해 냄으로써 오랜 세월에 걸쳐 인간 안에는 이에 순응하고자 하는 강한 충동이 생겨나게 된다는 것이다.

그리하여 자연주의자에게 "나는 지금 그 문제에 관하여 ~하게 느껴진다"고 말하는 것은 곧 "나는 마땅히 그렇게 해야 한다"는 당위가 되는 것이다. 느낌의 **사실**이 곧 **당위**인 것이다. "나는 마땅히 그렇게 해야 한다"가 "나는 지금 몸이 가렵다"는 진술의 수준이냐고 묻는 루이스에게 자연주의자는 한술 더 떠서 "그렇다. 도덕 판단에 있어 옳고 그름은 없다. 따라서 어떤 도덕 체계가 다른 도덕 체계보다 더 낫거나 나쁜 법은 없다"고 응수할 수 있게 된다. "선악에 관한 이상은 우리가 느끼도록 조건화된 충동에 의해 바깥 세상에 투사된 그림자에 지나지 않는다"는 것이다(루이스 2008). 결국 자연이 인간을 일정 방식으로 조건화시켜 인간이 '도덕적'으로 판단한다는 것이 된다.

그러면 우리가 충동 A를 충동 B보다 더 추구해야 할 이유는 무엇인가? 자연주의자의 대답은 "어떤 충동이 인류를 더 보존시킬 것인가에 달렸다"일 것이다. 그러나 이 말에는 "사는 것이 죽는 것보다 낫다"든가, "후손이 번성하도록 돌봐야 한다" 따위 같은 도덕적 판단이 당위로서 전제되어 있음을 알아야 한다고 지적하면서, 루이스는 이제 "이 후손을 돌보고 싶어하는 충동이 실은 치즈를 좋아하는 충동과 같은 종류의 것임을 아는 이상(전자의 초월성 주장이 사기임이 밝혀진 이상) 내가 거기에 신경 쓸 것 같으냐?"라고 반문한다(루이스 2008). 이성과 마찬가지로 "내 안의 도덕률"은 "내 머리 위에 별이 반짝이는 하늘"에서 오는 것이 아닌 것이다.

루이스에 의하면 이처럼 자연주의가 자신에 내재한 심각한 문제점을 인정하고서 수용할 수밖에 없는 사유 체계가 바로 초자연주의다. 그에 의하면 초자연은 바라보는 자에게 자신의 눈처럼, 또는 모국어를 말하는 자에게 자신의 모국어 문법처럼 너무나 가까이에 일상으로 존재하는 '가장 명백하고 기본적인 사실'이어서 망각하기 쉬운 어떤 것이다(루이스 2008).[33] 우리가 이것을 망각하게 된 이유는 자연을 정복하기 위해 과학이라는 이름의 부분적 사고를 수행하기 시작하면서부터라고 한다. 루이스는 앞에서

---

33 예수가 행한 기적도 실은 "하나님이 일반적으로 해 오셨던⋯일을 순식간에 또 한 장소에서 하신다는 사실(이다). 다시 말해서 각 기적이 하는 일은 하나님이 자연이라는 캔버스 전체에 걸쳐 우리가 쉽사리 알아볼 수 없을 정도의 커다란 글자로 이미 적어 놓으셨거나 또 앞으로 적으실 무언가를 우리를 위해 작은 글자로 적어 주는 것"이다(루이스 2008). 그러니까 오병이어의 기적은 한 알의 밀알로 60배, 100배의 수확을 거두어들이게 하시던 하나님의 일상적인 일을 단기간에 단축시켜 보여 준 것에 불과한 것이다(루이스 2008).

살펴보았던 프로이트의 주장과 정반대로 인간이 이 과학적 사고의 습관에 빠져들면서 "신비가의 직접적 통찰과 철학자의 이성적 추론"이 권위를 잃고 말았다고 애석해 한다(루이스 2008).[34] 앞에서 자연주의가 대답할 수 없어 그 존재 기반을 잃게 했던 이성적 추론과 도덕이 존재한다는 사실은 이번에는 초자연이 있다는 명백한 증거로 제시된다. 이들의 존재는 자연에 대한 초자연의 '침입'을 입증하는 것이라고 묘사된다.

초자연의 존재 증명을 위해 루이스가 예로 들고 있는 또 하나는 프로이트가 극구 그 존재를 부정하던 바로 그 '기적'[35]이란 것이다. 루이스가 처음부터 자연주의와 초자연주의를 길게 논한 이유도 실은 이 기적을 다루기 위한 사전 작업으로 보인다. 자연주의자는 자신들이 기적을 부인하는 이유는 그것이 자연법칙에 위배되기 때문이라고 한다. 이때 '자연법칙'이란 관찰된 자연의 규칙적 행로이며 자연주의자에 의하면 그것은 경험 관찰에 의해서 확인된다. 그런데 기적은 바로 이 자연법칙이 중단될 수 있음을 보여 주는 어떤 것이다.

루이스는 이에 대해 논리실증주의의 검증 가능성(verifiability) 이론에 대한 칼 포퍼(Karl Popper)의 비판과 흡사한 논리를 전개한다. 즉 아무리 많은 경험 관찰에 의해 규칙적인 자연의 행로, 즉 자연법칙이 확인되었다 해도 그것이 그 행로의 중지 또는 변경이 불가능한 것을 입증한 것은 아니라는 것이다. 여전히 그 행로는 중지될 수도 변경될 수도 있다는 것이다. 경험 관찰은 기적이 일어난 후 단지 그 사실 여부를 확인해 줄 수 있을 뿐, 그것

---

34 이점 역시 종교와 철학에 대한 프로이트의 비판에 정면으로 대응한 셈이다.
35 루이스는 2가지 상이한 함의를 지니는 기적을 구분하고 있다. "옛 창조의 기적"과 "새 창조의 기적"이 그것이다. 전자는 하나님이 늘 하시는 일을 축약적으로 되풀이 하는 것이고, 후자는 예수의 부활처럼 새롭게 이루어질 항구적 자연을 예시하는 것을 의미한다(루이스 2008).

이 기적의 가능성 여부를 입증할 수 있는 것은 아니다. 어떤 필연성을 입증한 것은 더욱 아니다.

루이스에게 있어 자연에 대한 초자연의 침입으로서 기적만큼 기독교의 본질적 내용을 담고 있는 것은 없다. 다른 종교에서는 그들이 전하는 기적을 제거한다 해도 그 교리의 본질은 유지되지만 기독교에서는 사정이 다르다는 것이다. 기독교에 있어 기적은 기독교의 신앙 구조 전체라고 해도 과언이 아니다(루이스 2008). 그에 의하면 기적은 연못에 떨어진 포탄처럼 자연 속에 침입해 들어와 자연의 통일성에 큰 변화를 일으키고는 자연의 통일성을 더 깊은 수준에서 최고 수준으로 계시해 주는 어떤 것이다. 이처럼 기독교의 성령은 처녀 마리아에게 침입해 들어옴으로써 인류 전체의 운명에 큰 변화를 일으킨다. 그렇게 해서 태어난 '아들'로 말미암지 않고는 영원한 생명에 이르지 못하는 인류 운명의 변화 말이다. 이처럼 존재하는 모든 것과 '전체적인 조화'를 이루지 못하고 단지 덧붙여졌을 뿐인 '기적'은 참된 의미에서 기적이 될 수 없다고 루이스는 주장한다(루이스 2008).[36]

루이스는 자신이 말하는 초자연주의 개념과 구분되는 '종교'를 온갖 형태의 범신론으로 규정한다. 자연이 있을 뿐이라는 자연주의 일원론이 이를 신(神) 개념에 적용하면 범신론이 된다. 이들은 기적을 배제하는 공통

---

[36] 루이스의 해석은 기독교적 역사관을 보여 주는 다니엘서 2장의 사건을 떠올리게 한다. 자연주의자, 특히 마르크스 같은 유물론자가 말하는 '사적 유물론'의 인간에 의한 역사 진행과는 상반되게 다니엘에게 (느부갓네살 왕을 통한) 인간 역사는 "사람의 손으로 하지 아니하고 뜨인 돌"에 의해 "다 부서져 여름 타작 마당의 겨같이 바람에 불려 간 곳이 없"게 되고 만다. 그 자리를 차지하여 일어날 '역사'는 인간의 역사에 침입한, 뜬 돌에 의한 '태산' 같은 요지부동의 나라다. "온 세계에 가득할" "영원히 망하지 아니할 하나님이 세우실 영원한 나라"인 것이다. 마리아에게 들어오신 '하늘의 하나님'은 이제 역사에 들어오시어 역사의 전체적 통일성을 재편성하시는 것이다(단 2:27-45).

점을 지니며 따라서 기적을 통해 특정 목적을 수행하는 하나님을 대신하는 이념을 만들어 낸다. 진(眞), 선(善), 미(美), 등에 내재하는 원리로서의 신(神),[37] 만물에 내재하는 거대한 영적 힘으로서의 신, 만물이 흘러나오는 원천인 영성의 못으로서의 신 등은 그런 류의 범신론으로 꼽힌다. 그들은 자연을 설명하기 위해 처음엔 신인동형적 영적 존재를 상정하다가 나중엔 구체적인 속성을 사상하고 순수히 추상적 관념으로서 신을 신봉한다.

앞서 소개했던 프로이트의 종교관도 이에서 멀지 않아 보인다. 루이스는 (플라톤과 아리스토텔레스를 제외한) 고대 그리스 철학자, 스토아 철학자, 스피노자와 헤겔, 워즈워스와 칼라일, 에머슨 등이 모두 이 범신론적 카테고리에 속한다고 본다(루이스 2008). 이들은 가만히 두면 누구나 자동적으로 빠져드는 이 "인간 정신의 평상적 성향"으로서 범신론에 빠져, 그 오류를 막아내기는커녕 이를 철학화하고 이론화한 경우다. 다양한 이론을 구사하고 있음에도 본질적으로 자연주의를 종교적으로 표현한 것에 불과한 것이다.

이러한 범신론적 자연주의를 넘어서는 루이스의 초자연주의의에 대한 해명은 기독교의 핵심 교리를 구성하고 있는 또 하나의 기적, 즉 부활에 관한 장에서 절정을 이룬다. 앞서 루이스가 자연주의의 한계를 지적하는 과정에서 들고 나왔던 이성은 루이스가 주장하는 초자연주의의 구성 요소인 '영'(靈, spirit)[38]의 다른 이름이기도 하다. 그러나 그가 이 영적 요소를 강

---

37 진선미에 내재하는 신은 아니로되 이성에 내재하는 신이냐고 의문을 제기할 수 있을 것이다. 그러나 루이스가 개념화하고 있는 것은 '이성에 내재하는 신'이라고 하기보다 하나님의 조명을 받은 이성이라고 해야 할 듯하다. 이는 과학이 생각하는 이성보다는 더 광의적인 것으로 보아야 할 것이다. 왜냐하면 그의 '이성'은 '영'까지 함의하기 때문이다.

38 루이스에 의하면 '영'이란 말은 다양한 의미를 지니고 있다. 그것은 화학적 의미의 '알코올'에서 시작하여 의학적 의미의 '원기,' 비물질적 정념으로서 '혼'(soul), 창조시 인간에게 주어진 '이성적 요소'도 될 수 있다. 그러나 이들은 어디까지나 "상대적인 초자연적 요소"일 뿐이다. 루

조하고 있는 것이 바로 이것의 좋음을 주장한다는 의미는 아니다. 이 영은 이성으로서 창조물 중 최고로 선한 것일 수도 있지만 동시에 최악의 것일 수도 있음을 루이스는 잊지 않고 있다. "인간이 하나님의 아들일 수도 있고 또 마귀일 수도 있는 것"이다(루이스 2008).

루이스에 의하면 이 영적인 것이 언제나 선한 것으로 존재할 수 있는 조건은 이것이 거듭 태어나(regenerated) 창조주이신 하나님께 내어 드릴 때다. 그리하여 예수 안에서 하나님의 장자권(sonship)에 참여할 때다. 피조된 인간이 "사랑 안에서" 자유 의지를 통해 자신의 이성을 하나님께 다시 바칠 때 그는 더 이상 "피조된 방식"(created)이 아니라 하나님의 아들 예수가 "태어난"(begotten) 방식으로 예수의 생명에 참여하는 것이다(루이스 2008).[39] 이때에 생겨나는 생명이 "절대적인 초자연적 영"이다.[40] 루이스는 이 모든 것을 십자가에 달려 죽음으로써 부활하신 예수의 새로운 몸에 관한 기술을 통해 추론해 낸다.

이스가 조에(zoe)라고 부르는 "절대적인 초자연적 생명"은 위의 영과는 구별되는 '영'이다(루이스 2008).

39 **순전한 기독교** 제1장에서 루이스는 이 통찰에 대해 보다 상세한 설명을 곁들인다. "신은 신을 낳을 수 있을 뿐 창조하지 않으신다. 인간이 인간을 낳듯이." 이러한 루이스의 설명은 정확히 마태복음 첫 장을 메우는 예수의 족보에서 예수께서 요셉의 아들로 묘사되지 않고 마리아에 의한 출생으로 기술되고 있는 이유에 대한 설명이 될 수 있을 것이다. 예수께서 실은 앞에서 길게 나열한 혈통과는 생물학적으로 아무 상관이 없으시다. 하나님의 영이 낳으셨기 때문이다.

40 이 초자연은 "새로운 자연"을 의미하는 것으로서 "지금 그 새로운 자연은 옛 자연을 재료로 해서 만들어지고 있는 **중**(이다.)" "하나님에게 모든 물리적 사건과 인간 행위는 다 영원한 현재(eternal Now) 안에 현존하고 있다.…이런 의미에서 보자면 하나님은 오래전에 우주를 창조하셨던 것이 아니라 바로 지금 매 순간 이 우주를 창조하고 계신 것(이다)"(루이스 2008, 필자의 강조임).

4. 눈과 귀 그리고 공간과 시간

이제까지 우리는 동일한 사태에 대하여 극명하게 상반되는 입장을 제시하는 두 사람의 주장을 자연주의와 초자연주의로 대비시켜 보았다. 전자가 소위 '과학적 세계관'의 사유 체계라면, 후자는 '초자연주의 세계관' 또는 프로이트가 공격하는 '종교적 세계관' 또는 '영적 세계관'의 사유 체계다. 그런데 도대체 인간에게 이런 세계관의 차이를 불러일으키는 요인은 무엇인가?

여기에서 우리는 자연주의가 초자연주의를 수용하지 못하는 결정적인 인식론적 이유에 대하여 생각해야 할 것이다. 루이스는 자연주의가 자연주의를 고수하면서 자신의 한계에 대한 비판을 정직하게 수용한다면 그 '자연주의'가 취할 수 있는 선택은 이원론적 입장이 될 것이라고 주장한다. 자연과 자연 밖의 독립된 존재로서 어떤 하나님이라는 존재를 동시에 인정하는 것이다. 그러나 이때에도 양자가 공존할 수밖에 없다는 것일 뿐 후자가 전자를 창조했다는 사실을 인정하는 것은 아니다.

이때 자연주의적 입장에서 양자의 관계를 설명해 내는 일은 그들에게 또 다른 난제일 수밖에 없다. 그럼에도 루이스에 따르면 자연주의자들은 이 난제 자체를 인지할 수 없게 되어 있다는 것이다. 왜냐하면 그것은 "머릿속에 **그림**을 떠올려 생각하는 우리의 사고 습관 때문(이다). 우리는 그 둘이 어떤 **공간**에 나란히 존재한다고 생각(한다)"(루이스 2008, 필자의 강조).[41]

---

41 이러한 공간적 사유는 시각적 사유와 분리될 수 없을 것이다. 루이스도 이를 인지하고 있는 듯하다. "물리학의 옛 원자 이론은, 종교의 범신론과 같다"(루이스 2008). 자연주의의 종교적 표현인 범신론적 사유에 젖어 있던 고대인(예를 들면, Democritus)은 사물의 원천으로 원자가 존재한다는 것을 믿었는데 그것은 "눈에 보이지 않을 만큼 작지만 우리가 경험적으로 (눈으로 보아서) 아는 단단한 물체를 닮은 모습이다. 인간 정신은 모래나 소금 알갱이에서 유추해서

그런데 이렇게 생각하는 한, 그는 양자가 공유할 어떤 공간 또는 "모종의 공통 매개물"을 상정해야 하는데, 실은 자연주의자에게 그 매개물은 여전히 또 다른 어떤 '자연'의 일부일 뿐이다. 이 모순을 피하기 위해 그가 (어떤 방법에 의한 것인지는 모르겠지만) 그 매개물이나 그 공간을 제거하는 데 성공했다 할지라도 "그 순간 우리 자신의 정신이 그 둘의 공통 매개물 역할을" 하고 있는 것이라고 루이스는 설명한다. 그리하여 양자 간 매개물 없는 완전한 '타자성'(otherness)이라는 개념을 인간이 형성하는 것은 불가능하다는 것이 루이스의 결론이다(루이스 2008).

루이스의 입론을 따라 우리는 자연주의적 범신론이 인간에게 고상하고 매력이 있어 쉽사리 다가오는 이유는 바로 인간의 의식이 지니고 있는 이 시각적 공간성 때문이라고 생각해도 좋을 듯하다.

> 일견 심오해 보이는 범신론의 이면에는 다분히 자연적·회화적 사고가 얇은 베일 뒤에 감추어져 (있다.) 범신론이 그럴듯해 보이는 것이 실은 바로 이 때문(이다).…범신론자는 하나님이 만물 안에 '퍼져 있고,' '숨어 있으며,' 따라서 어떤 구체적 존재물이 아니라 보편적 매개물이라고 결론짓(는다.) 왜냐하면 그들의 정신이 실은 가스나 액체나 공간 등 그림에 지배받고 있기 때문이다(루이스 2008).

이처럼 초자연주의자 루이스가 자연주의적 사유의 한 원인으로 정신의 공간화 경향을 지적하고 있는 것에 화답하기라도 하는 듯 일찍이 이를 확인해 준 자연주의 철학자가 있다. 자연이 있을 뿐이라고 주장하는 자연주

손쉽게 이런 개념에 (이른다)"(루이스 2008).

의 노선을 따라, "감각이 있을 뿐"이라고 주장하는 루트비히 포이어바흐(Ludwig Feuerbach)다. 그는 이미 오래전에 동일한 통찰을 제시한 적이 있다.

프로이트는 포이어바흐야말로 "어떤 철학자들보다 내가 존경하고 숭배하는 인물"이라고 실토한다(프로이트 1973). 그는 포이어바흐가 "종교의 내용과 대상이 철두철미 인간적인 것임을 증명했고, 신학의 비밀은 인간학이며 신의 본질의 비밀은 인간 본질의 비밀이라는 것을 증명했다"고 주장한다(포이어바흐 1984). 포이어바흐는 절대 정신은 유한한 주관적 정신일 뿐이라고 주장하며 몸과 감성의 중요성을 들어 종교(특히 기독교)의 허구성을 통박한다. 그런데 포이어바흐는 그 논박 중에 난데없이 눈의 중요성과 공간의 중요성을 들고 나온다. 이는 그가 진리의 원천으로 신봉하는 자연이 인간의 몸과 감성을 통해 주어지기 때문일 것이며 그 중에서도 시각적 감성의 특별한 역할을 주목한 까닭일 것으로 보인다. 그는 인식을 가능케 하는 외적 조건으로서 시간과 공간에 대한 칸트의 선험적 설명은 수정되어야 한다고 비판하며 감성적 경험으로부터 도출되는 공간만이 최초의 규정일 뿐이라고 주장하면서[42] 다음과 같이 말한다.

> 현존재는 최초의 존재이며 최초의 규정 존재다. 나는 여기 있다―이것이 현실적이고 살아 있는 존재의 최초의 표시다. 집게손가락은 무로부터 존

---

42 앞에서도 잠시 소개했던 것처럼 칸트는 그의 『순수 이성 비판』에서 감각의 세계보다 선행하는 선험적 직관의 영역을 인식의 조건으로 논한다. 그는 그 감성 형식인 시간과 공간을 논하면서 공간보다 시간이 더 근본적인 선험 조건임을 주장한다. 시간은 외적 표상(outer representations)이든 내적 표상(inner representations)이든 "모든 외양의 선험적 조건"(all appearances the formal a priori condition of all appearances)이라고 주장한다. 공간은 오직 외적 표상에만 관여하지만 시간은 모든 표상을 가능케 하는 마음의 내적 상태 일반에 관여하기 때문이다. 그래서 "시간은 내적 표상의 직접적 조건이 되며 이로 인해서 외적 표상의 간접적 조건(the immediate condition of inner appearances [of our souls], and thereby the mediate condition of outer appearances)이 된다"고 설명한다(칸트 1929).

재로의 이정표다. 여기에 최초의 한계, 최초의 구별이 있다. 나는 여기 있고 너는 거기 있다. 우리는 서로의 외부에 존재한다. 그러므로 우리는 서로를 침해함이 없이 모두 존재할 수 있다. 장소는 충분하다. 수성이 있는 자리에 태양은 없으며, 금성이 있는 자리에 수성은 없으며 귀가 있는 자리에 눈은 없다는 등. 공간이 없는 곳에는 어떤 체계도 있을 수 없다. 장소 규정은 모든 다른 규정의 기초가 되는 최초의 이성적 규정이다. 다양한 위치로 분할과 함께-다양한 위치는 공간에 의해 직접 정립된다-유기적인 자연이 시작된다. 오직 공간 안에서만 이성은 방향을 취할 수 있다 (포이어바흐 1993).

그런가 하면 이번에는 눈에 의한 사유만이 근거 있는 사유임을 강조한다.

나는 일반적으로 절대적이고 비물질적이고 자기-만족적인 사변, 즉 사변의 소재를 그 자체에서 끌어내는 사변을 무조건적으로 거부한다. 나는 좀 더 잘 사유할 수 있기 위하여 머리에서 자신의 눈을 빼내는 철학자들과는 거리가 멀다. 나는 사유하기 위하여 감관(感官), 무엇보다도 눈을 사용한다. 즉, 나의 사상을 언제나 감관의 활동을 매개로 하여서만 나의 것으로 할 수 있는 재료에 기초를 둔다. 나는 사상으로부터 대상을 산출하는 것이 아니라 역으로, 대상으로부터 사상을 산출하는 것이다. 그러나 대상은 오직 두뇌의 외부에 실재하는 것이다(포이어바흐 1984).

이처럼 자연주의적 사유가 시각적 공간적 사유와 긴밀한 연관을 가지는 인식론적 필연은 무엇인가? 루이스가 특별한 논증 없이, 인간은 가만 두면 '자연스럽게' 자연주의자가 된다고 주장한 근거는 무엇인가? 안타깝게도 루이스나 포이어바흐나 자연주의적 사유는 공간성 또는 시각적 감각과 관련되어 있다고 주장할 뿐 그 근거는 제시하지 못하고 있다. 이 연관성에 관한 두 사람의 주장은 그리고 특히 인간은 공간적 사유를 할 수밖에 없으며 이를 초월하는 일은 인간 외부로부터 도움을 필요로 한다는 루이스의 주장은 줄리언 제인스의 심리학적 분석과 앙리 베르그송의 철학적 분석을 통하여 그 인식론적 근거를 찾을 수 있을 듯하다. 이들은 인간의 '의식'과 '지성'이 지니고 있는 공간화의 특성을 설득력 있게 설명하는 한편, 신적 현상과 관계를 맺으며 전자를 초월하여 있는 또 다른 정신 기능으로서 '양원성'과 '직관'에 대하여 주장하고 있다.

나는 이들의 입론 일부를 소개하고자 한다(김득룡 2009). 이하에서 인간의 '의식'과 '지성'이 눈의 논리를 공유하고 있음을 보이고자 한다. 이로써 자연주의적 과학적 세계관은 눈의 논리로 귀의 논리를 식민지화하는 병리적 오류를 낳고 있음을 논증하고자 하는 것이다(김득룡 2009).

인간의 인식과 사유에 결정적인 영향을 행사해 온 것은 인간의 감각이라는 점에 의문의 여지가 있을 수 없다. 우리는 이와 관련하여 두 개의 상이한 논리를 가지는 감각을 확인할 수 있다. 인간이 가진 다섯 가지 감각 중에서도 소위 상위 감각(upper senses)에 속하는 시각과 청각 말이다. 이들은 '자연주의'와 '초자연주의'의 경우처럼 언어적 의미에서 곧바로 대척적으로 드러나 보이지는 않음에도, 그 고유한 인식적 논리에 있어 뚜렷한 차이를 지니고 있어서 역사적으로 문화적으로 선명한 대비를 이루며 각기 달리 발전해 온 것은 잘 알려진 사실이다(김득룡 2009).

박종홍 교수는 인간을 '눈의 사람'(Augenmenschen)과 '귀의 사람'(Ohrenmenschen)으로 구분하면서 (독일인을 제외한) 서구인이 전자에, 그리고 동양인이 후자에 속한다고 주장한 적이 있다(박종홍 1998). 그렇다면 전자는 '눈의 세계관'이라고 할 만한 것을, 그리고 후자는 '귀의 세계관'이라고 명명해도 좋을 만한 세계관을 형성할 개연성이 높아 보인다. 그러나 이 말이 박 교수의 말을 따라 서양 사람은 '눈의 세계관'을 가지고 동양 사람은 '귀의 세계관'을 만든다는 것을 의미하지는 않는다. 눈의 세계관이 외적 우주의 형체와 색을 시각에 호소하며 이를 '과학적으로' 관찰함으로써 실재와 삶을 해석하고 이해하는 총체적 구성을 뜻한다고 한다면, 귀의 세계관은 "바람소리 더 잘 들으려고 눈을 감(고)/ 어둠 속을 더 잘 보려고 눈을 감(고)/…사는 것에 대해 말하려다 눈을 감(고)/ 사람인 것에 대하여 말하려다 눈을 감"(천양희 「눈」)아 버린 채, 소우주의 내적 세계에 귀 기울임으로 우주의 실재와 삶을 '종교적'으로 해석하고 이해하는 총체적 지적 구성을 뜻한다고 할 수 있겠다.

왜 눈을 말하는 중에 '과학'이 운위되며, 귀를 논하는 중에 '종교'인가? 잠시 주제에서 일탈하는 듯하지만, 양자의 관계에 대하여 답하기 위해 이 문제로 관심을 돌릴 수밖에 없는 바, 인식 형식으로서 공간과 시간과 관련하여 전자(공간)를 주도하는 인식 능력으로서 '의식'과 '지성,' 그리고 후자(시간)를 주도하는 인식 능력으로서 '직관'에 대하여 생각해 보아야 할 듯하다.

제인스와 베르그송에 의하면 '의식'(consciousness)과 '지성'(intelligence)은 실재를 공간화하고 부분을 전체화하며 허위적 '연속성'을 만들어 낸다. 줄리언 제인스는 『의식의 기원』에서 그리고 앙리 베르그송은 『시간과 자유의지』에서 각각 '의식'과 '지성'의 본질을 공간성으로 분절해 낸 바 있다. 심리학자 제인스는 의식에 관한 기존의 견해를 모두 부인하며 '의식'에 관한 자신의 독특한 입장을 정리한 바 있는데, 그에 의하면 '의식'은 인류의 언어 발달 과정 중 은유에 의해 '정신-공간'(mind-space)이 창조되면서 인류사에 그 모습을 나타내게 되었다고 한다. 그 의식의 본질적인 속성으로 제인스는 시간의 공간화를 꼽는다.

　실은 시간의 공간화 역시 하나의 은유 작업이다. 인간은 이처럼 공간화하지 않고서는 시간을 언어적으로 설명할 수 없게 되어 있는 불행한 동물인 것이다. 우리는 시간 속에서 발생한 사건을 정신-공간 위에 배치함으로써 '과거'와 '현재'와 "미래"라는 감각을 획득하게 되어 있는 것이다(제인스 2017). 사방을 들을 수 있는 귀와 달리 눈은 오직 자신이 향한 쪽만 볼 수 있다. 제인스에 의하면 의식은 그런 의미에서 마치 손전등 같다. 손전등은 자신이 향하는 곳만 빛을 보고 있음에도 불구하고, 자신이 보는 곳마다 빛이 비추니까 모든 곳에 빛이 있다고 믿는 것이다. 결코 모든 방향을 볼 수 없었고 단지 '발췌'(exception)했음에도 모든 방향에 빛이 있다고 믿는다. 아니 그렇게 부분을 전체화하고 단절을 연속화하여 '이야기를 지어 낸다'(narratization). 자신이 향하고 있는 동안 다른 곳에서 무슨 일이 발생하고 있는지 알 수 없음에도 이곳과 저곳 양쪽을 번갈아 비쳐 본 후 두 곳을 연속체로 파악해 버린다. 눈을 감았다 뜨는 동안 무슨 일이 일어났는지도 모르면서 앞 장면과 뒷 장면을 연속체로 파악하는 것과 같다. 영사기상의 필름이 인간의 눈앞에서 배우의 연속 동작을 연출해 내는 것과 같은 이치다.

　이처럼 의식은 시간의 통시성을 공간의 얼어붙은 공시성으로 바꾸고, 시간의 종적 흐름을 공간 위에 횡적으로 기존의 학습된 도식에 맞게 배열하며, 실재 세계를 대신하여 객관적으로 관찰할 수 있는 세계에 근거한 공간적 유사물을 만들어 내는 정신 행위인 것이다(제인스 2017).

　『시간과 자유의지』에서 베르그송은 철학이 난감하게 여겨 온 문제는 "전혀 공간을 점유하지 않은 현상을 공간 속에 병치(竝置)시키려는 완강한 고집" 때문이라고 단정한다(베르그송 1988). 베르그송에게 있어서도 언어는

'지성'과 함께 이 부정적인 정신 활동의 주역을 담당한다. 베르그송에 의하면 실재의 다른 이름일 뿐인 '지속'은 원칙적으로 언어적으로 잡아 표현해 낼 수 없게 되어 있다. 왜냐하면 그것은 인간의 내면적 현상과 같아서 무한한 질적 변화와 동적 복합성을 지닌 속성으로 되어 있는 막연한 존재이기 때문이다. 그러나 베르그송에 따르면 우리의 언어는 본질적으로 대상을 명확히 구별하여 명확한 윤곽을 가진 공통의 개념으로 잡아내는 작업을 선호한다. 그리하여 언어로 파악되기 위해 실재는 운동성을 멈춘 채 고정되어야 하고, 인상은 고체화되어야 하며, 활기찬 개성은 개념 속에 몰개성적인 모습으로 나타나지 않으면 안 된다.

이러한 언어 작업은 결국 '지성'의 도움을 통해 이루어진 공간화 작업과 다름없다. 지성이 만들어 내는 수(數)라는 산물 역시 실재의 흐름을 세려 할 때 어김없이 공간화 작업을 수행한다. 베르그송은 공간을 개입시키지 않으면서 시간의 순간을 상상하며 셀 수 있지 않으냐고 묻는 우리에게 우리가 현재의 순간에 선행하는 순간을 더하고 있는 한 "우리는 우리가 세는 각각의 순간을 공간의 한 점에 고정시킨다"고 응수한다(베르그송 1988). 수는 "공간 속의 시각적 이미지"일 뿐인 것이다(베르그송 1988). 이처럼 수의 경우처럼 지성은 나눌 수 없는 것을 나누고, 저마다 특이성을 지닌 개체를 몰개성적으로 동일한 이미지로 처리해 버린다

『거리낌 없는 철학』의 저자인 베르제즈와 위스망은 공간과 시간의 특징이 되는 면모를 다음과 같이 간명하게 요약한 적이 있다(베르제즈 외 1989). 인간은 공간을 자신의 힘을 행사하는 영역으로 여기는 반면, 시간 안에서 인간은 자신의 무력감을 확인할 뿐이다. 사실 인간의 역사는 공간 지배의 역사다. 그러나 시간 앞에만 서면 카이사르도 진 시황제도 초라하게 작아지고 만다. 시간의 궤도 위에서는 후진이 불가능하기 때문이다. 소위 시간

의 비가역성(Irreversibility) 때문이다.

　공간은 이론적으로 무한 분할 가능하나 시간은 과거와 현재와 미래가 하나인 통일적 전체로 존재한다. 후자는 분할되는 순간 진정한 의미에서 시간이 아니게 된다. 공간은 계측 가능한 상태로 되는 반면 시간은 그것이 불가능하다. 숫자화가 그렇듯 공간화된 모든 것은 등질적으로 파악된다. 다질성(多質性)을 본질로 하는 시간 역시 공간화되어 표현될 경우 등질화되고 만다. 과학이 자신의 무대와 거처로 삼는 곳이 이 공간이다. 그러나 인간을 작아지게 하는 시간 안에서 (동물의 일도 천사의 일도 아닌) 단지 '인간의 업무'(human affairs)일 뿐인 과학도 역시 힘을 잃기는 마찬가지다. 제인스와 베르그송은 모든 것을 자기가 자신 있어 하는 공간의 영역으로 끌고 나와 공간화하는 이 과학의 공간화가 인간의 '의식'과 '지성'에 의해 이루어지고 있음을 보여 준 것이다.

　눈의 세계관은 시간의 공간화를 추구하는 의식과 지성의 능력에 근거하여 소위 '과학'을 지향함으로써 형성된 정신 체계(mindset)라고 할 수 있다. 이것이 '과학적 세계관'을 주장하는 프로이트의 논리 속에 전제되어 있는 인식론적 사실이기도 하다.

5. 귀의 세계관?

　이제까지 우리는 제인스와 베르그송과 함께 다소 일탈하는 듯한 논의 과정을 통해, '의식'과 '지성'이라는 정신 기능을 소유한 인간은 '자연스럽게' 아니 어쩌면 운명적으로 시각을 통한 공간적 사유를 수행할 수밖에 없는 존재임을 살펴보았다. 즉 자연주의 세계관은 곧 눈의 세계관에서 연유함을 본 것이다. 그리고 우리는 어렵지 않게 이들의 대척점에 제임스의 양원적 정신이나 베르그송의 직관에 의한 초자연주의적 사고 방식이 위치하고 있음을 유추할 수 있게 된다.

베르그송에 의하면 '직관'은 생명 진화의 정점에서 당도하는 신비한 영혼의 주인공들, 즉 예수와 같은 '천재'(genius)에게 주어진 축복이다. 그는 '직관'에 의해서 "우리의 내적 삶의 연속성을 포착하(고)…존재의 뿌리에까지, 생 일반의 근원 자체에까지 인도"되며 "인간 종(種)을 산출한 근원"과 조우하게 된다(베르그송 1998). 그는 "마치 강철이 그것을 달구는 불에 의해 침투되듯이,…그 자신의 영혼보다 무한히 우월할 수 있는 존재에 의해 영혼이 침투되는 것을 느끼는" 것이다(베르그송 1998). 이 '직관'은 지성의 과학적 사고로는 결단코 접근할 수 없는 심연의 건너편 세계를 창조한다. 본능과 의무의 '정태적 도덕'(static morality) 세계 너머의 '동태적 도덕'(dynamic morality)으로, 고작 가족과 특정 민족을 대상으로 하는 차가운 사랑에 머물 뿐인 '폐쇄 사회' 너머의 '개방 사회'로, 토테미즘이나 주술, 정령 신앙의 수준에 머무는 '정태적 종교' 너머의 '동태적 종교'로 비약한다.

그러나 이 양원 정신과 직관은 어떻게 얻어지는 것인가 그리고 초자연주의와 청각 또는 시간성과의 관계는 어떤 것일까? 불행하게도 이점에 관한 제임스도 베르그송도 몹시 소극적인 대답으로 일관하고 있다. 제임스에 의하면 양원적 경험을 위해서 요구되는 것은 '의식'을 감소시키는 일이다. 그리하여 인간은 잠을 잘 때 꿈을 통해 양원적 체험을 할 수 있게 된다고 말한다. 베르그송 역시 '직관'을 소유할 수 있는 유일한 방법은 지성의 작용을 중지하는 것으로 족하다고 한다. 의식과 지성이 점령군처럼 차지하고 있던 자리를 내어놓고 물러나 있기만 하면, 외곽으로 쫓겨나 있던 양원 정신과 직관은 자연스럽게 제자리로 '침입'해 들어오게 되어 있다고 말하는 듯하다. 그 점은 고대 그리스의 소포클레스도 마찬가지였다.

그리스 신화에 등장하는 오이디푸스는 신탁의 내용대로 자신의 아버지를 죽이고 테베의 영웅이 되어 왕위를 받아 그의 어머니와 동침한다. 뒤늦게 예언이 실현된 사실을 알게 되자 죽도록 괴로운 마음에 그가 행한 것은 스스로 자신의 눈을 찌르는 것이었다(소포클레스, 『오이디푸스 왕』).[43] 그가 저주한 것은 아버지를 죽인 자신의 손도 어머니를 범한 자신의 성기도 아니었다. 이 신화가 전하려고 하는 눈에 관한 메시지는 무엇일까? 소포클레스는 왜 자신과 이성적 관찰의 힘을 믿는 오이디푸스 보다 먼저 실명한 예언자, 그것도 목욕하는 아테나 여신의 나신을 '엿보았다'는 죄로 실명케 되었다는 신화의 주인공 테이레시아스를 대면시키는 것일까. 왜 보지 못하는 후자로 하여금 자신의 한 치 앞 운명도 '보지' 못하는 전자에게 미구에 닥칠 일을 들려주게 하는가? 시각과 공간에 관한 결론은 이것이다. 이 시각적 공간적 사유 즉 의식과 지성이 중지되는 곳에서만 그에 반립적 위치에 있는 양원성 내지 '천재의 직관'이 가능해지는 것이다.

그런데 왜 제우스는 시력을 잃은 테이레시아스에게 '새들의 울음소리'를 듣는 것으로 인간의 운명에 대한 진리를 알게 하는 것일까? 그리고 청각성과 초자연주의 또는 영적 세계와의 관계는 무엇일까? 우리는 아직 초자연주의와 청각성 사이의 어떤 입증된 관계에 대하여 말한 게 없다. 불행하게도 제인스는 고대 양원적 문명의 잔재에서 정상 크기보다 상대적으로

---

43   그는 그녀(이미 자결한 자신의 처이자 모친)의 외투에 달렸던 브로치의 황금색 긴 핀을 뽑아 들었다. 그리고는 그것을 자신의 안구들 속으로 찔러 넣으며 울부짖었다. "너는 너무나 오랫동안 결코 보지 말았어야 할 것들을 보았구나! 네가 그토록 보기를 원했고 알기를 원했던 것들에 대해 이제 눈이 멀거라! 이제부터 영원히!"(사역, He rips off her brooches, the long gold pins holding her robes…he digs them down the sockets of his eyes, crying…Too long you looked on the ones you never should have seen, blind to the ones you longed to see, to know! Blind from this hour on!).

큰 귀를 지닌 신상(神像)의 모습과 입을 다문 신상이 입을 열도록 달래기라도 하는 듯 매년 신상의 "입 씻기기" 의식을 거행하는 고대 풍습을 확인하는 것으로 말을 다한다. 베르그송은 직관에 의해서야 비로소 접근할 수 있게 되어 있는 지속으로서의 실재의 모습을 설명할 때마다 음악적 소리의 세계를 설명하는 것으로 청각적 현상과 실재와의 관계에 대한 해명을 대체해 버리고 만다.

청각 속에서 음은 동시에 울리는 서로 다른 음들이건 제각기 따로 울리는 음들이건, 서로 다른 음들이 상호 침투하고 녹아들어 하나의 총체를 만들어 낸다. 그런고로 음들은 오선지상에 그려 놓을 수 있을지라도 이들은 실은 떼어 내어 셀 수 있는 성질의 것은 아니다. 인간들이 자신들의 편의상 그렇게 공간화하여 표기해 놓았다 할지라도 소리들은 자신들의 역동적인 상호 간의 긴밀한 연대성에 의하여 끝없는 질적 변화를 창출해 내며 인간들이 그려 놓은 공간을 비웃듯이 시간 속으로 비상한다.

이처럼 소리의 세계는 그 본질에 있어 공간화를 배격하는 것이다. 그리하여 엄밀한 의미에서 음악은 과학적 접근을 거부한다고 말할 수 있을 것이다. 베르그송이 암시하듯이, 청각은 실재로서 '지속'을 감지하게 하는 축복받은 감각 기관임에 틀림없다. '지속'이 그렇듯이 소리는 말과 함께, '의식'이나 '지성'이 침투해 들어올 수 없는 신비를 지닌 실재의 세계를 고지(告知)하기 때문이리라. 소리는 영적 실재 또는 실재의 영적 측면과는 어떤 관계를 가지는 것일까?

성경은 기독교의 경전을 형성하는 데 가장 크게 영향을 끼친 두 사람인 구약의 모세와 신약의 바울이 그들의 진리이신 하나님을 만나는 장면에서 한 가지 공통적인 특징을 기술하고 있다. 모세가 시내산에 올라 여호와 하

나님을 만나 십계명을 받을 때 하나님은 자신을 보지 못하게 하신다.[44]

> 모세가 말한 즉 하나님이 음성으로 대답하시더라(출 19:19).

이스라엘의 하나님은 인간의 눈을 거부한 채 음성으로 대하셨다.

> 네가 내 얼굴을 보지 못하리니 나를 보고 살 자가 없음이니라.···내 영광이 지날 때에 내가 너를 반석 틈에 두고 내가 지나도록 내 손으로 너를 덮었다가 손을 거두리니 네가 내 등을 볼 것이요 얼굴은 보지 못하리라 (출 33:20-23).

바울 역시 다메섹 도상에서 예수의 영을 만날 때 눈이 멀게 된다. 오직 소리로만 예수와 대화한다. 하나님을 만나게 되는 극적 장면마다 눈이 부정되고 소리로만 접하게 되는 까닭이 무엇일까? 이상하게도 그때마다 하나님은 인간들에게 자신의 영적 본질을 알리는 통로로 귀를 선택하셨다. 영을 전달키 위한 감각 매체가 있다면 그것은 아마 소리인가 보다. 소리

---

44 성경의 다른 곳에서 여러 차례 하나님을 '보았다'는 표현이 나오는 게 사실이다. 예를 들어 "모세와 아론과 나답과 아비후와 이스라엘 장로 칠십 인이 올라가서 이스라엘 하나님을 보니 그 발 아래에는 청옥을 편 듯하고 하늘같이 청명하더라. 하나님이 이스라엘의 존귀한 자들에게 손을 대지 아니하셨고 그들은 하나님을 보고 먹고 마셨더라"(출 24:9-11). 그 밖에도 창 32:30; 삿 13:22; 욥 42:5; 시141:8; 사 6:5; 33:17; 요 14:9 등에서 인간들이 하나님을 보았다고 말한다. 그러나 이들이 '본' 것은 하나님의 '영광,' 즉 '불붙은 떨기나무 숲'이나 하나님의 '등' 또는 '발 밑'일 뿐이었다. 성경에 의하면 하나님은 영이시므로 몸을 가진 누구도 그를 '볼' 수 없다. 그러므로 그를 '보았다'고 말할 때 그것은 하나님의 '영광'이었다. '영광'이란 말의 히브리어 '카보드'는 '어려움,' '무거움,' '훌륭함,' '위엄과 위력' 또는 '빛'을 뜻하는 말이다. 즉 하나님의 실체가 아니라 그의 품위를 표시하는 상황이다. 지금은 들으나 후에는 밝히 보리라 이때 본다고 말씀하신 것은 우리가 의식과 지성으로 보는 것을 말하신게 아닐 것이다. 영안이 열려 하나님을 만남을 말씀하심 아닐까?

는 시간과 짝하여 존재하면서 오관 중에 유일하게 보고 만질 물질적 고체성(physical solidity)을 지니지 않는 언어의 운반체이기 때문이리라. 그리하여 '말씀'으로 존재하며 '스스로 있는'(I am that I am) 신적 존재에 가장 적합하게 접근할 수 있는 인간의 기능도 시각적 관찰에 의한 과학적 사유가 아니라 들음이 될 것이다. 소리에 전자가 침투할 수 없는 신적 실재(divine reality)의 편린이 담겨져 있기 때문이리라. 온전한 진리는 전자의 적극적인 과학적 탐구의 눈을 통해서가 아니라 '침입'해 들어오시는 이의 소리에 수동적으로 청종하는 순종의 귀를 통해 얻어지는 것인가? 이리하여 우리는 소리는 영원하신 시간으로서의 존재에 접근하는 가용한 최상의 감각 매체일지 모른다는 가설을 둘 수 있을 뿐이다.

6. 결론

이제까지의 논의에서 본 바와 같이 인류의 역사 속에서 시각을 근거로 삼는 사유 체계와 청각을 근거로 삼는 사유 체계를 확인할 수 있었다. 우리는 이것을 '눈의 세계관'과 '귀의 세계관'이라고 부를 수 있겠다. 그리고 이것은 자연주의 세계관과 초자연주의 세계관(또는 영적 세계관)의 다른 이름일 뿐이다. 전술한 바와 같이 프로이트는 오직 '과학적 세계관'이 참다운 세계관으로 존재할 수 있을 뿐이요 그 외의 종교적 신조나 그와 유사한 신조에 바탕을 둔 것은 '환상'(Illusion)일 뿐이라고 주장한다.

마르크스주의 이론이 배타적으로 경제적 요소에 입각하여 모든 것을 설명하는 자기만족적 세계관이 되었다고 주장하는 프로이트는 자신이 동일한 오류를 범하고 있음을 깨닫지 못하는 듯하다. 잘 알려진 바와 같이 그는 배타적으로 출생 시기부터 시작되는 성(sexuality)이 모든 인간 행위의 근원적 동기가 된다고 믿으며[45] 이를 설명하는 자신의 정신 분석론이야말로 (순수, 응용) 사회 과학의 근거가 된다고 확신한다(프로이트 1973). 인간의 행동만 아니라 모든 사회 현상과 종교 현상에 대해서도 설명력을 가진다고 하는 정신 분석학에 근거한 그의 '과학적 세계관'은 마르크스주의 못지않게 도그마의 전형임을 잠시 잊은 듯하다. 그는 성 외에도 인간의 행동을 동기 짓는 요소가 많이 있고 과학이 공간적으로 파악하지 못할 실재의 모습도 많다는 사실을 잊은 모양이다.

줄리언 제인스에 의하면 과학은 단지 잃어버린 '양원성'(bicameral mind)에 대한 향수병적(nostalgic) 활동일 뿐이다(제인스 2017). 그에 의하면 과학은 사실에 근거하여 출발하는 것이라고 주장하지만 실은 양원성의 향수를 달래다 못해 스스로 종교의 흉내를 내기 시작한 데서 출발했다고 한다. 17세기 말 영국의 경건한 프로테스탄트에 의해서 물리학, 생물학, 심리학의 토대가 마련된 것을 볼 수 있듯이, 숨겨진 신성에 대한 탐구에서 시작된 과학적 혁명은 마침내 종교적 형식을 갖춘 현대 과학을 낳게 되었다는 것이다. 과학적 신조가 신앙적 신조로 굳어지고, 모든 것에 대한 설명력을 갖는 합리성은 전지전능한 신의 자리를 대신하고, 과학적 비판의 면죄부를 받는 과학적 텍스트를 경전처럼 지니고 있으며, 종교적 카리스마는 이제 비판받지 않는 과학적 카리스마로 대체된다. 결국 과학주의가 세계관이 되고 신앙이 된 것이라고 한다. 종교적 일상생활에서 "복점을 치던 인간은" 이제 "사실이라는 신화 속에서 확실성이라는 순진무구를 추구한다"(제

---

[45] 프로이트 성 개념의 요지는 성 생활은 출생과 함께 시작된다는 것과 그것은 애정과 친근함에서 나오는 모든 쾌락을 목적으로 하는 충동을 포괄한다는 것으로 요약된다.

인스 2017). 아닌 게 아니라 실증주의의 대부 오귀스트 콩트는 『실증주의 서설』을 '인류교'로 끝맺고, 프로이트는 전통적 의미의 세계관을 대신하여 '과학적 세계관'을 주장하기에 이른다.

프로이트는 종교의 외곽에 구경꾼으로 서서 신앙인이 체험하고 있는 실재에 대해 (제인스가 말하는) 의식의 '이야기 지어내기'(narratization)를 수행하고 있는 것으로 보인다. '의식'이 다 보지 못한 실재에 대하여 이야기를 만들어 내듯, 그는 여기저기 '발췌'(excerpt)한 것들로 자기 이론에 의거한 스토리텔링을 수행하고 있는 것이다. 프로이트는 무의식을 의식의 차원으로 끌어올리는 '과학'의 방식을 통해 제인스와 베르그송이 말하는 철저한 심리학적 공간화 작업을 수행한 것이다.

그러나 이 '과학'이라는 것은 '의식'(consciousness)의 기능에 의존하는 일이요, '직관'을 대체한 '지성'(intelligence)에 의존해서 수행하는 업무일 뿐이다. 그리고 이들은 모두 시간성과 실재의 공간화에 의한 유사 실재(類似實在)의 제작에 불과한 것이다. 그리고 그렇게 하는 한, 이는 소위 '과학'의 운명이지만, 인간의 내적 실재를 이 의식화 작업을 통해 왜곡하는 것이다. 프로이트가 그렇게 '의식'과 '지성'에 의한 '과학'의 작업만을 고집하는 한, 그는 제인스가 말하는 '양원적 정신'의 세계도 베르그송이 말하는 '역동적 종교'적 세계의 편린조차도 훔쳐볼 수조차 없게 된 것이다.

'과학적' 사유는 시각적 사유와 공간화 과정에서 피어난 꽃이다. 그리고 그 극단적 종합에 다다른 것이 소위 '과학적 세계관'이었다. 이 과학적 세계관이 지니고 있는 결정적인 맹점은 실재에는 공간적 사유의 과학이 인지할 수 없게 되어 있는 영역이 엄존하고 있다는 것이다. 그럼에도 세계관은 그런 영역까지 외연에 품으며 그에 대한 적실(適實)한 대답을 제시하고 있어야 한다는 점이다. 이는 과학적 활동에까지 의미를 부여하는 '의미의

하부 구조'에 대해서는 과학적 방식이 아닌 다른 형식의 세계관이 요구된다는 말이 된다.

과학은 관찰에 근거한다. 그러나 그 관찰은 핸슨(Hanson) 등이 입증하고 있는 것처럼 이론 담지적인 행위일 뿐이며, 루이스의 말대로 눈앞에 전개되는 현상만을 볼 뿐 현상 이전의 사태나 현상 이후에 이루어질 사태는 '관찰'하지 못한다(핸슨 1958). 다해 가고 있는 자연, 점점 더 무질서해질 뿐 결코 되돌릴 수 없는 (비가역적) 엔트로피(entropy)의 법칙이 작용하는 자연을 볼 뿐이다. 이 과학은 현재의 자연 위에 보편적 법칙으로 적용되고 있는 엔트로피가 결코 절대적 보편이 될 수 없는 사태를 '볼' 수 없게 되어 있다. 루이스의 말대로 "우리가 지금 보고 있는 것과 정반대 방향의 과정이 진행되었던 어떤 때가 있었다는 것"과 "어쩌면 비유기체적 우주에 다시 질서가 회복될 것"은 보지 못한다(루이스 2008).[46] 공간성의 논리에 묶여 영원한 신적 시간성 안에서 '재건축 중인' '새로운 자연'을 보지 못한다는 것이다.

이제까지 우리는 '의식'과 '지성'의 시각적-공간화 과정이 과학적 세계관 또는 자연주의 세계관을 형성하는 한 인식론적 요인이 되는 것을 보았다. 그리하여 우리는 후자를 '눈의 세계관'이라 부를 수 있음을 보았다. 다른 한편, '양원성'과 '직관'의 청각적-시간성은 초자연주의적 세계관을 형성하는 한 인식적 요인이 된다고 할 수 있으며, 이로써 우리는 후자를 '귀의 세계관'이라 부를 수 있을 것이라고 말하는 것이다.

결론은 이것이다. 실재에 대한 설명력을 지닌 세계관이라면 결코 '눈'의 논리를 따라 귀결될 수 없다. 과학에 반(反)하는 것이다. 과학을 초월하는

---

46 예수의 부활한 몸이 암시적으로 보여 주고 있는 바, 그의 "장자권"(Sonship) 안에서 하나님의 생명(Divine Life)에 연합하는, 현재의 자연을 재료로 하여 새롭게 항구적으로 만들어 가는 새 자연을 보지 못한다는 것이다.

세계관, 과학이 설명력을 갖는 영역을 부인하지 아니 하되 과학이 제시하는 가설적 단정을 수용하기를 유보하는 초자연적 세계관이 요구된다. 왜냐하면 전자는 후자를 담을 수 없으나 후자의 외연은 전자를 포함하기 때문이다.

혹자가 말하는 것처럼 눈에 대한 저주는 '눈물 흘리는 눈'의 개념으로 풀리지 않는다(임철규 2004). 여전히 눈의 범주를 벗어나지 않은 채 '지혜'를 '보려' 하는 것은 헛수고가 될 것이다. 그에게 신의 은총이 임한다면 그것은 다른 형식의 '봄'을 통해서가 아니라 '들음'의 축복을 통해서 일 것이다. 들음으로 전환이 있지 않으면 안 되는 것이다.[47] 자연은 공간에서 자신을 실현하나, 정신은 시간에서 자신을 실현한다. 그리고 자연은 시각에 자신의 모습을 드러내 보이나, 정신은 청각에 그 본질을 드러낸다. 인간이 할 일은 전자의 논리로 후자를 식민지화하는 일을 중단하고 그분의 소리에 청종(聽從)하는 것이다.(논문 끝)

이제 우리는 제2부의 끝자락에 당도했다. 결론(제3부)으로 들어가기 전에, 제2부에서 다소 길게 소개했던 베르그송과 줄리언 제인스 그리고 칼 레만의 주장에 공히 담겨 있던 의식에 관한 한 가지 메시지를 되짚어 보아야 할 것 같다.

칼 레만이 베르그송이나 제인스의 글을 인용하거나 언급한 적이 한 번도 없다는 점에서 이들에 대해 잘 알지 못한 것이 분명해 보임에도, 칼 레만은 다른 학문적 성과를 통해 이들과 유사한 내용을 언급하고 있음을 볼 수 있었다. 그것은 인간의 생각은 비실재를 양산한다는 점이었다. 비록

---

[47] 하이데거가 말하는 것처럼 실재에 귀 기울이는 방식이든 기독교가 말하는 방식처럼 하나님의 소리에 청종하는 방식이든 말이다.

'시간의 공간화' 같은 철학적 사유를 사용하지는 않지만 유사한 결론에 당도하고 있는 것이다. 우리는 결국 '공간화' 작업을 통해서건 'VLE'나 '발췌' 기능을 통해서건 인간의 생각(또는 의식)이 만들어 내는 것은 궁극적으로 실재와 거리가 있다는 사실을 알게 되었다.

그렇게 인간은, 자신의 생각의 '상자'에서 나와 밖을 보지 않는 한, 계속 생각을 통해 비실재적인 신기루를 만들어 내고 그 속에 빠져들 수 있는 동물임을 본 것이다. 이로써 우리는 하나님의 빛 안에서 작용되지 않는 한, 전술한 막스 베버의 명제("인간의 생각은 결과를 만들어 낸다") 속의 '결과'가 때로 파멸적인 결과를 낳게 되는 현상의 인식론적 근거가 무엇인가를 확인한 셈이다.

나는 이 사회학적 명제에 담긴 영적 암시와 관련하여 세상의 타락한 종교를 떠올리게 된다. 생각은 언제든 탐욕에서 비롯될 수도 있고 보면 "욕심이 잉태한즉 죄를 낳고 죄가 장성한즉 사망을 낳느니라"(약 1:15) 하신 말씀의 진리가 느껴진다. 하나님에게서 연원하는 신앙 체계와 달리 세상의 종교와 제도가 모두 인간의 생각에서 만들어진 결과물인 한, 상기한 위험에서 벗어날 수 없지 않겠는가 하는 것이다.

'~면 어쩌나'에서부터 '과학'에 이르기까지 인간의 생각이 만들어 내는 온갖 절대화의 '미망'에서 벗어나야 한다. 생각의 기능을 거부하라는 말이 아니다. 진리이신 하나님을 거부한 채 유아독존하는 생각의 한계성과 위험성을 분별하고 하나님께 순종하라는 말이다. 그리하여 머리 속에서 만들어 낸 미망을 좇는 광신적 삶에서 탈출하여 '위로부터' 비추는 빛 안에서 복무하는 생각으로 '대체'하라는 것이다. C. S. 루이스의 말대로 기독교는 '기적'에 근거한 종교라는 점에서 생각이 만들어 낸 종교와 구별된다. 생각의 상대성을 초월하여 계신 하나님의 진리성을 깨닫고 이것으로 대체하는 것이 온갖 세계관의 미망에서 벗어나는 길이다.

제5장에 부치는 기도

주님,
저희는 '당연한 것'들 속에 눈멀어 살았나이다.
하늘로부터 물려받은 '천성'(天性)이라며 살았나이다.
제도가 달아 준 완장 차고
단 한 번 의심 없이 당당하기만 했나이다.
이제사, 어리석은 대물림 속의 신음을 듣나이다.
천부여, 의지 없어서 손 들고 옵니다.
샬롬의 의자에 앉아
어머니 품에 안깁니다.
당신의 안식을 숨 쉽니다.

제3부

그러니 어떻게 살 것인가?: 진리는 두 번째 계기로 나타난다

제6장 하나님을 구체화하는 삶

부록 1: 의식과 진리의 구체화

부록 2: 10분 설교

부록 3: 한국민족의 트라우마와 나갈 길

제 6 장

하나님을 구체화하는 삶

1. 진리의 "두 번째" 계기

"태초에 관계가 있었다"는 명제가 본서의 화두였다. 이 명제의 근거는 여호와 하나님께서 파토스적 존재이시다는 것이었다. 그리고 우리 인간에게는 절대자 하나님에게서 시작된 관계성이 내재되어 있다는 뜻이었다. 그런데 태초부터 시작된 그 관계는 우리에게 어떤 최종적인 모습으로 나타나는 것일까? 그리고 그것은 어떻게 실현되는 것일까? 우리는 왜 하나님과의 궁극적 관계를 인지하고 우리 내면의 왜곡된 실재를 인지해야 했는가? 이들 인지작업은 하나님의 궁극적 목적들을 실현하기 위한 전제가 될 것이기 때문이다. 이들을 인지한 자는 주님이 "내가 하나님과 하나이듯이 너희도 우리와 하나가 되라"(요 17/22 참조)고 말씀하시는 그 관계에 들어갈 실제적인 문제에 봉착하게 될 것이다. 결론적으로 말하자면, 예수를 통해 "말씀"을 구체화하신 하나님께서는 당신과 하나된 우리를 통해 당신의 말씀을 이 땅에 구체화하시고 관계의 궁극적 목적을 실현하시게 될 것이다. 이제부터 그 문제를 가지고 씨름해 보기로 하자..

진리의 '두 번째' 계기에 관한 진리성은 부자관계의 진리(즉, 우리를 아버지와 아들의 관계로 만들어 주는 진리)는 "(우리가) 나눈 피와 살이 아니라 (우리가) 나눈 마음"에 있다는 시적 명제처럼 우리의 일상적 삶의 실제에서 실증된다. 진리란 자연적, 직접적 상태에 머물러 있지 않다. 역사의 변증법을 설명하는 헤겔에게서도 이와 유사한 사상을 감지할 수 있다. 소위 '즉자'(卽自)[1]라는 개념에 그런 뜻이 반립적(反立的)으로 배어 있다. 그는 '정신'의 발달 과정을 설명하는 과정에서, 정신은 현실적으로 되기를 꿈꾸며 그렇게 얻어진 현실은 또 다른 차원의 이성적인 것을 꿈꾼다고 주장한다. 이리하여 소위 "이성적인 것은 현실적이며, 현실적인 것은 이성적인 것이다"라는 역사 철학의 중요한 명제를 도출해 내기에 이른다. 역사는 이런 과정을 통해 발전하고 있다는 것이다. 그는 이 변증법적 과정에서 정신이 자신에 대한 의식 없이, 자신 안에 웅크리고 앉아 무자각적, 자기동일적인 상태에 머물러 있을 때를 "즉자적 상태"라고 지칭한다.[2] 역사발전은 이에 반립함으로서 시작된다는 것이다.

이런 철학적 논변을 빌려오지 않는다 해도 우리는 인간의 삶과 영적 삶의 실제에서도 두 번째로 나타나는 계기가 '진리' 실현의 진정한 계기임을 확인할 수 있다. 이러한 하나님의 진리는 자연 속에, 인간의 행동(behavior) 속에, 그리고 역사 속에 예언적으로 각인되도록 디자인되어 있다.

---

[1] 대자(對自, für sich)로 이행하기 전 단계로 상정되는 개념이다.
[2] 동일한 변증법적 논리를 주장하기 위한 것은 아니었지만, 칸트 역시 인간의 직관에 독립적으로 존재하는, 또는 인간의 형상화하는 인식 기능에는 '알려지지 않은'(unknown) '물자체(物自體, Ding an sich)를 소개하는 과정에서 시-공간 안에서 직관되지 않고 그래서 인간의 감각 형식을 '거치지 않은'(unfiltered) 상태를 논한다. 이들은 모두 시발적 계기는 될지언정 그 자체로 '진리'로 간주되지 못한다고 보는 것이다.

심리학에서는 인간의 성장 과정을 논할 때 소위 '잠복기'(latency period)를 말한다. 인간의 성적(sexuality) 관심은 유년기부터 지니고 태어나지만 5세쯤 시작되는 남근기(男根期)부터 사춘기 사이에 신기할 만큼 그 관심이 사라져 버리는 상당히 긴 잠복 기간을 보내게 된다. 그러나 이런 성적 무관심은 단지 '폭풍전야'의 고요일 뿐이다. 사춘기(adolescence period)에 이르면 이 성적 관심은 '폭풍노도'처럼 불일 듯 일어나게 된다. 성적 관심을 실제로 실행에 옮길 수 있는 '두 번째' 단계에 돌입한 것이다.

우리는 또 다른 예를 앞에서 소개했던 최면에 관한 이야기에서도 확인할 수 있다. 최면사 앞에 나왔던 10여 명의 지원자는 처음에는 한둘 정도만 시큰둥한 채 최면에 반응하다가 무대에서 내려간다. 그러나 모두가 한참 동안 단상 아래에 내려가 있을 때, 재차 음악이 흘러나오자 그들은 약속이나 한 듯 전원이 무대 위로 뛰쳐 올라 와서는 최면에 취해 의상 모델처럼 무대 위를 걷기 시작하는 것이었다. 최면이 완벽하게 먹혀든 두 번째 계기인 것이다.

이런 현상은 거시적인 영적 세계에서도 확인된다. 이스라엘 역사를 기록한 성경에는 면면히 이어져 온 선지자의 목소리가 있었다. 그러나 BC 500년경에 활동하던 말라기 선지자를 끝으로 그 목소리는 자취를 감춘다. 무려 500년 동안이나 침묵이 계속된다. 이젠 하나님의 영이 지상에서 소멸된 것처럼 느껴질 정도였다. 그러나 하나님의 아들 예수의 탄생과 부활 사건 이후 영적 운동은 '폭풍노도'의 불길처럼 타올라 지금도 지속되고 있다. 진리의 완성이요 최종 실현인 것이다. 참 진리이신 예수님의 출현은 말라기 이후 길고도 긴 400년의 잠복기를 필요로 했다.

예수의 출현에 적용되었던 동일한 논리는 예수님의 사역에서도 적용될 것이다. 주께서 지상에 계시는 동안 그를 따르며 가르침을 받던 제자들도 주님의 사망 이후 모두 침체되어 '잠복기'에 빠져든다. 그러나 부활하신 주님의 생명에 조우하자 그들은 더 이상 두려워하지도 회의에 빠지지도 않고 분연히 일어서서 '두 번째'의 메시아적 계기에 돌입하게 된다. 이러한 '두 번째'의 진리성은 우리의 인식적 세계에도 적용될 것이다.

그렇다면 '진리'는 어떻게 해서 실제의 인식적 삶에서 우리에게 가용한 모습으로 현현하는가? 오스왈드 챔버스는 우리가 주님에게 얻은 "구속은 나의 의식이 받아들일 수 있는 언어로 표현할 때까지는 나 자신에게 아무 의미가 없다"고까지 단언한다(챔버스 2014). 위의 전제가 사실이라면 진리의 실현은 자연적으로 주어진 상태 그대로, 즉 '제시된'(presented) 상태 그대로가 아닌 것임에 틀림없다. 어떻게든 '다시 제시되지'(represent) 않으면 안 된다는 뜻이다. 삶을 포함해서 우리에게 자연적으로 제시된 모든 것은 우리 인간을 통해 '형상화'(形象化, represent)되기 전까지는 그 의미가 실현된 것이 아니다. 우리는 삶을 살았으므로 삶이란 무엇인지, 삶의 의미가 무엇인지 알게 되었는가? 그렇기로 한다면 철학이나 예술이란 게 생겨나지도 않았을 것이다. 우리는 박경리의 『토지』나 도스토옙스키의 『카라마조프의 형제들』을 통해서 삶이 무엇이고 인간이 무엇인지에 대해 조금이나마 더 명료히 다가갈 수 있게 되지 않았던가?.

역사가 무엇인지 또한 마찬가지다. 역사적 경험 자체가 역사로 되지 않는다. 발터 벤야민(Walter Benjamin)은 우리는 '회상'을 거쳐야 역사를 논할 수 있게 된다고 강조한다(볼츠 외 2000). 이는 신앙의 세계에서도 여전히 진리다. 바로 앞에서 소개한 오스왈드 챔버스의 말("구속은 나의 의식이 받아들일 수 있는 언어로 표현할 때까지는 나 자신에게 아무 의미가 없다")에 담긴 진리성을 기억하라.

상기의 논의는 우리의 자연적 생명 조차 주어진 그 자체로 궁극적 의미를 지니는 것이 아닐 것이라는 추정을 가능케 한다. 헤겔이 말하는 '노예와 주인'의 메시지처럼, 생명 자체가 궁극적 목적인가 아니면 생명은 단지 어떤 것을 위한 조건인가를 생각해 보게 한다. 생명은 그 생명력이 어디를 지향하며 다가가는지에 따라 의미가 결정되며, 그런 의미에서 생명은 그 지향점의 실현을 위한 조건일 뿐이다.

생명의 진리는 그 지향점의 실현에 있다. "꽃봉오리의 진리는 꽃에 있고, 꽃의 진리는 열매에" 있듯이!(헤겔, 『정신현상학』). 인간은 이 지향점을 향해 부단한 작업을 이어 왔다. 이를 위해 가장 두드러진 기능을 발휘한 것이 인간의 의식이었다. 형상화되기 이전 단계에서 주어지는 잠재적 자연 상태에 영구히 머무는 것은 우리에게 아무것도 말한 게 없다. 조금 더 도전적으로 표현하자면, 그 상태는 사장(死藏)된 진리일 뿐이다. 자신 안에 구족(具足)하게 생명의 잠재력을 지니고 있을지라도 달걀이 부화되지 않은 채 영구히 방치된다면 그것의 운명이 어찌 되겠는가?[3]

우리는 서두에서 식물을 만드시고 이들이 꽃 피우고 열매 맺기를 기대하시는 동일한 하나님께서 우리 인간을 만드시고 우리에게도 동일한 기대를 갖고 계실 것이라고 말했다. 그리고 인간 생명 속에 담긴 하나님 형상(形象)을 실현하는 것이 인간 생명의 궁극적 진리요, 우리가 피운 꽃의 열매라는 것이었다. 예수께서는 우리가 우리 속에 주님의 부활의 생명을 지님으로써만 우리의 "생명이 풍성하게 된다"고 말씀하신다. 과연 이 '두 번째 삶'은 우리의 삶 속에서 구체적으로 어떤 방식으로 실현되어 풍성한 생명을 누리게 될 것인가?

---

3   부록 1. "의식과 진리의 구체화"를 참고하시기 바람.

2 내 살과 피를 먹고 마시라

나는 진리를 향한 내 인생의 두 번째 여정이 어디에서 시작되는 것인가를 생각하며 고민에 빠진 적이 있었다. 이대로 살다가 죽는 건 개죽음이 될 것이라는 두려움에 휩싸여 지내고 있었다. 어느 날 TV에서 히말라야 등정에 나섰다가 조난당한 이들이 어느 산간 마을에서 보호받고 있는 것을 보았다. 이 장면을 본 뒤부터 교수 직을 그만두고, 히말라야 어느 양지 바른 산골로 가서 여생을 보내야 겠다는 소설 같은 '제2의 삶'을 동경했다. 아내와 함께 1-2년간 간단한 의료 기술이라도 배울 프로그램에 들어갈 구체적인 계획을 세워 보기도 했다.

그러나 점차 '두 번째 생명'의 실현은 이처럼 초월성에 의해 충동된 순진한 낭만적 감상으로 이루어지는 세계가 아닌 것을 깨닫게 되었다. '두 번째의 삶'은 그저 순서상 두 번째로 다가오는 삶의 형태도 아니요, 인간의 단순한 결단만으로 가능해지는 것이 아닌 어떤 것이었다. 그러고 보면 이제까지 우리가 화두로 삼아 온 '변화된 삶' 역시 단순한 상태의 변화를 초월하는 것이었다. 우리가 앞에서 말했던 '변화하기'는 단지 상태의 '변경'을 넘어 '새롭게 되기'를 의미했다.

예수님은 이를 "물과 성령으로 태어나는 것"(요 3:5)이라고 말씀하신다. "다시 위로부터 태어나라 born anothen"는 말씀이다. 그런데 어떻게 그렇게 되는 것인가? 성령을 이야기하시던 주님께서는 이어지는 니고데모의 질문에 대해 즉시 시원한 대답을 해 주시는 대신 모호한 채로 남겨 두고 '바람'처럼 사라지신다.

나는 니고데모와 함께 예수님의 이 화두를 가지고 씨름하던 중에 더욱 이해하기 어려운 난감한 절벽에 봉착하고 말았다. 주님께서는 요한이 기록한 복음서 내내 모든 질문에 대해 질문이 무엇이든 상관없으신 듯 당신께서 '하늘에서 내려온 떡'이라는 동문서답 같은 대답으로 일관하신다. 그러시던 주님은 급기야 우리를 향해 하늘로부터 온 "내 살을 먹고 내 피를 마시라"(요 6:54)는 더욱 황당한 말씀을 쏟아 내신다! 도대체 우리가 어떻게 주님의 '살과 피'를 먹고 마시라는 말씀인가? 그리고 그 말씀에 담긴 뜻은 무엇일까? 예수께서 당신의 살과 피를 십자가 상에서 손수 받으시어, 식인종도 아닌 우리에게 주시며, "이것을 먹으라. 이것을 마시라"고 하셨을 리가 없지 않은가? 그렇게 하셨다 한들 그것이 무슨 특별한 생물학적 또는 영적 효험이 있단 말인가?

요한복음에 의하면 예수님은 창세 이전 태초부터 계신 '말씀'이셨다. 그리고 그 말씀이 몸이 되어 이 땅에 오셨다. 성육신(成肉身)하신 것이다. 지금 예수께서는 우리에게 당신의 그 몸의 살과 피를 먹으라 하신다. '살과 피'는 육체의 생명이다. 그러니 당신의 생명을 먹으라 하시는 것이다. (죄에 절어 있는 우리의 생명 대신) 우리 안에 부어질 당신의 생명으로 살라는 것이다. 그러나 다른 한편 '살과 피'를 누군가에게 주는 것은 생명의 죽음을 의미하지 않는가? 이야기가 그렇게 된다면 우리가 주님의 살과 피를 먹는 것은 그분의 생명과 함께 먼저 그분의 죽음을 '먹는'[4] 것이어야 한다. 이리하여 당신의 '피와 살'을 먹으라고 하신 말씀은 무엇이 되는가? 주님의 십자가 죽음을 통해 주시는 '생명'을 받으라 하시는 말씀이 되고 당신의 죽으심에 의해서만 이루어지는 대속과 부활의 생명을 받으라는 말씀이 된다.

---

4   주님의 살과 피 자체가 죽음을 의미하는 게 아니다. 그것을 주시는 행위 속에 담긴 의미가 죽음이다. 그러므로 그분의 살과 피를 받는 것에는 그분의 죽음이 강하게 각인되어 있어야 할 것이며 이를 진정으로 받아 먹고 마신 자라면 그 삶에서는 죄에 대해 동일한 죽음의 의지가 작용할 것이다.

구약의 레위기 14:1-7은 영적 나병에서 해방되어 비상하는 황홀한 순간을 묘사하고 있다. 그러나 그것은 동시에 가슴 저미어 오는 잊을 수 없는 아픔의 순간이기도 하다. 거기에는 나병의 치료를 선언할 때 제사장이 해야 할 일에 대하여 하나님께서 모세에게 명하신 내용이 기술되어 있다. 환자는 정결한 새 두 마리를 가지고 제사장 앞에 나가야 한다. 제사장은 그 중 하나를 흐르는 물 위의 질그릇 속에서 죽이게 한다. 질그릇에 담긴 피는 그 환자 위에 일곱 번 뿌려지고, 그 피에 적신 다른 새 한 마리는 하늘로 날려 보낸다! 이는 다른 새 한 마리를 해방시키기 위해 질그릇 속에 자신의 피를 쏟는 한 마리의 새, 예수 그리스도와 죄에 깊이 침윤(浸潤)된 영적 나병 환자 같은 나의 이야기가 아닌가? 십자가에서 선홍색 피를 쏟으신 주님과 그 피에 나래를 적신 채 자유의 비상을 시작하는 나의 이야기가 아닌가?

　그러나 도망치듯 비상하는 나는 그저 향방 없이 날아다니는 자유로운 영혼인 것만은 아니다. 이 비상이 그렇게 죽으사 영광받으신 부활의 주님을 향한 비상일지라도, 한참 자유의 날갯짓에 바쁘던 나는 문득 십자가에 달리기 전, 당신의 죽음을 이야기하시며 당신의 피와 살을 먹여 주시던 일을 기억해 내었다. 내 영혼 깊은 곳에 '내장'시켜 주셨던 그분의 살과 피 말이다. 당신의 살과 피를 먹이시며 끝내 하시지 못한 심중의 그 한 마디는 실은 "나를 기억하라"가 아니라 "이 피를 먹고 나와 하나되자. 땅에 떨어져 30배 60배 100배 열매를 맺자"이셨으리라! 그러나 비겁한 나는 이를 잘 알면서도 "예, 그리 하겠나이다"라고 대답하지 못했다.

이제 나는 날으리

피에 적신 나래로!

진홍색 피 흥건했던 질그릇 속에

오욕(汚辱)의 자아를 묻고

나 이제 날으리

부활의 주님 만나러

나 이제 다시 돌아가리

그분의 살과 피 먹었으니

그의 '몸' 되어야 하리

그분처럼 '말씀'을 육화(肉化)해야 하리

땅에 하늘나라 있어야 하리니.

제단에 선 모세는 "이는 하나님께서 명하신 언약의 피"라 하며 사람들과 성경 위에 짐승의 피를 뿌린다(히 9:18-20). 구약은 주님의 자녀들이 자신의 살을 베는 것을 금할 뿐 아니라(신 14:1) 피는 먹지 않고 반드시 땅에 쏟아 버리라고 명한다. 이를 먹는 자는 민족에게서 끊어질 것이라고 경고도 한다(레 7:26-27). 그런데 "어린 양 예수"께서는 당신 자신의 피를 땅에 쏟거나 우리에게 뿌리시는 대신 이를 받아 마시라고 요구하신다. 나는 구약의 명령을 정면으로 거스르는 듯한 예수님의 이 말씀이 지닌 깊이의 끝을 가늠할 능력이 없다. 다만, 여러 장면에서 그렇게 하셨던 것처럼 이로써 주님이 구약에 적힌 말씀을 완성하실 것이라고 어림할 수 있을 뿐이다. 이 말씀으로 주님이 우리에게 무엇을 원하시는지 짐작할 수 있을 뿐이다. 예수께서 십자가 위에서 당신의 살과 피를 드려 영원한 제사를 집전하실 때, 주님은 우리에게 당신의 피와 살을 먹음(partake)으로써 제단에 참여하기(partake)를 원하셨다(히 9:18-20).

그렇게 원하시는 목적이 무엇일까? 우리가 이렇게 "예수의 몸을 먹는 성만찬"(the communion of the body of Christ; 고전 10:16-18)에 참여하는 구체적인 목적을 주님은 이렇게 말씀하신다.

> 내 살을 먹고 내 피를 마시는 자는 내 안에 거하고 나도 그의 안에 거하나니(요6:52-58).

그분과 한 몸이 되어 그분의 생명을 지니고 사는 자는 더 이상 죽어 없어질 몸(the mortal)으로 사는 것이 아니다. '지금'에서 '영원'으로 이어질 생명을 지닌 채, 주님과 '동역자'의 삶을 살게 될 것이다. 예수께서는 이제 당신께서 하나님 때문에 사시는 것처럼, 우리 또한 당신 때문에 살게 될 것이라고 말씀하신다. 주님께서는 이 모든 것을 두고 "새로운 언약의 피"(레 26:26-30)라 하셨다.

예수의 살과 피를 먹고 마시는 것은 그의 말씀이 내 삶에 구**체**화(具**體**化)되는 것을 상징한다. 그렇게 하겠노라고 '도원(桃園)의 결의' 같은 피의 결연을 맺는 것이다. "말씀"이 구체화되어 오신 분이 예수이고 보면, 그 예수의 살과 피를 먹고 마신 나는 그분의 말씀을 삶에 구체화하겠다는 결의를 다진 것이 된다. 이미 나는 내 몸이 아니라 하나님과 한 몸으로 오신 예수의 '몸'으로 살겠다는 것이다. 그분의 몸이 가신 길을 그대로 따라가겠다는 것이다. 그때 하나님과 예수께서 내 안에 "거처"하시며 내 몸과 혼과 영을 지배하실 것이다.

살과 피를 주고 이를 받아 먹고 마심으로 "한 몸"이 되는 일에 당연히

'몸'이 전제된다. 주는 이의 몸뿐만 아니라 먹고 마실 자의 몸이다. 이는 앞에서 말한 것처럼, 육화되어 오신 하늘의 '말씀'이 이번에는 우리의 '육신'으로 릴레이되어 '육화'되기를 요구하시는 것임에 틀림없다! 우리의 몸이 있어야 그분께서 요구하신 육화의 릴레이가 가능해질 것이 아닌가?

말씀이 육화되어 오신 이가 나의 몸에게 요구하는 것이 무엇일까? 이는 하늘로부터 오신 그분께서 당신의 '말씀'을 내 몸에 구체화시키고 삶에 드러내라는 뜻일 수밖에 없다. 그런 방식으로 주님의 생명을 이 땅에 실현하라는 뜻임에 틀림없다. 주님의 말씀을 내 삶에 **구체화**(具體化, embody)하는 것 말이다! '구체화'라는 번역어들이 맘에 와 닿는다. 한자도 영어도 그 속에 '몸'이 들어 있다.

몸은 영의 길을 가로막는 탐욕스런 존재만은 아니다. 몸은 오히려 주의 말씀을 깨닫고 믿는 자가 말씀을 행동으로 옮기는 기관이다. 이렇게 몸으로 하는 "행동은 하나님의 힘을 가진다. (우리의 몸으로 하는) 행동이 하나님을 움직이시게 한다"(A deed has the power of the divine. Your act makes God act; 제이콥슨, 2004). 몸으로 행동할 때 인간의 몸과 혼은 하나로 통일되어 있는 상태가 되어 하나님의 영이 임재하는 단초를 갖추게 된다. 이것이 말씀이 **구체화**(具體化)되는 순간인 것이다. 구체화는 글자 그대로 몸 속에 받아들여 몸으로 드러내는 것이다. 태초의 말씀이 땅 위에 인간의 몸으로 육화하셨듯이, 우리도 당신의 말씀을 우리 몸으로 육화하라, 구체화하라고 명하시는 것이다. 주님의 살과 피를 먹고 마시라 하시는 것은 주님의 말씀을 우리의 삶으로 구체화하라는 말의 동어 반복인 것이다.

동시에 말씀의 구체화는 이제 더 이상 이 땅에 몸으로 계시지 않으시는 예수님 대신 우리가 그분의 몸이 되어 살라는 것이다. 예수님의 몸이 하셨던 것처럼 땅에 떨어지는 씨앗으로 살라는 것이다. 그리고 바로 이것이

'성령으로 다시 태어나는' 구체적인 조건이 되는 것이다. 우리의 자연적인 생명을 드림으로 하나님의 생명을 받아들이는 것이다. 그 결과는 오스왈드 챔버스가 말한 것처럼 "내가 나 자신을 완전하게 하나님께 드릴 때 그리스도께서 내 안에 조성되는 것이며(거듭남의 특징), 그리스도께서 내 안에 형성되는 순간, 그리스도의 속성이 나를 통해 역사하기 시작한다"(챔버스 2014). 주님의 말씀을 진심으로 받아 나의 삶이 그 말씀의 구체화된 곳, 그곳이 바로 주님의 영이 거처하실 곳이다.

> 결단을 통해 자연적인 삶을 희생시키지 않으면 초자연적인 삶이 우리 안에 자연스럽게 될 수 없다. 거기에는 왕도가 없다.…문제는 기도가 아니라 실제로 자연적인 삶을 희생시키는 것이다(챔버스 2014).

이상의 이야기를 요약하면 다음과 같은 도식이 될 것이다.

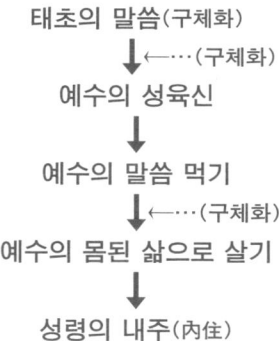

태초의 시간에든 지금의 시간에든 말씀이 구체화되는 순간엔 성부, 성자, 성령이 초미의 관심으로 참여하신다. 그 때가 하나님의 영광이 가장

크게 임하는 순간이기 때문이다. 역으로 말하자면 오늘 내가 주님의 말씀을 삶에 구체화하는 일상의 순간은 하나님께서 말씀으로 우주를 창조하실 때와 동일한, 그리고 예수께서 성육신하실 때와 동일한 우주의 무게를 지니게된다. "뜻이 하늘에서 이루어진 것처럼 땅에서도 이루어져야" 하겠기 때문이다.

그리하여 위에서 말한 "두 번째 계기에서 진리가 실현된다"는 명제는 우리의 구원 문제와 관련하여 극단적으로 입증된다. 주님께서 십자가상에서 단번에 이루신 우리의 구원은 "하나님 보좌와 같이 영원하다." 그럼에도 "하나님께서 내 영혼 속에 이루신 (이) 일"이 그대로 나의 구원이 실현되었다는 의미는 아니다(챔버스 2014). 바울 사도는 이를 "너희 구원을 이루라"(빌 2:12)고 표현한다. 우리는 "(주께서) 내 영혼 속에 이루신 일을 나의 삶에 이루지" 않으면 안 된다(챔버스 2014). 우리의 삶 속에서 "항상 복종하여 두렵고 떨림으로" 구원을 이루지 않으면 안 된다. 오스왈드 챔버스는 이를 이렇게 단적으로 표현하고 있다.

> 주 예수 그리스도의 생명이 우리의 몸을 통해 나타나도록 해야 한다는 뜻입니다. 신비적으로 나타내는 것이 아니라 실제적으로 뚜렷하게 나타내야 합니다(챔버스 2014).

성경이 신구약을 통해 지속적으로 암시하고 있는 진리는 하늘은 땅을 지향한다는 것이다. 땅에서의 구체화를 지향하는 것이다. 세상의 시인이나 철학자조차 이 진리의 냄새를 맡은 듯하다. 시인은 "한 송이 국화꽃을 피우기 위하여…천둥은 먹구름 속에서 또 그렇게 울어"야 했다고 노래한다. 철학자 헤겔은 "정신은 역사에 자신을 실현하며 무한의 절대자는 유한

자를 그 규정으로 하여 자신을 실현시킨다"고 선언한다.[5]

하나님께서 추구하시는 진리는 예수님께서 언급하신 대로 "뜻이 하늘에서 이루어진 것같이, 땅에서도 이루어지게 하는 것"(마 6:10)이다. 그리하여 하늘의 성전은 땅 위에 그대로 지어져야 했고, 구원을 위한 하나님의 우주적 프로젝트였던 메시아 곧 그리스도는 땅 위에 역사적 예수로 태어나야 했다. 즉 말씀이 성육신(成肉身)으로 결행되어야 했다. 이는 한 마디로 하늘의 뜻이 땅 위에 구체화(具體化)되는 순간이었다. 유대 전통은 어느 곳에서도 '영원' 자체에 대한 정의를 제시하지 않고 있다고 한다. 그것은 오직 시간 속에서 영원을 얻는 방법만 제시하고 있을 뿐이다. 이것은 헤셸이 말하는 안식일 개념을 초월하는 것인지도 모른다(헤셸 2007).[6]

유대인들은 하나님의 이름인 '예호바'(יהוה)를 결단코 발음해서 읽지 않고 다른 말, 예를 들면 '하솀'(그 이름) 또는 '아도나이'(주님, 또는 선생님)라고 대체해서 읽는다. 소위 '입에 담아 발설하지 못할 이름'(uneffable name)이기 때문이다. 그런데 그 보이지 않으시는 하나님께서 이번에는 우리에게 계명을 주시며 삶 속에서 철저히 실행하여 드러내라고 명하신다. 유대인은 그것을 '미츠바'(מצוה)라고 부른다. 유대인은 이 복수의 '계명들'(미츠봇[מצוות])을 실천하는 행위를 통해서만 인간이 날마다 경이롭고 새로운 의

---

5 영원은 시간을 지향한다. 시간과 공간으로 헤아릴 수 없는 무한대의 영적 존재께서 시공의 세계로 자신을 구체화하여 들어 오시는 활동을 펼치신다. 신학자들은 이 활동을 삼위일체의 한 축인 예수라 할 것이다. "다바르"이신 예수의 이 활동은 하나님께서 당신의 형상을 따라 영적 존재로 지으신 우리를 시공의 세계 속으로 태어나게 하신다. 이 예수로 인하여 초월적 존재께서 시간 속의 인간과 함께하심이 가능하게 된 것이다. "보라 처녀가 잉태하여 아들을 낳을 것이니 임마누엘이라 할 것이라." (마 1/23) 이는 제 1부 2장의 간증을 이끈 화두였던 시간, 공간, 하나님과 예수에 관한 질문에게 주는 선명한 해명이기도 한다.

6 헤셸은 6일 동안이 공간을 필요로 했다면, 세계는 영원을 머금은 (인간의) 시간, 즉 안식일을 통해 비로소 완전해진다고 말한다. 그러나 하나님께서 임재하시는 시간이 오직 안식일 뿐이겠는가?

미를 체험할 수 있게 된다고 믿는다. 그들이 하나님을 만나는 순간인 듯하다. 미츠바를 이렇게 중요시하는 까닭은 그것이 보이지 않는 하나님의 '이름'을 구체화한 것이라고 믿기 때문일 것이다.

그들은 하나님의 이름을 의미하는 '예흐바'라는 단어와 계명을 의미하는 '미츠바'라는 단어를 근본적으로 같은 단어로 생각한다. 후자(미츠바)의 두 문자 바브와 헤이는 동일하게 두 단어의 끝 글자이고 전자(예흐바)의 두 문자 요드와 헤이는 후자의 멤과 차디와 같다고 생각한다. 왜냐하면 히브리어 알파벳에서 맨 첫 글자 알렙은 맨 끝 글자 타우와 상호 교체 가능하고 앞에서 두 번째는 끝에서 두 번째와 교체가능하고 이렇게 계속하면 앞에서 5번째 '헤이'와 끝에서 5번째 '차디'를 바꾸어 쓸 수 있고, 앞에서 10번째 '요드'와 끝에서 10번째 '멤'을 바꾸어 쓸 수 있게 된다. 그러면 결국 '예흐바'는 '미츠바'와 같은 단어가 되어 버린다.

하나님 이름이 계명이라는 단어와 같다는 이 사상이 주는 메시지는 분명하다. 하늘의 뜻은 곧 땅 위의 행위 규범으로 구체화되어야 한다는 것이다. 하나님의 뜻의 실현은 곧 땅 위의 계명 실천으로 나타날 수밖에 없다는 것이다. 하나님의 자녀요, 그의 아들 예수님의 제자인 우리가 하나님의 뜻을 실현하려 한다면 그것은 주님의 계명, 말씀을 삶 속에 구체화하는 길밖에 없다. 예수님은 그때 성령이 같이 하시겠노라고 약속하신 것이다. 나는 말씀을 실천하는 삶은 우리 주 예수님의 가르침이 구체적으로 우리 삶 속에 육화(肉化)되는 순간이며, 하나님 이름이 구체적으로 현현되는 순간이 된다고 믿는다.

'말씀'이 육화되어 오신 그분께서 우리에게 당신의 살과 피를 먹고 마시라 하신다. 이 말을 소급하면 우리에게 당신의 본원(本源)이셨던 '말씀'을 먹고 마시라는 뜻이 된다. 그런데 "빛이 있으라!"고 명하셨던 그 '말씀'께서는 시내산에서는 "안식일을 지키라, 부모를 공경하라, 살인하지 말라…"고 명하신다. 그리고 인간의 모습으로 오신 그 '말씀'께서는 이번에는 유대 땅 어느 산상에서 "마음이 가난하라, 청결하라," "원수를 축복하라"고 명하신다. 우리가 구체적으로 무엇을 먹고 마셔야 할 것인지 자명해지는 순간이 아닐 수 없다. 이것이 시간을 통해 영원을 사는 방법인 것이다. 시간 속에 자태를 드러낸 영원의 구체화인 것이다.

3. 진리의 일상성

그런 즉 '2번째 삶'을 살기 위해 오지의 선교사로 가야 하는 것인가? 우리가 살아야 할 '2번째 삶'이 위와 같은 것이라면 굳이 오지로 갈 필요가 없을 것이다. 내 '몸'(體)이 사는 곳이 내 몸을 보내신 곳일 터이다! 그리하여 '말씀'을 '구체화'(具體化)할 곳은 바로 가정이고 일상의 일터(vocation)일 것이었다. 결코 '히말라야'가 아니었다. 그리하여 말씀이 구체화된 삶은 특별하지도 현란하지도 않아 일상적인 모습으로 나타날 것이다.

"일상적인 것을 멀리하면 나중에 사용할 수 있는 어떤 영적인 힘을 쌓을 수 있을 것(이라는 생각)은 착각"이다. "그들의 삶에는 여전히 자유함도 없고 충만함도 없다." 왜냐하면 그것은 주님께서 살아가신 극히 평범하고 일상적인 삶을 일탈한 "거짓 성결"이기 때문이다(챔버스 2014).

오스왈드 챔버스는 성경 속의 한 극단적인 사례를 들어 이를 강조한다.

> 천사는 엘리야에게 비전을 준 것도 아니고 성경을 그에게 설명한 것도 아니며 어떤 놀랄 만한 일을 행한 것도 아닙니다.…가장 일상적인 일, 곧 "일

어나서 먹으라"고 말했습니다.…성령이 오시면 비전을 주시는 것이 아니라 가장 평범한 일을 하라고 말씀하십니다.…'정말 하나님께서 계시는가' 하고 의아해 하던 그러한 평범한 일 속에서 우리는 하나님을 발견하게 됩니다.

하나님의 부르심은 어떤 특별한 봉사를 위한 부르심이 아닙니다. 내가 하나님의 속성에 접할 때…하나님의 아들이 자신을 내 안에서 나타내십니다. 그러면 나는 주님을 향한 사랑의 마음 가운데 나의 일상적인 삶에서 그분을 섬기게 됩니다.
일상적 삶을 우리가 어떻게 사는지에 따라 우리가 영적인 사람인지 아닌지가 드러납니다. 특별한 사건에서는 자신을 속일 수 있지만 매번 반복되는 일상적인 삶에서 자신을 속이는 것은 불가능하기 때문입니다(챔버스 2014).

하나님께서 우리를 보내신 일상적인 평범한 삶을 등한히 하는 것이야말로 우리가 가장 범하기 쉬운 함정이 아닐 수 없다. 우리는 사탄의 공격을 받아 시달리는 이웃 대부분이 바로 이런 상황에 빠져 있는 것을 목도한다. 오스왈드 챔버스는 일상을 무의미하게 보는 것이 바로 우울증의 징조라고 말한다. 나의 일상적 삶 속에서 주님을 나타나시게 하는 것이 믿는 자의 건강한 삶의 기초인 것을 강조한다.

우리는 하늘로부터 내려오는 환상을 기다립니다. 하나님의 능력의 증거인 것처럼 지진과 천둥을 기다립니다. 우리가 실망과 우울함에 빠지는 이유는 바로 이러한 것을 구하기 때문입니다. 우리는 주변의 평범한 일과 사람 가운데 하나님이 계시다는 사실을 꿈에도 생각하지 못합니다. 가까이 있는 책임을 다할 때 우리는 주님을 보게 될 것입니다. 가장 놀라운 하

나님의 계시는 예수 그리스도의 신성이 평범한 것 속에서 나타난다는 것
입니다(챔버스 2014).

나는 이렇게 믿음으로 말씀에 순종하지 않으면서 영적 체험만을 탐하며 몰입하는 사람들이 사탄의 공략 대상이 되어 귀신들리거나 정신 질환적 상태에 빠지는 경우를 종종 보았다. 가룟 유다와 사울 왕이 그 전형이다. 유다가 주님과 같이 그릇에 손을 넣기까지 했는지는 모르나 주님의 살과 피를 마시는 최후의 만찬장에서 중도 퇴장한 것은 의미심장하다. 이제까지 우리가 따라온 논리를 적용하자면, 이는 주님의 말씀의 구체화를 통해 이룰 하나님 나라를 향한 대열에서 이탈한 것이다. 그는 다른 일에 관심이 더 컸던 것임에 틀림없다. 그 결과 그는 성경 속에서 주님의 저주를 받은 전형이 되고 말았다.

오스왈드 챔버스는 계속해서 "초자연적이고 예외적인 영감"을 누리는 상태에서만 움직이겠다고 하는 자는 하나님의 일을 아무것도 할 수 없게 된다고 경고한다. 그런 사람에게는 그 상태가 자기 우상이 되어 있기 때문에 하나님은 그를 떠나고 말게 된다는 것이다. 신자는 "때를 얻든지 못 얻든지," 다시 말해서 초자연적 영감이 주어지든지 못하든지 언제나 주께서 맡기신 가장 가까운 책임에 성실을 다해야 한다는 것이다(챔버스 2014). 그렇다. 매일의 일상적 삶 속에서 만나는 모든 것을 감사와 축제의 대상(something to celerbrate)으로 삼는 것, 만나는 모든 사람과의 관계를 축복할 대상(something to bless)으로 삼는 것이 사역이다!

주님께서는 일상의 작은 사명을 실천하는 자에게만 다른 사명을 주신다. 작은 달란트 2개를 묻어 두지 않고 최선을 다해 사용한 종에게, 달란트 5개 받은 종에게 하신 것처럼 "착하고 충성된 종"이라 부르시며 더 많

은 달란트를 맡기셨다. 우치무라 간조(內村鑑三)의 말대로 사명(使命)은 "사명을 달라고 간청하는 자에게 결코 주어지지 않는다. 오직 사명을 실천하는 자에게만 주어진다." 일상 속의 사명 실천에 영성이 있다! 지금 몸을 담고 있는 일상의 삶 속에서 말씀 실천을 '보류' 내지는 '무시'한 채 '히말라야'만 생각하고 있기에 사명은 실종되었고, 내 삶도 가정도 사회도 국가도 변화하지 않았던 것이다. 그렇게 살아온 우리의 삶 어느 곳에서도 하나님의 성령이 역사하실 수 없었기 때문일 것이다. 하나님의 말씀에 순종하고 있는 일상은 그곳이 어디든 이미 성령 안에 있으며, 말씀을 실천하는 지상의 '시간'은 이미 하나님의 '영원'에 속해 있다.

나는 어떻게 성령 세례를 받는지, 어떻게 영적 능력을 얻고 '영안'이 열리는지 그 방법을 알지 못한다. 그러나 내가 알고 있고 성경에 적혀 있는 오직 한 가지 방법은 지금 처한 곳에서 주님의 말씀을 지키는 일이다. 주님이 이렇게 말씀하셨기 때문이다.

> 내 계명을 가지고 그것을 지키는 사람이 나를 사랑하는 사람이다. 그리고 나를 사랑하는 사람은 내 아버지께 사랑을 받고, 나도 그를 사랑하여 그에게 나를 나타낼 것이다.…나를 사랑하는 사람이라면 나의 교훈을 지킬 것이요 내 아버지께서 그를 사랑하실 것이요 우리가 그 사람에게 가서 함께 있을 것이다(요 14:21-23).

나는 이것이 삶에서 '진리의 두 번째 계기'를 실현해 내는 구체적인 방법이라고 믿는다. 주께서 우리의 영의 밭에 뿌리신 진리의 씨앗은 두 번째 계기로 오는 생명의 때에 이르기까지 온갖 형태의 지루한 '잠복기'를 거치게 된다. '돌무더기'와 '가시덤불'과 주님의 '침묵' 같은 일상생활의 오랜 어둠이 이어진다. 승리의 관건은 이런 일상적 삶에서 실행하는 주님의 말씀에 대한 믿음과 실천뿐이다. 일상적 삶 속에서 주님께 순종할 것을 강조하며 오스왈드 챔버스는 이렇게 말한다.

> 주께 순종할 때 나는 영적 사명을 이루게 됩니다.…(고난의) 상황 가운데서도 예수그리스도께 순종하면 그 상황은 하나님의 얼굴을 볼 수 있는 창문이 됩니다(챔버스 2014).

처한 상황에 상관없이 죽을 내 몸에 주님의 생명을 나타내는 것, 폭력으로 무례히 구는 자에게 주님의 용서와 축복을, 재난의 고통 속에서 주님의 자비를 실천함으로 하나님을 구체화하는 것이 주님을 뵙는 창문이 될 것이다.

그리하여 우리는 어떻게 살 것인가? 우리가 도달한 결론은 무엇인가? 주님께서 주시는 대답은 간명하다. "너희가 내 안에 거하고 내 말이 너희 안에 거하면"(요 15:7) 된다고 말씀하신다(챔버스 2014). 주님께서는 "당신 안에 거하라"고 하신다. 그분 안에 거하는 방법은 우리가 그분의 계명을 지키는 것이다. 누구든지 그의 말씀을 지키는 자는 하나님의 사랑이 참으로 그 속에서 온전하게 되었나니 이로써 우리가 그의 안에 있는 줄을 나노라"(요일 2:5). 그리고 에덴 동산에서 시작된 인간의 "뱀 대가리" 같은 원죄적 자고성(自高性)을 버리고 주님의 진리 안으로 투항하라 하신다. 하나님에게서 독립하여 뭘 해 보겠다고, 내 판단과 지혜의 "눈이 밝아지기"를 염원하여 저지른 행위의 결과는 인류의 죽음이었다. 구원의 길은 "내 뜻대로 하지 마옵시고 아버지의 뜻대로 하옵소서"에 있었다. 자기 생각의 사슬에 묶여 '~면 어쩌나' 걱정하지도, 외상의 아픔에 시달리지도, 헛된 이념이나 세계관에 끌려다니지도 말고 "당신 안에 거하라" 하신다. 그렇게 탕자처럼 내달리다 지친 영혼에게, 주님은 다시 당신의 날개를 펼치시며 거친 거짓의 풍랑을 피해 어서 안으로 들어오라 하신다. "따뜻한 목욕물"을 준비시키시며 안식하라 하신다.

주님께서는 당신의 "말씀이 우리 안에 거하게 하라"고 말씀하신다. '빛'이요 '생명'이신 주님의 말씀이 내 안에 살아 있게 하라 하신다. 말씀의 빛이 내 생각과 판단을 비추어 삶이 진리의 길을 걷게 하라 하신다. 말씀의 생명이 내 안에서 솟아나 생수의 강물이 흘러 생명을 살리는 삶을 살라 하신다. 이 모든 것은 '말씀'이 나의 일상의 삶 속에서 구체화되는 일을 통해 가능해지는 것이었다.

이처럼 말씀이 거하는 삶은 일상적이어서 설레발놓지도 나대지도 않는다. "네 자신을 인지하라"는 부제하에 많은 이야기를 했지만 요약하면, 음습한 무의식의 늪에 서식하고 있는 죄성을 수면 위로 부상시켜 햇볕 아래로 끄집어내고 곧바로 그 무의식의 세계를 주님의 말씀으로 대체하라는 것이었다. 그러나 동시에 아이러니하게도 주님의 말씀이 거하는 삶은 일상적이어서 무의식적이다. 오스왈드 챔버스는 주님께서 요구하시는 삶은 '의식적인 회개와 무의식적인 삶'을 지향한다고 주장한다. 왜 무의식을 지향해야 하는가? 행위가 의식적일 때 인간은 자신이 베푼 선행과 행위의 효율성을 '계수'하게 되고 그렇게 스스로 측량할 때 삶은 자칫 교만과 위선으로 빠지기 때문이다.

주님께서는 의식의 눈에 띄지 않는 영적 "가난함"을 통해 당신의 영적 사역을 이루시기 때문이다(챔버스 2014). 생각해 보면 일생을 통해 나에게 감명과 영향을 준 멘토들은 하나같이 자신이 내게 행한 일을 스스로도 기억조차 못하고 있었다. 결코 의식적인 계획을 가지고 다가와 화려한 '선행'을 베푼 인사들이 아니었다. 소박한 삶 자체를 살 "뿐" 그 외에 목적이라는 게 없는 자, 요란한 기도 대신 의식의 "문을 닫고"(마 6:6) '무의식의 골방'으로 들어간 자, 주님만을 바라보는 그들의 삶은 우리로 하여금 영적 세계의 숨결을 느끼게 한다. 그리하여 거룩한 자의 '일상적'인 삶은 '무의식적'인 형태를 띠는 것이다. 그것이 주님께서 보고 싶어 하시는 우리의 삶일 것이다.

요약과 결어

제1부와 제2부를 통해 이제까지 우리가 한 말을 요약해 보자. 위로 하나님의 존재에 관한 형이상학적 주제를 다룬 제1부 제1장에서는 '나'가 관계적 존재인 것을 확인했다. 제2장에서는 우리가 하나님과 2인격 1조로 사역하는 영광스런 관계적 존재임을 확인했다. 그리고 이것이 가능한 근원적 이유는 바로 그 하나님께서 파토스의 하나님이시기 때문인 것을 제3장에서 확인했다. 제2부에서는 그럼에도 우리의 내면에는 이러한 관계를 근원적으로 가로막는 내적 실재가 있음을 확인하면서 제4장에서 내 안의 관계 파괴적이고 비진실한 실재를 양산해 내는 데 일조하는 인간의 생각의 작용을 확인했다. 제5장에서는 당연시해 온 내 안의 비진리를 어떻게 하나님의 진리로 대체할 것인가를 다루었다. 결론 부에서는 우리를 향해 손 내미시는 하나님과 내 안의 비진실한 내적 실재를 인지한 우리는 이제 전자(하나님)의 명령을 따라 후자(비진리)를 대체하는 결단만이 살 길임을 확인했다. 진리는 그렇게 일상의 삶에서 조용한 말씀의 실천으로 구체화되는 것임을 확인한 것이다. 우리는 제3부를 "어떻게 하나님과 주님이 하나 되심 같이 우리도 그분과 하나되는 관계를 이룰 수 있을까?"라는 질문으

로 시작했었다. 이제 이 질문에 답할 때가 되었다.

나는 주님에 대한 철저한 믿음과 무조건적인 말씀의 순종으로, 말씀이 삶에 구체화되도록 실천하는 것만이 태초의 말씀이셨던 예수님의 영이 나의 삶 속에 거주하시게 하는 방법이라고 확신한다. 하늘에서 이루어졌던 뜻은 예수님의 살과 피를 마신 나의 삶을 통해서 땅 위에 이루어지기로 되어 있는 것이다.

이렇게 확신하는 첫 번째 이유는 예수께서 "나의 가르침을 실천하는 자에게 찾아가 하나님과 내가 거처를 삼으리라"고 말씀하신 것 때문이며, 두 번째 이유는 말씀이 육화되어 오신 분의 살과 피를 먹는 것의 영적 의미는 그분의 말씀이 내 안에 육화되는 삶일 수밖에 없다는 이제까지의 논리적 귀결 때문이다. 이는 본서의 결론이기도 하다.

이제까지 각 단계마다 우리를 감동시킨 성령의 명제는 다음과 같은 것이었다.

1. 우주는 하나님의 위엄을 선언하고, 인간은 은하계 건너편의 하나님께 숭엄을 느낀다. 거룩하시도다, 거룩하시도다. 주 하나님.[7]

   하나님을 경외하는 자들에게 그의 친밀하심이 있음이여(시 25:14).

---

[7] "온 세계 지으신"으로 번역된 마크 버드와 스티브 힌다롱의 가스펠 "God of Wonders"를 사역한 것이다. 해당 부분은 "God of wonders beyond our galaxy, You are Holy. The Universe declares your majesty. You are Holy"이다.

우주의 거대한 위력과 자신의 무력(無力)을 동시에 느끼게 하는 경외와 숭엄의 경험은 두려움을 수반하기도 한다. 그러나 폭풍이 몰아치는 날 하나님의 날개 위에서 바람 타기를 즐기는 영혼에게 그것은 우주의 어떤 것도 침탈할 수 없는 샬롬과 평안의 세계가 된다. "오, 주님, 제 안에 갈매기의 영혼이 의식화되기를 원합니다!" 하나님에 대한 믿음 없는 이에게만 경외와 숭엄은 내심 두려움일 뿐인 것이다. 우리는 하나님을 볼 수도 이해할 수도 없다. 그럼에도 우주에 드러난 바 그분의 경이와, 성경에 드러난 바 나의 구원을 위해 자신의 생명을 거신 그분의 사랑과, 삶 속에 증거된 바 성령님의 임재하심은 그분에 대한 믿음을 갖게 하는 충분조건이 된다.

2. 그 하나님이 나와 관계 맺기를 고대하신다. 하나님이 파토스적 존재라는 말은 그분이 우리 인간과 '관계' 맺기를 원하신다는 의미를 넘어 우리의 삶과 기도를 당신의 사역을 실현하기 위한 필요조건으로 삼으신다는 것까지를 의미한다. 나는 그분과 '2인격 1조' 한 몸이 되어 영적 전쟁에 나서며 "뜻이 하늘에서 이루어진 것처럼 땅에서도 이루어지"도록 쓰임받기로 되어 있는 존재다.

3. 그러나 자신의 내적 실재를 보며 자신이 얼마나 부자유한 사람인지를 인지하고 가슴 찢어지도록 고통스러워해 본적이 있는가? "바람의 지혜를 따라" 하나님의 문을 두드려 보았는가? 들려 오는 소리가 무엇이던가? '자유의 삶'이란 하나님과 하나되려는 소망 이외엔 모든 것(돈, 명예, 쾌락, 인기, 모욕, 억울함, 질병, 심지어 생명이나 죽음까지)에서 자유로워진 삶이다. 하나님을 거부할 때 영은 실재를 직시하지 못하는 어둠 속에 빠지고 부자유한 영혼이 된다. 우리의 '부자

유'는 하나님과 우리의 영적 실재 간의 갈등을 이른 말이다.

4. 진리의 구체화란 하늘에서 이루어진 뜻이 땅에서 이루어지는 것을 의미한다. 영이신 하나님께서 땅으로 성육신하시는 것이다. 그 예수의 '살과 피'를 먹고 마신 인간이 삶을 통해 '말씀'을 실현하는 것이다. 그렇게 하나님 나라를 이루는 것이다. 이것이 궁극적으로 하나님과 예수님과 더불어 하나되는 삶인 것이다. 순종하여 '말씀'을 '몸'으로 살아 내라! 삶에서 용서를 실행하라. 원수에게 축복을 베풀라. 하나님 앞에 겸손을 실행하라. 그리고 "네 이웃을 네 몸과 같이 사랑하라."

5. 이처럼 주님의 말씀을 실천하려는 우리에겐 태고의 인류적 원죄라고 할 수밖에 없는 시기와, 탐욕과, 교만이 흐르고 있다. (구약은 각각 카인의 사건과, 노아 홍수와, 바벨탑 사건 같은 원형적인[archetypal] 사건들을 통해 우리 속의 이 원죄를 고발한다.) 그리하여 "용서하라" 하시는 주님의 명령에 거슬려 맘속에 '쓴 뿌리'를 내리고, "겸손하라" 하시는 주님의 명령에 거슬려 맘속에 '교만'의 머리를 쳐들고, "믿으라" 하시는 주님의 명령에 거슬려 맘속에 '~면 어쩌나'의 불신을 키우고, "우상을 섬기지 말라" 하시는 주님의 명령에 거슬려 맘속에 '이데올로기'의 우상을 세운다. 우리의 첫 걸음은 내 맘 속에서 이들의 존재를 정직하게 **인지**하는 것이다. 그리고 결연하게 이들을 하나님의 말씀으로 **대체**하며 주님의 도움을 구하는 것이다.

6. 생각은 선택을 수행한다. 영적 전쟁의 승패는 생각의 선택으로 귀결된다. 악의 세력에 발을 들여놓는 것도, 문제 해결의 실마리도 생각의 선택으로 시작된다. 영적 전쟁에서 나의 '다림줄'을 하나님의 다림줄로 대체하는 것도, 우리가 자연적으로 빠져드는 "습관적인 부정적 사고"(automatic negative thinking) 대신 스스로 자신의 두뇌에 감사의 마음을 명령하는 것도, 내가 공황 장애 상태에서 하나님 말씀의 진리를 붙들고 빠져나오는 것도 모두 생각의 선택들이다.

7. 인간이 생각하는 세계가 전부가 아니다. 보이는 게 전부가 아니다. 황제에서 백부장 고넬료로 이어지는 세계가 있는가 하면, 하나님 아버지에서 예수로, 예수에서 바울로 이어지는 영적 위계의 세계가 있다. 말라 비틀어진 엄마의 젖에 매달린 채 죽어가는 기아의 세계가 있는가 하면, 5병2어의 풍요의 세계가 있다. 허망한 눈빛으로 절망의 장송곡을 부르는 세계가 있는가 하면, 겟세마네 빈 무덤 위로 펼쳐진 부활의 삶이 있다. 인간에게는 그것을 초월하여 바라보는 기관이 내장되어 있다. 그것을 통해 현상 세계의 두꺼운 무덤을 깨고 나오라. 그 너머의 세계로 비상하라. 그리고 하나님을 만나라. **인간의 생각은 하나님이 주시는 빛의 조명하에서만** 그 운용적 병리를 면할 수 있으며, 구조적 한계를 보완할 수 있게 된다. 하나님 없는 생각은 인간을 비실재의 세계에 빠져들게 하며, 하나님 없는 세계관은 인류를 정신 병동의 '지붕' 아래에 가두어 둔다.

8. 삶을 살면서 하나님의 '침묵' 가운데 겪는 극심한 고난은 고통과 절망을 수반한다. 그러나 하나님을 아는 자에게 그것은 정금 같은 영성과

거룩으로 인도하는 축복의 관문이 된다. 고난 있는 곳에 하나님이 계신다. 사막의 황량함에 기진한 자여, 불기둥을 바라보며 그분께서 지시하시는 곳으로 발길을 옮기라. 고난에 머리 박은 채 몸부림하는 자여, 속히 고개를 들어 하나님과의 관계 속으로 들어가라. 그리고 **고난 중에 울고 있는 그대에게 지시하시는 그분의 '사역'을 즉시 이행하라**. 그때 그대는 하나님을 만나리라. 그분의 동역자가 되리라. 하나님의 축복을 즐기기 시작하리라.

9. 꽃의 진리는 열매요, 앎의 진리는 삶이다. **하나님의 진리는 성육신이며, 말씀의 진리는 육화된 일상적 삶이다**! 각 항목에 있어 전자(하나님, 말씀)의 진리는 후자(성육신, 일상적 삶)로 실현되어 나타나기로 되어 있다. 이것이 예수의 의미다. 하늘은 땅을 지향하고, 영원은 시간을 지향한다. 그리고 '큰 바위 얼굴'은 산골 마을 일상의 삶 속에서 영글어 가게 되어 있었다.

10. 삶에서의 '진리의 두 번째 계기'는 오직 주님의 말씀을 순종하는 순간에만 열린다. 그때에 이르기까지 온갖 형태의 지루한 '돌무더기'와 '가시덤불'과 주님의 '침묵'이 이어진다. 승리의 관건은 이러한 '어둠'의 일상적 삶을 주님의 말씀을 실천하며 묵묵히 걸어가는 것이다.

11. 요컨대, 말하는 존재 '나'는 '말씀'하시는 하나님과 관계 맺기로 되어 있는 '영적 나'다. 이것은 근원적으로 하나님 자체가 파토스의 하나님이시기 때문에 가능한 것이었다. 이분과의 진실된 관계를 맺기 위

해 우리가 할 일은 자신을 가려 온 비실재를 인지하고 벗어 던지는 것이다. 이렇게 하나님과 맺는 진실한 관계는 삶의 두 번째 계기에서 발화하기로 되어 있는 바, 이는 하나님께서 예수로 성육신하신 것처럼 하나님의 말씀이 구체화되는 우리의 일상적 삶이다. 그런고로 네 자연적인 생명을 예수와 함께 못 박아 하나님께서 너와 네 생을 통해 일하시게 하라. 진리는 오직 예수의 살과 피를 먹고 마셔 죽었다가 살아난 부활의 생명을 통해서 실현되기로 되어 있기 때문이다.

12. 하나님께서는 나와 동역하심으로 이 땅에 당신의 나라를 실현시키고자 하신다. 우리는 그분과 어떻게 동역하기로 되어있는가? 그분은 예수님을 통해 하셨던 것처럼, 그분의 말씀이 구체화되는 우리의 삶을 통해 그 일을 이루시기로 작정하셨다. 이를 위해 우리는 언제나 "아버지와 내가 하나이듯이, 너희도 우리와 하나되자" 하신 주님의 말씀을 실현시키지 않으면 안 된다.

13. 나의 사도신경(使徒信經)

전능하사 천지를 만드신 경이의 하나님을 믿사오며,
하늘에서 이루신 뜻을 땅에서도 이루시는 하나님을 믿습니다.
이를 위해 이 땅에 오사 나의 죄와 병고를 대신 지고 십자가에 달리신 예수님을 믿습니다.
이 사실을 믿고 받아들이며 구원받은 내 영혼의 배(舟)에는 주님께서 동승(同乘)하고 계심을 믿으며,
말씀이 구체화되는 삶에는 주님과 하나님이 함께 거처하심으로 그런 삶

을 통해 하나님 나라가 실현될 것을 믿습니다.

이제 책을 덮을 때가 되었다. 미명에 갠지스 강가를 걷던 어느 인도 어부[8]의 이야기를 들은 적이 있는가?

일생 동안 부지런하기 그지없이 한 푼의 돈도 허투루 낭비하지 않으며 살아온 그 어부는 오늘도 동이 트기 전에 벌써 그물을 걸머진 채 아직 어두컴컴한 강변길을 걷고 있었다. 한참을 걷는 중에 뭔가가 그의 발에 툭 차이는 것을 느낀 그는 엎드려 그것을 집어 들었다. 그것은 작은 돌 같은 것이 가득 들어 있는 묵직한 주머니였다. 그는 주머니에 손을 넣어 그것들을 만져 보았다. 손끝에 느껴지는 감촉은 물수제비로 쓸 만한 크기의 매끈거리는 돌이었다. 문득 어릴 때 친구들과 함께 강가에서 멀리 돌을 던져 대던 기억을 떠올리기에 족한 것이었다. 그는 걸어가며 그것들을 하나씩 꺼내어 강을 향해 멀리 던지기 시작했다. 거의 목적지에 이를 때쯤 그는 마지막 돌을 손에 움켜쥐었다. 그가 막 팔을 들어 던지려 할 때 강 건너편 언덕에서 해가 떠오르며 햇빛이 비쳐 오고 있었다. 그는 무심코 자신의 손에 들려 있는 그 '돌멩이'를 바라보았다. 아니, 그것은! 그것은 평생 한 번도 본 적이 없는 말로만 듣던 각종 보석들이었다! 손안의 작은 돌이 햇빛에 반사하며 빛을 발하고 있는 것이 아닌가! 그는 털썩 땅에 주저앉고 말았다.

분주하기 그지없이 성실한 인생길을 걸어 온 당신은 사는 중에 부지중 던져 버린 안타까운 '낭비'에 절망해 본 적이 있는가? 나의 경우 삶에서 인지한 가장 절망스런 안타까움은 바로 '나'에 관련된 것이었다. 내가 70여

---

8 내가 갈릴리 호수의 어부나 낙동강가의 어부 대신 인도 갠지스 강가의 어부를 떠올리는 까닭은 자명하다. 그곳에서 나는 그 어부의 손에 든 것을 보지 못하게 가리고 있던 어둠 같은 거짓 종교의 짙은 허위 의식을 보았기 때문이다. 그러나 어쩌면 우리는 모두 어둠 속을 걷는 그 어부 같은 존재인지도 모른다.

년에 걸쳐 시간의 강물에 던져 버린 것은 바로 '나'였다. 내가 누구인지 모른 채 산 것이었다. 물론 제일 먼저 떠오르는 단어는 '시간'이었다. 존재한다는 것 자체가 시간성을 배제한 채 생각할 수 없음은 물론이기 때문이다. 그러나 시간을 잘 보낸다는 것이 무엇을 의미한단 말인가 자문하자 모든 게 갑자기 애매모호해져 버리고 말았다. 시간은 영원과 관련하여 무엇인가를 묻는 문제였고, 그 속에서 '나'를 발견하는 문제가 되는 것이었기 때문이다. 그리하여 이제까지 버려 온 것은 바로 '나'의 본질이 무엇인지 모른 채 시간을 흘려 버린 문제와 연결되는 것이었다. '영원'과 동떨어진 '시간' 속에서, '영원'과의 관계가 단절된 '나'로서 시간의 강물에 휩쓸려 떠내려온 것이었다.

그러나 이제 어찌 하랴! 시간의 강물 속으로 던져 버린 그 귀하디 귀한 관계의 순간들을 두고 한탄한들 어찌 하랴! 감사하게도 마지막 남은 보석 하나마저 던져 버릴 찰나에, 강 건너편에서 광명한 아침 햇살이 비쳐 오지 아니한가! 내 손이 쥐고 있는 것을 보게 하시지 않는가! 아슬아슬하게 금쪽 같이 남은 생을 구할 수 있게 되지 않았는가! 십자가상의 주님 곁에 선 강도처럼 말이다! 날마다, 감사의 축제를 벌여야 할 순간이 나에게 주어지지 않았는가! 게다가 우리는 이제까지 어떻게 어리석음에 쌓여 삶을 강물에 던져 버렸던 것인가를 '인지'하고 하나님 앞에 통회의 회개를 토해 내고 있지 아니하는가!

(죽음)

평생을 돌아보니 보이는 것 죄뿐이라

영혼에 찍힌 불도장 몸부림한다 지워지랴

자진한다 없어지랴

울다 지쳐 문득 보니

피 흘리며 오시는 이

마지막 숨 몰아쉬며 하시는 말씀

"내가 너와 하나 되어

너를 위해 흘린 피니 받아 마시라!"

그리하지 마옵소서, 그리 마옵소서

울며 울며 그의 죽음 마셨노라

생명 먹었으면 죽음 또한 먹었은즉

나 이제 그분의 죽음에 하나 되었나니

천지에 내 죄 간 데 없고

나와 그분단 서 있더라

"Undone"(도말)일세, "Undone"(도말)일세

내 지은 죄 "Undone"(도말)일세

내 할 일 이뿐이니

나 그분과

한 몸 되어 사는 것이라.

그분따라 내 할 말

"아노키 톨라이트, 아노키 톨라이트"[9]

---

9   예수께서는 십자가 상에서 "하나님, 나는 벌레입니다. 왜 나를 버리시나이까?"(시 22:6)라고

절규하는 시 22의 인물과 당신 자신을 동일시하신다. 주님은 실제로 십자가 상에서 "엘리 엘리 라마 사박타니?"하시며 그 귀절의 일부를 울부짖으신다. 예수께서는 왜 당신 자신을 그 '붉은 벌레'(crimson worm, 히브리어 '톨라아트')와 동일시하시는 것일까? 유대인이 성막 덮개를 붉게 염색할 때 쓰던 그 '벌레' 톨라아트! 그것은 애벌레를 낳을 때쯤 나무에 달라붙는다. 그는 일단 산란하면 자신의 몸이 산산조각 나도록 떼어 내기 전에는 결단코 그 나무에서 떨어지지 않는다. 그는 생애 단 한 번 낳은 새끼들에게 자신의 몸을 먹이로 내어 준다. 그러고는 자신의 몸에서 붉은 액체를 뿜어내어 주변과 새끼들을 붉게 물들인다. 결국 그렇게 생을 끝낸 그 벌레는 죽은 지 3일 후 눈처럼 하얀 밀랍 조각이 되어 땅에 떨어진다. 예수께서는 십자가에 달리기 훨씬 전 당신을 '하늘의 떡'이라 하시며 당신을 먹으라 하실 때부터, 이미 당신이 그 벌레의 길을 가도록 예정되신 것을 절절히 '인지'하신 것이리라. 주께서 이렇게 말씀하신다. "나는 벌레, 아노키 톨라아트! 너희는 나를 먹고 마시라! 나의 붉은 피에 네 영혼을 적시라! 하얗게 부활할 그날을 기다리며!"

나가는 말

　나는 20여 년 전부터 대전 근교 산골에 들어와 살고 있다. 사는 중에 산을 대하는 여러 형태를 만난다. 어떤 이는 산 중간쯤에 돗자리를 펴고 앉아 가져온 막걸리 병을 비우고 내려간다. 어떤 이는 칡뿌리를 캐느라 산 여기저기를 파헤치다 내려 간다. 어떤이는 능선에서 능선으로 '야호!'를 외치며 산타기를 즐기다 내려간다. 그런데 여행하다 보니 어떤 이는 금광맥을 찾아 산 아래로 또 아래로 죽기 살기로 파고 다니는 이도 있었다.
　삶을 사는 중에 시간의 산(山)에서 만난 많은 사람들의 모습이 생각난다. 어떤 이는 재미있는 것과 그럴싸하고 멋진 말을 찾아 유튜브를 뒤적이다 하산하고, 어떤 이는 돈을 모으다 심심해지면 그것으로 사람들의 마음을 사려고 앞뒤 등산객에게 두어 잔 술을 돌리다 내려가고, 어떤 이는 목숨을 걸고 이름 낼 일거리를 찾아 헤매다 하산하기도 한다. 간간(侃侃)하고 고귀한 영혼을 만나기도 한다. 그들은 불의에 항거하는 혁명적 이념에 매료되어 실제로 전선에 피를 쏟는 순수한 영혼들이었다. 그러나 참으로 안타깝게도, 그들이 내려간 자리에는 그들의 삶이 그 이념의 궁극적 근거를 향한 헌신은 아니었다는, 그래서 참 진리의 대안적 선택이었을 뿐이라는 안타까움이 남겨져 있었다. 끝내 시간의 금광맥 같은 '큰 바위 얼굴'을 만나지 못했던 것이다. 시간의 산속에 묻힌 영원의 광맥을 찾지 못한 채, '변장한 영원'의 가면을 벗겨 민낯을 만나 뵙지 못한 채 하산하고 만 것이다.

이제까지 나는 내가 만난 시간의 금광맥으로 여러분을 안내하기 위해, 그것이 제대로 된 금광맥임을 증언하는 다른 많은 사람의 통찰을 소개하며 지면을 채웠다. 이들은 내가 진리를 향한 여정에서 조우했던 귀한 보석들이었다. 나는 단지 내 자신이 삶에서 발견한 진리의 실로 이들을 꿰어 본 것이다. 내 나름의 목걸이 하나를 만들기 위해, 또는 보석같은 돌들을 주워 나의 돌담을 쌓기 위해…. 바라기는 이 글이 이제부터 독자 제위께서 자신의 목걸이나 돌담을 만드시는 데 참고가 되었으면 할 뿐이다.

여러분의 가는 길에 언제나 주님의 동행이 있으시기를 기도한다.

부록 1

의식과 진리의 구체화

　제3부는 결코 정교하게 입론되었다고는 말할 수 없는 "진리는 삶의 두 번째 계기를 통해 구현된다"는 다소 소박한 전제를 출발점으로 삼고 있다. 그런데 앞 장에서 살펴 보았던 것처럼 정신 발달의 두 번째 계기에서 출현한 시각과 공간영역을 통한 의식은 심각한 한계를 지닌 정신 기능임이 드러나고 있다. 그럼에도 의식은 진리의 구체화를 지향해온 인류의 선택이었다. 그것이 구체화를 향한 정신세계의 필연적인 길이라면 어찌 하랴. 그리하여 인류의 미래는, 과학에 관련한 쥴리언 제인스의 결론이 그랬던 것처럼, 씁쓸한 체념으로 귀결될 것인가? 본서의 마지막 장은 이 질문에 대한 해답의 모색이기도 하다.

　진리의 구체화를 향한 여정에 있어 사실이 이러함에도 불구하고 우리는 의식에 의한 형상화가 결코 그대로 진리로 고착될 수 없다고 하는 혼란스러움에 봉착하게 된다. 의식에 대하여 이러한 단서를 첨부하는 근본적인 이유는 무엇인가? 그것은 앞에서 살펴보았던 것처럼, 인간의 의식이 지니는 한계성과 비실재성 때문이다. 여기에서 우리는 하나님을 가시화하려는 인간의 모든 노작을 '우상'으로 규정하며 엄히 금하는 성경의 계명에 담긴 뜻을 눈여겨 보아야 할 것이다. 이는 그것이 원칙적으로 하나님의 영적 실재를 왜곡하기 때문이며 궁극적으로 하나님의 초월성에 도전하는 바벨탑의 교만으로 귀착될 것이기 때문이다.[1]

그럼에도 불구하고 우리는 인간에게 이 생각의 기능을 부여하신 분이 하나님이심을 잊어서는 안 된다. 전적으로 불필요하기만 한 것이라면 우리에게 왜 주셨겠는가? 하버마스를 소개하는 대목에서도 드러나는 것처럼, 노작(work) 영역이 상호 작용(interaction) 영역으로 월장(越牆)해 들어와 후자의 논리를 대신하는 왜곡이 일어났다 하여 인간의 삶에서 노작의 영역을 폐기할 수 없는 것처럼 말이다. 이 상황에서 우리가 형상화에 주목해야 할 것은 무엇인가? 두 번째 형식으로 오는 형상화에는 진리의 구체화를 향한 지향성이 담겨 있다는 점이다. 이들 형상화 자체가 진리로 되는 것은 아니로되, 그것이 즉자성과 자연성을 거부한다는 점에서 진리에의 방향성을 지니고 있다는 점을 주목하지 않으면 안 된다. 진리는 구체화를 지향한다! 인간에게 의식을 주신 하나님께서는 그 속에 진리에의 방향성을 담아 주신 것이라고 믿어진다. 앞에서 본 바와 같이 청각의 시각화, 시간의 공간화를 지향하는 의식의 행위는 전자(청각, 시간)의 영역을 자신의 영역으로 환원시키는 우를 범하지 않는 한, 구체화를 지향하는 진리의 속성에 부응하는 작업들이다.[2] 이 방향성에는 탈즉자성과 함께 자연성의

---

[1] 이런 연유로 유대인에게는 인간 집단의 100% 찬성에 의한 의결을 '불법'으로 규정하는 불문률이 존재한다고 한다. 어느 경우에도 불완전한 인간의 일일 뿐인 것이다. 그런 뜻에서 인간이 특정인을 성인(聖人)으로 추대하는 종교 행사인 성인 봉정식에서도 그들은 그의 인간적 흠결을 열거해야 하는 역을 맡는 '악마의 대변인'(devil's advocate)을 세워야 하는 것이었다. 같은 맥락에서 이제까지 우리가 진행해 온 논의를 통해서 드러난 바와 같이, 우리는 형상화를 수행하는 인간의 의식 작용 역시 한계를 지닐 수밖에 없음을 고백해야 할 것이다. 의식의 결과물 역시 실재와는 사뭇 다른 단지 '꾸며낸 이야기'(narratization)일 뿐 결코 진리의 본질이라 할 수 없는 것이었다.

[2] 구체화는 말 그대로 우리의 몸을 전제로 하며, 몸은 시간과 함께 흘러가는 동시에 공간 속에 발

초월이라는 의미가 담겨 있을 뿐만 아니라 잠재성의 구체화라는 지향성이 담겨 있다.

이상의 이야기를 정리하면 다음과 같이 될 것이다. 인간의 생명을 포함하여 자연적으로 제시된 것들은 그대로는 진리가 될 수 없다. 형상화의 단계를 통해 이에 반립(反立)하지 않으면 안 된다. 그러나 인간의 의식을 통한 형상화 작업은 비실재를 양산할 위험성을 안고 있다. 그럼에도 우리가 말하는 '두 번째' 삶의 계기가 의식의 거부나 과학의 거부로 비약할 필요가 없는 이유는, 몸의 실천을 통해 탈잠재성을 지향하며 영을 통해 탈자연성을 지향하듯이, 의식을 통해 탈즉자성을 지향하기 때문이다. 진리가 잠재태의 구체화와 자연성의 초월을 통해서[3] 우리에게 다가오듯이 즉자성의 의식화는 진리의 실현에 필수적이다. 다만 의식의 한계성과 범주 오류적 관성이 문제일 뿐이다. 오늘날의 과학을 생각하면 옳은 지적이 아닐 수 없다. 앞에서 말했던 것처럼, 우리의 모든 자연적인 것들은 오직 '영적으로 처리'[4]될 때에만 태초에 하나님께서 의도하셨던 대로 인류에게 제대로 봉사할 수 있게 된다. 이것이 진리의 두 번째 계기로서의 의식의 조건이요 의식의 지향점이다.

저자는 지금 무슨 말을 하고 있는 것인가? (쥴리안 제인스의 말대로라면)

을 딛고 산다. 구체화한다는 것은 시간이 공간 속에 자신을 실현한다는 뜻이 담겨 있다. 의식은 정신영역 속에서 이러한 작업을 수행하고 있다. 의식에는 이러한 구체화의 방향성이 함의 되어있는 것이다.

[3] "자연적인 것은 오직 희생(제사)에 의해 영적인 것으로 변화됩니다. 그렇지 않을 경우 자연적인 것과 영적인 것은 우리의 현실 속에서 크게 괴리됩니다.…만일 희생(제사)을 통해 자연적인 것을 영적인 것으로 바꾸지 못하면, 자연적인 삶은 우리 안에 있는 하나님의 아들의 생명을 조롱할 것이며 계속적인 낭패를 만들어 낼 것입니다"(챔버스 2014). 챔버스는 바울의 갈라디아서 4장을 강의하면서 아브라함이 이삭을 드리기 전에 먼저 이스마엘을 희생 제물로 드렸어야 했다고 주장한다. 왜냐하면 영적인 제사를 드리기 전에 자연적인 것의 제사가 선행되어야 전자가 가능해질 뿐 아니라, 후자도 하나님의 도구로 쓰임받게 된다는 것이다.

[4] 화학적으로 처리된 물질의 변화처럼 영적으로 '처리'되어야 한다는 뜻이다.

의식 역시 역사의 발달과정에서 두 번째 계기로 나타난 현상임에 틀림없다. 그리고 그것은 공간화 가시화작업을 근간으로 하여 과학의 등장을 알리는 신호탄이 되었다. 바로 이곳이 몸을 지닌 우리 인간이 발을 붙이고 사는 환경이기도 하다. 이들은 과연 진리의 구체화를 향한 최종적 종착역인가? 모든 것을 공간화, 가시화하는 모습이 흡사 구체화의 완결인 듯이 보인다. 그러나 앞서 시간과의 관계를 통해 밝힌 바와 같이, 이들은 내재적으로 실재의 왜곡이라는 굴레에서 벗어날 수가 없다. 이들은 실재의 본질 영역, 특히 영적 영역조차 자신에게로 환원시키는 심대한 오류를 범한다. 이 상황에서 우리는 진리의 최종 종착점으로서의 "두 번째 계기"는 이 범주오류적 아집에서 벗어나 '실재'로부터의 소리에 귀를 여는 것이어야 한다는 추정에 도달하게 된다. 구체화의 행진에 불을 당기신 하나님께서 가리키시는 신적 암시(divine reference)에 순종하는 자세가 절실해지는 것이다.

하나님과의 관계에 있어 궁극적 목표가 되는 진리의 구체화를 향한 도정에서 의식은 불가피한 도구일지도 모른다. 다만 그것에 내재한 시간(청각)의 공간(시각)화를 획책하는 환원주의의 유혹에 빠지지 않도록 영적 경계심이 절실히 요구될뿐이다.

부록 2

10분 설교: "이를 위해 부르심을 받았나니"[1]

> 선을 행함으로 고난을 받고 참으면, 이는 하나님 앞에 아름다우니라 이를 위하여 너희가 부르심을 받았으니(벧전 2:20-21).

지금부터 제가 말씀드리는 것은 저의 실제 삶하고는 전혀 맞아떨어지지 않는 이야기라서 저를 아는 누군가가 "설교하고 있네!"라며 비웃을까봐 부끄러운 가슴으로 이 자리에 섰습니다. 그러나 본문을 읽다 저에게는 감동이 온 바가 있어서 같이 나누고 싶은 것도 사실입니다. 오늘 아침 이 본문 말씀으로 피차 은혜를 나누고자 하는데, 본문을 세 부분으로 나누어 생각해 보는 것(즉, '부당한 고난'/ '하나님 앞에'/ '부르심')이 오늘 제가 하고자 하는 것의 전부입니다.

첫 부분의 본문 말씀은 선을 행하고 고난을 받는 것에 대해 말씀하고 있

---

[1] 이 간증 설교가 개인과 민족(또는 국가)에 공히 적용된다고 생각하지 않는다. 개인과 국가 간에는 결코 동일시할 수 없는 차별성이 있다고 믿는다. 다음의 이야기는 일단은 신앙인 개인을 향한 베드로 사도의 메시지로 이해해야 될 것이다. 이 간증 설교는 2011년 봄 영국 YWAM BCC, King's Lodge 에서 '숙제'로 발표했던 것이다.

습니다. 19절에서는 이것을 "부당한 고난"(suffering unjustly 혹은 unjust suffering)이라고 말하고 있습니다. '부당하다'고 말할 때 그것은 우리가 알고 있는 어떤 법칙이나 상식적 규범에 비추어 생각해 볼 때, '부합하지 않고 맞아떨어지지 않는다'는 것을 암시하고 있습니다. 그런데 두 번째 부분에서는 이런 부당한 고난을 받는 것이 어디에서는 "아름답다"고 말씀하고 있습니다. 그렇습니다. "하나님 앞에서"라고 말하고 있습니다. 그럴 것입니다. 세상 사람들 앞에서는 어림도 없는 일입니다. 이 세상에서 계속 이런 고난을 당하는 삶을 사는 것은 아름답기는커녕 고통에 시달리다가 우울증에 걸리기 딱 좋습니다. 그러다 자진하고 마는 불행한 일도 일어납니다. 그런고로 "하나님 앞에서"라는 구절이 의미심장합니다.

저희 집 현관 벽에는 "하나님이 계시므로…"라는 글귀가 붙어 있습니다. 이렇게 써 붙인 이유는 우리 삶에 자연 법칙이나 경제 법칙이나 과학 법칙 같은 합리성에 근거한 법칙이 있는가 하면, 하나님이 계시므로 취할 수 있는 다른 행동 원칙도 있음을 보았기 때문입니다. 일상적 삶에서는 불붙는 용광로에 던져지기를 선택하는 것은 곧 죽음을 의미합니다. 자연 법칙이나 과학 법칙에 어긋나는 선택이기 때문입니다. 몇 주 내내 굶주리다가 이웃이 가져온 한 끼 저녁거리를 다른 사람에게 몽땅 내어 주는 것은 그날 밤 자신은 굶어 죽을 수 있다는 것을 의미합니다. 이것은 경제 법칙에 어긋나는 손실 행위입니다.

그러므로 구약에서 다니엘이 한 선택이나 신약에서 오병이어를 내어놓은 소년이 한 선택은 자연 법칙이나 경제 법칙에 어긋나는 선택입니다. 이것은 하나님이 계심을 아는 자만 선택할 수 있는 행위 원칙입니다. 자신의 행위가 하나님께 아름답게 나타나는 삶을 추구하는 사람만 택할 수 있는 행위입니다. 스스로 이런 행동을 하는 사람은 "하나님이 계시므로" 억울한 일을 당한다 하여 사람에게 호소하지 않을 것입니다. "하나님이 계시므로" 눈에 뵈는 것에도 절망하지 않을 것입니다. 이들은 "하나님이 계시므로" 부정한 일을 만날 경우에도 인간에게 타협하지 않는 원칙을 적용하며 삶을 살 것입니다.

그런데 본문의 두 번째 부분에서는 이런 행위 원칙을 따르는 것이 하나님 앞에 "아름답다"라고 하십니다. 이것이 '아름다운' 까닭은 무엇일까요? 누군가가 이 '부당한 고난'을 자임하는 일이 없이는 결코 하나님께서 고대하시는 구원이 발생하지 못하기 때문일 듯 합니다. 세상을 따르지 않고 그렇게 하나님의 뜻을 따라 하나님과 함께 모종의 멋진 일을 해내는 것만큼 '아름다워' 보이는 일이 또 있을까요?

이 말을 좀 더 묵상해 보기로 합시다. 베드로전서 3:18을 보십시다. 여기에서 베드로 사도는 앞의 적극적인 의미를 "의인으로서 불의한 자를 대신함"(the righteous for the unrighteous)이라고 묘사하고 있습니다. 내게 억울한 죄를 덮어씌우는 이웃의 죄를 법정에서 멋지게 입증하여 그를 감옥에 보내면, 이 행위는 우리가 이 학교에서 늘 주제로 듣고 있는 정의(justice)로운 행위이자, 정당한 자기방어 행위일 것 입니다. 그런데 본문에서는 이렇게 '정의 실현'에 역행하는 행위를 "아름답다"라고 말하고 있습니다.

왜 그런 것일까요? 그렇게 하면 내가 풀려나는 것으로 일은 끝나 버리고 말 것입니다. 그렇게 되면 하나님께서 이 일을 통해 이루고자 하셨던 어떤 프로젝트가 불발하고 마는지도 모릅니다. 그러나 자기 무혐의를 입증할 기회를 포기한 채, 이웃이 덮어씌우는 대로 그를 '대신하여' 고난을 당하는 사람이 있다면, 그것도 그에게 자신의 이런 의중을 전혀 드러내지 않은 채 잠잠히 이런 일을 감당하고 있다면, 그것이 하나님께 '아름답다'고 말씀하시는 것 같습니다.

왜 그럴까요? 이 경우 나에게 덮어씌우려는 자의 영혼의 구원을 위해 하나님께서 나의 이 고난의 행위를 사용하고자 하셨는지도 모르기 때문입니다. 그가 먼 훗날 이 모든 것에 대해 듣게 되었을 때 '아, 그랬었구나' 하며 목놓아 울게 하시겠다는 뜻이 있으셨는지도 모르겠습니다. 우리의 이 행위를 통해 그를 하나님에게 돌아오게 할 계기를 만들고자 하셨는지도 모릅니다. 이 '그랬었구나'의 감동만이 그로 하여금 하나님을 보게 하고, 회개하게 할 것 같아서 그렇게 하신지도 모릅니다. 제가 감동을 받은 세상의 명작 속에는 이런 장면이 많이 다루어지는 것을 보았습니다. 그런 고로 하나님의 이 드라마를 그르치게 하지 않으려면 억울한 일을 감당하고 있더라도 사람들에게 떠벌리지 말아야 할 것 같습니다. 그렇게 자신의 정당함을 챙기고 똑똑한 능력을 우쭐대면 나의 이 행위와 하나님이 연결되지 못할지도 모르는 것이니까요.

그런데 생각해 보면 우리에게 오늘 아침 악을 악으로 갚지 않고 오히려 그 '대신' 복을 일으키라고, 그렇게 해서 그를 하나님 나라로 이끌라고 말씀하신 이 '대신'의 원형은 이미 예수님께서 보이셨습니다. 그분은 이미 바로 우리가 '죄인 되었을 때' 우리를 대상으로, 우리의 영혼을 '대신하여' 소리 없이 고난을 당하는 일을 단행하셨습니다. 그런고로 오늘 베드로 사도를 통해 말씀하신 것은 주님의 제자가 되겠다고 이 곳에 온 우리에게 당신의 본을 따라 행하라고, 당신이 하신 것을 따르라고, 그렇게 해서 같이 '하나님 나라'를 이루어 보자고 말씀하시는 것이라고 믿습니다. 그분이 이 땅에 오셔서 제일 먼저 하신 말씀, 제자들에게 가르치신 짧은 기도문에서도 빠뜨리지 않고 하신 말씀, 수많은 비유를 통해서 이것을 설명하기 위해 애쓰셨던 그 말씀은 '하나님 나라'를 이루자는 말씀입니다. 그분은 당신께서 '하나님 나라'를 위해 행하신 이 동일한 일을 위해 우리를 부르신다고 말씀하고 계신 듯 합니다. 우리는 모두 "이 일들을 위해 부르심을 받았다"(To these we were called)라고 말씀하고 있습니다(벧전 2:21). 시간이 다 되어 급히 마쳐야 하겠습니다.

　(부당한 고난을 경험할 때 그것이 지혜의 통로가 되기도 하고 트라우마의 원인이 되기도 한다고 들었습니다. 칼 레만을 통해, 그 갈림길이 조율의 유무에 달렸다고 배웠습니다. 오스왈드 챔버스는 한발 더 나가, 그 갈림길을 결정하는 것은 우리가 맺는 하나님과의 관계에 달려 있다고 말합니다. 내가 겪는 고통을 통해 "주님의 뜻이 이루어지이다"라고 기도하는 주님과의 관계를 유지하고 있느냐의 여부에 달려 있다는 것입니다. 나에게 부당한 일을 행한 사람, 그를 하나님께서 구원하고 치유하기 위해 조급하셨는데 나의 용서와 기도와 희생이 없어서 그 일을 행하지 못하고 계시다면 얼마나 크나큰 죄입니까? 하나님 사역의 필요조건을 충족시켜 드리지 못해 "하나님을 홀로 있게 하는 것이 바로 '죄'"라고 하지 않았습니까? 하나님을 홀로 계시게 하지 맙시다, 그리고 평생 주위의 그 누구로부터도 중보 기도 한 번 받아 보지 못해, 일생토록 하나님과 멀리 떨어져 외톨이로 사는 이들을 기억합시다.) 감사합니다. 기도합시다.

　주님, 살다가 억울한 일 당할 때 저희 마음이 세상 논리에 함몰되지 않게 하시고 저희 시선을 당신에게 두게 하시옵소서. 고난 중에도 당신과 눈 마주치며 싱끗 웃게 하시옵소서. 저희가 당신의 그 아름다운 드라마에 출연하고 있음을 알기 때문이니이다. 예수님의 이름으로 기도합니다. 아멘.

부록 3

한국 민족의 트라우마와 나갈 길

앞에서 개인의 삶에서 체험되는 억울하고 '부당한 고난'과 그 쓰라린 침전물에 관한 이야기를 쓰고 있는 동안 내내, 내 마음 한 구석을 떠나지 않던 한 가지 주제가 있었다. 이 사족과 같은 생각을 끝내 묵살해 버릴 수가 없어 부록으로 남기기로 한다. 이 '뜬금없는' 주제는 우리 민족의 운명에 관한 것이다. '부당한 경험'에서 연원하는 파괴 현상이 어찌 개인적 차원에 그치랴! 부당한 경험 → 공포 → 반응 → 영적 침전물로 이어지는 패턴의 전개는 민족적 차원에서도 적용될 것임에 틀림없다. 개인과 집단 간의 구조적 매커니즘의 차이와 개인 심리와 집단 심리의 차이를 간과하는 오류를 범해서는 안 된다는 단서를 전제하면서, 조심스럽게 제2부에서 논한 이론의 적용 가능성을 점검해 보려 한다. 이제부터 우리 민족적 차원에서 전개되는 나의 상념에 동참해 주시기를 바란다. 우리는 개인의 차원을 넘어 종종 "이 땅을 치유하여 주소서!"라고 기도하기도 하지 않았던가? 이 나라와 민족을 두고 했던 말이 아니던가?

나는 우리 민족을 생각하면 언제나 이스라엘 민족이 떠오르곤 한다. 유사한 모습이 보이기 때문이다. 얼른 생각해도, 북쪽 가나안 땅에 사는 동족을 경원시하며 배척하던 유대인은 그 후 그들 자신이 세계 도처에 숨어 살며 몇 배나 심한 배척을 받아 왔다. 우리 역시 병자호란 때 명나라와의 신의를 위해 척화론을 따른 조선이 청의 말발굽에 짓밟히고 수십 만의 백성이 끌려가는 처참한 박해를 받았던 기억을 지니고 있다. 또한 일본의 관동 대지진 때 '조센징 사냥'의 대상이 되기도 하고 북간도로 러시아로 끌려다니며 슬픈 운명을 견디지 않았는가? 양 민족 간의 보다 깊은 역사적 유사성도 느껴진다.

이집트에서 겪은 400년 노예 생활, 솔로몬과 다윗의 영화도 잠시 남북으로 나뉘어 치박고 싸우다가 블레셋과 앗시리아로 끌려가는 잔혹한 포로 생활, 이에 더하여 현대에 와서 겪은 홀로코스트까지, 이를 겪은 이스라엘 민족에게 민족적 트라우마가 없을 수 없을 것이다. 역사를 통해 보면 이처럼 연속하여 엄청난 고통을 겪은 민족에게는 일관된 반응과 정신적 침전물이 쌓일 수밖에 없을 것이다. 오늘날 유대인에게서 확인되는 낯선 이에 대한 배타적 경계심, 철저히 이기적으로 비치는 금전에 대한 집착, 출산에 대한 지극한 집착과 실천…등은 이러한 심리적 정신적 침전물의 발로가 아닐까 싶다. 깊게 파고들면 뿌리 깊은 거절감과 분노와 원망 같은 트라우마에서 연원하는 민족적 특이성이 더 많이 있고 심각하다는 사실도 확인할 수 있을 것이리라.

나는 같은 논리를 우리 민족에게 적용해야 한다는 거부할 수 없는 명령 같은 것을 느낀다. 이 땅은 지리적으로 우릴 집어삼킬 기회만 엿보는 제국주의 강대국에 둘러싸여 있다. 위로는 어두컴컴하고 거대한 연체동물같이 움직이면서 보이는 것마다 은근슬쩍 깔고 앉아 있다가 갑자기 폭압적으로 집어삼키는 포식자의 생리가 몸에 밴 나라. 아래로는 보이는 바다는 모두 자기네 것이라는 황당한 무의식에 사로잡혀 바다 위에 뜬 땅덩이면 모조리 쳐들어가 약탈질하며 자기네 땅을 만들려는 진무의 피가 흐르는 나라. 이들이 가까이 있어 이 땅은 잠시도 맘 편히 쉴 날이 없다. 우리는 그들 사이에 끼어 990번 이상이나 침략당하고 점령당한 슬픈 운명의 민족이다. 그런 중에도 자신들끼리조차 평화스럽게 살 줄 몰라 수차례 내전까지 겪어야 했던 복잡한 민족이다. 지상에서 유례를 찾기 힘든 특이한 민족이다.

우리는 역사적으로 아래와 같은 상황을 수도 없이 겪으며 살아야 했던 민족이다.

> 남녀노소를 막론하고 걸을 수 있는 자는 모조리 사로잡고, 걷지 못하는 자는 모두 죽여라, 조선에서 사로잡은 사람은 일본에 보내 농사를 짓게 하고, 일본에서 농사짓던 사람은 군사로 바꾸어 매해 쳐들어가겠다. 아울러 중국까지 공략할 것이다(『선조실록』).

> 해마다 군사를 보내어 그 나라 사람을 다 죽여 빈 땅을 만들어라. 그런 연후엔 일본 서도(西道) 사람을 이주시킬 것이다. 10년을 이렇게 하면 다 이루게 된다(『난중잡록』).

정유재란(1597~1598) 무렵의 기록들이다. 잊을 만하면 밀물처럼 밀어닥치는 이 '부당한 경험'에 젖은 우리에게도 어찌 아무런 심리적, 정신적 침전물이 없을 수 있으랴! 우리에게 어찌 특정한 '집단 무의식' 같은 것이 없으랴!

"한국 남성의 마음속에 나라를 지키지 못하고 아내와 자식을 지켜 내지 못했다는 열등 의식이 흐르고 있다. 그것이 느껴진다."

한국에서 영성 집회를 주관하던 어느 외국인 목사의 입에서 흘러나온

촌철살인할 지적이었다.

　언제 무슨 일이 엄습할지 모를 이 불안한 대지 위에 대를 이어가며 뿌리를 내려야 하는 한국인! 그런 땅 위에서 살아남은 한국인 일반의 심저에 '은근과 끈기'라는 무서운 적응력 같은 긍정적인 태도가 형성되었으리라. 그러나 어찌 그뿐이랴. "죽은 정승, 산 개만 못하다"나 "두엄 밭에 뒹굴어도 이승이 낫다"는 서글픈 현세 지상 주의 또한 뿌리내릴 수밖에 없었을 것이다.

　철학자 헤겔은 그의 『정신 현상학』 속의 한 장에서 '주인과 노예'에 관하여 논하면서, 누가 주인이 되고 누가 노예가 되는가를 묻는다. 그의 대답은 생명을 최고의 가치로 삼는 자가 노예가 되며, 명분을 위해 생명을 버릴 줄 아는 자가 주인이 된다는 것이었다.

　"이 생명을 살려주기만 하면 무엇이든 포기하겠습니다. 그것이 명예이든, 자유이든, 신앙이든!"

　이것이 노예의 논리라는 것이다. 반면에 "명분을 위해 기꺼이 생명을 버리겠다. 생명은 뭔가를 위해 주어진 것일 뿐이다"라고 믿는 자가 있다면 그는 주인이 될 정신의 소유자라는 것이다. 아마도 아메리칸 인디언이 후자에 속할 듯하다. 역사 속에서 패망하여 지금은 황량한 유적지의 전설이 되어 버린 이들임에도, 『깨어진 계약』(*The Broken Covenent*)에서 저자 로버트 벨라(Robert Bella)는 문화적 '용광로'(Melting Pot)인 미국에 새로운 '시민 종교'(Civil Religion)가 필요하다고 주장하면서 그 속에 반드시 아메리칸 인디언의 정신이 녹아들어야 한다고 주장한다. 그런데 충분히 (주인의 논리가 아닌) 노예의 논리가 정착할 역사적 정신적 토양임에도, 우리의 역사에 노예의 역사가 없는 것이 이상할 정도로 감사하다. 이 불행한 역사적 토양 위에 어떻게 해서 노예의 기질 대신 하나님의 진리가 뿌리 내리게 된 것일까? 하나님의 은혜가 아닐 수 없다. 우리는 어떻게 허락하신 이 땅을 지키며 이 땅 위에 주님의 진리를 꽃피워 낼 수 있을 것인가?

위에서 예로 든 두 민족, 이스라엘과 한국의 이미지가 선명히 대비되어 클로즈업되는 것은 나의 부족한 식견이나 편견 때문일까? 그러나 두 민족은 너무나 흡사한 고난과 분단의 역사를 지니고 있으면서도 달라도 너무 다르다. 내가 본서를 집필하고 있는 곳은 미국의 피츠버그 일원에 있는 스쿼럴힐(Sqirrel Hill)이라는 동네다. 이곳은 금요일과 토요일만 되면 작은 도시에 온통 유대인만 보인다. 뜨거운 한 여름에도 검정 정장 아니면 외투에 검정 모자나 키파를 쓴 유대인이 거리를 메운다. 그들은 2인용 유모차를 밀고 다니며 가족마다 아이들을 평균 네 명 정도 줄줄이 이끌고 다닌다.

지금도 하시디즘에 속한 유대인 여성은 6-7명의 자녀를 낳고 기르는 일을 결혼의 최대 목적으로 삼도록 교육받는다는 다큐멘터리를 본 적이 있다. 조만간 미국이 옛 이집트처럼 무서운 기세로 불어나는 유대인들의 출산률을 걱정하는 날이 오지 않을까 하는 섣부른 걱정이 들 정도다. 혹여 작은 땅 대한민국이 이들을 이민으로 받아들이기라도 한다면 불과 몇 년 못가서 이 땅엔 한국인은 안 보이고 유대인으로 가득 채워질 것이 분명하다. 한국은 목하 '출산 장려 운동' 자체가 의미 없어진 상황이 되었다 하지 않는가? "둘만 낳아 잘 기릅시다!"라고 외쳐도 그 확성기를 들어 줄 대상이 없어지는 상황이 되었다고 하지 않는가? 그 소리 듣고 출산해 주어야 할 가임 여성의 수 자체가 위험 수위로 줄어들어 버린 상황에 접어들었다 하지 않는가!

또 다른 차이도 목도된다. 나는 미국에 있는 동안 두 교회에 다닌 적이 있다. 토요일엔 예수님을 믿기로 개종한 유대인, 즉 〈메시아닉 쥬〉(Messianic Jews)의 개신교 교회에 다니고 주일엔 한인 교회에 다닌 것이다. 메시아닉 쥬의 교회에서는 거의 단어 두 개만 들리는 것 같다. 예수님을 의미하는 '예슈아!'와 '이스라엘!'이라는 단어다. 예배 시에도 온통 이스라엘 문양이 그려진 깃발을 흔들며 이스라엘 곡조의 노래를 부른다. 그런데 한인 교회에서는 한국이나 한민족에 관한 이야기가 거의 들리지 않는다. (물론 내가 경험한 한인 교회에 국한하여 하는 말이고, 예외적인 분도 계셨기에 직접 경험해 보지 못한 미국 내 모든 한인 교회를 일반화할 맘은 없다.) 내가 히브리어를 배우러 다닌 유대인 시너고그에서 만난 유대인 중에는 은퇴 후에 해마다 이스라엘 군부대에 가서 자원봉사하고 왔다는 사람을 자주 만나게 된다. 그럴 때마다 내 머리 속에는 한국 교포, 아니 한국인 일반의 멘탈리티가 오버랩 되곤 했다.

여기에 더하여 떠오르는 차이가 또 있다. 위에서 브루스 톰슨이 제시한 두 성격 패턴을 민족 단위에서도 적용할 수 있을까 하는 '뜬금없는' 생각이 스며들었다. 영화로 정형화해 봤던 유형을 이스라엘과 우리에게 대체해 본다면 더 재미있는 차별성이 드러날 것만 같았다. 이스라엘 민족이 영화속의 '윌 형'이라면, 한국 민족은 '데이빗 형'에 가깝지 않을까? 기질적으로 전자가 공격형이라면, 후자는 자기 거절형에 가깝게 느껴진다.

왜 나에게 이런 차별성이 직감되는 것일까? 그것은 아마도 양국 역사에 기술된 전쟁 동기와 관련 있을 것이다. 구약은 처음부터 하나님의 지시에 따라 가나안 땅을 정벌해 들어가며 영토를 확장해 가는 이스라엘 민족의 전쟁 기록으로 가득하다. 지금의 이스라엘 역시 전쟁에 관한 한, 타의 추종을 불허한다. 그러나 우리의 "유구한 반만년 역사" 속에 그러한 일은 전무하다. '나이브하게' 이런 몇 가지 프리즘만 통해 봐도 유대인과 우리의 개인적, 민족적 기질 유형은 분명히 달라 보인다.

그러나 여기서 말하고 싶은 것은 이러한 유비(類比)의 적실성이나 민족간 정당성 문제가 아니다. 이러한 비교를 통한 분석 과정에서 얻고자 하는 것은 개인 차원을 넘어 트라우마를 지닌 민족의 해결책이 무엇인가를 모색하는 것이다. 우선 떠오르는 한 가지 의문은 험난한 역경의 과정을 거쳐 나온 민족은 모두 동일한 심리적 영적 침전물을 안고 동일한 운명으로 귀착되는 것일까 하는 점이다. 이 질문에는 부정적인 생각이 든다. 확신하건대 그들의 역사적 운명은 그들의 영혼을 지배하시는 하나님에 대한 신앙이 있느냐 없느냐에 따라 달라질 것이다.

그런고로 이러한 유비에서 중요한 것은 자기 거절적 노선을 선택했느냐 또는 공격적 노선을 택했느냐보다 거기에 하나님에 대한 순종이 있었느냐의 여부일 것이다. 그것이 없는 한, 어느 노선을 택할지라도 정답이 될 수 없다는 점이다. 양자 모두 하나님의 다림줄이 지시하는 방향에서 일탈한 것이 되기 때문이다.

전술한 바와 같이 두 민족을 비교하는 일에 있어서 중요한 것은 이 유비의 정확성이나 적실성에 있지 않음에도 한 가지 분명한 차이는 엄존한다. 하나님께서는 분명히 민족 일반에 대한 기대와 목적을 가지고 계실 것이고 보면, 그리하여 이스라엘 민족이 당한 고난과 멸망이 하나님에 대한 그들의 죄과였다는 동일한 논리를 우리 민족에게 닥쳤던 고난에도 적용할 수 있을 것으로 보면, 그들에게서 거론되고 있는, 그러나 우리에게서는 발견할 수 없는 한 가지가 보인다. 당한 고난을 해석하는 준거로서 하나님의 '다림줄' 말이다. 넘어질 때마다, 막다른 곳에 처할 때마다 바라보는 하나님의 '불기둥' 말이다. 그러니까 우리 민족에게는 향방 없이 당할 뿐, 슬퍼하고 한탄할 뿐, 당한 고난의 의미에 대한 성찰도, 근본적 대안을 향한 통렬한 회개와 실천도 보이질 않는다.

개인적 차원에서든 민족적 차원에서든 고통의 문제를 어떻게 처리하느냐 하는 것은 당사자의 명운을 가른다. 우리가 상기한 논의에서 얻을 수 있는 하나의 원리는 '하나님의 다림줄'이 인간의 궁극적인 행동 준거이며, '하나님의 조율'[1]이 트라우마를 앓는 인간 일반이 대망하는 최종적 해결책이라는 점이다. 개인과 민족의 차이를 초월하여 이들이 각각 궁극적 행동 준거이며 궁극적 피난처라는 것이다.

우리 민족사를 생각하노라면 늘 궁금해지는 게 한 가지 있다. 하나님께서는 왜 당신의 진리를 극력 거부하고 있는 주변 강대국들 편을 들어 우리에게 이 부당한 일을 겪게 하시는가 하는 점이다. 구약의 하박국서는 나라와 나라 간의 관계에서 하나님이 어떻게 간섭하시는지, 특히 고통을 겪는 나라의 운명이 하나님 안에서 어떻게 전개되는지를 보여 준다. 당시 이스라엘 민족은 잔인한 강대국 바빌론에 의해 폭력과 불의를 당하며 살고 있었다.

그런데 이 때 하박국이 '폭력,' '불의'라는 단어를 먼저 적용하고 있는 대상은 적국이 아니라 동족 유다였다. '폭력'이라는 단어 '하마스'는 '계속되는 극악무도한 잘못'(flagrant wrong that continues), '잘못에 대한 거짓 증언'(Being a false witness of a blatant wrong) 등 대상이 누구냐에 상관치 않고 하나님의 질서를 어지럽히는 행위 일반을 뜻한다. 하박국은 "어찌하여 악을 그대로 내버려 두십니까?…율법이 효력을 잃고 공의가 시행되지 않습니다. 악인이 의인을 에워싸고 있으므로 재판이 잘못 진행되고 있습니다"(합 1:3) 하며 자기 민족의 죄악상을 보시면서도 왜 그대로 두고 계시느냐고 항의하고 있다. 이에 대한 하나님의 대답은 "너희가 살아 있는 동안 내가 놀라운 일을 하겠다.…내가 바빌로니아 사람을 시켜 악한 백성을 심판하겠

---

1 칼 레만의 핵심 주장이었다. 자세한 논의는 앞에서 다루었다.

다"(합 1:6)는 것이었다.

그러자 하박국의 기도는 이렇게 이어지고 있다. 주께서 우리 백성을 심판하시려고 바빌론 사람을 택하신 건 알겠지만, 정결하셔서 차마 악을 보지 못하시는 분께서 (자기 백성이 의롭게 된 뒤에도) "어찌하여 저 악한 백성을 그대로 내버려 두시며 악한 백성이 의로운 백성을 쳐서 이겨도 잠잠히 보기만 하십니까?"(합 1:13)라고 따진다. 자기 나라를 약탈하는 바빌론의 악을 더 이상 견디지 못하겠다고 억울하기까지 하다고 따져 묻고 있는 것이다. 정의로우신 하나님께서 왜 바빌론의 악을 용인하시는 거냐고 항의하는 하박국에게 주신 하나님의 대답은 두 가지 방향으로 해석된다. 하나는 바빌론에 대한 것이고, 다른 하나는 이스라엘 민족에게 주신 메시지로 보인다.

하나님께서 이스라엘 민족을 통해 이루시려는 것과 악한 이방 민족에 대한 하나님의 공의의 집행은 별개 문제다. 우리는 하나님께서 그들의 죄악을 불꽃같은 눈으로 보고 계시는 것에 놀랄 수밖에 없다.

> (그들은) 교만하기 때문에 가만히 있지 않는다. 그들의 욕심은 무덤과 같아서 죽음처럼 절대로 채워지지 않는다. 그들은 다른 나라를 모아들이고 모든 민족을 사로잡아 자기 것으로 삼는다.···사람들에게 죄를 범하고 땅에 잘못을 행하며 도시를 파괴하고 모든 거주민에게 폭력을 행했기 때문이다(합 2:8-10).

"돈과 군사력이 최고의 덕이다. 기회 있을 때마다 쳐들어가 빼앗고 닥치는 대로 땅을 넓히자!"라고 외치며 이 땅과 이 민족을 약탈했던 제국주의 주변국의 행태를 그대로 묘사한 것처럼 읽히는 구절이다. 그러나 그들은 하나님의 심판 도구로 쓰였을 뿐 그들 자신의 더 큰 악이 무마되는 것은 아니다. 이에 대한 하나님의 심판은 무섭기까지 하다.

> 화가 있을 것이다.…여러 나라를 망하게 할 계획을 세웠으나 그것 때문에 바로 네 집이 부끄러움을 당할 것이며 네 생명을 잃을 것이다. 그들의 땅이 흔들리고…영원토록 서 있던 산들이 무너져 내리고 오래된 언덕들이 가라앉고…바다가 큰 소리를 내며 파도가 높이 솟구칠 것이다(합 3:6-10).

남의 땅을 탐내어 수시로 한반도와 이 민족을 침탈하며 전쟁을 일삼아 온 주변의 나라에 닥친 재앙의 장면이 하나씩 하나씩 떠오른다. 우리와 남북으로 인접한 두 나라에서 산이 무너져 내려 수십만 명의 사람을 덮어 버리고 땅이 갈라져 동네를 삼키고 성난 바닷물이 하늘처럼 차올라 마을을 덮치고 산을 향해 차오르던 끔찍한 TV 장면이 떠오른다.

바빌론의 악을 되뇌는 하박국을 향해 하나님께서 하신 말씀은 "그들의 문제는 네 알 바 아니니, 네 할 일이나 하라"는 것처럼 들린다. 하박국 2:4은 하박국의 중심 메시지를 담고 있는 바, 그것은 "믿음을 지키는 자들아 너희를 괴롭히는 자의 행동을 따라 행동하지 말라"는 것이다! "의인은 믿음으로 살리라"는 것이다! 우리는 때로 우리의 잘못이 아님에도 모든 것을 빼앗기는 고난을 겪어야 한다. 이처럼 의로운 자를 시련 속에 있게 하시는 하나님의 목적은 그의 믿음을 시험하기 위함이라는 것이 분명해진다. 달면 삼키고 쓰면 뱉는 가짜 신자 사이에서는 시련을 통해서만 진정한 신앙인을 가려낼 수 있으시다는 뜻이다. '남은 자'를 찾으시기 위함이며 동시에 그 남은 자와 함께해야 '온 땅을 덮는 바다같이' 궁극적인 승리를 가져올 수 있다는 것이다. 하박국서의 메시지는 분명하다. 하나님께서는 무도하게 이웃나라를 덮치는 바빌론이나 에돔 같은 강대국을 심판하고 믿음으로 사는 남은 민족과 함께 영원한 당신의 나라를 세우신다는 것이다! 그러기 위해 오직 의로운 삶을 살며 하나님에 대한 믿음을 잃지 말라는 것이다.

"아브라함이 여호와를 믿으니 여호와께서 이를 그의 의로 여기셨다"(창 15:6)에서 시작된 이 사상은 하박국을 거쳐 고난 중에 고대 이스라엘이 나갈 길을 깨닫게 하고, 바울을 통해 예수님의 진리가 발아하여 정착하게 하고, 루터를 통해 타락한 종교 제도를 무너뜨리는 개혁을 수행해 왔다. 역사를 통해 면면히 이어진 기독교 신앙의 핵심이다.

이 대목에서 예상되는 비판이 떠오른다. "좀 현실적인 제안을 하라!"라고 비판할 것이다. 나 역시 김구 선생과 안창호 선생이 하신 말씀에 대하여 한때 같은 생각을 한 적이 있었다. 일제에게 나라를 빼앗기고 고난을 당하고 있는 동족에게 두 분이 피를 토하듯 절규하신 말씀은 "군사력을 기르소서!"가 아니었다. 두 분은 약속이라도 하신 듯 "문화를 기르소서!" "정직한 민족이 되소서!"였다. 이 말씀이 시의적절하지 못한 말로 들리는가? 우리가 20여 년 전 IMF로 '국란'을 겪을 때 많은 내외 전문가들이 토론을 벌이는 것을 보았다. 그들의 공통된 분석은 이 사태의 근본은 결코 재정의 문제가 아니라는 것이었다. 오히려 '나만 아는 한국인' 기질에 있다는 것이었다. 민족이 살아갈 근본적인 길은 으레 우리의 시야를 넘어서 있다.

고난의 역사 속에서도 이러한 민족적 '성숙성'을 지향하며 '믿는 자'의 의로움을 잃지 않는 것이 우리 민족의 책임인 듯하다. 그 다음 일은 하나님 소관이다! 하나님의 징벌이 아닌 한, 나라는 결코 탐욕스런 적에게 희생 제물이 되지 않는다는 것이다. 하나님의 다림줄에 순종하며 그분께서 주시는 조율과 지혜를 따라 나라를 지키며 사명을 다하는 것이다. 나는 요즈음 이것을 거부한 이스라엘이 다윗 이후 남북으로 갈라져 저주의 길을 따라 곤두박질치다가 역사 속으로 공중분해되어 버렸던 운명을 생각한다. 이 대목을 생각할 때면 으레 남북으로 갈라져 있는 한반도의 운명이 불길해 보이기까지 한다.

민족을 위한 기도가 저절로 터져 나온다. 그러나 입만 열면 과거에 당한 고통과 외상을 되뇌는 자기 연민의 기도를 지양하라. 하나님께 지금 처한 불안과 위기에 대해서도 징징대지 말자. 우리 민족에 대한 하나님의 사랑과 섭리와 그분의 능력을 믿는 믿음이 먼저다.

그 믿음이 공허한 아전인수식 사상누각이어서는 안 된다. 이 민족이 역사상 유례없는 고난을 통과하는 동안 동행하신 하나님의 생생한 행적에 근거한 믿음이어야 한다. 그분의 손길이 아니고는 이 민족이 제국주의의 틈바구니에서 이제까지 살아남은 것이 설명되지 않는다. 민족끼리도 걸핏하면 서로 이간질하는 우리의 사색당파적 기질을 생각하면 더욱 그렇다. 자기네 민족 누군가가 받은 노벨상도 같은 정파가 아니면 서슴지 않고 이를 깎아내리고 조롱하는가 하면 취소시키려 했다는 소리도 들린다. 우리 자신을 생각하면 이제까지 살아남은 것도 앞으로 살아남을 일도 우리 민족의 자질이 훌륭해서 가능한 게 아니었다는 뜻이다. 전쟁이 발발하면 군에 지원하겠다는 주변 강대국 젊은이들 응답의 절반에도 미치지 않는 우리 젊은이들의 설문 응답을 읽을 때엔 더구나 우리 자신만으로는 생존의 전망이 서질 않는다. 이 민족은 분명히 "하나님이 보우하사" 살아남았고 지탱해 왔음에 틀림없다.

제2부에서 도달한 결론처럼 우리는 하나님께서 우리 민족이 '부당한 고난'을 겪고 있을 당시, 그때 같이 계셨으며 우리에게 '조율'하고 계셨다는

사실을 믿어야 한다. 하나님에 대한 신앙만이 우리 민족이 고난 속에서 왜곡된 성품으로 뒤틀리지 않고 하나님 안에서 민족적 인격을 성숙하게 키워 갈 수 있는 유일하고 완벽한 방략이라는 것을 깨닫게 된다.

차제에 우리가 전제해 왔던 이제까지의 (월형/데이빗형) 비유를 그리고 있는 기본 프레임 대신, 유목민적 전통 사회에서나 쉽게 상상할 수 있을 법한 '늑대 / 양 / 양치기 개'의 프레임을 제시하며 우리 민족이 나갈 대안적 방안을 모색해 보고자 한다.[2] 이 프레임 속에서 우리 민족이 어떤 모습으로 나타날 것인지 그리고 우리가 지향해야 할 실천적인 유형이 무엇인지가 더욱 선명히 드러날 것이기 때문이다.

늑대는 약한 것, 한눈파는 것, 집단에서 유리된 것, 반격 불가능한 병든 것을 공격한다. 양치기 개의 보호 아래 있는 것은 공격하지 않는다. 자신과 싸울 준비가 되어 있는 환경에 뛰어들었다가는 자신도 상처를 입을 확률이 크기 때문이다. 반면에 양은 무리지어 다니기 좋아하며, 대체로 비공격적이며, 자신에게 불행이 닥칠 수 있음을 믿지 않으려 하며, 문제를 보려하지 않으며, 오히려 자기를 지켜 주는 양치기 개를 귀찮게 여기며, 하나가 움직이면 모두 따라 움직이다가 줄줄이 낭떠러지에 떨어지기도 한다 (에이멘 외 2016).

에이멘 박사가 개인의 두뇌 건강을 위해 제안하고 있는 것처럼, 개인이든 민족이든 우리가 지향해야 할 유형은, 약탈과 공격이 생존 본능인 '늑대'도, 그 틈에서 이리저리 도망다니기에 바쁜 '양' 떼도 아닌, 늘 주변을 경계하며 외부로부터 공격이 닥칠 때는 맹렬히 싸워 양을 지키는 '양치기

---

2 이 세 가지 유형은 *The Brain Warrior's Way*의 저자 에이멘이 개인의 건강한 두뇌 유형으로 양치기 개(sheepdog) 형을 제시하며 소개한 내용이다.

개'여야 한다. 그러나 우리 민족은 이제까지 위 아래로 늑대의 공격 본능을 몸에 지닌 강대국 사이에 끼어 사는 '양'의 모습을 자처하며 자기 연민(self-pity)의 변을 늘어놓은 것이 아닐까? 우리는 이웃 나라를 공격할 생각은 처음부터 아예 품어 본 적도 없는 '평화주의자'를 자임하면서 '양'으로 자처하지 않았는가? 우리 민족은 역사상 단 한 번도 다른 나라를 침입해 본 적이 없이 당하기만 했던 까닭에, 그래서 피침의 운명을 한탄하며 슬픈 자화상 속으로 빠져들고 있지 않았는가?

에이멘 박사는 환자의 두뇌 건강을 위해, 공격해 오는 자들에게서 양과 자신을 지키기 위해 언제나 경계를 늦추지 않다가 공격해 오면 죽음을 두려워하지 않고 용감히 싸우는 '양치기 개의 정신'을 분석해 보인다. '양치기 개의 정신'(sheepdog spirit)의 요체는 양을 지키겠다는 '목적이 이끄는'(purpose driven) 생활을 하며, 효율적으로 업무를 수행하기 위해 훈련을 받으며, 어쩌다 하는 게 아니라 지속적으로 여일(如一)하게 업무를 수행하며, 때로 양을 지키기 위해 자기 생명을 내놓기도 하며, 공격받으면 적극적으로 반격함으로써 적대적 환경 속에서도 강하게 생존해 나간다(에이멘 외 2016).

이상의 이야기로 우리는 지금 우리 주변의 어떤 나라가 '늑대'처럼 행동해 왔고 어떤 민족이 '양'처럼 있고 싶어 하는 경향이 있는지 감이 잡힌다. 그러나 태초부터 하나님께서 우리 민족을 '양'으로 만드신 것 같지는 않다. 우리에게 '양치기 개의 정신'이 전혀 없었던 것이 아니기 때문이다. 우리의 역사에는 이 정신을 입증해 보인 슬기롭고 용맹스런 역사적 영웅들이 있었다. 거주할 '땅'을 지정해 주신 하나님께서는 그 '땅'을 지킬 '양치기 개'도 같이 보내신다. 이스라엘 민족에게 '가나안을 지정하여 보내신 그분께서는 그 땅을 지켜낼 모세, 여호수아, 기드온 같은 '양치기 개'를 때마다 보내셨다. 우리 민족이 거주할 곳을 한반도로 지정하여 강대국의 틈바구니로 보내신 이도 하나님이시요. 위기 때마다 이 땅을 지킬 '양치기 개'로 을지문덕, 강감찬, 이순신 장군을 보내신 이도 하나님이시다.

이 땅에 그들의 DNA를 허락하신 분도 그분이고 보면, 이 민족을 향한 그분의 메시지는 자명해진다. 이 민족이 되살리고 지향해야 할 정신은 결코 '양'의 정신이 아니다. 하나님께서 이제까지 이 땅을 지켜 주시기 위해 우리 선조에게 넣어 주셨던 '양치기 개'의 정신이다. 우리에겐 후자의 기질과 역량을 따라 이 땅을 지키며 해야 할 일이 있을 것이다. 고비마다 이 민족을 지켜 주신 주님의 자비와 은혜, 그리고 그분의 섭리의 손길을 기억하며 그분께서 보내신 이 땅을 '양치기 개'가 양을 지키듯 지켜 나가야 한다. 우리가 지켜 내야 할 이 민족의 '양'은 무엇일까? 그것이 결코 이 땅덩이 자체는 아닐 것이다. 하나님께서 이 민족을 향해 품고 계실 목적에 추동되어 사는 민족이 되어야 한다. 영적 '목적에 이끌리는' 민족이 되어야 한다.

생각해 보면 우리에게 주어진 지정학적 운명조차 반드시 부정적으로 작용한 것만은 아니었던 것 같다. 이 작은 나라가 중국, 일본에 이어 세계의 G7(또는 G10)에 속하는 아시아 3개국 중 하나가 되기에 이른 것이 우리의 풍요로운 자연 자원 때문이 아니라 민족의 영혼 속에 담긴 무언가에 의한 것이고 보면, 이제까지 이 민족이 강대국 사이에서 시달리며 생존해 온 과정에서 터득한 '양치기 개'의 기질은 이미 하나님의 섭리적 은혜 때문이 아니었을까?

중국이나 구 소련에서 주변의 수많은 소수 민족이 흡수되어 버리거나 자치구로 편입되어 주권을 잃은 채 살고 있던 중에도 우리 민족은 주변 강대국의 야욕과 숱한 침략 시도에도 먹히지 않고 버텨 온 몇 안 되는 민족이다. 그 비밀이 무엇이었는지 깨닫는 순간이다. 우리 안에 흐르고 있는 '열등 의식'도 '양의 혼'도 '현세 지상 주의'도 아닌, 하나님의 섭리의 손길이었다. 이 민족의 갈 길은 하나님의 '훈련'을 받고 역사의 초원에 투입되어 맡은 사명을 위해 목숨을 던지는 '양치기 개'의 길이다.

하나님, 이 민족을 통한 당신의 계획을 이루소서! 그 일에 이 민족이 기꺼이 당신의 도구가 되게 하옵소서. 아멘.

집필 후기

원고를 다 써놓고 이것을 책으로 출판할까 말까 하는 고민에 빠졌다. "주님, 제가 이 책에 쓴 것 그 이상으로 당신과의 관계가 깊어지기를 원합니다. 저의 삶이 매 순간 당신을 느낄 수 없다면 결단코 이 글이 출판되지 않기를 원합니다" 하며 계속 기도하고 있었다. 책을 써야 할 나름의 필요와 욕구가 있었고 신앙적 요구도 있었음에도 그렇게 주저하고 또 주저했던 것은 내가 책에서 한 말이 내 일상 속에서 지속적으로 입증되고 있느냐, 그래서 주님과 나의 관계가 지금 매 순간 생생히 살아 움직이는 관계냐를 확신할 수가 없었기 때문이다.

내가 느끼고 있는 이 모든 불확실성의 근저에는 근본적으로 하나님의 어둠, 침묵 등으로도 묘사되는 그분의 '모호성'(Obscurity)이 선재하고 있었다. 이것을 깨달은 것은 최근의 일이다. 독자들께서는 짙은 안개 속을 걸어 본 적이 있는가? 한 치 앞도 볼 수 없는 시계 제로의 짙은 운무처럼 우리의 '눈'을 무용지물로 만들어 버리고 오직 소리로만 소통할 수 있는 그런 상황, 그것이 하나님께서 우리 앞에 존재하시는 기본 기조라는 것을 깨달은 것이다. 우리는 종종 하나님을 '빛'으로 형상화하지만 성경은 하나님께서 빛을 포함한 만물의 창조 작업을 시작하시기 전의 상황을 '흑암'이라고 기술한다. '태초에 하나님께서 하늘과 땅을 창조하셨다'고 하실 때 창조된 땅의 최초의 모습이 '혼돈, 공허, 흑암이 있다고 해석할 수도 있다. 그렇게 해석하더라도 초기 모습은 여전히 공허와 흑암이다. 빛이 없으니 당연히 흑암이다. 그러나 그 '흑암'은 아무 것도 존재하지 않고 오직 하나님만 계셨을 그 '시간,' 즉 빛을 창조하기 전에도 계셨을 하나님의 근원적인 존재 방식이 아닌가? 도교(道教)의 현인이 그것을 '현무성'(玄無性)이라고 했을지도 모른다. 그래서 그런지 하나님께서 인간에게 태양 같은 이성을 주셨지만 인간이 그 '빛'으로 하나님을 알고 관계 맺는 데는 한계가 있다. 인간은 하나님에 관한 한, 여전히 의문과 모호성이 가득한 "하나님의 안개" 속에 살 수밖에 없다. 그런데 그 하나님께서는 당신은 어둠과 모호성 가운데 계시면서 우리에게 "나를 알라, 나와 관계 맺자" 하시는 것이다. 그것이 어떻게 가능해지는 것일까?

　이러한 하나님의 존재 방식은 창조 이전에만 국한되지 않는다. 앞서 논했던 것처럼 하나님은 시내산에서 모세를 만나실 때도 당신의 얼굴을 보지 못하게 하셨다. 다메섹 도상에서 바울을 만나 주시던 예수님께서도 바울의 눈부터 가려 놓고, 즉 어둠 속에 집어넣고 그를 인도하기 시작하셨다. 모호성 또는 흑암은 하나님이 우리 인간을 길들이는 방법임에 틀림없다. 그것이 우리를 당신에게 인도하는 방략이다. 이 상태는 인간이 살아 있는 동안 계속될 것이다. 바울이 하나님을 흐릿한 구리 거울로 보는 게 아니라 직접 대면해서 만날 날을 이야기 한 것은 우리가 이 세상을 떠난 다음에나 있을 일이다.

　하나님께서 그렇게 하시는 이유는 무엇일까? 안개 속을 걷는 인간은 갈 길을 멀리 바라보며 계획을 세울 수 없다. 잔꾀를 부릴 묘책도 그럴 이유도 없다. 그저 바로 자기 앞의 발끝만 바라보며 걸어야 한다. 그에게는 그렇게 그때그때 순종하며 목적지를 향해 걷는 걸음이 있을 뿐이다. 하나님은 왜 우리를 그런 상황 속에 넣으시는 것일까? 이스라엘 랍비인 렙베(Rebbe)는 그것은 하나님께서 우리 인간을 사랑하시기 때문이라고 설명한다. 인간이 자유 의지를 지닌 인격으로 살기 원하시기 때문에 당신을 우리 앞에 빛으로 드러내지 않으신다는 것이다. 하나님의 모든 의중이 대낮같이 드러난 상황에서 감히 자유 의지를 들먹이며 자신의 의지대로 하나님을 부인하기도 하고, 그분의 명령에 어깃장 놓으며 딴 길을 택할 자가 누구란 말인가? 그런 상황이 되면 인간은 모두 로봇처럼 되고 말 것이다. 하나님께서는 당신께서 그토록 사랑하며 창조하신 인간에게 배반당하는 일이 있더라도 인간을 그렇게 꼭두각시로 만드실 수는 없으신 것이었다. 하나님의 사랑인 것이다. 하나님께서 그렇게 하신 또 하나의 이유는 인간의 믿음을 보시기 위함이라는 것이다. 하나님께서는 우리에게 앞길에 대한 자세한 설명이나 현시도 전혀 없는 상태에서 과연 당신의 말씀을 얼마나 믿고 순종할 수 있느냐고 묻고 계신 것이다.

그러나 이처럼 하나님의 임재가 모호할 때 인간은 으레 자신의 모습을 유일하고 확실한 것으로 확신한다. 철학자들도 인간이 소위 '만물의 척도'라며 이를 부추겨왔다. 그러나 존재의 실재는 하나님의 존재만으로 가득해 있다. "나는 스스로 존재한다"라고 선언하신 그분만이 존재의 근원이어서 그 누구도 그 무엇도 그분의 존재를 비켜선 채 독립적으로 자신의 존재를 주장할 수가 없다. 그것이 실재다. 그런고로 "인간은 오직 신적 에너지의 연장(延長)으로서 존재할 뿐, 스스로 자신의 실재 안에서 존재할 수

없"는 것이다.[1]

그러나 인간이 이러한 자신의 존재를 제대로 인지하게 하는 곳이 바로 숭엄의 현장인 것이다. 인간은 그 두렵고 경이로운 경관 앞에서 자신의 무력함과 왜소함을 절감하게 되는 것이다. 하나님의 존재 방식이 이러하시다면, 그분과 관계 맺기 위해 우리가 해야 할 일은 무엇인가? 주께서 말씀하신 대로 지시하신 목적지를 향해 안개 속에서 순종의 걸음을 걸을 뿐이다. "본토 친지를 떠나" 길을 나서라 하시면 나서는 것이다.

집필을 마치고 원고를 한국의 출판사에 넘기고 난 후, 두 차례에 걸쳐 수 개월 동안 출판사 측과 소통이 단절되는 무소식의 "흑암기"가 있었다. 나는 그 기간이 오히려 고마웠다. 그 기간 동안 나는 하나님에 대하여, 그리고 내 책의 출판 여부에 대하여 곰곰이 생각할 시간을 가질 수 있었다. 생각해 보니 내 고민의 근저에는 하나님과의 관계가 대낮처럼 밝게 느껴지지 않는다는 것이 전제되어 있었다. 내가 책 속에서 이제껏 말한 모든 것이 진정한 내 마음이었다는 자부심이 있었음에도 그 망설임은 끊이지 않았다. 이 모든 불확실성의 근저에 '그분의 안개'가 있었다. 이때 내 컬컬한 심사를 달랠 유일한 방법은 그분께 순종하며 그분의 안개 속을 걷는 것이었다.

예수라는 한 신비한 인격에 매료되어 같이 보냈던 3년여의 시간이 '한여름 밤의 꿈'단 같아서 그 기억이나 간직하며 무용담이나 되뇌이며 살려

---

[1] "They do not exist in their own reality. They exist only as an extension of divine energy, a created part of an absolute, Godly reality…." 유대인들이 렙베(Rebbe)라고 부르며 메시아일지 모른다고 주장하기도 하는 므나켐 멘델 쉬네어존의 말이다. 그는 이어서 "I am that I am"이라고 선언하신 하나님 외에 그 누구도 스스로 자기 존재의 근거가 될 수 없다. 오직 그분과 함께 함으로써만 존재한다고 말한다("There is none else besides Him…. On our own we do not exist. Only with Him," 쉬네어존 외 1995).

했던 예수님의 제자들이 생각났다. 목격했던 그 숱한 놀라운 순간도 개인적 체험도 마치 신기루인 양, 귀신에 휘둘렸다가 깨어난 사람처럼 제자들은 '본업'으로 복귀했다.

그러나 예수와의 만남은 '꿈'이 아니었다. 부활하신 예수의 영은 여전히 살아서 그들 속에 사역을 계속하고 계셨다. 그들이 주님의 사도가 된 것은 그 부활하신 주님의 영과의 교제가, 기억 속이 아니라, 현재 속에서 살아났기 때문이었다. 지속적으로 진행되지 않는 교제는 멈춘 시간이나 음악처럼 죽은 것이된다. 아니 더 이상 존재하지 않는 허구일 뿐이다. 기억 속의 촛불이 횃불로 타오르는 법은 정녕 없다. 그분과의 지속적인 교제만이 진리에의 명분이나 깨달음이나 신념의 차원을 벗어나 주님과 함께 영적으로 비상하게 된다.

그런데 지금 나에게 그에 대한 확신이 있는가? 길게 파토스의 하나님을 이야기했는데도 나는 지금 그 파토스의 하나님이 내미신 손을 잡고 동행하고 있는가 말이다. 그런 생각으로 우울해 있던 나에게 주님은 출국하기 얼마 전에 있었던 한 가지 사건을 마음속에 떠올리게 하셨다.

우리 부부가 살고 있는 동네에는 떠올리기만 하면 마음이 불편해지고 그들을 생각하면 심지어 집이든 뭐든 다 버리고 이 동네를 떠나 버리고 싶은 생각마저 들게 하는 두 사람이 있었다. 그들은 말발이 세고 활동력이 대단하여 동네를 쥐락펴락하는 인사임에도 수많은 의혹에 연관되어 있다는 확인되지 않은 소문이 무성한 자들이었다. 우리가 그들을 꺼려서 그런지, 그들 역시 우리가 이 동네에 이사온 지가 20년이 되는데도 우리 내외만 보면 의도적으로 외면하며 고운 눈으로 보질 않았다. 길에서 만나 인사라도 하려 하면 마치 우리를 길들이기라도 하려는 듯이 고개를 돌려 버리곤 하는 것이었다.

그러던 중 우리는 한국을 떠나 오랫동안 외국에 나가 있어야 할 사정이 생겨 출국 준비를 하고 있을 무렵이었다. 인생사는 장담할 수 없는 것이기에 다시 이 동네에 돌아올 수 없을지도 모르며, 내 집이지만 반드시 돌아온다는 보장이 없다는 것을 생각하던 어느 날, 나는 갑자기 우리를 미워하는 그들을 "축복하라!"는 주님의 말씀에 순종하지 못한 것이 떠올랐다. 나는 그들을 만난 이래 처음으로 그들을 위한 진정한 마음의 기도를, 마지막이 될지도 모를 기도를 곧바로 드렸다. 하나님께서 그들을 세상에 보내실 때 품으셨던 고귀한 뜻을 꼭 이루시기를 원하며….

기도를 마치고 동네 길을 통해 산책에 나서는 중이었다. 아뿔사. 바로 전방에 예의 그 부인이 걸어오고 있지 않는가! 나는 내심 작정하고 있었다. 그분이 외면하던 말던 반가운 얼굴로 인사하리라고! 그런데 이게 왠 일인가? 그분이 먼저 반가운 얼굴로 내게 인사를 걸어오는 것이 아닌가! 나는 기쁨에 넘쳐 산책을 마치고 집에 돌아오는 길로 이 사실을 아내에게 말하기 시작했다. 그러자 아내가 기다렸다는 듯이 싱글거리며 기쁜 일이 일어났다고 말하는 것이었다. 아내 역시 옆집에 가는 중에 그 부인을 만났는데 그분이 먼저 자신을 향해 반갑게 인사를 하더라는 것이었다. 우리 둘이 이 이야기를 나누고 있던 중이었다.

그런데 이게 왠 일인가? 우리가 내심 불편을 느끼던 예의 그 또 다른 한 분이 우리집 초인종을 누르며 서 있지 않는 것인가! 사실 그분하고는 통성명조차 한 적이 없는 사이였는데! 그분은 집에 들어와 한참 동안이나 자신에 관한 이야기를 들려주며 담소하고 돌아가는 것이었다.

그런데 이 사건을 통해서 깨달은 것은 주님께서 허락하신 그 체험 자체에 있지 않았다. 나는 그 기억을 통해 주님께서 나의 작은 진실된 순종의 편린에도 반색하시며 반응해 주신 것을 직감했다. 마치 어린아이의 귀여운 동작에 깜짝 놀란 듯 큰 동작으로 반응하는 부모처럼 말이다. 내 작은 순종의 몸짓 하나에 그렇게 크게 기뻐 응답하시다니! 순종하는 순간은 그것이 어느 때이건 하나님과의 관계가 살아나는 순간이었던 것이다. 주님과의 실시간 동행의 조건은 그분의 말씀에의 순종이었다. 이제까지 자꾸만 초자연적인 체험을 통해서만 주님과의 관계를 확인하려 들었던 자신이 부끄러워졌다.

주님은 욥의 경우처럼 고난을 허용하시고는 침묵하신다. 삶 내내 하나님의 '침묵'이 이어진다. 우리가 초자연적 체험을 통해서가 아니라 당신을 향한 믿음에 근거한 순종을 통해서 당신과 관계를 맺고 있는지를 보시기 위해서! 하나님의 자녀는 체험을 먹고 사는 게 아니라 믿음에 의해 사는 것이었다. 하나님이 침묵하시는 일상의 삶에서도 욥을 따라 "나는 나의 구원자가 살아계심을 안다"(바아니 야다티 고알리 하이[וַאֲנִי יָדַעְתִּי גֹּאֲלִי חָי], 욥 19:25)라고 믿음을 고백해야 하는 것이었다. "의인은 믿음으로 사는 것"이기 때문이다.

우리의 겨자씨같이 작은 믿음에도 늘 우리를 떠나지 않으시고 팔 벌린 채 따라다니고 계셨던 하나님! 당신에 대한 믿음이 없어 삶 속에서 당신의 말씀에 순종하지 못한 채 걱정에 사로잡혀 사는 우리를 보소서! 엘리야를 통해 가뭄이 올 것을 미리 알려 주신 주님! 그를 그릿 시냇가로 인도하시고 까마귀를 준비하시고 시내가 마르자 사르밧의 과부를 준비시키신 주님! 이제까지 하나님과 우리 사이가 가로막혀 우리가 거북한 심령 상태에 빠져 있었던 것은 바로 주님에 대한 믿음이 없었던 때문이고 명령에 믿음으로 순종하지 못하는 불신앙 때문이었다. 물론 우리 인간이 주님께 완전한 순종을 드릴 수 있다고 말하는 게 아니다. 더구나 "온 율법을 지키다가 그 하나를 범하면 모두 범한 자가 되고"(약 2:10) 만다는 말씀을 생각하면 순종한다는 말을 하기가 두려워지는 것도 사실이다.

  우리는 다만 주님의 침묵이 계속될 때나 "건강할 때나 병들었을 때나 상관없이 진실로 주님께…자신을 완전하게 맡기는…예수 그리스도와의 살아 있는 관계"를 추구할 수 있을 뿐이다(챔버스 2014). 결론부에서 말했던 바와 같이 주님에 대한 이러한 철저한 믿음과, 말씀에 대한 무조건적인 순종과, 삶 속으로의 말씀의 구체화 이것만이 태초의 말씀이셨던 예수님의 영이 나의 삶 속에 거주하시게 하는 방법이라고 확신한다.

> 주 모습 내 눈에 안 보이며,
> 주 음성 내 귀에 안 들려도
> 내 영혼 날마다 주를 만나
> 신령한 말씀 늘 배우도다.
> 주님의 말씀 매 순간 순종해
> 주님과 함께 그 나라 이루리….[2]

  (내 삶이 "말씀의 구체화"라고 자신 있게 말할 수 없다. 그럼에도 이렇게 부끄러운 글을 세상에 내어놓게 된 것은, 부끄러움이 사무침에도 내 안에 주님을 향한 분명한 지향점을 부인할 수 없기 때문이기도 했거니와 이 과정에서 듣게 된 오닐 목사님의 말씀 때문이었다. 그는 "주께서 우리에게 받고자 하시는 것은 우리의 완벽한 존재가 아니라 우리의 믿음이다"라고 했다. 진심을 다해 믿음으로 작은 것이라도 주님 앞에 겸손하게 내어놓으라는 것이었다. "신앙의 영웅들도 모두 자기 존재의 불완전으로 인해 고뇌의 날을 보낼 수밖에 없었다" 하시며…)

---

2 새찬송가 507장의 가사를 한 줄 바꿔 부른 것이다.

참고 문헌

Arendt, Hannah. *The Human Condition*. Chicago: The University of Chicago Press, 1958.
Brennt, Brian. *Freedom Class Manual*. Tacoma, WA: Revalesio Ministries Publishing, 2007.
Buber, Martin. *I and Thou*(*Ich und Du*). eng. tr. by Kaufmann, Walter Arnold. New York: Charles Scribner's Sons, 1970.
Chopra, Deepak & Tanzi, Rudolph E. *The Healing Self: A Revolutionary New Plan to Supercharge Your Immunity and Stay Well for Life*. Easton, PA: Harmony, 2018.
Dilthey, Wilhelm. "The Types of World-view and their Development in the Metaphysical Systems," in *Dilthey Selected Writings*, eng. tr. by H. P. Rickman Cambridge: Cambridge University Press, 1976.
Ebner, Ferdinand. *Das Wort und Die Geistigen Realitäten*. Regensburg: Verlag Friedrich Pustet, 1940.
Festinger, Leon. *A Theory of Cognitive Dissonance*. Evanston, Ill.: Row, Peterson, 1957.
Freud, Sigmund. *The Standard Edition of the Complete Psychological Works of Sigmund Freud*, eng. tr. by James Strachey London: The Hogarth Press, 1973.
_____. *The Future of an Illusion*. New York: W. W. Norton & Company, 1989.
Habermas, Jürgen. *The Theory of Communicative Action, Vol 1&2*(*Theorie des kommunikativen Handelns*). eng. tr. McCarthy, Thomas. Boston: Beacon Press, 1992.
_____. *Postmetaphysical Thinking*(*Nachmetaphysisches Denken*). eng. tr. Massachusetts: The MIT Press, 1992.
Hagin, Kenneth E. *How Can You Be Led by the Spirit of God?* Meadville, PA: Faith, 2010.
Hanson, Worwood Russell. *Patterns of Discovery: An Inquiry into the Conceptual Foundations of Science*. Cambridge: Cambridge University Press, 1958.
Heschel, Abraham J. *God in Search of Man*. London: Souvenir Press, 2009.
Jacobson, Simon. *Toward a Meaningful Life: The Wisdom of the Rebbe Menachem Mendel Schneerson*. New York: William Morrow Paperbacks, 2004.
Kant, Immanuel. *Critique of Practical Reason*(*Kritik der praktischen Vernunft*). eng. tr. by Gregor, Mary J. Cambridge; New York: Cambridge University Press, 2015.
_____. *Critique of Pure Reason*(*Kritik der reinen Vernunft*). eng. tr. by Reath, Andrews. Cambridge; New York: Cambridge University Press, 1997.
_____. *Critique of the Power of Judgment*(*Kritik der Urteilskraft*). eng. tr. Guyer, Paul & Matthews, Eric. Cambridge; New York: Cambridge University Press, 2000.
Lehman, Karl, M. D. *Outsmarting Yourself: Catching Your Past Invading the Present and What to Do about It*. Fountain Valley: This Joy! Books, 2011.
MacMurray, John. *Persons in Relation*. Amherst, N.Y.: Humanity Books, c1999.
Mead, Herbert. *Mind, Self, and Society*. Chicago: The University of Chicago Press, 1962.
Shestov, Lev. *Dostoevsky, Tolstoy, and Nietzsche*. eng. tr. Uchenii, Dobro v. Athens: Ohio University Press, 1969.

Sophocles. *Oedipus the King*. Chicago: University of Chicago Press, 2010.
Winch, Peter. *The Idea of a Social Science and Its Relation to Philosophy*. London: Routledge & Kegan Paul, 1989.
김득룡. 『형색과 소리』. 파주: 한국학술정보, 2009.
김진호. 『이것이 SQ다』. 서울: 도서출판 세종문화, 2018.
내쉬, 로날드. 『신앙과 이성: 합리적 신앙을 찾아서』(*Faith & Reason: Serching for a Rational Faith*). 이경직 옮김. 파주: 살림, 2003.
니콜라이, 아멘드 M. 『루이스 vs. 프로이트: 신의 존재·사랑·성·인생의 의미에 관한 유신론자와 무신론자의 대논쟁』. 홍승기 옮김. 서울: 홍성사, 2004.
도스토옙스키, 표도르. 『카라마조프가의 형제들』. 김희숙 옮김. 파주: 문학동네, 2018.
루이스, C. S. 『기적』(*Miracles*). 이종태 옮김. 서울: 홍성사, 2008.
박종홍. 『박종홍 전집: 3. 논리학』. 서울: 민음사, 1998.
＿＿＿＿. 『박종홍 전집: 6. 철학적 수상』. 서울: 형설, 1980.
베르그송, 앙리. 『도덕과 종교의 두 원천』(*Les deux sources de la morale et de la religion*). 김재희 옮김. 서울: 지식을만드는지식, 2009.
＿＿＿＿. 『시간과 자유의지』(*Essai sur les données immédiates de la conscience*). 정석해 옮김. 서울: 삼성출판사, 1977.
베르제즈, 앙드레 & 위스망, 드니스. 『새로운 철학강의 2, 형이상학 및 실천철학』(*Nouveau "cours de phiio"*). 이정우 옮김. 부천: 인간사랑, 1989.
버크, 에드먼드. 『미와 숭엄 개념의 기원에 관한 철학적 탐구』(*A Philosophical Enquiry into the Origin of Our Ideas of the Sublime and Beautiful*, 1757).
볼츠, 노베르트 & 라이엔, 빌렘 반. 『발터 벤야민: 예술, 종교, 역사철학』(*Walter Benjamin*). 김득룡 옮김. 서울: 서광사, 2000.
셔만, 딘. 『(모든 그리스도인을 위한) 영적전쟁』. 이상신 옮김. 고양: 예수전도단, 2004.
웰치, 홈스. 『노자와 도교』(*Taoism: Parting of the Way*). 윤찬원 옮김. 서울: 서광사, 1990.
임철규. 『눈의 역사 눈의 미학』(*The History of the Eye, the Aesthetic of the Eye*). 파주: 한길사, 2004.
자스, 한스-마르틴. 『루드비히 포이에르바하』(*Ludwig Feuerbach*). 정문길 옮김. 서울: 문학과지성사, 1986.
제인스, 줄리언. 『의식의 기원: 옛 인류는 신의 음성을 들을 수 있었다』(*The Origin of Consciousness in the Breakdown of the Bicameral Mind*). 김득룡, 박주용 옮김. 고양: 연암서가, 2017.
진기영. 『인도 선교의 이해』. 서울: 기독교문서선교회, 2015.
챔버스, 오스왈드. 『주님은 나의 최고봉』(*My Utmost to His Highest*). 이중수 옮김. 서울: 기독교문서선교회, 2014.
톰슨, 브루스 & 톰슨, 바바라. 『내 마음의 벽: 아모스 선지자가 띄운 하나님의 다림줄: 상담·치유』(*Walls of My Heart*). 정소영 옮김. 고양: 예수전도단, 2008.
포이어바흐, 루트비히. 『기독교의 본질』(*Das Wesen des Christentums*). 김쾌상 옮김. 서울: 까치, 1992.
헤셸, 아브라함 요수아. 『안식』(*The Sabbath*). 김순현 옮김. 서울: 복있는사람, 2007.
＿＿＿＿. 『예언자들』(*The Prophets*). 이현주 옮김. 서울: 삼인, 2004.

기독교 세계관의 철학적 기초

J. P. 모어랜드·W. L. 크레이그 지음 | 김명석 류의근, 이경직, 이성흠 옮김

신국판 양장 | 1136면

이 책은 인식론, 형이상학, 과학 철학, 논리학, 윤리학, 기독교 철학으로 나뉘어 출간했던 초판을, 다시 2차 개정판 합본으로 만든 기독교철학을 집대성하고 정리한 교과서다." 『기독교 세계관의 철학적 기초』는 J. P. 모어랜드와 W. L. 크레이그의 작품으로써 '미국복음주의출판인협회'(ECPA) 2004년도 최우수도서상과 '미국중서부전문출판인협회'(CBC) 2003년도 우수도서상을 받을 정도로 탁월한 작품이다.